개정판

Tourism Public Relations

관광홍보론

오익근·정정숙 공저

백산출판사

서문

지역이나 국가차원에서 볼 때 가장 중요한 관광마케팅 믹스 요소는 상품과 홍보라고 하겠다. 물론 음식이나 숙박, 여행사 등 전통적인 관광업을 대표하는 분야에서는 가격이 수요를 결정짓는 중요한 요소라는 점을 부인할 수 없다. 이 책에서는 지역관광의 발전을 위하여 관광상품보다는 관광홍보에 초점을 두었다. 관광뿐만 아니라 대부분의 일반 상품도 기업의 홍보(promotion)가 소비자의 구매에 상당한 영향을 주고 있다.

홍보믹스(promotion mix)에는 광고, PR/언론보도, 판매촉진, 인적판매가 있지만, 이 중에서도 높은 비용을 지불하지 않으면서도 공중(public)으로부터 신뢰를 얻어내고 호의적인 브랜드 이미지를 형성하는 것은 바로 PR(Public Relations)이라 할 수 있다. 포지셔닝 저서로 유명한 알 리스(Al Ries)가 강조했듯이, 전통적으로 홍보예산을 책정할 때 광고 비중이 압도적으로 높았으나, 이러한 추세는 점차 PR을 강조하는 추세로 변화하고 있다. 지역(지자체)이나 관광기업 입장에서도 비싼 광고보다는 예산에 부담을 갖지 않으면서 효과적인 성과를 기대할 수 있는 PR에 자연스럽게 관심을 가지게 되었다.

관광홍보는 잠재관광객들에게 특정지역을 매력을 지닌 상품으로 인식시킴으로써 관광수요를 창출하는 역할을 한다. 뿐만 아니라 관광시장과 지속적으로 커뮤니케이션이 이루어지도록 하며, 이러한 커뮤니케이션 활동을 통해 특정 관광목적지의 이미지를 관리하고 발전시키는 역할을 한다. 국가나 지자체 차원에서 관광산업 활성화를 위하여 홍보의 중요성을 인식하고 다양한 홍보활동을 전개하고 있다.

시대 흐름에 부합하는 대학 교과목으로 '관광홍보론'을 개설하게 되었을 때 마땅히 사용할 교재가 거의 없었기에 주제별로 논문이나 신문기사, 연구보고서, 사례 등

최신 문헌을 수집하고 편집하여 교재로 사용하였다. 매 학기마다 참신함과 시대에 부응할 수 있는 콘텐츠가 녹아있는 교재를 사용하고 싶은 욕심에서 저술을 10여 년간 미루어 왔지만, 지난 2013년 초에 초판을 발행하는 일을 저지르고 말았다. 교재를 가지고 강의하면서도 이곳저곳에서 부끄럽게 느껴지는 내용들이 눈에 띄어서 독자들에게 늘 죄송한 마음을 가지고 있던 차에 출판사의 요청도 있고, 또 속죄하는 마음으로 좀 더 여유를 가지고 개정판을 낼 용기를 내었다.

초판과 다르게 전체 흐름에 따라 일부 장(chapter)의 순서를 변경했으며, 커뮤니케이션 이론과 전략, 정보처리 및 의사결정, 언론홍보(publicity), 인터넷 · 모바일 관광홍보, 관광홍보효과 조사의 장은 내용에 상당히 많은 변화를 주었으며, 지자체 홍보라는 장을 새로 만들어 기존의 축제를 포함한 이벤트, 슬로건, 영화 · 드라마 관련 내용을 담아두었다. 또한 관광산업의 세계적인 추세에 부응하기 위해 국제관광 홍보라는 장도 추가하였다. 너무 많다고 판단된 이론적인 내용들은 축소시켜 학생의 입장에서 꼭 필요한 핵심이론만을 소개하였다. 통계나 그림, 그리고 인용한 신문기사 등을 업데이트하였고, 피상적으로 서술된 부분들을 찾아내어 보강하였다.

그러나 이런 노력에도 불구하고 아직도 미처 손길이 닿지 못한 곳이 있을 것이다. 앞으로도 계속 부족한 점을 찾아내고 수정하여 독자들에게 덜 부끄러운 저자로 남고 싶다.

이 책이 관광홍보 업무뿐만 아니라 관광분야에 종사하거나 혹은 관심이 있는 일반인에게도 도움이 되기를 바라는 마음이다. 학생들에게 관광홍보의 중요성과 효과를 확실하게 인식시켜주고 나중에 실무에 적용할 수 있는 능력을 이 책을 통해 길러진다면 더할 나위 없는 기쁨이 될 것이다.

이 책이 나올 수 있도록 십여 년간 꾸준한 성원을 보내주신 진욱상 사장님과 백산출판사 관계자 여러분께도 감사의 말씀드린다.

2017년 2월

오익근 · 정정숙

차 례

제 1 장

Tourism PR

홍보(PR)의 이해

제1절 PR의 개념과 역할

현대사회에서 PR(Public Relations: 홍보)의 역할은 점점 더 증대되고 있다. 홍보는 홍보대상의 이미지를 높이고 이해당사자들을 설득하고 이해시키는 모든 행위를 의미한다. 최근 국가, 기업, 지자체 간 경쟁력을 높이고 수요자를 설득하고 이해시키는 것이 중요한 과제로 대두되면서 과학적이고 체계적인 홍보계획과 홍보정책을 필요로 한다. 특히 국민을 상대로 하는 국가기관, 지방자치단체, 공공기관 역시 자신들이 계획하고 수립한 정책, 실행하고 종료된 정책에 대한 대국민 홍보가 그 어느 때보다 중요시되고 있다. 이 때문에 기관이나 단체들은 홍보 매뉴얼을 만들고 효과적인 홍보정책을 수립한다. 원론적인 의미에서 홍보는 정보를 제공한 뒤 국민이나 고객 등 수요자와 이해관계인을 설득하고 동의를 얻어 이들의 동의·협조를 얻기 위해 행하는 계획적 활동을 의미한다.

현대사회에서 언론은 중요한 사회적 하부체계(subsystem)로 기능한다. 정보 제공, 여론 형성, 비판·감시, 사회화, 오락, 광고 등 다양한 기능을 수행하면서 사회관계를 맺고 있다. 언론은 사회 내 제반 커뮤니케이션 과정에서 전달자와 수신자 간 정보나 의미를 교환해주는 중요한 커뮤니케이션 수단으로 기능한다. 현대사회에서 언론은 사회환경 전반이 다원적으로 구조화될수록 그 기능과 역할이 더욱 강조되는 추세다.

PR을 조직과 공중 간의 원활한 커뮤니케이션 관리기능으로 볼 때 언론관계는 정부, 기업, 단체 등 조직체들의 PR 업무에서 실질적으로 핵심 의미를 갖는다. 이는 언론이 정보 확산력을 기반으로 사회적으로 메시지 확산과정에서, 그리고 조직체에 대한 이미지 형성, 신뢰도 제고, 이해도 제고, 여론형성 과정에서 중심 기능을 수행하기 때문이다. 이런 배경에서 PR에서 언론관계를 중시하는 것이다(한정호 외, 2014).

신문, 잡지, 라디오, TV 등을 중심으로 발전해 오던 언론 환경은 디지털 기술에 기반을 둔 방송과 통신의 융합 서비스가 활성화되면서 디지털화, 다채널화, 개인화, 글로벌화 되고 있는 추세다. 이와 함께 4 Any(Anyone, Anytime, Anywhere, Anydevice) 중심의, 시공(時空)을 초월하는 유비쿼터스(Ubiquitous)환경으로 빠르게 진화해가고 있다. 이러한 언론 환경의 변화 속에서 PR 커뮤니케이션 전략 또한 변화가 불가피해지고 있다. 우선 기존의 전통적 미디어전략이 대폭 수정될 필요가 있다. 아날로그 방식의 미디어에 중점을 두고 관리되어 온 대(對)공중 커뮤니케이션 전략이 디지털 시대적 특성에 맞게 변화되어야 한다. 최근의 조사 결과들에 따르면, 일반 수용자들의 미디어 이용패턴이 빠르게 변화하고 있는데, 구체적으로 지상파와 일간지 등 기존의 전통 미디어 이용 시간이 줄고 있는 반면, IPTV 등 신규 융합미디어의 이용 시간은 증가하는 추세를 보이고 있다.

1.1 홍보의 개념

홍보라는 개념은 현업과 학계에서 좀 다른 의미로 사용되고 있다. 현업에서는 주로 ‘언론에 기사를 싣거나 언론과 좋은 관계를 유지하는 것’, 즉 퍼블리시티(publicity)나 언론관계(media relations)를 의미하는 반면, 학계에서는 홍보를 좀 더 넓은 의미로 해석해 ‘조직과 공중 간의 모든 관계 혹은 공중의 관리’를 의미하는 ‘공중관계(PR: public relations)’로 사용하고 있다. 하지만 학계에서 말하는 PR도 결국 퍼블리시티나 대언론관계(media relations)가 차지하는 비중이 높다는 점을 감안할 때 PR을 홍보라고 해도 큰 무리는 없다(박성호, 2008).

그런데도 우리나라에서는 PR이 광고 또는 선전과 동일한 용어로 인식되는 경향이 있고, PR을 광고나 마케팅 기능으로 보거나 매체 관계를 위한 단순한 퍼블리시티 활동으로 인식하는 경향이 강하다(박종민, 2000). 특히 현업에서는 퍼블리시티 활동을 홍보 개념으로 사용하는 경향이 있지만, 한국홍보학회는 홍보의 개념을 좀 더 넓은 의미로 해석해 PR과 홍보를 같은 의미로 사용하기로 했다.

그러나 이것을 그대로 PR의 개념정의로 내리기는 무리가 있고 PR을 한마디로 정의하기는 힘들다. 그래서 수많은 학자들은 제각기 자신의 주장을 정의로 내리고 있다. 1976년 할로우(Harlow)는 "PR은 조직체와 공중 사이에 쌍방적 커뮤니케이션, 이해, 수용, 협력이 이뤄지고 유지되도록 돕는 특수한 관리기능이다"라고 정의한다. 미국 PR업계의 상업적 뉴스레터지 가운데 하나인 'Public Relations News지'도 역시 PR을 관리기능으로 정의하고 있는데, PR이란 공중의 태도를 평가하고, PR 주체의 정책과 시행절차가 공중의 이익과 일치하도록 하며, 공중의 이해와 수용을 얻도록 PR 활동 프로그램을 계획하고 실시하는 관리기능이라는 것이다. 그루닉과 헌트(Grunig & Hunt)도 PR은 조직체와 공중 사이의 커뮤니케이션 관리라고 정의한다. 무어(Moore)는 PR은 쌍방적 커뮤니케이션을 통해서 공중의 상호이해와 호의를 얻고자 노력하는 사회적 경영철학이며, 이 철학은 정책과 그 정책의 실행에 반영되어 있어야 한다고 정의를 내렸다.

이상의 학자들의 PR 정의의 공통점을 모아서 정리하면 PR은 공중의 상호이해와 호의를 얻기 위한 쌍방향 커뮤니케이션 관리기능이 된다. 흔히 선전, 광고 등을 PR이라고 하는데, 이는 PR의 의미를 매우 협소하게 보는 것이다. 영어단어의 뜻 그대로 '공중관계'라고 PR을 이해하는 것이 적합하다. '공중'은 기관이나 단체를 둘러싸고 있는 소비자, 지자체, 투자자, 언론, 지역사회, 시민단체 등을 포함한다. 이러한 다양한 공중(public)과의 관계를 통하여 특정조직과 여러 공중 사이에 발생하는 종합적인 커뮤니케이션을 PR이라고 정의할 수 있다.

PR 활동의 하나인 언론보도(publicity)는 특히 중요하다. 광고와 달리 신문이나 방송, 인터넷에 비용을 들이지 않고 보도되는 것을 말한다. 언론보도는 직접적인 비용이 들어가지는 않지만, 어느 기업체나 지자체, 심지어 인물에 대한 보도는 그 이면에는 상당한 노력과 비용이 들어간다. 보도에 할애된 지면과 시간은 제한되어 있는데, 무수한 지자체나 기업들은 자기들의 이름이나 활동을 언론을 통하여 자연스럽게 내보내려고 하기 때문에 그 과정에서 겉으로 드러나지 않는 비용이 존재하는 것이다.

PR 개념은 커뮤니케이션학, 심리학, 사회학, 정치학, 경제학, 경영학 등 다양한 인접 학문의 정의를 토대로 구축되었다. 이 중 PR 개념 정립에 가장 큰 영향을 미친 것은 커뮤니케이션학으로 사실상 PR의 본질을 커뮤니케이션이라 할 만큼 중요한 영역을 차지하고 있다. 특히 커뮤니케이션학은 정치학의 선전연구, 사회학의 매스미디어 효과 연구, 심리학의 설득과 태도변화 연구에서 시작되었으며, 이러한 연구의 시작이 PR의 개념 정립과 PR 실무 정책을 기획하는 데 한 몫을 했다. 사실 PR의 개념 정의는 커뮤니케이션이 핵심이다.

1.2 홍보의 역할

홍보는 여론조사나 공청활동, 청원 등을 통해 문제와 중의를 파악하는 정보투입 과정, 투입된 정보를 산출하기 위해 정책 등을 입안하고 강구하는 전환과정, 각종 매스미디어나 간행물을 통해 정보를 생산해 알리는 정보산출 과정, 산출성과를 분석 · 검토, 다시 투입기능에 반영하는 환류과정으로 이루어진다. 이러한 원론적인 홍보의 의미와 과정을 굳이 염두에 두지 않더라도 홍보는 한 기관에서 수행하는 각종 활동을 그 기관의 수요자와 이용자들이 쉽게 알 수 있도록 해 기관의 위상과 인지도를 높이기 위해 수행하게 된다. 해당 기관에서 아무리 훌륭하고 가치 있는 일을 수행하고 있어도 그것의 결과물이 내부 구성원에게만 돌아가거나 그 의미를 구성원만 공유한다면 그 기관의 존립가치는 흔들린다. 또 그 기관에서 수행하는 일도 무의미해진다. 갈수록 사회가 복잡해지고 경쟁으로 치달을수록 개인이나 기관이 자신들의 장점과 특징을 알리고, 잘하는 일을 알리는 활동이 중요하다.

홍보는 무엇보다 지식을 제공한다. 홍보는 조직이나 단체의 활동에 호의를 가질 수 있도록 일반인들의 태도를 변화시키는 작업이며 일반인들이 알아야 할 내용을 알게 해 준다. 홍보를 통해 새로운 제도나 계획이 국민들에게 구체적이고 실질적인 이익을 가져다 줄 수 있음을 확신시키고, 변화를 추구하기 위해서는 홍보가 필수적이다. 이와 함께 해당 조직이나 단체에 대한 편견을 극복하고 적대감을 해소하는 데 결정적인 역할을 하기도 한다.

1.3 홍보(PR)와 광고(Ad)의 관계

오늘날 PR은 조직체의 마케팅 측면에서 상당히 우대를 받고 있는 듯하다. 이는 광고로 인한 기업 이익 창출이 성과를 거두지 못한 점도 한 몫 한다. 흔히 대중들은 광고와 PR을 혼돈하고 있는데 이를 올바르게 이해할 필요가 있다. 광고는 장기적이든 단기적이든 최상의 설득을 통해 판매를 이끌어 내는 목적을 가지고 있다. 그러나 PR의 영역은 이보다 광범위하다. 예컨대 PR이 광고처럼 마케팅을 지원해야 할 때 PR의 목적은 소비자에게 맞추어지고 시장을 교육함으로써 간접적 판매를 발생시키는 역할을 한다. 이런 커뮤니케이션의 관점에서 보면 광고는 PR의 한 영역으로서 PR의 하위개념으로 보는 것이 바람직하다. 따라서 광고와 PR을 전혀 다른 영역으로 다루는 것은 잘못된 것으로 볼 수 있다.

그러나 최근 광고는 인기를 잃어가고 있다. 흔히 이러한 현상을 두고 positioning 이란 용어를 처음 사용한 알 리스(Al Ries)는 '광고는 죽었다'라고 표현한다. 알 리스는 광고전문 잡지인 '애드버타이징 에이지(Advertising Age)'에 '포지셔닝의 시대가 도래한다'는 제목의 기사를 연재물로 공동 기고한 적이 있었는데, 이 연재물은 곧 엄청난 호응을 불러일으켰다. '포지셔닝(positioning)'이란 용어는 하루아침에 광고와 마케팅 담당자들 사이에서 유행어가 될 정도였다.

그러나 그들이 애드버타이징 에이지에 동일한 기사를 게재한다면 그 기사 제목은 'PR의 시대가 도래한다'가 되어야 한다고 알 리스는 주장하였다. 우리 주변을 둘러보면 광고 중심의 마케팅이 이제 PR 중심의 마케팅으로 바뀌는 극적인 변화가 일어나고 있음을 알 수 있다. 이제 사람들이 광고를 신뢰하지 않게 되었기 때문에 광고를 이용하여 새로운 브랜드를 시장에 내놓을 수 없게 되었다. 광고란 제품을 소비자에게 판매하고자 안달이 난 기업이 스스로 위안을 삼기 위해 혼자 내는 목소리에 불과하게 되었다.

새로운 브랜드를 출시하려면 퍼블리시티(publicity)를 먼저 활용하는 것이 기업들의 홍보전략이다. 퍼블리시티는 언론을 통하여, 어떤 주제, 쟁점, 사람에게 초점을 맞춰 공중의 주목을 끌어내는 능력을 말한다. 또한 PR 활동의 일환으로 공중에게 영향을 주고 언론의 주목을 이끌어내 본래 취지에 부합되게 언론보도로 전달될 수 있는 능력이기도 하다. 퍼블리시티 활동을 근간으로 하는 언론관계는 물론, 임직원, 투자자, 정부, 시민단체 등 다양한 공중(public)과의 관계(relationship)를 통해 조직과 공중 사이에 상호 이해의 폭을 넓혀 나가는 종합적인 커뮤니케이션 활동이다.

PR을 활용하면 제3자에 의한 객관적인 정보 전달, 특히 언론매체를 통해 자사가 말하고자 하는 내용을 간접적으로 전달할 수 있다. 알 리스는 신제품의 마케팅 활동을 전개하려는 기업들이 있으면, 우선적으로 제품에 관한 퍼블리시티 활동을 권하고 그러한 PR의 목적이 달성되고 난 다음에 광고에 돌입하라고 충고한다. 광고를 중시하는 기존의 기업 분위기에 익숙한 관리자들의 시각에서 볼 때 이런 충고는 가히 혁명적이라 할 만한 일이다. 반면에 다른 관리자들은 이것을 마케팅 사고(思考)의 자연스러운 발전으로 여긴다. PR은 신뢰성이 있지만 광고는 그렇지 않다. PR은 잠재고객에게 긍정적인 인식을 제공하는 반면, 광고의 경우에는 적절한 대상을 잡아 광고를 수행해야만 이런 인식을 얻을 수 있다(알 리스, 로라 리스, 2003).

이것은 오늘날 광고를 대하는 대중들의 모습에서 찾을 수 있는데, 우선 광고를 하나의 예술작품으로 본다는 것이다. 광고효과에 초점을 맞추는 것이 아니라 예술성, 창의성을 강조하다보니 실질적인 효과와는 거리가 먼 광고가 탄생하게 되는 것이다.

둘째는 광고에 짜증을 내는 대중들이 늘어간다는 것이다. 인기 TV프로그램에는 광고 수가 과다하게 많아서 시청자들의 광고기피(zapping)현상이 일어난다. 이러한 점은 하루에 우리가 의식하든 무의식이든 하루 5,000여 개의 광고를 접하는 현대인들에게 충분히 있을 수 있는 일이다.

셋째, 특히 TV광고의 집중화 현상(cluttering)을 지적할 수 있다. 너무 많은 광고가 일시에 방영되므로 시청자가 인지하거나 기억해내는 광고 수는 대체적으로 적다. 설령 기억한다 해도 어느 회사 것인지도 구분하기 쉽지 않다.

이런 광고의 프로모션(promotion)기능의 약화를 보면서 생각할 수 있는 것은 광고와 다른 형태의 PR 프로그램과의 조화를 이루는 것이 필요하다. 예를 들면 상품이 시장 진입을 시도하는 초기에는 주목효과를 위해 광고가 필요하며, 그 이후로는 굳이 비싼 광고를 이용할 필요가 없기 때문에 광고 외의 PR 프로그램을 활용하는 것이 바람직하다. 이 점에서 오늘날 조직체가 PR을 중요시해야 하는 이유를 찾을 수 있다.

1.4 언론보도(Publicity)와 광고(Ad)의 비교

만약 ○○투어가 새로운 관광상품을 개발하였다고 하자. 새로운 상품이 가진 다양한 매력과 정보, 가격 등에 대한 정보가 신문기사에 게재되면 그 기사는 퍼블리시티가 된다. 그런데 비슷한 내용이 광고 면에 게재되면 광고가 된다. 신간잡지의 경우도 마찬가지다. 잡지사 정보를 신문의 서평란에 소개하면 퍼블리시티가 될 것이고 광고 면에 게재되면 광고가 된다. 잡지사는 기자회견, 인터뷰, 취재 유도, 취재 협조 등을 통해 퍼블리시티를 할 수 있다. 〈표 1-1〉은 광고와 퍼블리시티의 차이점을 나타낸 것이다(강승구, 한정호, 2000).

퍼블리시티는 신문사나 방송국이 상품이나 서비스에 관한 정보의 뉴스 가치를 인정하여 실제로 뉴스로 게재 또는 방송하는 경우에만 이루어질 수 있다. 따라서 퍼블리시티를 실시하기 위해 큰 비용을 소요한다고 해도 반드시 뉴스화 된다고 기대할 수도 보증할 수도 없다. 언론기관은 공공성과 사회성이 있는 뉴스와 독자, 시청자 대중이 알 필요가 있는 뉴스, 공시해야 될 뉴스만 보도하기 때문에 일단 신문, 잡지, 방송에서 기사로 취급되는 것은 언론매체의 사회성, 공공적 성격으로 인해 대중에 대한 영향력이 광고보다 크다. 즉 대중매체 보도가 가지는 객관성과 공공성으로 인해 퍼블리시티의 가치가 커진다.

〈표 1-1〉 광고와 퍼블리시티의 차이점

구분	광고	퍼블리시티
게재면	광고면(시간)에 게재	기사면(시간)에 일반기사로 나감.
메시지 · 송신자	광고주 이름의 기사로 나감.	매체사 이름의 기사로 나감.
비용	매치의 지면(시간)을 유료로 구입	매체의 지면(시간)을 무료로 얻음.
특징	- 게재일, 지면(시간), 메시지를 광고주의 의도에 따라 조정 - 메시지의 표현은 광고주의 의도에 따라 융통성이 있음.	- 매체의 신용을 빌린 소구효과 - 광고회피 고객에게도 도달하여 일반적으로 메시지 수용도가 높음. - 연출효과가 작음.

퍼블리시티와 광고의 효과를 비교한다는 것은 어려운 일이나 일반적으로 권위성, 공공성이라는 점에서는 퍼블리시티가 우세하고, 자주성 및 창조성이라는 점에서는 광고가 우위를 차지한다. 이용목적에 있어서도 광고는 제품 또는 서비스의 판매를 직접 지원하는 것에 그 목적이 있는 반면, 퍼블리시티는 상품 또는 서비스의 판매를 직간접적으로 지원하기 위한 것뿐만 아니라 판매의 지지와 확대를 위한 공중의 호의를 얻기 위해서도 실시된다.

언론보도와 광고는 홍보의 쌍두마차이다. 하지만 비용, 기대효과 등 여러 점에서 큰 차이가 있으나 기업인들도 광고와 언론보도의 차이를 잘 이해하지 못하고 있다. 알 리스는 대부분의 회사는 언론보도와 홍보를 통해서 인지도와 신뢰감을 확보하기 전까지는 광고에 돈을 낭비해서는 안 된다고 강조한다.

다음은 언론보도와 광고의 차이점에 대해서 기술한다(뉴스와이어, 2014. http://blog.newswire.co.kr)

■ 비용

언론보도는 신제품이나 행사가 있을 때 기자에게 보도자료(press release)를 보내 보도를 의뢰하고 그 결과에 대해 돈을 지불하지 않는다. 반면, 광고는 신문 · 잡지 · 방송의 지면이나 시간을 돈을 주고 사는 것이다. 광고의 크기, 클릭 수, 노출량이 지불하는 돈의 크기로 결정된다. 보도자료나 행사가 독자의 관심을 끌 만한 새로운 사실이나 뉴스 가치가 있어야 보도가 되므로 보장이란 없다. 뉴스가 아닌 광고성 내용이나 프로모션은 언론사에 의해 걸러지므로 보도되기 어렵다. 대중들은 모든 기사는 기자들이 취재를 해서 보도되는 것으로 생각하나, 실제로는 신문에 나오는 기사의 60% 이상이 보도자료를 인용한 것이다.

■ 신뢰성

미국 컨설팅회사인 '월드린 그룹'이 18세 이상의 성인을 대상으로 조사한데 따르면 제품이나 서비스를 선택할 때 뉴스 기사의 영향을 받았다는 사람은 28%였지만, 광고의 영향을 받았다는 사람은 8%에 불과했다. 나머지 사람들은 기사, 광고 어느 것에도 영향을 받지 않았다고 응답했다. 광고는 대가를 지불하면 얼마든지 살 수 있기 때문에 대중의 신뢰를 받기 어렵다. 반면 언론에 보도된 내용은 언론인의 검증과 취재를 거쳐 나온 것이므로 대중이 신뢰한다. 신뢰성 높은 지식은 입소문 효과도 크다. 광고를 통해 얻은 지식을 주변 사람에게 이야기하지 않는다. 하지만 언론에서 본 정보는 다른 사람과 이야기하면서 연쇄 반응을 일으키게 된다.

■ 통제 가능성

광고에 노출되는 내용은 광고주가 제어할 수 있고 문구, 디자인, 크기도 광고주가 정한다. 보도자료는 비록 기업이 작성하지만, 언론에 실제 보도되는 내용은 기자와 편집자의 수정과 가감 과정을 거치면서 과장된 내용이 여과되고 객관적 사실만이 독자에게 전달된다. 기업은 보도가 될 때까지 기사의 내용을 미리 볼 수 없으며, 뉴스 보도는 일반적으로 일회에 한해 이루어지고 언제 보도가 될지도 알 수 없다. 따라서 기자와 신뢰할 수 있는 관계(PR)를 맺는 것이 중요하다.

■ 표현

광고는 최고, 최상, 혁명적인 같은 수사적 표현을 과감하게 쓸 수 있고, 멋진 이미지나 연예인 사진으로 소비자의 눈길을 끌 수도 있다. 하지만 언론보도는 보도자료에서 과장된 표현이나 형용사를 남발하는 경우, 보도될 가능성이 오히려 줄어들게 된다. 대신 신뢰감을 주기 위해 보도자료에는 발표한 기업명, 작성한 사람과 연락처 정보 등을 공개해야 한다. 이와 같이 필터링이 되는 것은 언론보도의 특징인데, 보도자료의 리스크를 최소화하기 위한 기자의 역할이 있기 때문이다.

■ 바이럴 효과

광고는 신문이나 웹사이트의 일정 지면이나 페이지에만 노출되고, 방송의 경우 일정 시간이 흐르고 난 뒤에는 사라진다. 하지만 언론(인터넷 포함)에 보도된 내용은 다른 언론사에 의하여 보도되기도 하고 블로거가 보도자료, 사진, 유튜브 동영상을 인용해 블로그 포스팅도 하게 된다. 페이스북에서도 내용을 공유하면서 바이러스처럼 퍼지게 된다. 인터넷 공간에서는 언론보도가 광고보다 바이럴 효과가 훨씬 크다. 또한 인터넷 공간에 퍼진 기사나 블로그 포스트는 키워드에 의해 계속 검색되면서 장시간에 걸쳐 노출되는 효과가 있다.

1.5 광고, 홍보, 선전의 개념과 의미 비교

흔히 사람들은 일상에서 광고와 홍보, 선전을 동일하게 인식하고 같은 개념으로 쓰고 있는데, 홍보학에서는 이러한 개념의 차이를 구별하고 있다(윤각 외, 2002). 광고는 주로 상품의 판매를 촉진하는 데 목적을 두며, 직접적인 비용을 수반하는 상업 행위이다. 홍보는 주로 기업의 이미지나 여론관리 등 공중 관계에 초점을 맞추고 있다. 그래서 직접적인 상품의 판매보다는 간접적인 기업의 이미지 관리에 무게를 둔다. 선전은 propaganda인데, 중세 때 가톨릭 선교단이 복음을 전파하던 선교활동의 한 수단에서 유래했다. 주로 종교의 교리를 전파하거나 정치적 신념이나 이데올로기 등을 주입하는 데 목적이 있다.

이렇게 광고와 홍보, 선전은 목적에 따라 확연히 구분되지만, 그 수단이나 방법에서는 큰 차이가 없다. 그리고 형태면에서는 공익성이나 진실성, 그리고 자유의 정도에 따라 그 차이를 구분할 수 있다. 다시 말해 공익성의 관점에서 보면, 광고는 공익성이 약한 반면 홍보는 공익성이 강하다는 특징이 있으며, 진실성의 관점에서도 광고는 진실성을 강조하지 않는 반면 홍보는 진실성을 강조한다. 또 메시지의 수신 측면에서 보면, 홍보는 메시지를 받아들이는 데 자유로운 반면 선전은 강제성을 띠고 있다. 따라서 홍보와 광고는 진실성 정도에 따라 구분되고, 홍보와 선전은 자유의 정도에 따라 구분된다고 할 수 있다. 광고가 상품 판매를 목적으로 하지만 홍보는 공중의 이해와 협조를 목적으로 한다. 따라서 광고는 '사세요(buy-me)', 선전은 '따르라(follow-me)'라면, 홍보(PR)는 '사랑해주세요(love-me)'이고, 언론홍보(publicity)는 '알아주세요(know-me)'이다.

제2절 PR의 목적(goal)과 목표(objective)

PR의 목적과 목표를 알기 위해서는 평소 혼돈이 많은 목적과 목표의 정의가 제대로 되어야 한다. 목적은 광범위하고 추상적이며 직접 검증할 수 없는 반면, 목표는 목적에서 도출되어 특별하고 측정이 가능하다. 즉 목적은 비가시적인데 반해 목표는 가시적인 면이 강하다는 것이다. 목표의 달성은 목적의 달성에 기여한다. 따라서 목적이 전략적이라면 목표는 전술적 성격을 띠고 있다.

PR 실무자들이 특정한 PR 프로그램을 계획, 실행, 평가하기 위해서는 그 프로그램에 맞는 상세한 목표를 먼저 수립해야 한다. 이 때 목표가 지향하는 바가 PR목적과 어긋나는 것은 안 된다. 특히 PR의 목적과 목표는 PR 부서가 속해 있는 조직체의 목적과 목표에 상충이 되지 않도록 수립해야 한다. 그러기 위해서는 경영자에게 말하는 '목표에 의한 관리(management by objectives; MBO)'를 이해해야 한다.

PR 프로그램들은 다양하기 때문에 PR 프로그램마다 각기 다른 목표가 필요하다고 생각할 수 있다. 그러나 거의 모든 PR 프로그램들이 커뮤니케이션 프로그램이므로 측정해야 할 PR효과－여기에서 측정이란 단어를 사용하는 것은 곧 목표라는 의미를 가진다－는 이미지 변화 혹은 제고 및 태도 변화 등의 커뮤니케이션 효과라고 할 수 있다. 따라서 PR 프로그램의 목표는 목표의 타깃이 내적 공중인가 외적 공중인가, 커뮤니케이션 효과의 방향이 균형적인가 불균형적인가, 커뮤니케이션 효과의 특성이 메시지, 기억, 수용, 태도의 형성 혹은 변화, 행동 가운데 어떤 것인가 등으로 분류할 수 있다. 이처럼 PR 프로그램 목표는 모두 높은 커뮤니케이션 효과로 설정해야 한다.

관광 PR에 있어서는 대부분 특정 관광목적지나 관광상품에 대한 이미지의 변화 혹은 태도(긍 · 부정적) 변화, 인지도 제고, 공중과의 관계, 노출에 따른 홍보물이 어느 정도 공중들로 하여금 주목을 받았는가를 알아보는 것을 목표로 삼고 있다. 물론 이 목표를 통하여 관광 조직체와 관광객 간의 상호이해 증진 및 호의증진을 궁극적으로 얻고자 하는 목적이 있다.

제3절 PR의 발달 배경

본 절에서는 현대사회에서 PR이 발달하는 이유와 배경을 알아보기로 한다. 이와 함께 PR은 사회적으로 어떠한 기능과 역할을 수행하는가에 대해서도 살펴본다. 왜 PR 발달의 근본 이유 및 배경, 사회적 기능을 미리 알아야 할까? PR은 주로 조직체를 위한 경영적인 혹은 커뮤니케이션적인 도구로 알려져 있으나, PR이 사회적으로도 중요한 기능을 수행하고 있다는 사실을 인지할 필요가 있다. 오늘날의 사회는 PR 시대라 해도 과언이 아니다. PR 시대의 도래에 한 몫 한 것은 광고의 기능 상실이기도 하다. 이외에 PR이 급속히 발달한 이유는 무엇일까? 다음은 PR에 관한 저서와 전문가들이 말하는 현대사회에서의 PR의 발달이유이다.

■ 언론의 자유화 및 경쟁화

PR과 광고산업의 발달은 미디어의 발달과 불가분의 관계에 있다. 미디어의 발달 없이는 PR의 발달을 기대하기 힘들다. 특히 언론의 자유가 전제되지 않고는 PR의 발달이란 거의 불가능하다. 언론의 자유가 성장하게 된 기초는 바로 1987년에 있었던 '6 · 29 선언' 이후로 볼 수 있다.

언론의 자유가 도래했다는 것은 다양한 것을 설명하게 되는데, 그 중 가장 두드러진 것은 미디어 간의 경쟁을 가져온 것이다. 미디어들이 앞 다투어 기업과 정부, 각종 단체와 같은 조직체들을 취재한다. 이러한 상황에서 조직체들이 미디어의 취재를 피해 방어적이고 소극적인 자세로만 임하기에는 한계가 있고, 오히려 미디어의 장에 뛰어들고자 하는 적극적인 자세가 필요하게 된 것이다. 미디어의 관심을 끌고 지지를 얻는 일이 매우 중요하기 때문이다.

■ 다매체 다채널 시대의 도래

우리나라의 경우 1993년을 시작으로 정보화와 다매체 다채널의 시대가 개막되었다. 종합 중앙일간지만 해도 10개에 달하며 지방지도 매우 많아졌다. 공중파 방송의 경우 전국방송에 이어 지역 민방이 시작되고 그 숫자는 점점 더 늘어나고 있다. 케이블 TV의 방영이 시작되어 채널 수도 급증하였고, 위성방송이 시작되면서 디지털 기술의 발달로 향후 엄청난 수의 위성방송 채널 시청이 가능하게 되었다. 2011년에는 TV에 종합편성채널이 생겼다.

뿐만 아니라 인터넷의 발달로 누구나 자신의 메시지를 주고받을 수 있는 쌍방향의 대중 커뮤니케이션이 생활화되었다. 또한 통신기술의 발달로 SNS가 등장한 것을 계기로 이를 이용한 광범위의 PR이 가능하게 되었으며 스마트폰도 한 몫하고 있다. 이상의 미디어들은 모두 PR의 매체로 사용되어 조직체들은 유료광고보다는 미디어에 직접적인 지면이나 시간을 많이 얻을 수가 있게 되었다.

■ 계층의 다양화와 직업의 전문성

오늘날 계층의 다양화가 심화되고 있다. 소득별, 연령별, 취미별 다양화는 물론, 개성이 뚜렷해지고 라이프스타일에서도 다양화가 이루어지고 있다. 또한 세분화 또는 전문화된 직업들이 많이 생기게 되었다. 이런 현상의 저변에는 미디어도 한 몫하고 있다. 이제 획일적인 사고의 사회로부터 다각화된 사고의 사회로 전환되고 있다.

관광기업을 포함한 관광조직체 역시 다양화된 관광객 층이 형성되어 있다. 이러한 상황에서 각 조직체들은 이들의 다양한 사고를 파악하고 그들 개개인이 가지고 있는 인식의 공통분모를 찾아서 소구하는 노력 없이는 폭넓은 지지를 얻어 내는 것이 어렵게 되었다. 즉 다양한 공중들에게 새로운 인지와 설득적인 노력이 절실한데 이러한 것들은 PR이 없이는 불가능한 일이다.

■ 다양한 이익집단과 압력단체의 등장

현대사회가 중앙집권적인 정부로부터 탈피하여 작은 정부를 추구하는 것이 보편화됨에 따라 이익집단과 압력단체의 세력이 급격히 커지고 있다. 각종 소비자단체, 환경단체, 여성단체, 소수 정당이 여론의 주도세력으로 부상하게 되었다. 우리 주변에는 관광개발 할 때 환경훼손을 우려하는 시민단체들이 관광개발을 저지하는 모습을 종종 볼 수 있다. 또한 최근 관광산업에서 '공정관광(fair travel)'이 화두가 되면서 이를 감시하고 실천하고자 하는 단체들도 생겨나고 있는 추세이다.

기업을 위시한 모든 조직체들은 이러한 이익집단과 압력단체들의 힘으로부터 자유스러울 수가 없다. 이들 단체들과 접촉하고 설득하는 일은 PR 부서의 고유 업무로서 다른 어떤 부서에서는 관장하기 힘들다. 이들 단체들은 정부나 언론과는 또 다른 사회세력으로서 다양하고도 독립적인 힘을 발휘하기 때문에 조직체로서는 특별한 PR의 노력이 필요하다.

■ 무관심 그룹의 등장

산업사회에서는 몰 인간화되고 자기만족에 치중하는 생활풍토가 만연하고 있다. 특히 자신과 직접적인 관련이 없는 일에는 철저히 무관심한 사람들이 늘어가고 있다. 개인이나 조직은 어떤 형태로든 타인이나 타 조직과의 관계성을 맺고 그들로부터 존재를 인정받을 때 비로소 개인과 조직은 이 사회에 존재하는 것이라 할 수 있다. 이를 위해서, 즉 공중의 관심을 얻어내기 위해서는 적극적인 PR이 필요하다.

특히 관광상품에 있어서는 제아무리 훌륭한 관광자원이라 하여도 관광객이 이를 알지 못하고 무관심할 때 그 존재가치는 상실하고 말 것이다. 관광목적지의 융성은 관광목적지에 위해를 가하지 않는다는 조건을 가진 관광객의 지속적 방문이 있어야 가능하다. 따라서 관광조직체에 대해 무관심한 집단을 관심집단으로 전환시켜야 하는 것은 관광조직체의 생존에 필수적이다. 또한 무관심 집단으로부터 유익한 공중으로 전환시키는 것은 바로 PR의 몫이다.

■ 사회현상의 복잡화와 예측 불가능한 사건의 빈번한 발생

정보화 사회의 도래도 사회의 복잡화에 한 몫을 하고 있다. 조직체는 다양한 위협에 노출되어 있으며, 이런 것들은 사소한 것이어도 조직체를 서서히 무너뜨리는 놀라운 파괴력을 가지고 있다. 기업의 사업도 목표와 배경, 의미 등을 공중들에게 전달하고 설득하는 일들이 점차 어려워졌다. 전문용어와 제도, 법률적인 문제들이 복잡하게 얽혀 있어 공중들에게 이러한 일들을 쉽게 설명해 주고 납득시키는 데는 PR의 노력이 특별히 필요하다. 평상시 정상적으로 운영되던 기업들이 단 한 건의 위기사태 발생으로 이미지에 치명적인 타격을 받고 존폐의 기로에 놓이는 일도 많다.

2011년 호텔 신라에서 한복을 입은 여성의 레스토랑 출입을 막는 사건이 발생했다. 이 때 국내 모든 언론은 호텔신라에 대해 부정적 보도를 하기 시작했고, 당시 호텔 신라는 국민들로 하여금 따가운 시선과 지탄을 받게 되었다. 호텔 신라는 우리나라 고유의 최고급 호텔이라는 이미지가 순식간에 바닥으로 추락하는 위기를 맞았다. 물론 이 사건은 삼성이라는 거대 조직의 발 빠른 위기대처 능력에 의해 일단락되었지만, 이것은 기업을 포함한 대다수의 조직체는 항상 위기와 쟁점에 노출될 가능성이 있음을 상기시키는 좋은 예라 할 수 있다. 따라서 위기관리 능력은 조직체에 있어 매우 중요하며 위기관리는 PR의 고유업무 영역으로서 그 수요가 급증하고 있다.

▪ 기업 이미지의 중요성 부각

현대사회에서는 기업의 브랜드와 회사의 이미지나 명성에 의해 구매를 결정하는 경우가 보편화되고 있다. 과거에는 제품의 수준이 현격하게 차이가 났기 때문에 제품명에 의한 구매가 쉬웠으나, 최근에는 그러한 차이가 거의 없어 기업의 이미지라는 새로운 요소가 구매에 지대한 영향을 끼치게 되었다. 또한 국가 측면에서도 과거 국력이라고 하면 경제력과 군사력으로 가늠했지만, 오늘날은 이미지와 품격으로 결정되는 경향이 강하다. 따라서 조직체의 평소 이미지 관리가 매우 중요하게 되었다.

이제 많은 소비자들은 전혀 들어 보지 못한 기업의 제품을 구입하거나 서비스를 받는 경우가 드물며, 상품명보다 회사명에 따라 구매를 결정하는 경향이 두드러지고 있다. 또한 아무리 제품이나 서비스에 자신이 있고 판촉활동을 강화해도 회사의 전체적인 이미지가 부정적이면 높은 시장점유율을 기대하기 힘들다. 특히 대부분의 기업들이 다품종 소량생산의 시대로 접어들면서 브랜드의 수가 급격히 많아지고 경쟁이 치열해지면서 기업 이미지 관리의 중요성은 더욱 높아졌다. 회사의 전반적인 이미지 관리는 PR의 가장 중요한 목표이자 업무영역이다.

▪ 기업 공공성의 확대

오늘날 기업을 포함한 모든 조직체들은 기업 시민정신(corporate citizenship)을 외면할 수 없다. 즉 기업도 하나의 시민으로서 공적 · 도덕적 임무를 수행하여야 한다.

기업의 이념은 과거 최대 이윤추구에서 적정 이윤추구로 바뀌었고, 사회에 대한 이익의 환원과 같은 기업의 공공봉사성이 기업에 대한 제도적 평가와 이미지에 중요한 요소로서 작용하게 되었다.

이제 공적인 성격의 조직체는 물론 사적인 이익을 추구하는 기업들까지도 공공성의 문제를 심각하게 고려하게 되었다. 공익적 이미지가 취약한 기업은 좋은 인재를 구하기 힘들며 직원들도 긍지를 느끼지 못한다. 이러한 공공성의 중요성을 고려하면 PR 부서는 회사의 중요 부서로서 부각되었다고 볼 수 있다. 공중들과 생기는 수많은 공공적인 문제들을 처리하는 것은 현대 PR의 중요 업무이자 고유 업무이다.

제4절 PR 과정

PR을 행하기 위해서는 PR이 어떻게 움직이는지 그 과정을 알아야 한다. 일반적 PR 과정은 마스톤(Marston)의 모형을 제시하고 있는데, 마스톤은 『현대PR』이란 그의 책에서 RACE라는 유명한 PR 과정 모형을 제시하고 있다. RACE는 조사(research) → 실행(action) → 커뮤니케이션(communication) → 평가(evaluation)의 네 단계에서 머리글자를 모아 만든 단어이다. RACE의 출현 이후 이와 유사한 PR 과정들이 상당수 등장했다. 이를테면, 조사(research) → 계획(planning) → 실행과 커뮤니케이션(action and communication) → 평가(evaluation)처럼 용어들은 약간씩 다르나 의미는 동일한 PR 과정의 네 가지 단계들이 중요한 개념으로 정립되었다.

PR 과정의 첫째 단계인 조사단계는 PR 문제가 무엇인지를 확인하는 단계이다. 두 번째 단계는 실행단계로서 PR 문제를 해결하기 위한 정책 혹은 전략을 수립하거나 PR 프로그램을 수립하는 단계이다. 세 번째 단계인 커뮤니케이션단계에서는 정책이나 전략 혹은 프로그램을 실행하는 단계인데 주로 커뮤니케이션을 통해서 이루어진다. 마지막으로 네 번째 단계는 평가단계로서 PR 문제가 계획했던 대로 잘 해결되었는지 평가하는 단계이다. 즉 초기에 수립된 PR의 목적과 목표가 얼마나 달성되었는지 평가하는 단계인 것이다.

이 네 가지 단계는 PR 캠페인에 있어서 매우 중요하다. PR 주체가 만약 개방체계적 접근방법을 중시하는 조직체라면 평가단계에서 확인된 결과를 토대로 PR 과정의 네 단계가 순환적으로 다시 계속되는 조사 → 계획 → 실행 → 평가 → 조사 과정을 반복할 것이다. 이것을 체계 이론적 용어로 설명하면 투입 → 처리 → 산출 → 피드백 → 투입과정이라고 할 수 있다.

커틀립, 센터, 브롬은 이러한 PR의 순환과정을 [그림 1-1]처럼 도식적으로 설명하고 있다. [그림 1-1]에서 첫째 단계는 PR 문제를 정의하는 단계이다. 그러기 위해서는 조직체를 둘러싸고 있는 상황을 분석해야 한다. 특히 조직체의 정책과 활동에 의견, 태도, 행동을 조사해야 한다. 이 단계는 본질적으로 조직체가 공중에 관한 정보를 수집하는 단계이다. "지금 무슨 일이 일어나고 있는가?"를 확인함으로써 문제해결 과정에서 뒤를 잇는 나머지 세 단계들의 토대를 제공한다.

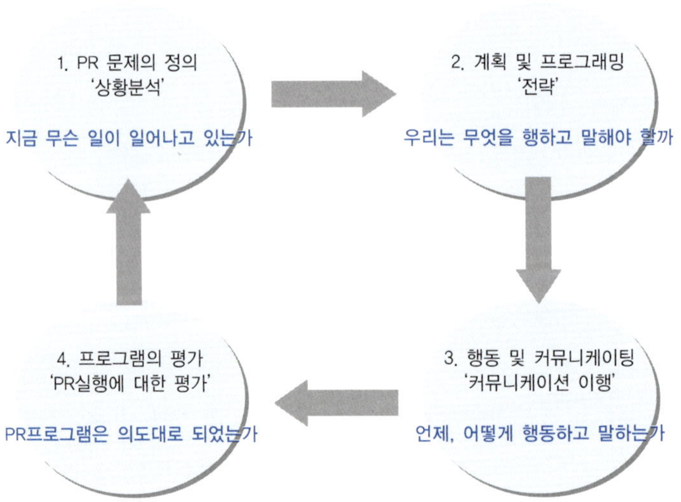

[그림 1-1] PR과정 모형

둘째 단계는 PR의 계획과 프로그램을 수립하는 단계이다. 첫째 단계에서 수집된 정보를 토대로 조직체의 정책, 프로그램의 목적(goal) 및 목표(objective), 공중, 활동, 커뮤니케이션의 전략과 전술 등을 결정하는 단계이다. 환언하면 "조직체가 상황에 관해서 알고 있는 것을 토대로 무엇을 변화시키고, 무엇을 행동하고, 무엇을 말해야 할 것인가?"를 결정하는 단계이다.

셋째 단계는 행동하고 커뮤니케이트를 하는 단계이다. 목적과 목표를 달성하기 위해 수립된 계획과 프로그램을 활동 및 커뮤니케이션을 통해 실행하는 단계이다. 이것은 "누가, 언제, 어디서, 어떻게, 이미 계획된 것을, 행동하고 말해야 하는가?"를 다룬다.

넷째 단계는 PR 프로그램을 평가하는 단계이다. 즉 프로그램의 준비, 계획, 실행, 결과를 평가하는 단계이다. 프로그램이 어떻게 진행되었는지 혹은 현재 어떻게 진행되고 있는지에 관한 평가 피드백을 토대로 그 프로그램이 끝난 후이거나 혹은 실행되고 있는 동안에 프로그램을 조정하게 된다. 평가를 통해 "PR 활동을 어떻게 하고 있는가? 혹은 PR 활동을 어떻게 했는가?"를 확인하게 되면 PR 프로그램을 계속할 수도 있고 중단할 수도 있다.

제5절 PR의 기본 개념들

5.1 공중의 의미

공중(public)이란 단어는 Public Relations(PR)라는 용어를 구성하는 두 단어 가운데 한 단어일 정도로 PR에 있어서는 매우 중요한 개념이다. 만약 공중이 존재하지 않는다면 PR도 필요하지 않기 때문에 PR 실무자들에게 있어 '공중'이란 개념은 매우 중요하다. 오늘날 사용 중인 공중에 관한 정의들은 상당수 존재하는데, 그들 가운데 가장 분명하고 유용한 정의로 인정받는 것이 있다면 바로 사회학자 허버트 블루머(Herbert Blumer)와 철학자 존 듀이(John Dewey)의 정의들이다.

블루머는 여론 조사자들이 여론을 조사한다면서 공중의 의견(public opinion)을 조사하는 것이 아니라 대중의 의견(mass opinion)을 조사하고 있다고 주장하면서 공중과 대중은 다르다고 말한다. 그에 의하면 대중은 이질적이고 공중은 동질적이다. 공중의 구성원들은 그들에게 영향을 미치는 동일한 문제나 이슈를 중심으로 공중을 형성한다.

따라서 공중은 다음과 같은 특성을 지닌 사람들의 집단이라고 블루머는 말한다. 첫째, 공중은 어떤 이슈에 직면해 있다. 둘째, 공중은 그 이슈에 대응하는 방법에 관한 그들의 생각이 획일적이지 않고 다양하게 분열되어 있다. 셋째, 공중은 그 이슈에 관해서 토론한다(Blumer, 1966). 듀이(Dewey)도 공중은 유사한 문제에 직면해 있고, 공중은 그 문제가 존재한다는 것을 인식하고 있으며, 공중은 그 문제를 해결하기 위해 조직된 사람들의 집단이라고 정의한 바 있다.

그루닉은 이 세 가지 조건을 토대로 공중을 다음과 같이 네 가지로 세분화한다. 첫째, 만일 위의 세 가지 조건들 가운데 한 가지도 적용될 수 없는 집단이 있다면 그것은 '비공중(nonpublic)'이라는 것이다. 따라서 조직체와 비공중 사이에는 서로 영향을 미칠 수 있는 문제나 쟁점이 존재하지 않는다. 조직이 이러한 비공중을 상대로 커뮤니케이트를 시도한다면 조직으로서는 비용과 인력의 낭비라고 한다. 둘째, 사람들이 조직체의 영향으로 야기된 어떤 동일한 문제에 직면해 있으면서도 그 문제를 알아채지 못한다면 '잠재적 공중(latent public)'을 형성한다. 이것이 두 번째 유형의 공중이다. 셋째 유형은 그들이 직면한 문제가 무엇인지 아는 '자각적 공중(aware public)'이다. 마지막으로 공중이 문제에 관해서 토론하고 무슨 일인가 하기 위해 조직화하면 활동적 공중(active public)이 된다. 조직이 공중을 대상으로 실수하기 쉬운 것 중 하나가 바로 공중이 활동적 공중이 되기를 기다리는 것이다. 활동적 공중은 매우 위험하고 까다로운 공중으로 일단 잠재적 공중 혹은 자각적 공중에 대해 대처하지 못했을 때 형성된다. 이들의 결속력과 힘은 대단하여 조직체로서는 활동적 공중과의 커뮤니케이션을 시도하기 위해서는 막대한 정신적 · 물질적 손실을 감수해야 한다.

또한 그루닉과 헌트는 문제인식과 제약인식에 따른 공중의 커뮤니케이션 행동 상황과 관여도를 조합하여 이러한 종류의 공중들, 즉 활동적 공중, 자각적 공중, 잠재적 공중, 비공중들이 어디에 속할 가능성이 가장 높은지를 보여주고 있다. 환언하면 문제인식과 제약인식을 기준으로 공중의 행동 유형을 네 가지로 분류한 다음 관여도에 따라 다시 여덟 가지 종류의 공중들로 나누는 것이다(Grunig, Hunt, 1984).

〈표 1-2〉는 이를 요약해 놓은 표인데, 예를 들어, 문제에 직면한 공중들이 그 문제에 대한 관여도가 높으면 활동적 공중이 될 가능성이 많으며, 반면 그 문제에 대한 관여도가 낮으면 자각적 공중에 머무를 수도 있음을 보여준다. 그리고 관여도가 높을 때 공중은 자각적 공중이나 활동적 공중이 된다. 관여도가 낮으면 이 공중은 커뮤니케이션 할 때, 제약요인으로 인해 그 동기가 적을 것이며 잠재적 공중이 되든지 자각적 공중이 된다.

〈표 1-2〉 문제인식, 제약인식, 관여도에 따른 공중 분류

	공중 유형	
	고관여	저관여
문제 직면적 행동 (문제인식↑, 제약인식↓)	활동적	자각적/활동적
제약된 행동 (문제인식↑, 제약인식↑)	자각적/활동적	잠재적/자각적
일상적 행동 (문제인식↓, 제약인식↓)	활동적(보강적)	비공중/잠재적
숙명적 행동 (문제인식↓, 제약인식↑)	잠재적	비공중

출처: Grunig, J., & Hunt, T.(1984). Managing public relations. NY: Holt, Rinehart & Winston, p.153(수정인용).

5.2 캠페인

현재 우리가 흔히 사용하고 있는 캠페인은 야전(野戰)이라는 뜻에서 비롯되었으며 라틴어로 평야, 평원을 뜻하는 캄푸스(campus)에서 유래했다. 이것이 '호소하는 운동'이라는 뜻을 가지게 된 것은 과거 스코틀랜드 병사들이 전투에 임하기 전 서로 격려하기 위해 평원에서 구호를 외치면서부터다. PR 이론가들과 실무자들은 캠페인을 다양하게 정의한다. 이와 같은 다양성은 캠페인 목적, 방법, 기간, 의도한 효과, 커뮤니케이션 채널 등에 따라 정의가 다른 것에서 기인한 것이다.

페이슬리(Paisley)는 공공정보 캠페인을 한 사람(혹은 집단)이 다른 사람(혹은 집단)에게 커뮤니케이션을 통하여 호소함으로써 다른 사람의 신념이나 행동에 영향을 미치고자 의도하는 것이라고 정의한다. 로저스(Rogers)는 「가족계획을 위한 커뮤니케이션 전략」이라는 책에서 캠페인이란 변화 유도자들(change agents)이 특정기간에 수용자의 행동에 변화가 일어나도록 하기 위해 설계한 커뮤니케이션 활동이라고 정의한다.

앞에서 예로 든 캠페인의 정의들은 캠페인이 공공정보 캠페인인가, 가족계획 캠페인인가, 정치 캠페인인가에 따라 약간씩 다르다. 그러나 캠페인이 어떤 캠페인이든 대개 네 가지 공통된 특성을 지니고 있다. 첫째, 캠페인은 목적이 있다. 둘째, 캠페인은 규모가 큰 공중을 겨냥한다. 셋째, 캠페인은 다소 명확하게 규정된 시간적 한계가 있다. 넷째, 캠페인은 조직적 커뮤니케이션 활동을 전개한다. 이 네 가지 특성을 토대로 해서 캠페인을 정의하자면, 캠페인이란 조직적 커뮤니케이션 활동을 통해 보통 명확하게 한정된 특정기간 내에 비교적 다수의 개인들(혹은 공중들)을 상대로 그들에게서 특정한 결과나 효과를 자아내고자 의도하는 것이다. 또한 캠페인은 특정기간 수용자의 행동에 변화를 꾀하려는 목적이 있으므로 반드시 슬로건(slogan)이 있다.

우리나라 관광업체 중 '하나투어'는 현재 '희망여행' 캠페인을 벌이고 있으며, 구체적으로 소외 이웃들에게 희망 전하기, 임직원 봉사단 창단, 상품판매 수익의 일부분을 희망여행 기금으로 연중 적립하여 다양한 체험기회가 부족한 소외 이웃에게 여행을 지원하고 있다. 이 전담부서를 CSR(Corporate Social Responsibility)라 부르고 있다.

사례 기업들 "언론홍보 마케팅도 전략이다"

기업들은 자사의 브랜드나 신제품 출시를 어떻게 준비해 알릴까. 더욱 성공적인 마케팅을 위해서는 기술력이나 품질이 우선시 돼야 하지만 그보다 중요한 게 바로 홍보 전략이다. 특히 수천만 원에서 수십억 원을 호가하는 공작기계나 일반산업 기계의 경우 제품의 판매와 구매과정이 더욱 복잡해지기 마련이다. 거래규모가 커질수록 기업 간 거래(B2B)나 기업과 소비자 간 거래(B2C)에 있어 무엇보다 업계에 대한 평가, 제품에 대한 신뢰도, 사용자들의 입소문, 제조기업의 안정성 등을 두루 따진 뒤 구매 결정을 내리게 된다.

광고와 기사의 차이점은 일방적인 소통이냐, 쌍방향 소통이냐에 있다. 한마디로 광고는 비용을 내면 지면이나 온라인을 통해 노출할 수 있다. 일방적인 광고주만의 소통이다. 반면 언론 뉴스는 전문기자가 현장을 방문, 검증을 거치기에 신뢰감을 줄 수 있다는 강점이 있다. 그래서 B2B 기업이 가장 신뢰하고 선호하는 홍보방법이 '언론홍보 마케팅'이다.

그렇다면 기업들이 자신들의 제품을 언론 뉴스로 보도하려면 어떤 게 더 효과적일까? 우선 매체선택이 중요하다. 경제전문지나 IT 관련 전문지는 많지만, 소재산업에서부터 부품, 기계 관련 매체의 경우 사실상 일반인들에게까지 깊숙이 침투해 있지는 못하다. 그러나 전문매체의 주 독자층들은 실제 관련 업계 종사자들이 대다수다. 이들 매체는 특화된 분야에 있어서 정부정책이나 협회·단체 움직임, 동향을 정확히 꿰고 있다.

수많은 산업카테고리별 전문기자가 있는가도 매체를 고르는 한 방법이다. 다음으로 동종 전문매체 간의 독자층 영역과 경쟁력 있는 취재가 가능한지도 따지고 분석해야 한다. 정확히 기업이 전하려 하는 의도와 제품에 대한 특·장점, 제품에 담겨 있는 회사의 메시지를 담아내고 있는지도 살펴야 한다. 여기에 신속보도와 정확성이 가미돼야 한다. 업계에서 사용되는 기술적 용어, 약어, 동향까지 더한다면 뉴스를 읽는 독자나 제조기업이 비로소 공감할 수 있기 때문이다(산업일보, 2015. 06. 25.).

제 2 장

Tourism PR

관광홍보

제1절 관광홍보의 특성과 역할

관광홍보는 관광시장에서 주목을 받고, 좋은 이미지를 구축하고, 결과적으로 관광객이 방문하도록 만드는 커뮤니케이션 활동이다. 홍보믹스에는 광고, 판촉, 인적판매, PR/publicity가 포함되는데, 아직 대다수 기업이나 지자체에서 홍보할 때 광고 비중이 가장 많고, PR은 상당히 적은 편이다. 그러나 관광에서는 무엇보다도 PR의 역할이 매우 중요하다. 그 이유는 PR은 대중이 아닌 이슈에 관심을 가진 공중(public)과의 관계를 잘 유지함으로써 인지도를 높이고 긍정적인 이미지를 심는 역할을 하기 때문이다. 특히 PR 활동의 결과가 객관성과 신뢰성을 주는 언론보도(publicity)로 나타날 때 홍보효과가 크게 돋보인다.

일반적으로 국가가 실행하는 관광홍보는 주요 시장의 일간지나 TV에 광고를 게재하고, 세계적인 관광 전시회 등 다양한 홍보활동을 전개하고 있다. 무료 관광안내 전화나 인터넷 사이트에 관광 안내정보를 제공하며, 관광목적지의 지도나 책자를 배포하는 것이 일반적이다. 해외시장 홍보활동으로는 시장별로 세분화하여 광고를 싣거나 캠페인이나 슬로건 등의 PR활동이 있다.

1.1 관광홍보의 개념과 목적

관광홍보는 관광시장에서 주목을 받고, 좋은 이미지를 구축하고, 이를 통하여 관광객이 방문하도록 만드는 커뮤니케이션 활동이다. 관광홍보는 관광마케팅 전략에서 역할이 크지 않을 것이라는 인식을 하게 되지만, 사실 관광지나 관광상품을 홍보할 때는 가장 빈번하고도 중요하게 사용된다. 자자체도 지역관광홍보 수단으로 PR을 가장 많이 사용하고 있다. 한국홍보학회가 2007년 PR을 우리말로는 '홍보'로 번역하여 쓰기로 결정하였기 때문에 본서에서는 관광홍보를 관광PR과 병용하기로 한다.

홍보(promotion)는 알리고 설득하여 소비자의 의사결정에 영향을 주는 기능으로 정의된다. 여기서 홍보는 앞서 기술한 홍보(PR)와는 다른 의미로서 마케팅 믹스의 한 요소이다. 홍보는 광고, PR, 퍼블리시티, 판촉, 인적판매, 인터넷을 통하여 판매를 촉진하고, 새로운 고객을 유치하며, 알게 만들고, 태도를 변화시키며, 이미지를 창조하는데 사용된다. 관광홍보의 주요 임무는 관광공급자(업계)와 관광객(시장) 사이에 존재하는 인식과 정보의 갭을 메우는 역할을 한다. 더 나아가 홍보는 구매를 결정하거나 특정 방문지를 선택하는데도 영향을 미친다.

관광홍보(관광 PR)는 소비자에게 각기 다른 혜택(benefits)을 만드는 높은 잠재력을 가지고 있다. 즉 관광목적지에 대한 관심을 높이거나 특정 목적지의 혜택을 전달하고, 목적지를 차별화하고, 이미지를 창출하며, 궁극적으로 관광객을 더 오래 머물게 만드는 역할을 하기 때문에 중요한 것이다.

관광지목적지 마케팅에 있어서는 특정관광자원이 관광상품으로서 뛰어남에도 불구하고 관광객에게 소개되지 않고 있거나, 관광객들이 그 지역에 대해 부정적인 이미지를 형성하고 있는 경우에는 긍정적인 이미지를 창출해 내기 위한 홍보활동을 한다. 관광목적지 마케팅에서의 홍보활동은 관광수요자에게 관광정보제공과 상호 커뮤니케이션을 통해 관광목적지의 관광상품이나 서비스에 대한 이해와 호의를 증진시키는 것이며, 궁극적으로는 방문객을 늘리는 것이 목표라 하겠다. 결국 관광홍보는 관광목적지에 대한 수요자의 이미지를 우호적으로 발전시키기 위한 활동이며 관광상품, 서비스 등에 대해 수요를 자극하는 역할을 한다. 이를 통해 관광목적지가 추구하는 궁극적 목표까지 도달할 수 있다.

하나의 관광지가 비교우위를 점하는 것은 지역의 타 산업에 미치는 경제적 파급력 측면에서 매우 중요한데, 관광지 간의 비교우위 경쟁의 치열함을 이겨내고 더불어 이 경쟁에서 생존할 수 있는 주요 병기가 바로 관광홍보라 할 수 있다. 이러한 사실은 비단 한 곳의 관광지에만 해당되는 것이 아니다. 국가 및 지방자치단체 등으로 하여금 관광홍보를 하게 만들고 홍보방법에서도 다양함을 구사하고 있다. 최근 TV를 보면 과거에는 상상할 수 없었던 지역에 대한 이미지 광고가 자주 노출되고 있으며, 각종 오락 및 버라이어티 프로그램에도 지자체는 지역 홍보를 위해 지원을 아끼지 않는다. 또한 지역이나 국가는 신뢰성을 보장 받는 퍼블리시티를 통해 지역이나 국가의 관광이미지를 제고시키려는 노력을 꾀하고 있다.

이상과 같은 관광홍보 노력의 우선 목적은 관광객으로부터 주목을 끌고자 하는 것에 있으며, 관광홍보의 시작은 바로 주목에 있다고 해도 과언이 아니다. 그리고 관광홍보의 궁극적 목적은 잠재관광객에게 호의적인 관광지이미지를 형성하거나 변화시켜서 새로운 관광욕구를 불러일으키고, 다양한 정보제공에 의해 실제 관광행동으로 연결시키는 것이라 할 수 있다. 이처럼 관광홍보의 목적은 잠재관광객의 행동 변화를 이끌어내는 것인데, 방문한 적이 없는 사람으로 하여금 방문하게 만드는 것이고, 다른 관광상품을 선택하도록 선택행동을 바꾸는 일이며, 홍보하는 브랜드를 지속적으로 선택하도록 기존의 관광행동을 강화시키는 일이다. 이를 위한 관광홍보의 구체적인 목표는 다음과 같다.

1. 관광상품을 널리 알린다.
2. 많은 사람들이 경험하도록 관광상품을 매력적으로 보이게 한다.
3. 사실에 바탕을 둔 홍보 메시지를 매력적으로 만든다.

1.2 관광홍보 특성과 형태

IT기술의 발전과 글로벌화로 인하여 세계는 지난 수십 년간 전에 없던 도전과 변화를 겪고 있는데 이런 변하는 앞으로도 계속 될 전망이다. 홍보방법도 시대의 흐름에 따라 중요도가 달라지는데, 과거에는 안내책자나 광고 등이 중요한 도구였으나 정보시대로 들어와서는 인터넷, SNS가 영향력이 커져서 더 중요한 도구로 등장했다. 관광비즈니스에서 인터넷의 지배, 텔리커뮤니케이션을 통한 국가 간의 연계, 그리고 항공 접근성의 증가로 전대미문의 변화가 나타나고 있지만 관광산업은 변화를 수용하는 수준이 아직 미흡하다는 의견과 대체로 적응하고 있다는 상반된 반응으로 나뉘고 있다.

미국 컨벤션관광뷰로(Convention & Visitors Bureau)의 연구에 의하면 지역마케팅기구(Destination Marketing Organization)인 뷰로가 이런 변화에 제대로 적응하지 못하고 아직도 브랜딩에 집착하는 모습을 보였다고 한다. 그러나 유럽이나 호주의 DMO는 지속적인 관광발전을 지원하기 위하여 시스템 개발과 더 선제적인 경영에 필요한 재정적 · 사회적 · 교육적 자원에 투자하기 시작했다.

관광홍보의 내용은 크게 이미지 전달과 정보제공으로 나눌 수 있다. 이미지 전달로는 관광국 또는 관광지의 자연, 전통, 역사, 문화 및 사람들에 대한 사회 · 심리적이며 상징적인 것들이 포함될 수 있다. 정보제공으로는 관광국 또는 자연경관 및 기후, 박물관, 역사유적지, 숙박시설, 교통수단, 안전성, 서비스의 질, 쇼핑, 기타 엔터테인먼트 등에 대한 구체적인 관광정보 등이 포함될 수 있다. 이미지 전달과 정보제공의 정도를 결정하기 위해서는 관광홍보 대상국가 또는 지역의 정서적인 특성이 고려되어야 한다.

동양관광객들은 전통적으로 이미지 전달에 더 큰 영향을 받고 있으며, 서양관광객들은 관광지와 관련한 정보 전달에 더 큰 영향을 받고 있는 것으로 나타났다. 홀(Hall)에 의하면 동양은 고정황(high-context) 문화에 속하여 직접적인 표현보다는 간접적인 표현을 하는 문화이다. 따라서 관광안내책자와 같은 인쇄매체에서 정보를 취득하기보다는 TV와 같은 영상매체에 더 관심을 가지고 피상적인 정보를 수집하는 편이다. 서양은 저정황(low-context) 문화에 속하므로 책이나 신문, 잡지, 안내서 등에서 깊은 정보를 수집하는 경향이 있다. 동양인과 서양인은 관광정보 수집 채널이 다르다는 점을 알 수 있다.

이런 작은 단서가 관광홍보물 제작에도 다각적 측면에서 도움을 준다. 예를 들면, 동양관광객의 유치를 위한 홍보물 기획 및 제작에 있어서는 감성에 호소하는 것, 즉 그림이나 사진, 동영상 중심인 것이 호응(주목 및 호의적 이미지 형성 및 변화)을 얻어낸다. 서양관광객들에게는 관광목적지나 관광기업의 구체적인 각종 정보, 예를 들면 숙박, 인근 관광지, 쇼핑, 레스토랑, 각종 오락시설 등을 비롯하여 관광객이 알고자 혹은 보고자 하는 관광상품 중심으로 만들어진 상세한 관광지도가 그들의 욕구를 충족시키고, 관광지 혹은 관광기업으로 유인하게 하는 관광홍보 효과를 가진다 할 수 있다.

〈표 2-1〉 동·서양의 문화 및 선호 채널 비교

동양	서양
고정황(high context)문화	저정황(low context)문화
감성	이성
Visual(영상)	Textual(인쇄)
TV, 영화	신문, 잡지

일반적으로 관광홍보활동의 성공 여부는 두 가지 관점에서 예측할 수 있는데, 첫째는 어떤 커뮤니케이션 방법이 효과적으로 사용될 것인가를 결정하여 실행하고 이후 커뮤니케이션 성과를 알아보는 것이고, 둘째는 관광객에게 홍보메시지가 어떻게 전달되느냐를 관측하는 것이다. 커뮤니케이션 방법과 효과적인 홍보 메시지의 전달은 홍보 대상지역의 철저한 기초조사에 의한 그들의 욕구를 충족시키는 것에서 비롯될 수 있다.

홍보물 기획자의 입장에서 아무리 훌륭한 홍보 메시지를 노출시킨다고 해도 홍보 대상지역의 메시지 수용자들의 주목을 끌지 못하고 요구에 부응하지 못하는 메시지라면 홍보성과 측면에서는 실패이다. 이는 단순히 홍보비용의 손실뿐만 아니라 자칫하면 홍보 대상지역의 기존 이미지에 악영향을 발생시킬 수 있다.

관광홍보의 형태에는 정보 전달, 설득, 리마인더 등 3가지가 있다.

1. 정보전달 홍보: 상품생명주기(product life cycle)의 초창기에 중요한 것으로 새로운 관광지, 리조트, 호텔 등의 시설과 매력 있는 환경을 대중에게 알릴 홍보 통로를 찾고자 할 때 사용한다. 구매절차의 주의와 이해 단계에서 관광객들에게 중요하다.
2. 설득 홍보: 관광자원이 성장하기 시작할 때 사용하는 방법인데 설득력 있는 메시지를 만들고 다양한 채널을 통해 전달될 수 있도록 홍보활동을 하는 것이다. 잠재관광객들의 태도변화를 이끌어내고, 구매 의도를 증진시켜서 결국 구매를 시작하도록 만드는 게 목적이다.
3. 리마인더(reminder): 특히 상품의 성숙단계에 도달할 때 긴요하게 사용하는 방법이다. 방문자들에게 긍정적인 방문경험을 다시 생각하도록 주의를 환기시키는 메시지를 전달하는 것인데, 방문자의 기억을 살짝 건드리면서 홍보 대상물이 대중의 시선에서 사라지지 않도록 만드는 방법이다. 이 방법은 주로 구매 후에 사용된다.

제2절 관광홍보의 역할과 효과

2.1 관광홍보의 역할

관광홍보는 특정 관광지 혹은 특정지역을 매력을 지닌 상품으로 인식시킴으로써 관광수요의 창출이라는 중요한 역할을 한다. 지속적인 커뮤니케이션 활동을 통해 특정 관광목적지의 이미지를 관리하고 발전시키는 역할을 한다. 관광목적지의 효율적 경영을 위한 장소마케팅과 프로모션에 대한 관심은 1980년대에 접어들면서 생겨나기 시작했다. 이를 반영하듯 현재 국가적 차원과 지방적 차원에서 관광산업 활성화를 위한 장소마케팅과 프로모션의 중요성을 인식하고 다양한 홍보활동을 전개하고 있다. 특히 우리나라는 한국의 관광이미지 고양 및 방한동기 부여와 내실 있는 관광정보제공을 위해 폭넓은 해외홍보활동을 하고 있다. 이 활동의 일환으로 인터넷을 이용한 홍보, 홍보간행물의 발간 및 영상·홍보 시각물을 제작하고 있다.

관광조직체는 마케팅 측면에서도 홍보활동을 중요시하고 있는데, 그 이유는 다음과 같다. 첫째, 실제로 관광방문이 일어나는 계기는 그 전에 특정 관광목적지에 대해 가지고 있는 이미지와 밀접한 관계가 있는데, 이러한 이미지는 기업이나 지역의 홍보활동으로 어느 정도 영향을 받는다. 둘째, 많은 경우에 잠재관광객들이 방문지를 선택하는 의사결정을 할 때 관광홍보에 영향을 받는다. 대대적인 광고나 이벤트를 개최할 경우 특히 그렇다. 셋째, 관광홍보를 통해 국가 또는 특정지역은 그 지역을 알릴 수 있는 기회를 갖게 된다. 인지도가 낮은 지역이라도 홍보활동을 함으로써 존재를 알리게 되고, 따라서 관광수요도 창출하게 된다.

넷째, 홍보활동을 통해 정보가 전달되는 과정에서 해당 지역민들에게 정체성 형성과 자긍심을 갖게 만든다. 이것은 관광객으로부터 긍정적 이미지를 얻어낼 뿐 아니라 주민들의 의식을 고양시키기도 한다. 다섯째, 특정 관광상품이 아주 훌륭하고 매력적이며 우수한 가치를 지녔다고 해도 관광수요자가 인식하지 못한다면 소용이 없다. 그 가치와 효용성 상실을 방지하고 알릴 수 있는 것이 관광홍보활동이라 할 수 있다. 마지막으로 관광목적지의 각종 자료나 다양한 정보제공이라는 홍보활동은 관광객들에게 관광체험의 만족을 극대화시키는 역할도 한다.

2.2 관광홍보 효과

관광홍보의 효과에 대하여 두 가지 관점이 있다. 하나는 관광홍보가 확실히 지역의 개성을 표현해주고 있어 관광객들이 그 차이를 인식할 수 있다는 것이고, 다른 하나는 관광홍보가 관광객들의 인식에 변화를 주는 일차적인 수단이 아니라 컨트롤 할 수 없는 외적 요인이 더 중요하다는 것이다. 지역 간, 국가 간 경쟁이 심해지는 환경에서 홍보는 확실히 본연의 역할을 하는 것은 분명하다. 서로 다른 문화와 자연자원을 가진 지역의 장점을 널리 알림으로써 개성을 보여주는 기능을 하기 때문이다. 그러나 이미지나 인식은 정보의 공급자인 지역마케팅기구(DMO: Destination Marketing Organization)가 의도한대로만 움직이는 것이 아니고 홍보활동 이전에 언론보도, 교육, 구전 등 외적 요인으로 이미 심어진 인식이나 이미지가 있어 홍보효과는 제한적일 수밖에 없다. 그러나 부정적인 이미지가 이미 형성되어 있으면 이것을 긍정적으로 변화시키거나 최소한으로 제한하고자 노력하는 것이 홍보의 역할이다.

홍보의 궁극적인 목적은 행동의 변화를 이끌어내는 것인데, 그것은 구매한 적이 없는 사람으로 하여금 구매하게 만드는 것이고, 또 다른 상품을 선택하도록 선택행동을 바꾸는 일이며, 홍보하는 브랜드를 지속적으로 선택하도록 기존의 소비행동을 강화시키는 일이다. 마찬가지로 지자체 관광홍보의 목적은 해당 지역과 지역 생산품에 사람들이 관심을 갖게 만드는 것이다. 이런 관심을 오랜 동안 지속될 인상으로 바꾸는 가장 효과적인 방법 중 하나는 지역 정체성을 지니고 다른 지역과 구별되는 브랜드를 구축하는 일이다.

미국 펜실베니아의 Hershey 시의 슬로건은 "The sweetest place on earth"인데 그곳이 캔디 공장으로 유명한 것과 일치하면서 친근한 이미지를 준다. 한번 결정된 슬로건이나 로고는 지자체의 모든 마케팅 홍보물에 사용될 때 여행객들에게 일정하고 지속적인 메시지를 전달할 수 있다. 관광홍보활동은 관광객에게 지역의 이미지를 높이거나 지역의 존재가치를 알리고, 잠재관광객의 의사결정과정에도 긍정적인 영향을 미친다고 볼 수 있다.

2.3 관광홍보와 지역경제

지역홍보는 관광경제에 중요할 뿐 아니라 큰 의미에서 경제발전의 촉매제로서도 기능을 한다. 일자리와 세수를 창출하는 것은 물론 지역홍보기구인 DMO는 그 지역으로의 항공 서비스를 유지하고 친근감을 만들며 의사결정권자들을 유치하고 주민들의 삶의 질을 향상시키는 역할을 한다. 지역홍보를 최우선으로 하고 경제발전의 주체들과 이런 노력을 조정하는 도시나 국가는 투자유치, 회사 이전, 우수한 노동력을 놓고 경쟁하는데 유리한 지위를 갖게 된다. 상대적으로 지역홍보를 통하면 지역경제를 실현시킬 수 있는 기회가 커지는 것이다.

영국 옥스퍼드대학의 연구소인 Oxford Economics에 의하면 경제발전 주체와 지역홍보가 협력을 할 때 강력한 시너지 효과가 있다고 하였다. 지역홍보가 어떻게 경제발전의 동력이 되는가를 4가지 관점에서 제시하고 있다. 우선, DMO가 컨벤션이나 무역전시회를 유치함으로써 경제개발기관이 타깃으로 삼는 유망한 사람들을 지역으로 끌어들인다. 컨벤션이나 전시회 유치로 지역이 비즈니스 CEO들에게 노출되는 성과가 있고 이들과 네트워크를 구축하게 된다. 이렇듯 경제집단과 컨벤션은 상승효과를 만들어낸다. 둘째, 지역의 외형을 제고한다. 지역홍보는 투자 유치에 긴요한 비즈니스, 기관, 개인과의 네트워크 안에서 인지도, 친밀감, 유대 관계를 구축한다.

셋째, 교통 네트워크를 구축한다. 관광경제를 발전시킴으로써 지역홍보는 투자를 이끌어내는데 중요한 접근성과 물류를 좋게 만들어서 교통 인프라를 발전시키는데 도움을 준다. 특히 항공 서비스는 기업 투자에 결정적인데 관광이 기여하는 가장 중요한 일이기도 하다. 마지막으로, 주민들의 삶의 질을 향상시킨다. 지역에서 일어나는 관광객의 소비는 다른 방법으로 달성할 수 있는 것보다 더 광범위하고 수준 높게 지역시설을 만드는 데 기여한다. CEO도 어느 지역에서 기업을 설립할 것인지 결정하는데 관광매력을 고려한다고 한다(Oxford Economics, 2016).

관광홍보가 지역경제발전에 중요한 역할을 하는데 조선업 불황으로 지역경기가 침체되고 있는 거제시의 사례를 보자. 세계 2, 3위 조선소(대우해양조선, 삼성중공업)가 있는 '조선업의 메카'인 거제시는 동네 개도 1만 원짜리 지폐를 물고 다닌다고 할 정도로 호황을 누리면서 국내 최고의 부자 도시로 살아왔다. 그런 거제가 74년 조선소가 들어선 이후 처음으로 깊은 불황의 늪에 빠져들었다. 조선업에서 해고된 정규 인력만 직영 3,000여 명과 협력업체 9,000여 명 등 모두 1만 3000여 명에 달한다. 구조조정, 인구 유출, 아파트 값 하락, 소비 위축, 상가 폐업 등 조선업 위기에서 촉발된 위기가 확산되고 있다(중앙일보, 2017).

조선 불황 때문에 조선에만 의존할 수 없다는 인식을 일깨워줬고, 현재 조선업 70%, 관광 20%, 농수산 10%인 경제체질을 바꿔서 거제가 지닌 관광자원에 관심을 돌리자는 여론이 일고 있다. 거제시는 한 해 600만 명의 관광객이 찾는 해양관광 도시이고, 조선소 부지 130만여 평(430만㎡)은 중대형 크루즈가 몇 척씩 동시에 정박할 수 있는 완벽한 접안시설을 갖추고 있다. 사용하지 않는 조선소 야드에도 외국인 카지노와 면세점, 백화점 등을 유치해 해양복합리조트를 만든다면 중국 등의 관광 수요를 창출할 수 있고, 지심도 생태공원 조성과 거가대교 근처의 한화호텔리조트가 완공되면 조선 침체로 위축된 지역경제를 되살릴 수 있다는 계획을 갖고 있다. 거제시가 관광자원을 개발하고 홍보하면 지역경제를 어느 정도 만회할 수 있다는 기대를 갖게 한다.

조선업 불황으로 유흥활동이 위축받아 택시 승객이 20% 감소하고, 전통시장 · 식당 · 부동산 거래 등이 15~20% 정도 떨어졌지만 언론 보도처럼 심각한 상황은 아직 아니다. 그러나 부정적 언론보도는 투자자들에게 '거제는 안 되겠다'라는 인식을 심어주고, 금융기관이 대출을 기피하는 등 굉장히 민감하게 반응케 만든다. 바로 이점에서 지역관광홍보의 역할과 필요성이 있다. 관광홍보를 강화함으로써 부정적인 인식의 확대를 완화시키고, 새로운 경제발전의 엔진을 보여주면 관광홍보와 경제발전 간의 시너지 효과를 기대할 수 있다.

제3절 관광홍보믹스

3.1 관광홍보 믹스 구성요소

홍보믹스는 관광객에게 메시지를 전달하는 도구인데 여기에는 광고, 판촉, 인적판매, PR/publicity가 포함된다. 아직 대다수 기업이나 지자체에서 홍보할 때 광고 비중이 가장 많고, PR은 상당히 적은 편이다. 그러나 관광에서는 무엇보다도 PR의 역할이 매우 중요하다. 그 이유는 대중이 아닌 이슈에 관심을 가진 공중과의 관계를 잘 유지함으로써 인지도를 높이고 긍정적인 이미지를 심는 역할을 하기 때문이다. 특히 PR 활동의 결과가 객관성과 신뢰성을 주는 언론보도로 나타날 때 홍보효과가 크게 돋보인다. 홍보믹스(promotion mix)는 PR/publicity(언론보도), 광고(advertising), 인적판매(personal selling), 그리고 판매촉진(sales promotion)으로 구성된다.

■ Publicity

매스미디어를 사용하여 생각이나 상품/서비스를 알리는 수단으로서 광고와 달리 매체에 지불하지 않으며, 호의적인 이미지를 구축할 때 사용한다. 기업들은 자사의 브랜드나 신제품 출시를 알릴 때 언론보도를 광고보다 먼저 사용한다. 광고는 비용을 부담하는 광고주의 일방적인 소통방법이지만, 언론보도는 전문기자가 현장을 방문하여 검증을 거쳐서 보도되기 때문에 독자들에게 신뢰감을 준다. 그래서 가장 신뢰하고 선호하는 홍보방법이 publicity이다.

노출된 기사는 일반적으로 블로그, 카페, 트위터, 페이스북, 카카오톡 등 SNS에서 확대 재생산되는 특징을 갖고 있어 파급효과가 상당하다. 광고비용 부담에 따른 기업이나 지자체의 어려움을 해소하면서 홍보효과를 노릴 수 있는 것이다. 기업들이나 지자체가 신제품이나 업체를 알리기 위해 언론보도를 활용하면 네이버, 다음, 구글, 네이트 등과 같은 포털사이트에 기사가 동시 노출되면서 홍보효과를 극대화할 수 있다.

인기가 있는 촬영지역은 신문, TV 등 언론이나 인터넷 매체에서 보도되고, 네이버, 다음 등 포탈사이트의 블로그나 카카오, 페이스북, 트위터, 인스타그램 등 SNS를 통하여 뉴스나 경험담이 삽시간에 퍼져나가면 인지도가 크게 늘어나고 그에 따라 관광객들도 증가한다.

■ 관광광고

관광광고는 단순한 정보제공의 차원을 넘어서 격조있는 방문경험을 유발시키는 방향이어야 하는데, 관광광고의 가장 중요한 역할은 관광객을 지역으로 끌어들일 만큼 정신적 자극을 주는 일이다. 사람의 지각과정 중 주어진 광고자극은 광고 자체에 대한 이미지가 형성되고, 이러한 이미지가 지각되어 특정상품을 선택하는데 결정적인 역할을 한다.

관광광고는 관광객들로 하여금 평범한 공간의 세계를 특별한 공간으로 변환시키기도 하며 관광지이미지를 창조하기도 한다. 여기에서 관광이미지 창조는 광고를 통해 느낌을 받고 감동이 유도되어 긍정적인 이미지가 창조됨을 말한다. 관광광고는 관광목적지를 대중에게 인식시키고 이미지를 형성시키며, 관광동기를 유발시켜 관광목적지 방문 행동으로 연결된다. 관광마케팅 관점에서 이미지나 브랜드 구축단계에서 관광광고는 중요하나 실제적으로 특정 광고가 이러한 효과를 직접적으로 발생시키는가에 대한 연구결과는 분명하지 않다.

■ 인적판매(personal selling)

유망한 고객을 직접 만나서 구두로 메시지를 전달하는 판매 방법이다. 여행사 직원이 기업이나 기관 고객을 대상으로 여행상품을 판매하고자 할 때 사용된다. 그러나 지자체에서 사람들에게 직접 홍보하는 경우도 있다.

강원도 화천군은 겨울에 화천산천어축제를 하는데 2017년 1월 개막을 앞두고 군 공무원들이 전국 고속도로 휴게소에서 '5000km 로드 마케팅'을 진행했다. 대중매체를 통한 홍보도 중요하지만 사람들을 직접 만나 축제를 홍보하는 것도 효과가 크다고 보았기 때문이다. 14명의 공무원들이 5개 조로 나뉘어서 이틀 동안 경부, 호남, 중앙, 중부내륙, 서울-춘천, 통영-대전, 중부, 천안-논산, 서해안고속도로의 119개 휴게소를 찾아다녔다. 한국도로공사 협조를 받아 휴게소 안내 데스크와 게시판 등에 축제 포스터를 게시하고, 리플릿 2만 4000여 부를 배포했다.

■ 판매촉진(sales promotion)

판매촉진은 고객, 세일즈 인력, 중간공급자들에게 인센티브나 추가적인 가치를 제공함으로써 단기간 판매를 촉진시키는 마케팅 활동이다. 여기에는 다양한 종류가 있다. 쿠폰, 가격할인, 프리미엄, 콘테스트, 무상 샘플, 판매 보상(refund offer) 등이 있다. 프리미엄은 상품이나 서비스를 구매하도록 독려하는 선물이나 보너스를 말하는데, 일정 횟수를 반복적으로 구매하면 그 다음은 공짜로 주는 방법도 이에 속한다. 판매보상은 구매를 증명할 수 있는 표시(영수증, 바코드 등) 를 회사에 보내면 일정 금액을 돌려주는 방법이다. 식당에서 2인 식사를 1인 가격으로 제공하는 twofer, 디스카운트를 받을 수 있는 쿠폰, 가격할인 등의 판촉수단이 식당이나 호텔, 리조트 등에서 자주 사용된다. 지자체나 국가에서는 콘테스트(예, 관광사진, 기념품, 촬영 공모전)를 개최하여 대규모 관광객의 유입을 촉진시키는 행사도 한다. 특히 사진이나 영화촬영 공모전의 경우에는 지역을 직접 방문해야 하기 때문에 효과가 높은 편이다.

매년 개최되는 진주전국사진촬영대회는 개천예술제 기간 동안 경상남도 진주시 남성동·본성동에 위치한 진주성 내 지역을 중심으로 진주 시내의 여러 지역에서 진행된다. 전국 단위의 사진촬영 대회인데 한국사진작가협회 진주지부가 행사의 주관을 맡은 후 전국규모의 사진촬영대회로 승격되었다. 이런 대회 개최로 경상남도 진주시가 전국사진 촬영대회 장소로서 최상의 적격지라는 호평도 얻게 되었다. 2002년부터는 전국에서 13,000여명의 사진작가들이 모여들고 전문 사진작가 이외에도 일반인과 고등학생들도 참여한다. 이 대회로 인하여 사진예술의 저변확대는 물론 예술제의 홍보에도 큰 영향을 미치고 있다. 또한 진주시의 절경을 사진으로 감상할 수 있어 일반인들에게도 큰 관심을 받고 있다.

3.2 홍보믹스의 결정

광고, 인적판매, 판매촉진, PR 등의 홍보믹스는 각각의 독특한 특징을 보유하고 있고 소요되는 비용도 상이하다. 마케팅관리자는 이러한 각 홍보믹스의 특성을 파악한 후에 적절한 홍보수단을 선택하여야 한다. 마케팅관리자는 홍보믹스를 설계할 때에 다음의 여러 가지 요인을 고려하여야 한다.

■ 제품 · 시장의 유형

홍보도구의 중요성은 소비재 시장과 산업재 시장에 따라 다르다. 일반적으로 소비재 기업은 광고 → 판매촉진 → 인적판매 → PR의 순으로 자사의 홍보예산을 분배한다. 소비재는 다수의 일반 대중을 소구대상으로 하기 때문에 광범위한 접촉범위를 갖는 광고가 가장 중요한 역할을 수행할 수밖에 없다. 그렇다고 해서 소비재에서 인적판매의 영향력을 무시할 수는 없다. 잘 훈련된 판매원은 중간상들과 우호적인 관계를 유지하여 판매촉진 때나 평소에 중간상으로 하여금 자사제품을 매장에서 좋은 위치에 디스플레이하게 할 수 있다. 또한 고가의 소비재인 경우에는 매장 판매원들의 역할이 상대적으로 중요해진다.

산업재의 경우에는 인적판매가 가장 중요하고 그 다음으로 판매촉진, 광고, PR의 순으로 구성된다. 산업재는 일반적으로 고가이고, 기술적으로 복잡하며, 위험부담이 높고, 규모가 큰 소수의 고객으로 구성되기 때문에 인적판매가 가장 효과적인 촉진

수단으로 작용한다. 그러나 산업재 시장에서 광고의 역할을 과소평가할 수는 없다. 산업재 시장에서도 광고는 제품의 인지도를 높이고 판매원들의 판매노력을 보강해 주는 보조역할을 수행하기 때문이다.

■ 홍보전략의 방향

마케팅관리자가 홍보전략의 기본방향을 푸시전략(push strategy) 또는 풀전략(pull strategy) 중 어느 것을 선택하느냐에 따라 홍보믹스의 구성이 상이해진다. 두 가지 전략의 내용을 그림으로 나타내면 [그림 2-1]과 같다.

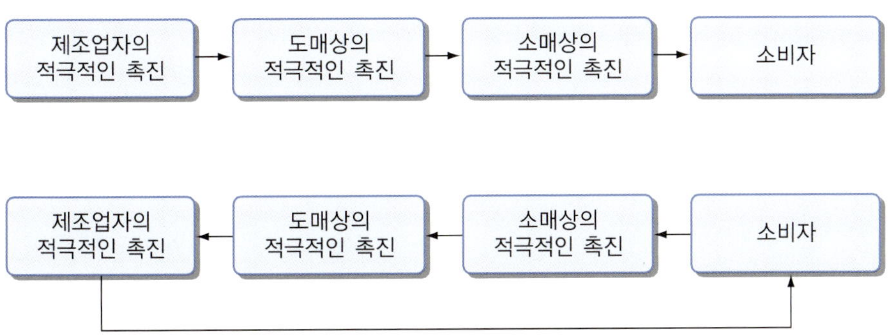

[그림 2-1] 푸시전략과 풀전략

푸시(push)전략이란 프로모션이나 판매원을 이용하여 유통경로에 제품을 밀어 넣는 것을 말한다. 즉 생산자는 도매업자에게, 도매업자는 소매업자에게, 소매업자는 소비자에게 제품을 내보내는 활동을 적극적이고 공격적으로 하는 전략을 말한다. 우리나라 여행사가 대부분 이 전략을 사용하고 있다. 투어 오퍼레이터(tour operator)가 상품을 만들고 여행도매업자는 이것을 여행소매업자(travel agent)에게 판매하고 여행소매업자는 약관에 따른 수수료를 여행도매업자에게 받으면서 여행객에게 상품을 판매한다. 따라서 관광상품 제조업자가 이 전략을 사용하면 인적판매와 중간상 판촉(trade promotion)의 중요성이 증가하게 되고, 최종 소비자를 대상으로 하는 광고의 중요성은 상대적으로 감소하게 된다.

풀(pull)전략이란, 소비자 대상의 광고 또는 판촉활동을 통해 수요를 형성시켜 소비자들을 제품 쪽으로 끌어오는 것을 말한다. 현재 우리나라의 지자체와 관광지의 관광홍보 전략이 대부분 여기에 해당된다. 이들은 홍보영상물, 팸플릿, 브로슈어, 포스터, 지도 등의 배포를 통해 지역을 알리고자 노력을 경주하고 있다. 이 전략을 사용하게 되면 최종소비자를 대상으로 하는 광고와 소비자 판촉의 중요성이 증가하게 된다.

마지막으로 패스전략(pass strategy)이 있다. 매체는 여러 가지 뉴스거리를 취사선택하는데, 이러한 여러 매체들도 제품이 시장진입을 하려는 것에 대해 게이트 키퍼(gate keeper) 역할을 한다. 마케터가 그들을 넘어서야만 그들이 목표한 시장에 진입할 수 있다는 의미에서 패스전략이다.

■ 상품수명주기 단계

상품수명주기의 단계에 따라서도 마케팅 커뮤니케이션의 목표가 다르기 때문에 홍보수단의 상대적인 중요성이 달라진다. 도입기에서도 커뮤니케이션의 목표는 가능한 다수의 사람에게 상품의 존재를 알리고 상품의 시험구매를 유도하는 것이 주목적이다. 따라서 이 시기에는 상품 인지도를 높이기 위한 광고와 퍼블리시티, 그리고 시험구매를 유도하기 위한 판촉이 중요한 역할을 수행한다.

성장기에는 광고의 비중이 상대적으로 증가하고 판촉과 퍼블리시티의 중요성은 상대적으로 감소한다. 판촉의 중요성이 감소하는 이유는 시험구매를 유도하기 위한 판매자극제를 제공할 필요성이 도입기보다 적기 때문이다. 그러나 도소매상(예, 여행사)을 대상으로 하는 인적판매의 활동은 강화되어야 한다. 성숙기에서는 인적판매의 비중이 상대적으로 증가하고, 광고는 주로 소비자들에게 상품의 존재를 상기시키는 역할을 한다. 끝으로, 쇠퇴기에서 광고는 소비자들이 상품의 존재를 잊지 않을 정도로 지속되고 인적판매의 비중은 감소하고 판매촉진의 중요성은 다시 증가하게 된다.

제4절 관광홍보 도구

관광객의 결정에 영향을 미치는 전략으로서 홍보를 사용할 때에는 좋은 홍보도구를 선택하는 것이 중요하다. 홍보도구는 마케터가 홍보목표를 달성하기 위하여 바람직한 메시지를 시장에 전달하는 장치이고, 활동이며, 수단이다. 홍보의 타깃이 누구냐에 따라 최적의 홍보도구 조합을 만들어야 효과적인 홍보전략이 수립된다.

대부분의 지자체나 국가에서는 전통적으로 언론과의 관계를 매우 중요시해오고 있다. 정기적으로 보도자료를 제공하여 언론보도를 유도하고 대중들에게 긍정적인 이미지를 만들고자 한다. 그러나 홍보는 언론뿐만 아니라 다양한 도구를 사용하고 있다. 관광홍보 도구로 사용되는 것은 이벤트, 안내책자, 포스터, 팸플릿, DM, 동영상, 퍼블리시티 등의 관광객 유치수단으로서의 도구와 교통광고, 옥외광고, 고속도로 광고, 진기한 체험(novelty) 등의 기억시키고자 하는 수단으로서의 도구가 있다.

■ 온라인

요즈음에는 인터넷 마케팅이 가장 중요한 홍보도구가 되었다. 인터넷과 웹사이트의 발달, 그리고 모바일 커뮤니케이션의 대중화로 많은 관광정보를 쉽게 제공하고 있다. 공급자 위주의 일방적인 정보제공이 아니라 소비자(관광객)도 정보의 생산, 제공, 평가에 참여하는 형태로 이루어지므로 보다 객관적이고 신뢰할 수 있는 정보가 유통되고 있다. 가상체험(virtual experience)을 할 수 있을 정도로 관광정보가 진화하고 있는 것이다. 인터넷은 광고하기에 가장 좋은 공간으로 등장하였고, 블로그(blog, vlog)는 관광객의 경험을 풍부하게 전달하는 정보원천이기도 하다.

스마트폰시대에 들어서는 SNS를 통한 온라인 구전(electronic word of mouth)이 막강한 홍보효과를 자랑하고 앞으로도 이런 추세는 유지될 것이다. 최신의 홍보도구는 페이스북, 트위터, 링키드인, 인스타그램, 유투브, 플리커 등 소셜 미디어 사이트이다. 아날로그시대의 관광에서는 친구/친지, 동료들의 구전이 전통적으로 가장 큰 영향력을 행사해 왔지만, 디지털시대로 전환되면서 더욱 광범위하고 신속하게 영향력이 확대되었다.

이러한 소셜미디어 사이트 안에서 정보를 전달할 수 있고, 광고도 할 수 있으며, 가격할인이나 무료여행 같은 판촉활동도 활발하다. 일반적으로 친구나 친지들이 사이트에서 보여준 의견은 전혀 모르는 사람들이 주는 정보보다 더 신뢰하는 경향이 있어서 소셜 미디어 안에서 이루어지는 긍정적인 코멘트는 전에 전혀 생각하지 않았던 장소를 방문하고 싶은 욕구를 불러일으킨다. 그러므로 소셜 미디어는 여행계획을 수립하는데 강력한 원천이 되며 여행의사결정에도 영향력을 발휘한다.

몇 가지 성공적인 온라인 홍보사례를 들어본다(easypromosblog, 2015). 비디오 콘테스트는 개인이 만든 비디오를 업로드 하는 것인데 동호인들의 높은 관여도를 이끌어내어 특정 지역의 정보에 관심을 보이게 된다. 만약 지역을 추천하게 되면 신뢰성이 있어 매우 효과적이다. 더군다나 이런 콘테스트의 결과로 창의적인 비디오가 만들어지는 부수효과도 있다.

사진 콘테스트는 관광목적지를 홍보하는 데 매우 적합하다. 그 이유는 누구나 사진을 찍어 놓으면 참가할 수 있는 가능성이 높아지고 자연풍광, 해변, 음식, 도시 모습, 문화, 스포츠 등 지역의 관광자원별로 카테고리를 정하여 실행하면 다양한 홍보용 사진이 만들어지기 때문이다. 대중들의 참여도가 높아서 효과도 매우 좋은 홍보수단이다.

Instagram 사진콘테스트는 팔로워 수가 증가하면서 해시태그와 함께 사진을 인스타그램에 업로드한다. 독창적인 방법으로는 계절에 따라 사진을 업로드하게 하여 1년 내내 관심을 끌게 하거나 색깔별로 사진을 업로드 하되 몇 주나 몇 달 간격으로 참여하게 할 수 있다. 이렇게 하면 지역 앨범을 만들게 되고 예상을 초월한 홍보효과를 기대할 수 있다.

경품(sweepstake)은 효율성과 전파성(virality) 때문에 디지털 홍보 실무자와 전문가들이 추천하는 도구이며 오랫동안 지속적으로 사용되고 있다. 예를 들어, Vueling 항공사는 고객에게 주요 노선들을 홍보할 목적으로 100개의 노선 항공권 경품을 걸었다. 결과는 전파성의 수준이나 흥미 요소로 볼 때 늘 성공했을 뿐만 아니라 홍보목표 달성은 물론 참여자의 숫자도 증가하는 성과가 있었다.

■ 인쇄홍보물

관광인쇄홍보물은 포스터, 브로슈어(안내책자), 달력, 엽서 및 안내 리플릿 등이 여기에 포함된다. 관광인쇄홍보물은 관광객이 그 관광지에서 가장 손쉽게 접할 수 있는 마케팅 도구의 하나로서, 사진이나 문구에 의해 무형의 상품을 유형화 내지 가시화시킴으로써 확정된 관광객뿐만 아니라 잠재관광객을 관광자원으로 연결시켜주는 역할을 한다. 또한 어느 특정의 관광상품이나 서비스의 판매와 시설에 대해 관광객이 충분한 시간을 가지고 검토하고 판단케 함으로써 관광객을 유치하는 데 효과적인 역할을 한다.

특히 Morgan과 Pritchard(1998)는 사진이나 그림과 문자로 이루어진 인쇄매체는 쌍방향 커뮤니케이션 도구이고, 관광객이 이것을 수용하는 것은 그 인쇄매체가 가정한 교환가치를 인정하는 것이라고 했다. 또한 인쇄매체에서 표현된 시각적 형상들은 소비자의 이미지를 변화시키는 데 유용한 방법으로 사용되며, 소비자의 태도와 의지를 변화시킨다. 관광객의 경험이나 관여가 낮은 수준일 경우의 목적지 평가단계에 더욱 큰 영향을 미친다.

이 중 대표적인 것은 관광안내책자이다. 캐나다 경제기획단 보고에 의하면 안내책자의 기능을 3가지로 요약했다. 첫째, 정보기능으로서 디렉토리(directory)나 관광안내가 이에 해당된다. 둘째, 판매기능으로서 특정관광자원이나 관광산업을 판매할 목적으로 작성된다. 셋째, 유인기능으로서 관광지역을 홍보하는 역할을 수행한다고 하였다(Getz & Sailor, 1993). 비록 안내책자가 전달속도나 전달범위가 온라인이나 SNS에 미치지 못하여 관광수요를 창출하는 정도는 상대적으로 낮을 수 있으나, 안내책자는 여행결정과정에서 유용한 참고자료로 활용되고 있다.

■ 시청각 홍보

관광홍보 동영상은 짧고 단순해 보이지만 그 과정은 매우 복잡하다. 시각과 청각적인 느낌을 통해서 메시지를 전달하기 때문에 다양한 구성요소를 지니는데 콘텐츠, 움직임, 음악, 편집형식 등에서 메시지 전달이 달라질 수 있다. 동영상은 국가나 지자체 등 여행지역의 웹사이트에서 제공하거나 SNS를 통해 전달된다.

우리나라의 경우는 지상파 방송의 쇼 오락 버라이어티 프로그램, 각종 정보전달 프로그램 등을 통해 국내 다수의 관광목적지가 소개됨에 따라 국내 관광객들이 급증하는 추세에 있다. 재미와 정보전달을 목적으로 하는 프로그램을 통해 자연스럽게 홍보가 가능한 시대에 살고 있다. 따라서 방송매체의 관광 관련 프로그램은 새로운 유형의 관광홍보 수단으로 사용되며, 이를 잘 활용했을 때 거둘 수 있는 효과는 지대하다.

■ 이벤트

국가나 국제 수준의 무역전시회(trade fair)에는 많은 국가, 지자체, 관광기업들이 참여하고 있어 관광홍보에 절대적인 힘을 발휘하고 있다. 여기에서는 워크숍을 개최하여 여행사, 여행도매업, 여행가이드, MICE, 호텔 등의 실무자와 관광목적지의 홍보담당자들과의 미팅을 주선하고 교류의 장을 마련한다. 외국이나 다른 지자체의 홍보 메시지나 전략을 탐색할 수 있는 기회를 제공하고 인적 네트워크를 구축하는데 도움이 된다.

이벤트를 직접 개최하는 것도 관광업계에서 흔히 사용하는 홍보방법이다. 예를 들어 음악이나 영화축제, 요리경연대회, 컨벤션, 민속놀이 등을 포함한다. 이런 이벤트는 그 자체만으로 관광홍보가 되고, 언론의 관심을 끌며, 이미지를 창조한다.

이벤트 후원(sponsorship)도 관광에서 아주 널리 사용하는 커뮤니케이션 도구인데 대부분 후원하는 이벤트는 문화, 영화, 레저, 스포츠, 전통유산과 관련된다. 이벤트 후원의 사례는 인공지능 알파고(Alpha Go)와 바둑기사 이세돌의 경기가 열린 서울 포시즌스 호텔(Four Seasons Hotel)의 사례를 들 수 있다. 포시즌스호텔 서울이 광화문에 있다는 사실을 모르는 사람이 많다는 것이 호텔 측의 가장 큰 고민이었지만, 2016년 3월 이세돌 9단과 구글 딥마인드의 인공지능 알파고의 대국이 5일 동안 열리면서 포시즌스호텔 서울의 인지도는 완전히 달라졌다. 택시기사들이 최근 고객들로부터 '이세돌 호텔' '알파고 호텔'로 가 달라는 요청을 많이 받을 정도로 '세기의 대국' 수혜자로 포시즌스 호텔이 꼽히고 있다.

호텔은 이번 대국이 가져온 경제적 효과를 톡톡히 누렸는데 구글 측이 행사 진행 비용을 지불했고, 경기를 위해 호텔에 머무는 투숙객으로 인해 객실 점유율도 만실에 가까웠다. 호텔 측은 이번 대국이 가져온 수입 및 홍보 효과를 수치로 환산하는 것을 극히 꺼리고 있지만, 수십억원에 달하는 이득을 본 것으로 추정된다. 그러나 포시즌스의 진짜 소득은 마케팅 비용을 별도로 들이지 않고도 호텔 이름을 널리 알렸다는 점에 있다. 구글 측이 익명으로 국내 몇 개의 호텔에 행사 문의를 해 왔을 때 이를 유치하기 위해 각고의 노력을 다했다. 문을 연 지 1년이 채 안 된 호텔이어서 홍보가 많이 부족한 상황이었는데 이번 이벤트가 호텔을 알리는 획기적인 계기가 된 것이다.

제5절 홍보전략의 전환

관광홍보의 궁극적 목적은 잠재관광객에게 호의적인 관광지 이미지를 형성하거나 변화시켜 관광욕구를 불러일으키고, 실제 관광행동으로 연결시키는 것이다. 그렇다면 과연 어떤 홍보도구를 활용하는 것이 효과적일까? '포지셔닝(positioning)의 시대가 도래한다'라는 기고로 엄청난 호응을 불러일으켰던 알 리스(Al Ries)는 2004년 「The Fall of Advertising and the Rise of PR」이라는 저서에서 많은 기업들이 광고 대신에 PR에 역점을 두기 시작했다고 강조한다. 그 이유는 사람들이 광고를 신뢰하지 않아 광고효과를 확신할 수 없게 되었기 때문이다. 앞에서도 이미 언급했듯이 관광홍보믹스에서 광고보다는 PR과 퍼블리시티의 효과가 더 위력적이며, 특히 해외시장에서의 관광홍보는 더욱 그렇다.

해외시장에서 마케팅 활동을 전개하려면, 우선 관광상품에 관한 언론보도가 전제되는 것이 중요하다. 새로운 상품을 출시할 때 전통적인 홍보전략은 광고를 먼저 사용하고 나서 일정 기간이 흐른 후 언론보도가 되도록 하는 것이 정석이었다. 그러나 이러한 흐름은 2000년대로 들어서면서 기존 전략을 수정해야 한다는 의견이 대두되면서 바뀌기 시작하였다. 초기단계부터 언론보도에 치중하고 나서 광고에 돌입하는 것이 효과가 크다고 Ries는 주장한다. 광고를 중시해 온 기업홍보의 시각에서 볼 때 이런 주장은 가히 혁명적이다.

PR을 우선시하는 Ries의 주장을 뒷받침하는 연구결과가 있다. 광고와 퍼블리시티

(언론보도)의 효과를 비교하고, 투입순서에 따른 효과도 비교한 연구(Loda, Norman, & Backman, 2007)이다. 〈표 2-2〉는 카리브해 남쪽 네덜란드령의 조그만 섬 Aruba에 대하여 광고와 퍼블리시티에 노출된 잠재관광객들의 인지된 신뢰성, 메시지 강도, 관광목적지에 대한 태도, 방문의도를 비교한 것이다.

〈표 2-2〉 광고와 퍼블리시티 효과 비교

측정항목	구 분	평균	구 분	평균
인지된 신뢰성	광고 광고 후 퍼블리시티	4.87 4.97	퍼블리시티 퍼블리시티 후 광고	5.33 5.48
메시지 강도	광고	6.14	퍼블리시티 후 광고	6.60
Aruba에 대한 태도	콘트롤 그룹	5.44	실험집단	6.57
방문의도	광고 광고 후 퍼블리시티	4.30 4.77	퍼블리시티 퍼블리시티 후 광고	5.55 5.25

출처: Loda, Norman, & Backman, 2007. 7점 척도로 측정

인지된 신뢰성은 광고만 할 경우(4.87), 퍼블리시티만 할 경우(5.33)를 보여주었고 평균 차이는 통계적으로 유의하였다. '퍼블리시티 후 광고'가 '광고 후 퍼블리시티'보다 신뢰성이 높은 것으로 나타났다. 방문의도에서도 이러한 결과가 그대로 나타났음을 보여주고 있다. 따라서 퍼블리시티가 광고보다 더 효과적임을 증명하였다.

이러한 연구결과가 시사하는 바는 중요하다. 홍보전략의 트렌드를 읽고 PR의 비중을 크게 가져가는 전략의 전환이 필요하다. 특히 객관성이 인정된 언론보도가 있어야 광범위한 잠재관광객에게 메시지가 도달될 수 있는 것이다. 그러나 퍼블리시티는 1차적인 홍보목적이고 PR프로그램이 성과를 거두려면 언론매체에 보도되는 것만으로는 부족하다. 잠재고객의 마인드에 관광동기를 유발시키는 아이디어를 심어야만 가능하다. 단순한 관광광고로는 동기 유발을 어지간해서는 이끌어 내기가 용이하지 않다.

글로벌하게 주목받는 PR아이디어가 동기를 유발시킬 수 있는 대안이다. 영화나

드라마 공급업체인 미국의 Netflix는 2016년 3월 전세계 인스타그램 매니아를 대상으로 콘테스트를 실시하여 4명의 인스타그램 귀재들을 선정하여 모든 여행경비를 제공하면서 자사의 사이트에 올릴 멋진 관광사진들을 구하는 홍보활동을 시작하였다. 적어도 이런 이벤트에 참여하는 사람들은 해당 지역에 관심이 높고, 실제로 방문해 본 사람들이다. 문자로 하는 홍보활동보다 시각적 효과가 뛰어나고 네티즌들의 관심도가 부쩍 높아진 인스타그램을 활용하는 방안도 국가나 지자체 관광홍보 수단으로 효과가 있다. 이런 종류의 글로벌 이벤트를 개최하여 세계적으로 관심을 제고시키는 홍보전략으로 발상의 전환이 필요하다.

사례 7가지 지역마케팅 팁

국가나 지역을 홍보할 때 상품 또는 서비스, 호텔, 콘퍼런스, 스포츠 이벤트 등이 대상인데, 이들의 공통점은 상품과 서비스의 조합이거나 최소한 상품과 경험의 결합이지만 결국 모두 경험이다. 경험을 홍보하는 데 초점을 두는 관광마케터라면 전통적인 상품과 서비스 모델은 맞지 않는다. 경험을 홍보하는 7가지 팁을 소개한다.

1. 통합적인 출발점 만들기: 온라인 관광정보의 어려운 점 중 하나는 국가나 지역 정보가 여러 사이트에 분산되어 있다는 것이다. 해결방안은 단일 허브(hub) 사이트를 만들어 관광, 환경, 문화, 경제 등의 정보를 한 곳에서 제공하는 일이다.
2. 홍보대사 활용하기: 지역을 방문했던 사람들의 경험의 힘을 활용하는 것인데, 소셜 미디어에서 이들을 쉽게 만날 수 있다. 방문지의 수많은 사진을 업로드하고 SNS를 통해 경험담을 전파한다. 디지털 시대에서 구전(electronic word of mouth)의 상당한 효과를 기대할 수 있다.
3. 독특하고 회자될 수 있는 경험 제공하기: 다른 곳에서는 전혀 경험할 수 없으며 사람들 입에 자주 오르내리는 경험을 제공하는 방법이다. 예를 들어 특이한 음식을 제공하는 식당이 요리연구를 목적으로 연중 6개월을 쉬는 곳이 있다면 그 자체가 구전의 대상이 되고 몇 개월 전부터 예약하려고 할 것이다. 이런 것이 독특하고 독점적인 경험이 된다.
4. 가장 좋은 스토리 강조하기: 뉴질랜드의 산속에는 나무에다 식당을 만들어 놓은 나무

식당이 있다. 처음에는 마케팅 캠페인의 하나로서 쓸모 있는 식당이라는 것을 증명하기 위해 만들어졌는데 이제는 뉴질랜드뿐만 아니라 이웃나라에서도 나무식당의 경험을 홍보하게 되었다.

5. 다른 경험으로 대체하기: 스키지역이라면 관광상품이 스키인 것은 분명하다. 그러나 스키시즌이 아닌 계절에는 무엇으로 관광객을 유치할 것인가가 문제다. 미국 콜로라도의 Keystone Lodge에서는 스키를 대체할 경험으로 산악자전거를 타고 슬로프를 내려오는 경험을 선보이면서 눈이 없어도 그 곳을 방문할 동기를 심어준다.
6. 생생한 경험 공유하기: 관광경험에 대하여서 사람들은 원초적으로 다른 사람들과 이야기를 나누기를 원한다. 그러나 시간이 지나면 생생한 경험을 그대로 전달하기가 어렵다는 문제가 생긴다. 그래서 여행 후 바로 온라인으로 사진이나 경험담을 올리게 만드는 방법인데, 방문객들에게 그들이 경험했던 호텔이나 레스토랑 사진과 함께 우편엽서를 보내거나 방문객들이 찍은 사진을 우편으로 보내달라고 반송우표를 붙여서 요청한다. 자신의 경험을 공유하는 방법을 쉽게 만들면 그만큼 방문객들이 도와줄 가능성이 높다.
7. 여행일정 만들기: 목적지를 홍보할 때 많은 관광자원을 나열하여 관광객이 관심 있는 곳을 선택하도록 하면 대개는 가이드 투어를 하는 것이 보통이다. 그러나 단순히 수많은 관광자원 리스트를 그냥 주는 것보다는 사람들이 관심을 가질 만한 자원을 포함한 일정을 만들면 그것을 선택할 확률이 높아진다(IMG, 2009).

제 3 장

Tourism PR

커뮤니케이션 이론과 전략

제1절 커뮤니케이션 개념

지구상에 존재하는 모든 관광목적지의 궁극적 마케팅 목적은 표적시장과의 효과적인 커뮤니케이션을 통한 관광객 유치에 있다. 따라서 관광홍보의 기획 및 집행을 위해 커뮤니케이션 이론에 대한 이해는 필수적이다.

'communication'의 어원은 라틴어 'communis'에서 유래한다. 'com-munis'는 '공통되는(common)', 혹은 '공유한다(share)'라는 뜻을 지니고 있으며, 여기서 파생된 단어 가운데에는 '공동체'를 의미하는 'community'가 있다. 커뮤니케이션은 정보와 생각, 감정을 말과 글은 물론 신체 언어나 심지어 자신만의 버릇, 스타일 등을 통해 상대방과 나누는 과정이다. 커뮤니케이션은 인간으로 하여금 사회적 존재로서 살아가게 만드는 도구가 된다. 사회학자인 쿨리(Cooley)가 커뮤니케이션을 가리켜 '인간관계가 존재하고 발전하게 되는 메커니즘(mechanism)'이라고 설명한 것은 이러한 맥락에서다. 인간은 커뮤니케이션을 행하는 가운데 관계를 형성시키고 발전시켜 왔으며, 이는 곧 역사와 문화로 이어져 왔다.

이러한 커뮤니케이션의 개념을 간단히 정리하는 일은 결코 쉽지 않지만, 지금까지 알려진 가장 핵심적인 내용은 다음과 같다. "커뮤니케이션은 우리가 관련을 맺고 있는 사람 혹은 세상을 통해 메시지를 보내고, 받고, 해석하는 과정이다." 커뮤니케이션의 가장 중요한 개념은 '과정(process)'이라는 것이다. 정지된 하나의 단순한 행위가 아니라, 시간의 경과와 더불어 진행되며 나와 상대방이 상호 연결되는 일련의 행위라는 점이다. 예컨대 만남에서 헤어짐까지 계속되는 그 무엇이라는 얘기다. 커뮤니케이션이 시간의 경과와 관련이 있다 보니, 커뮤니케이션은 절대로 되돌릴 수 없는 시간의 속성을 함께 지닌다. 즉 커뮤니케이션 과정이 일단 시작되고 나면, 처음으로 다시 돌아가 새롭게 시작할 수 없다.

이처럼 진행형이면서 되돌릴 수 없는 성질 때문에 커뮤니케이션은 개입요소가 매우 상호 의존적이라는 환경을 만들어 낸다. 우리 속담 가운데 '가는 말이 고와야 오는 말도 곱다'라는 말도 결국 이러한 맥락에서 이해할 수 있다. 어떤 한 사람이 커뮤니케이션을 시작하면 다른 사람은 이에 응대함으로써 꼬리에 꼬리를 문다. 상황에 따라 시시각각 다른 대답이 이어지며, 마지막 끝날 때가 되어서야 총체적인 내용을 파악하는 것이 가능하다.

제2절 커뮤니케이션 유형

커뮤니케이션 유형에는 자아 커뮤니케이션, 대인간 커뮤니케이션, 소집단 커뮤니케이션, 조직 커뮤니케이션, 공중 스피치 커뮤니케이션, 매스 커뮤니케이션, 문화간 커뮤니케이션 등이 있다(최양호, 2008).

■ 자아 커뮤니케이션(intrapersonal communication)

자아 커뮤니케이션이란 개인이 자신과 주변 환경을 이해하기 위해 의식적으로 또는 무의식적으로 자신의 머릿속에서 생리적 · 심리적으로 메시지를 처리하는 모든 과정으로 정의할 수 있다. 환언하면 자기 자신과의 의사소통을 가리키며 자아개념 형성 또는 다른 사람과의 대화 · 경청상황에서 중요한 기능을 하게 된다. 물론 다른 유형의 커뮤니케이션처럼 자아 커뮤니케이션도 훈련과정을 통해 개선시킬 수 있다. 자아 커뮤니케이션이 형성되는 과정을 이해한 다음 자기 자신을 통제할 수 있는 기술을 파악하여 반복 연습을 한다면 충분히 자신을 다른 사람에게 자신감 있게 표출할 수 있게 된다. 자아를 표현하기 위한 이용매체로는 일기장 등을 들 수 있다.

■ 대인간 커뮤니케이션(interpersonal communication)

두 사람 간에 상호 주고받는 의사소통을 말하며, 그동안 주로 이용하는 매체는 상호 얼굴을 맞대고 면대면으로 진행되어왔지만, 최근에는 인터넷 등 새로운 매체의 등장으로 휴대폰, DMB 등 방송과 통신이 융합된 커뮤니케이션 기기를 많이 활용하고 있는 추세다. 대인간 커뮤니케이션과 관련된 연구주제는 가족, 친지, 친구 등의 관계 형성 및 갈등 해결에 대한 연구 등이다.

■ 소집단 커뮤니케이션(small group communication)

소규모 그룹으로 3인에서 15인 정도 사이에서의 의사소통을 의미한다. 몇몇 친지나 친한 친구들과 담소를 나누고 있다면 소집단 커뮤니케이션으로 볼 수 있으며, 최근에는 인터넷 채팅도 소집단 커뮤니케이션으로 보고 있다. 그 외에도 기업 신제품 출시 후 혹은 관광지의 브로슈어, 모바일 앱 등에 대한 소비자 반응을 점검하기 위해 10여 명의 포커스그룹을 가동하는 경우가 있는데, 이것도 소집단 커뮤니케이션에 해당한다.

■ 조직 커뮤니케이션(organizational communication)

조직에서 구성원들이 일상생활을 하면서 정보 공유나 메시지 전달 등을 위해 조직 커뮤니케이션은 필수적이다. 조직 커뮤니케이션이 원활하게 되기 위해서는 상황에 따라 공식 네트워크와 비공식 네트워크를 효율적으로 활용할 수 있어야 한다. 조직 커뮤니케이션은 업무의 성격에 따라 공식 커뮤니케이션과 비공식 커뮤니케이션으로 분류할 수 있으며, 메시지 유통 흐름에 따라 수평적 커뮤니케이션과 수직적 커뮤니케이션으로 구분할 수 있다. 공식 커뮤니케이션과 수직적 커뮤니케이션은 주로 업무 보고 등 업무와 관련하여 조직 내에서 이루어지는 커뮤니케이션인 반면에, 비공식 커뮤니케이션은 구성원들 간의 사적 관계에 의해 이루어지는 수평적 커뮤니케이션을 말한다. 주된 이용매체는 결재서류, 회의, 인트라넷(intranet), 메일 등이다.

■ 공중 스피치 커뮤니케이션(public speech communication)

공중스피치 커뮤니케이션은 여러 사람들 앞에서 행하는 공중 연설 커뮤니케이션을 의미한다. 주된 이용매체는 구두 커뮤니케이션(oral communication)이지만, 빔프로젝트 등을 활용한 파워포인트 프레젠테이션도 이에 해당한다.

■ 매스커뮤니케이션(mass communication)

매스 미디어를 매개로 불특정 다수에게 보내는 설득, 정보, 오락 커뮤니케이션으로 이용매체로는 TV, 신문, 라디오, 잡지, 인터넷, 모바일 등의 대중매체가 해당한다. 매스 커뮤니케이션은 대표적인 일 대 다수 커뮤니케이션이다.

■ 문화간 커뮤니케이션(cross cultural communication)

문화가 다른 사람이나 집단 간의 커뮤니케이션으로 이는 문화의 차이성 혹은 유사성에 영향을 받는다. 오늘날 문화간 커뮤니케이션은 글로벌 기업활동에 있어 매우 중요하게 여겨지고 있다. 문화의 차이로 빚어지는 마찰과 갈등은 대부분 문화간 커뮤니케이션의 불능으로 나타나는 결과들이다. 이것은 글로벌 비즈니스 시 절대 있어서는 안 될 것으로 이러한 것을 방지하고자 하는 차원에서 다수의 글로벌 기업이 문화간 커뮤니케이션에 대한 학습을 하고 있다. 문화간 커뮤니케이션의 성공은 문화동화라는 좋은 결과를 가져오고 문화가 다른 사람들끼리 쌍방향 소통이라는 긍정적 효과를 불러일으킨다.

제3절 커뮤니케이션 과정

3.1 커뮤니케이션의 요소

커뮤니케이션의 상황에는 여러 가지 요소가 개입한다. 그림으로 나타내면 [그림 3-1]과 같다. 각각의 요소에 대해 자세히 알아보자.

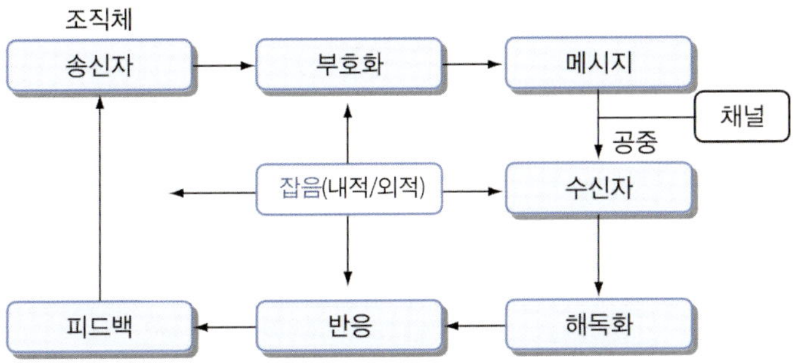

[그림 3-1] 커뮤니케이션 요소와 모형

■ 송수신자(sender-receiver)

커뮤니케이션의 가장 기본적인 형태는 2인 혹은 몇몇 사람들, 그룹 사이에서 일어난다는 것이다. 물론 혼자서도 커뮤니케이션이 가능하지만(혼잣말 등), 진정한 의미의 커뮤니케이션은 나 혼자가 아닌, 상대방의 존재가 있을 때 비로소 가능하다. 내가 전하고자 하는 신호의 의미를 상대방이 이해할 때(혹은 상대방이 전하고자 하는 신호의 의미를 내가 알아차렸을 때) 커뮤니케이션은 성립된다고 할 수 있다. 이는 커뮤니케이션의 주체가 '나'이지만, 상대방의 관여가 없다면 무의미해진다는 것을 뜻한다.

나누며 함께 살아가야 하는 인간사의 이치와도 같다. 그러나 사람들이 서로의 정보와 생각, 감정을 공유하는 행위는 일방향적으로 일어나지 않는다. 누군가 자신의 얘기를 전달하면, 그것을 받은 사람이 이번에는 다시 전달하게 되는 것이 자연스러운 커뮤니케이션의 과정이다. 커뮤니케이션에서는 이처럼 상호작용(interaction)이 중요하다. 그러나 송신자와 수신자 사이의 역할이 반드시 고정되어 있지 않고 정황에 따라 수시로 바뀐다. 사람 간의 커뮤니케이션이든 집단 커뮤니케이션이든 만남의 정황에 따라 송 · 수신자는 바뀌기 마련이다.

이처럼 실제 커뮤니케이션 상황에서 송신자와 수신자의 역할이 뚜렷이 구분이 안 되는 경우는 많다. 이때 개개인은 모두 송신자인 동시에 수신자이다. 이런 형태는 엄밀히 말해 상호작용이 아닌 교류(transaction)로 볼 수 있다.

■ 메시지(message)

커뮤니케이션에 참여하는 사람들이 주고받고자 하는 것은 무엇인가? 그것은 결국 '메시지'다. 메시지란 '상대방을 이해시키려는 의도에서 만들어내는 신호'라 할 수 있다. 그러나 메시지는 한 가지 종류가 아니다. 일반적인 음성언어와 비음성언어, 즉 손짓이나 발짓, 얼굴 표정 등의 보디 랭귀지(body language), 그림, 음악, 문자, 상징 등의 비언어로 간단히 메시지를 만들어 보내거나 이해할 수 있다. 인간 자신이 목소리를 이용하거나(언어) 몸을 이용해서(비언어) 메시지를 만들어 내는 능력을 타고났기 때문에 가능한 일이다.

한편, 세상 사람들의 생김새가 제각각이듯, 사람마다 언어 및 비언어 메시지를 만들어 내는 방법과 이해하는 방법이 다르다. 성장환경, 사고방식이나 가치관, 문화의 차이 같은 것들이 존재하기 때문이다. 따라서 송신자는 수신자를, 수신자는 송신자를 이해하고 있어야 한다. 그 중에서도 커뮤니케이션 과정의 시작인 송신자는 수신자가 제대로 이해할 수 있는 메시지를 만드는 것이 무엇보다 중요하다.

■ 채널(channel)

채널은 메시지가 여행하는 통로이다. 송신자와 수신자에게 메시지를 도달하게 하는 방법인 것이다. 면-대-면(face-to-face) 커뮤니케이션 상황에서는 음성과 시각이 주요한 채널이 된다. 서로 음성을 들으며 바라보는 것이 얼마든지 가능하기 때문이다.

입사 면접시험장 광경을 상상해 보자. 응시자는 공손한 모습(시각)으로 앉아 대답(음성)한다. 면접관이 악수를 청하면 힘차게 손을 잡음으로써(신체 접촉) 자신의 좋은 이미지를 전달하고자 한다. 언어와 비언어가 모두 중요한 채널로 사용되는 것이다.

매스 커뮤니케이션 상황은 우리에게 보다 익숙한 채널의 모습을 제시한다. 인터넷, 모바일, 라디오, TV, 신문, 잡지 같은 매스 미디어가 바로 그것이다. 매스 미디어는 오늘날 우리에게 쉴 틈 없이 메시지를 실어 나르는 중요한 채널이다.

■ 피드백(feedback)

피드백이란 송·수신자가 서로에게 반응하는 것을 말한다. 만약 내게 누군가 농담을 하면 웃음을 띠게 되는 것과 같은 것이다. 우리는 하루에도 수없이 서로에게 피드백하면서 살아간다. 피드백은 무엇보다 커뮤니케이션의 활력소가 된다는 점에서 중요하다. 피드백은 상대방이 자신의 의견이나 감정을 공유하고 있다고 느끼게 만드는 확실한 단서로 작용하기 때문이다. 예컨대 복잡한 광화문 거리에서 서로 만나기로 약속을 했다고 하자. 이럴 때 "어느 건물 앞에서 만날까?"라고 묻는 것은 아주 훌륭한 피드백이 되며, 즉각 커뮤니케이션에 생생한 활력을 불어넣을 것이다.

■ 잡음(noise)

잡음은 메시지를 정확하게 이해하는데 방해가 되는 것을 말한다. 송·수신자 사이에서 발생하는 잡음은 다음과 같은 세 가지 종류가 있다.

① 물리적 잡음: 실제 외부 환경에서 물리적으로 발생하는 잡음을 말한다. 그러나 여기서 말하는 잡음은 단순히 소리만을 의미하지는 않는다. 강렬한 햇빛 때문에 사물을 보기 힘든 경우나 조명이 어두워 칠판 글씨가 잘 보이지 않는 것, 전파 장애로 TV화면이 흔들리는 것, 불편한 의자 때문에 수업환경이 좋지 않은 것도 모두 물리적 잡음으로 볼 수 있다.

② 심리적 잡음: 송·수신자의 마음속에서 일어나는 잡념은 커뮤니케이션 행위에 대한 집중을 방해함으로써 심리적 잡음이 된다. 배가 고파 음식을 떠올리느라

고 수업 내용을 못 듣는다거나 회사에서 속상했던 일을 되새기느라 아이가 부르는 소리를 못 듣는 경우와 같은 것이다. 인간 내부에서 발생하는 심리적 잡음은 신념이나 편견 때문에 발생하기도 한다. 남성 우월의식이 강한 남자 부하 직원의 경우, 이러한 심리적 잡음 때문에 여자 상사가 지시하는 사항을 자주 놓치는 일이 발생한다.

③ 의미적 잡음: 전달되는 메시지의 의미를 전혀 몰라(생소한 표현이나 외국어 등) 커뮤니케이션 자체가 이뤄질 수 없는 경우가 이에 속한다. 또 어떤 특정한 단어에 대한 감정적 대응도 의미적 잡음을 낳는다. 누군가 마음에 안 드는 거친 표현이나 인종, 성 차별적 언어를 사용하는 사람에 대해 단정적으로 나쁘게 평가하게 되는 것이 그것이다.

■ 세팅(setting)

세팅이란 커뮤니케이션이 이뤄지는 공간으로서 [그림 3-1]을 에워싸고 있는 상태를 말하는데, 때로는 커뮤니케이션에 중대한 영향을 미친다. 예컨대 강당과 같은 공적인 공간은 연설하기에 적합하지만, 사적인 대화를 하기 위해 만나는 장소가 될 수는 없다. 따라서 좀 더 친밀한 대화를 하기 위해서라면 서로 얼굴을 마주 대할 수 있는 작고 아늑한 공간을 찾는 것이 좋다.

대체로 세팅이 변하면 커뮤니케이션도 변한다. 성업 중인 아이스크림 가게가 있다고 하자. 애초에는 간단한 가판대 스타일로 운영되던 것이 주인이 바뀌면서 레스토랑 형태로 신장개업을 하게 되었다. 그러나 어찌된 일인지 그렇게도 붐비던 10대 청소년들을 찾아 볼 수 없게 된다. 왜일까? 10대들에게 레스토랑에 점잖게 앉아 아이스크림을 먹는 것은 따분한 일이다. 그들에게는 애초 아이스크림이 길거리 커뮤니케이션의 수단이었다. 따라서 가판대라는 세팅이 훨씬 더 적절하다는 사실을 알 수 있다.

3.2 커뮤니케이션 목표 설정

■ 커뮤니케이션의 목표

특정한 커뮤니케이션 목표는 상황에 따라 변화하게 마련이나, 일반적으로 정보의 제공, 수요의 자극, 제품의 차별화, 판매의 안정화 등과 같은 목표를 가지게 된다.

① 정보의 제공: PR의 전통적인 기능은 특정 제품의 사용에 관한 정보를 제공하는 것이다. 사실상 최근까지도 PR 노력의 많은 부분이 잠재적 고객에게 정보를 제공하는 것이다. 정보적 기능은 소비자에게 반복적으로 노출시키는 것이 필요하다. 특히 내구제와 신제품일 경우에 필수적이다. 신제품인 내구재를 소비자가 받아들이기 위해 필요한 제품특성에 대한 인식과 친밀감은 제품출시 이후에 최소한 수개월 이상의 반복된 정보제공이 요구된다.

② 수요의 자극: 일반적인 PR의 기본적인 목적은 제품이나 서비스의 특정한 상표에 관한 수요를 자극하는 것으로, 동일한 가격수준에서 소비자의 수요를 증대시키려는 목적을 의미한다.

③ 제품 차별화: 제품 차별화는 기업의 마케팅 커뮤니케이션 목적 중의 하나이다. 기업은 효과적인 커뮤니케이션을 수행하면 경쟁자에 대해 차별화를 기할 수 있다. 예를 들어 경쟁자와 동일한 속성의 제품인 경우에도 광고를 통해 그 속성에 기초한 편익을 강조함으로써 제품 차별화를 부분적으로 달성할 수 있다.

④ 판매의 안정화: 기업의 판매량은 계절과 일정한 주기에 따라 변하는 수요 때문에 일정하지 않다. 이 같은 수요변동을 감소시키기 위해 기업은 주기적으로 판매가 감소하는 시기에 광고량 증대, 판촉실시를 통해 판매량을 일정하게 유지할 수 있다.

■ 구매의사결정 단계에 따른 목표 결정

일반적인 PR 목적은 소비자의 구매의사결정 단계에 따라 다시 분류될 수 있다. 소비자의 구매의사결정 단계에 따른 것으로 가장 일반적으로 사용되는 모델은 AIDA

모델과 효과계층모델(hierarchy of effects)이 있다. 이 두 모델과 각 단계별로 적합한 커뮤니케이션 목표는 〈표 3-1〉에 요약되어 있다. 두 가지 모델 중에서 효과단계모델을 사용하여 구체적으로 설명하면 다음과 같다.

〈표 3-1〉 소비자 구매의사 결정단계에 따른 마케팅 커뮤니케이션

영역	AIDA 모델	효과단계모델	커뮤니케이션의 목표
인지	주의	인식(awareness) 지식(knowledge)	소비자들에게 제품에 대한 정보와 지식을 제공한다.
감정	관심 욕구	호의(liking) 선호(preference) 확신(conviction)	소비자들이 제품에 대해 갖고 있는 태도와 느낌을 바꾸는데 주력한다.
행동	행동	구매(purchase)	소비자들의 구매의욕을 자극한다.

① 인식: 표적 청중(target audience)이 마케팅관리자가 소구하고자 하는 제품이나 서비스를 전혀 알지 못한다면 마케팅관리자는 최우선적으로 제품이나 서비스를 표적 청중에게 인식시켜야 하고, 브랜드 네임이라도 알게 하여야 한다. 인식단계에서는 브랜드 네임을 반복하여 제시하는 것으로 가능하지만 어느 정도 시간이 소요된다.

② 지식: 표적 청중이 자사나 자사의 제품을 인식하고는 있지만, 제품의 구체적인 사항에 대해서 알지 못하면 마케팅 관리자는 소구 제품에 대한 구체적인 정보를 표적 청중에게 제공하여야 한다.

③ 호의: 표적 청중이 소구제품에 대해 잘 알고 있다면, 그 제품에 대해 어떠한 감정을 보유하고 있는가를 알아야 한다. 만약에 다수의 표적 청중이 제품에 대해 비우호적인 감정을 보유하고 있다면 마케팅 관리자는 그 이유를 규명하고, 우호적인 감정으로 변화할 수 있도록 커뮤니케이션 캠페인을 실시하여야 한다.

④ 선호: 표적 청중이 소구제품에 대해 호의적인 감정을 갖고는 있지만, 다른 제품에 비해 그 제품을 덜 좋아할 수도 있다, 따라서 마케팅관리자는 경쟁제품보다 자사제품이 더 선호되도록 하여야 한다.

⑤ 확신: 표적 청중이 그 제품을 선호하기는 하지만, 그 제품을 구매하겠다는 확신이 서지 않을 수 있다. 이 경우에는 마케팅 관리자는 구매자가 구매에 확신을 가질 수 있도록 커뮤니케이션 목표를 설정하여야 한다.

⑥ 구매: 확신이 곧바로 구매로 연결되는 것은 아니다. 표적 청중은 더 많은 정보 획득을 위해 기다리거나, 일정기간 후에 구매할 것으로 계획을 세울 수 있다. 마케팅 관리자는 이러한 소비자를 최종 구매단계로 이끌어 내기 위해 할인판매, 프리미엄의 제시, 소비자 테스트 기회 제공 등의 방법을 사용할 수 있다. 관광지의 경우 인터넷이나 모바일을 활용한 가상체험 프로그램을 운영하는 것도 수요를 유발시키는 데 도움이 된다.

3.3 메시지 결정

커뮤니케이션의 대상과 목표를 확정하고 나면 다음 단계로 효과적인 메시지를 작성하여야 한다. [그림 3-2]는 4가지 메시지 구성요소를 보여준다. 마케팅 관리자는 메시지의 내용, 구조, 형태와 원천을 결정하여야 한다.

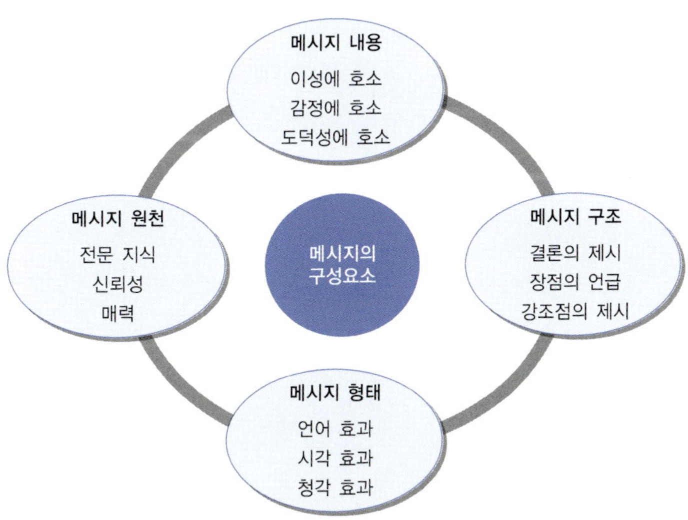

[그림 3-2] 메시지 구성요소

■ 메시지의 내용

마케팅 관리자는 소비자들로부터 좋은 소구반응을 획득하기 위해서 다음의 세 가지 방향으로 메시지의 내용을 구성할 수 있다. 첫째, 소비자들의 이성에 호소하는 방법이다. 이 방법은 제품의 품질, 경제성, 가치, 성능 등을 집중적으로 소구함으로써 소구제품의 구매가 소비자에게 가장 유리한 선택이라는 것을 확신시키는 방법이다. 특히 제품의 '가치'에 대한 강조가 필요하다. 「트렌드 코리아」 시리즈의 저자 김난도 교수가 선정한 2017년 키워드 중 "Heading to 'B+Premium'"이 있다. 이는 소비자는 가성비의 핵심을 '낮은 가격'이 아니라 '높은 가치'로 인식한다는 것을 의미한다. 따라서 기업은 단순히 가격을 낮추기보다 좀 더 프리미엄한 가치를 제공하고 제 가격을 받는 전략을 취해야 한다는 것이다. 앞으로 대중제품(B)에 Premium(가치)을 추가한 B+Premium 제품이 인기가 있을 것으로 예상하고 있다. 결국 제품가치에 대한 강력한 소구는 소비자들의 제품 구매에 큰 영향을 줄 수 있다.

둘째, 감정에 소구하는 것으로 구매를 자극하기 위하여 소비자의 긍정적 혹은 부정적 감정을 유발시키는 방법이다. 즉 소비자들에게 공포심, 죄의식, 수치심, 자부심, 애정, 기쁨 등의 감정을 일으켜 자사제품의 구매를 유도하는 방법이다. 이 중에서 공포심 소구와 유머 소구도 자주 이용되는데, 그 효과에 대해서는 아직도 결론이 나지 않은 상태이다. 이러한 감정적 소구의 메시지는 특별한 제품정보를 전달하지 않고 긍정적 감정(편안함, 멋있음, 섹스어필 등)을 유발하는 의류, 제화, 화장품 광고에서 주로 사용된다.

셋째, 소비자의 도덕심에 소구하는 방법으로 일반 대중에게 명분 있는 사회적 이슈에 대한 지원이나 후원을 유도하기 위하여 자주 사용되어진다. 그러나 일반제품의 광고로는 자주 이용되지 않고, 우리나라의 경우 공익광고에 자주 이용된다.

■ 메시지의 구조

메시지의 효과는 그 메시지의 구조에 따라 상당한 차이가 있다. 마케팅 관리자가 메시지의 구조를 결정할 때 고려하여야 하는 사항은 다음과 같다.

첫째, 메시지에 결론까지 포함시킬 것인가 또는 결론을 유보한 채 소비자의 판단에 맡길 것인가에 따라 커뮤니케이션 효과가 상이하다. 결론 제시에 대한 초기연구는 결론을 제시하여 주는 것이 효과적이라고 하고 있지만, 최근에는 많은 마케팅관리자들이 결론을 유보하고 소비자들의 판단에 맡기는 것이 더 효과적이라고 믿고 있다.

둘째, 장점만 언급할 것인가, 아니면 단점도 동시에 언급할 것인가의 문제이다. 일반적으로 지적수준이 높지 않은 소비자들은 장점만 제시하는 것이 효과적이다. 반대로 교육수준이 높고 반대 주장에 노출될 가능성이 큰 소비자들에게는 단점도 제시하는 것이 효과적이다.

셋째, 마케팅관리자가 주장하고자 하는 강조점을 메시지 초반부에 삽입할 것인가 또는 후반부에 삽입할 것인가의 문제이다. 초반부에 삽입하는 것은 강한 주의를 끌 수 있지만, 후반부에서 반감을 살 수도 있다.

■ 메시지의 형태

마케팅 관리자는 효과적인 메시지 전달을 위해 소비자의 주의를 끄는 강력한 양식을 사용하여야 한다. 신문이나 잡지 같은 지면 광고인 경우에는 헤드라인, 카피, 색상, 일러스트레이션을 결정하여야 한다. 소비자의 주의를 끌기 위해서 광고 제작자는 신기함, 대조, 눈길을 끄는 사진과 헤드라인, 뚜렷한 포맷, 메시지 크기와 위치, 색상, 모양 등을 사용한다.

라디오 광고를 하는 경우에는 단어, 음악, 목소리 선택이 중요한 역할을 한다. TV 광고의 경우에는 위의 모든 요소 외에 보디 랭귀지, 얼굴표정, 복장, 자세, 헤어스타일까지 주의를 기울여야 한다.

■ 메시지 원천

메시지의 전달자가 누구인가에 따라서도 메시지 효과에 영향을 미친다. 소비자들은 대체로 다음의 속성을 많이 갖춘 사람이 메시지를 전달할 때 메시지를 신뢰하는 경향이 높다.

첫째, 전문지식으로 메시지 전달자가 해당 제품에 대해서 전문지식을 보유하고 있는가에 따라 메시지의 효과가 달라진다. 일반적으로 소비자들은 의사, 과학자, 교수 등이 전문성이 높다고 인식한다. 제약광고에 의사가 등장하는 경우가 이에 속한다. tvN의 글로벌 여행 프로그램인 '꽃보다 시리즈'에 출연하여 인기를 모았던 배우 이서진이 노랑풍선여행사의 광고모델로 활약하는 것도 이런 이유에서이다.

둘째, 신뢰성으로 메시지의 전달자가 얼마나 객관성을 유지하고 정직한가를 의미한다. 기업의 판매원보다 기업과 이해관계가 없는 독립적인 제3자의 메시지 전달이 보다 효과적이다.

셋째, 메시지의 전달자가 얼마나 매력을 보유하고 있는가의 문제이다. 배우, 탤런트, 운동선수 등 유명인이 광고에 자주 등장하는 것은 그들의 매력이 제품에 전이되도록 하여 궁극적으로 제품구매가 이루어지도록 하려는 의도이다. 특히 저관여 제품인 경우 유명 연예인을 광고모델로 사용하면 효과적이다.

마케팅 관리자는 위의 세 가지 속성을 모두 보유한 인물을 선정하여 자사제품에 대한 메시지를 전달하게 하는 것이 이상적이나, 현실적으로 불가능한 경우가 많다. 따라서 마케팅 관리자는 전문성, 신뢰성, 매력 중에 어느 속성이 자사제품의 특성에 가장 적합한지를 파악하여 그 속성을 보유한 인물을 메시지 전달자로 선정하여야 한다.

3.4 매체 선정

마케팅 관리자가 선택할 수 있는 커뮤니케이션 경로는 일반 대중을 상대로 하는 비인적 경로인 대중매체와 방문, 모임, 전화 등을 통해 직접 고객과 접촉하는 인적 커뮤니케이션 경로의 두 가지가 있다. 마케팅 관리자는 이 두 가지 커뮤니케이션 경로의 장·단점을 분석하여 자사의 커뮤니케이션 목표에 맞는 경로를 선택해야 한다.

■ 인적 커뮤니케이션 경로

고객과 직접 접촉하는 방법은 고객의 반응을 신속하고 정확하게 파악할 수 있고, 고객의 반응에 따라 융통성 있게 대처할 수 있는 장점이 있다. 이러한 융통성 때문에 고객의 태도나 행동에 대한 영향력은 대중매체보다 강하다. 그러나 이 방법은 접촉가능한 사람의 수가 한정되어 있고, 고객 1인당 소요되는 커뮤니케이션 비용이 고가라는 단점이 있다.

■ 비인적 커뮤니케이션 경로

TV, 라디오, 신문, 잡지, 인터넷, 모바일 등의 매스미디어를 통하면 짧은 시간에 많은 사람들에게 동일한 메시지를 전달할 수 있다는 장점이 있다. 따라서 고객 1인당 소요되는 비용은 인적 커뮤니케이션 경로보다 훨씬 저렴하다. 그러나 일방적으로 메시지를 대중에게 전달하므로 대중의 주의를 끄는 힘이 약하고, 고객으로부터 반응이 늦고, 그 반응이 정확하지 않다는 단점이 있다.

3.5 예산 설정

마케팅 관리자가 홍보예산을 어느 정도로 책정할지를 결정하는 것은 아주 어려운 의사결정 중의 하나이다. 일반적으로 많이 사용되는 홍보예산의 결정 방법은 네 가지로 구분된다.

■ 가용자원법

기업의 재정이 허락하는 범위 내에서 최대한의 액수를 홍보예산으로 결정하는 방법이다. 이 방법을 사용하면 커뮤니케이션이 달성하여야 하는 목적과는 관계없이 예산 설정이 되므로, 홍보비용이 너무 많거나 적게 되어 효과적인 방법으로 볼 수 없다.

■ 매출액 비율법

실무에서 가장 많이 사용되는 방법으로 현재 또는 예상 매출액의 일정 비율을 홍보예산으로 할당하는 방법이다. 이 방법이 널리 사용되는 이유는 다음과 같다. 첫째, 매출이 증가할 때에는 홍보예산이 증가하고, 매출이 감소할 때에는 홍보예산이 감소하므로 회사의 자금운용이 용이하다. 둘째, 실무 면에서 사용이 용이하다. 셋째, 특정산업 내에서 모든 기업이 이 방법을 사용하면 각 기업은 대부분 자사의 시장점유율에 비례해서 홍보예산을 결정하므로 지나친 홍보경쟁이 방지된다.

그러나 적절한 시장기회를 획득하기 위해서 홍보를 사용하기보다는, 현재의 가용자원에 근거해서 홍보예산을 결정하기 때문에 적절한 시장기회를 통해 이윤을 획득하는데 상당한 문제점이 있다. 또한 과거의 자료에 근거하게 되고, 매년 매출액이 변동하게 되므로 장기계획의 수립이 곤란하다.

■ 경쟁자 기준법

이 방법은 경쟁자의 홍보예산과 비교하여 자사의 홍보예산 규모를 결정하는 방법이다. 경쟁자 기준법은 자사가 속한 산업의 평균 홍보비, 주요 경쟁자의 홍보비 · 매출액 비율, 주요 경쟁자의 절대 홍보비 중의 하나를 기준으로 한다. 경쟁자 기준법은 경쟁에 기초하여 홍보예산을 결정하므로 경쟁에 대응한다는 의미가 있고 홍보예산 결정이 비교적 용이하다는 장점이 있다. 그러나 자사와 경쟁자는 기업의 명성 및 자원, 기회, 목표가 다르기 때문에 단순히 홍보예산만 동일하게 책정한다고 해서 동일한 홍보효과를 얻을 수 있는 것은 아니다.

■ 목표과업법

목표과업법이란 마케팅 관리자가 자사의 목표를 설정하고 목표달성을 위해 수행되어야 할 과업을 결정한 후에 과업수행에 소요되는 비용을 결정함으로써 홍보예산을 결정하는 방법이다. 목표과업법의 과정은 시장점유율 목표설정 → 홍보가 도달되어야 하는 시장범위의 결정 → 설득하여야 할 잠재적 구매자의 비율결정 → 홍보 노출 횟수의 결정 → 필요홍보예산의 결정 순으로 이루어진다.

이 방법은 마케팅관리자가 홍보비용, 노출수준, 시용구매율 등의 관계를 상세히 파악하여 목표달성에 따른 홍보예산을 결정하므로 가장 이상적인 예산 결정방법으로 볼 수 있다. 그러나 이러한 요인들 간의 복잡한 관계를 파악할 수 있는 능력은 소수의 대규모 기업에 한정되어 있기 때문에 실제에 있어 적용이 어려운 단점이 있다.

제4절 마케팅 커뮤니케이션

4.1 마케팅 커뮤니케이션의 개념

마케팅의 핵심은 소비자의 욕구 충족에 있다. 경쟁이 치열해지면서 많은 기업들이 경쟁에서 이기는 길은 소비자의 욕구를 경쟁사보다 먼저 더 잘 충족시켜 주는 것이다. 마케팅 관리자는 효과적으로 소비자의 욕구를 충족시키기 위해 마케팅 믹스에 대한 결정을 내린다. 즉 소비자에게 어떤 제품을, 어떤 가격으로, 어떤 경로를 통하여 제공하고, 어떻게 그 제품을 소개하고 설득할 것인가에 대한 결정을 내리게 되는 것이다.

마케팅 커뮤니케이션(marketing communication)은 마케팅믹스 요소에서 판매촉진활동(promotion)이라 할 수 있다. 홍보활동을 통해 기업과 소비자 간에 제품과 관련된 커뮤니케이션이 이루어진다. 소비자와의 커뮤니케이션은 여러 가지 목적으로 수행된다. 즉 잠재고객에게 제품정보를 제공하고, 잠재고객들이 그 제품을 구매하도록 설득하며, 제품을 구매하도록 유도하는 역할을 수행하는 것이다. 이와 같이 제품을 알려 주고 설득하며 구매를 유도하는 일련의 활동을 마케팅 커뮤니케이션이라고 할 수 있다. 마케팅 커뮤니케이션은 마케팅활동의 핵심이며, 마케팅 성과의 가장 중요한 결정요인이다.

4.2 통합적 마케팅 커뮤니케이션

이상과 같이 마케팅에서 매우 중요성을 띤 마케팅 커뮤니케이션은 최근 통합적 마케팅 커뮤니케이션(IMC: Integrated Marketing Communication)으로 탈바꿈하고 있다. 1989년 미국광고업협회(American Advertising Agency Association)가 내린 정의에 의하면, IMC는 광고, DM, PR, 판촉 등 다양한 커뮤니케이션 수단들의 전략적 역할을 비교하여 활용함으로써 IMC 계획의 부가적 가치를 높이는 것이다. 각 수단들을 효율적으로 혼합하여 커뮤니케이션 효과를 극대화하는 것이 IMC의 목적이다. 이는 마케팅 믹스의 하나인 프로모션(promotion)에 중점을 두고 있는 협의의 개념으로 받아들여질 수 있다. 그러나 IMC를 프로모션에 국한시키지 않고 기업의 모든 마케팅 활동이 그 기업의 고객들과 어떻게 소통하는지를 인식하고, 기업의 이념, 조직문화, 기업가정신 등을 고객들에게 일관되게 전달하기 위한 전략이 되어야 한다. 이러한 배경에는 광고 이외의 촉진활동의 중요성 증대, 매체시장의 세분화, 세분화된 소비자 계층의 등장, 시장에서 소매업자 역할의 중요성 증대, 데이터베이스 마케팅의 도입 등이 있다.

■ 광고 이외의 촉진활동의 중요성 증대

과거 커뮤니케이션 프로그램은 광고가 중심이 되어 기획되어 왔다. 그러나 최근 들어 마케터들은 광고 이외의 다른 커뮤니케이션 방법들을 효과적으로 사용할 수 있음을 인식하기 시작했다. 판매촉진, 이벤트 기획, 퍼블리시티, 메일, POP 광고 등 각종 PR 도구들로 이루어진 커뮤니케이션 방법들에 대한 가치를 재인식하게 된 것이다.

■ 매체시장의 세분화 현상

과거의 마케팅 커뮤니케이션은 주로 TV, 라디오, 신문, 잡지와 같은 대중매체를 이용하여 수행되었다. 그러나 최근 들어, 케이블 TV 및 쌍방향 매체가 등장하면서 매체시장이 매우 세분화되어 가고 있다. 케이블 TV가 다채널을 제공하게 되면서 프로그램 자체도 매우 전문화 세분화되고 시청자 층도 세분화되었다. 인터넷, 스마트폰이 주도하고 있는 쌍방향 매체는 메시지 제공자 중심의 일방적 커뮤니케이션에서 메시지 수신자(소비자) 중심의 커뮤니케이션 환경으로 변화시키고 있다. 또한 쌍방향매체는 정보통신 사용자에 대한 상세한 정보를 확보하여 개별적인 마케팅을 수행할 수 있게 해 준다.

소비자에 대한 커뮤니케이션의 수단으로 대중매체에 주로 의존한 마케터들은 그 수단의 효율성의 문제를 알게 되었다. 즉 원하는 표적 소비자 이외의 소비자들에게도 메시지가 전달됨으로 인해 비용 상의 비효율성이 존재하였던 것이다. 이는 도달범위가 넓다는 일반 대중매체의 장점이 오히려 현 시대에 있어 부합하지 않는 결과를 초래한 것이다. 그러나 세분화된 매체의 등장으로 소비자와의 개별적인 커뮤니케이션이 가능하게 됨에 따라, 마케팅 비용의 효율적인 운영이 가능하게 되었다. 이에 따라 마케터는 다양한 매체를 통합·운영해야 할 필요성을 느끼게 된 것이다.

■ 세분화된 소비자 계층의 등장

최근 들어 국내 시장도 다양한 소비자 계층으로 세분화되고 있다. 국내시장의 세분화 경향을 연구한 결과를 토대로 삼성경제연구소는 2000년대 국내시장의 장래 유망 소비자 계층으로 신세대층, 독립 생활자층, 취업주부층, 실버세대층 등을 예상하였으며, 이러한 트렌드는 매년 바뀌고 있는 실정이다. 소비자 계층의 세분화는 오늘날 시장을 읽는데 가장 중요한 변수로 떠오르고 있는 셈이다.

이와 같이 소비자 계층이 세분화되고 서로 배타적인 소비욕구를 형성하게 될수록 시청자의 선별성(원하는 특정 소비자 계층에게만 메시지를 전달할 수 있는 능력)이 낮은 대중매체-전통적인 메시지 전달매체인 TV, 라디오, 신문 등-는 그 가치가 감소될 수밖에 없다. 다만, 매체로서 오늘날의 시대 현상에 따라 그 가치가 감소되었다고 할지라도 전통적인 커뮤니케이션 매체를 외면할 수는 없다. 따라서 기업은 도달범위가 넓은 대중적인 커뮤니케이션 도구와 시청자 선별성이 우수한 커뮤니케이션 도구를 통합적으로 운영할 필요성을 인식하기 시작하고 있다.

■ 시장에서 전문화된 소매업자 역할의 중요성 증대

최근 소매산업은 대형 소매상의 등장으로 커다란 변혁기를 맞이하고 있다. 과거에는 제조업자가 유통경로를 통제 및 관리하여 왔으나, 대형 소매상의 등장은 유통경로 상에 있어서 힘의 구조를 바꾸어 놓고 있다. 이와 같은 현상은 특히 여행업계에서 볼 수 있는데, 여행도매업자가 지속적으로 늘어나고 있고 이들이 전체 여행상품의 대부분을 점유하고 있다는 사실이다. 대형화 및 전문화된 소매상들에게 경로파워가 이전됨에 따라 이들은 제조업자에게 다양한 경로서비스를 요구하였다. 이에 따라 제조업자는 최종 소비자들 뿐만 아니라 전문화된 소매상들에 대해서도 적극적인 촉진활동을 집행할 필요성을 느끼게 되었다.

또한 대형소매상들은 스캐너 데이터를 활용하고 여행사에서는 여행상품 코드를 토대로 취급 품목별 매출을 정확히 분석하여 최적의 상품구색을 유지할 수 있는 능력을 갖추게 되었다. 이에 따라 제조업자와 대형 소매상들은 광고보다는 소비자들로부터 보다 즉각적인 구매를 기대할 수 있는 판매촉진활동에 더 많은 관심을 기울이게 되었다. 이러한 현상은 통합적 마케팅 커뮤니케이션이라 할 수 있는 PR의 중요성이 부각되고 있음을 알리는 것이다.

■ 데이터베이스 마케팅의 등장과 활용

과거의 마케팅활동은 불특정 다수에게 제품을 판매(mass marketing)하는데 주력하여 왔으나, 최근 들어 고객욕구의 다양화와 경쟁격화로 인해 기업들은 표적 소비자 집단에 개별적으로 접근하여 제품의 판매를 유도하는 데 마케팅 노력(individualized marketing)을 기울이고 있다. 즉 고객을 확보하고 그들의 총 구매량을 극대화하기 위해 기업은 기존 고객과 지속적으로 우호적인 관계를 유지해야 함을 인식하게 된 것이다. 표적 소비자 계층의 개별 고객화를 위한 마케팅 노력은 다양한 용어로 불려 지는데, 데이터베이스 마케팅, 개별적 마케팅, 관계 마케팅 등이 그것들이다. 이들의 공통점은 고객을 집단으로 보기보다는 개별적으로 접근해야 함을 인식한다는 것이다.

고객과의 개별적인 관계형성을 구축하기 위해서 기업은 고객에 대한 자세한 정보를 확보해야 한다. 과거에 기업들은 고객에 대한 정보를 체계적으로 관리하지 않았으나, 최근 들어 첨단매체와 경영정보시스템의 도입으로 기업의 고객정보에 대한 관리가 보다 체계화·과학화되고 있다. 고객정보는 단순히 고객의 이름과 주소뿐만 아니라 구매시점, 구매횟수, 구매금액 등과 같은 구매관련 자료, 인구통계적, 지역적, 사이코그래픽(psychographics: 소비자 행동양식, 가치관을 측정하는 심리학 방법) 특성에 관한 자료 등을 포함한다. 고객에 대한 정보를 토대로 마케터는 구매 가능성이 높은 유망 고객에게 직접우편이나 이메일이나 스마트 폰을 통한 문자메시지를 보내고 이에 대한 고객의 반응에 따라 차별화된 판촉활동을 수행할 수 있다. 또한 고객의 매체 습관자료(평소 주로 접하는 매체가 무엇인가)를 이용하여 고객 집단별로 자사제품 PR에 노출될 가능성이 가장 높은 매체를 선정할 수 있다(안광호, 유창조, 2001).

국내의 경우, 소비자의 소비활동에 대한 자료를 축적하기 위해 삼성그룹의 자회사 중 하나인 제일기획 등 대형 광고대행사와 리서치 전문회사들이 소비자 라이프스타일을 정기적으로 조사하고 있다. 특히 관광분야에서는 한국관광공사에서 주기적으로 내·외국인 관광객에 대한 관광통계를 내고 있으며, 그 내용으로는 출입국자의 국가, 출국 목적, 입국 목적, 쇼핑성향(쇼핑 선호 물품) 등이다.

이와 같은 소비자에 대한 개별정보의 확보는 대중 매체뿐만 아니라 개별적인 공중에의 접근이 가능한 다양한 커뮤니케이션 도구를 통합적으로 사용할 수 있게 만들었다. 지금까지 최근 부상하는 통합적 마케팅 커뮤니케이션에 대해서 살펴보았는데, 결국 작금의 시대에서는 기존의 마케팅 커뮤니케이션에서 한 발 나아간 커뮤니케이션 기법이 요구되고 그것이 바로 통합적 마케팅 커뮤니케이션이라는 결론에 도달하게 된다.

사례 마음을 움직이고, 세상을 바꾸는 색깔 속으로, 色… 세상을 움직이는 파워

색의 힘은 예술계와 패션계에 '소유권 전쟁'을 일으키기도 한다. 지난해 영국 작가 스튜어트 셈플(36)은 10년간 연구 끝에 'The world's pinkest PINK(세상에서 가장 핑크 같은 핑크)'라는 고유색을 만들어 출시하면서 단서를 달았다. 현대미술의 거장 애니시 카푸어(63)에겐 공개적으로 사용 금지를 선포한 것이다. 애니시 카푸어가 영국 안료 회사 나노시스템으로부터 '세상에서 가장 검은 검은색'인 '반타블랙'의 독점 사용권을 사들인 데에 대한 반발이었다. 카푸어는 인스타그램에 핑크색을 바른 가운뎃손가락을 올리며 셈플을 조롱하는 듯한 동작을 취하며 논란에 불을 붙였다. 셈플은 핑크뿐만 아니라 '가장 노랑 같은 노랑' '가장 초록 같은 녹색' 등을 선보이며 카푸어와 그를 지지하는 이들에게 사용을 금지했다. 과거 파란색으로만 그렸던 이브 클라인은 자신의 파랑을 '인터내셔널 클라인 블루(IKB)'라 이름 붙이고 특허까지 냈다.

패션계에선 구두 브랜드 크리스티앙 루부탱과 입생로랑이 벌인 '빨강 혈투'가 대표적이다. 빨간색 밑창 컬러로 유명한 루부탱은 2011년 입생로랑이 신발 밑창과 깔창에 빨간색을 넣자 상표권 침해로 소송했다. 법원은 루부탱의 손을 들어줬고, 이 사건은 색이 브랜드의 로고처럼 상징성을 갖고 있다는 것을 전 세계에 알린 판결이 됐다. 국내에서도 토종 패션 브랜드인 '세정'과 '형지'가 간판색인 보랏빛이 비슷하다며 법정 다툼을 이어오다 2012년 화해한 바 있다.

Getty Images 이매진스

영어는 명사로, 한글은 형용사로 색 표현

색을 표현하는 단어를 보면 영어는 주로 명사나 사물에서 온 이름이다. 반면 한글엔 명사가 적고 형용사가 많다. 예컨대 'red(빨강)'와 관련된 영어 단어는 'indian red(인디언 붉은색)', 'cardinal(추기경 빨간색)' 등이지만, 한글에선 '불그죽죽한' '검붉은' '불그스름한' '핏빛의' 같은 표현으로 말한다. NPCI 현정오 수석 연구원은 "한국의 색 표현은 '대화를 위한 색'"이라고 했다. "사물을 직관적으로 따다 사용한 서양과 달리 한국은 다양한 형용사를 변주해 만들기 때문에 풍부한 상상력으로 조합할 수 있는 잠재력을 갖고 있다"는 것이다. 객관화시키긴 어려워도 표현할 수 있는 가짓수는 서양보다 훨씬 많다는 설명이다.

기업이 제품에 색을 정할 때에는 소비 트렌드도 반영되고 있다. 현대자동차의 경우 새로운 차종이 나올 때 '커뮤니케이션 컬러(광고 등 고객과 소통하는 상징 컬러)'가 될 만한 대표 색상을 정하기 위해 2년 정도 각종 시장조사를 통해 유행색을 예측한다. 현대자동차 디자인연구소 김지희 책임(그룹장)은 "잘 팔리는 자동차 색은 검정, 흰색 같은 무채색과 중성색이지만, '신선한' 느낌을 주기 위해 새로운 색상을 선보인다"며 "국내 소비자들이 색상에 점점 예민해지고 있어, 내년부터는 차를 살 때 '색상 커스터마이징 시스템'을 도입할 예정"이라고 했다. 처음부터 고객이 원하는 차량 색을 맞춤식으로 하는 방식이다.

현재 팬톤(Pantone: 미국색채전문회사–매년 '올해의 색'을 발표하면서 색 유행을 주도하는 회사다) 색상표엔 2100가지 색이 있다. 색채 전문가들은 연구 결과 인간의 눈이 최대 300만 가지의 색을 식별할 수 있다고 한다. 새로운 색이 계속 등장하고, 우리의 컬러 선택 폭은 더 넓어진다. 장 가르비엘 코스는 말한다. "이 세상 최고의 색채 전문가가 자기 머릿속에 들어 있음을 잊지 마라. 그의 이름은 본능이다"(조선일보, 2017. 1. 25.).

Tourism PR

제 4 장 정보처리 및 의사결정

제1절 정보처리 과정의 의의

소비자는 제품구매에 대한 의사결정을 할 때 마케터가 제공한 여러 가지 마케팅 자극정보에 의도적이든 비의도적이든 노출되어 주의를 하고 내용을 지각하여 이에 대하여 최종적으로 긍정적 혹은 부정적인 반응을 보이게 된다. 이러한 일련의 과정을 정보처리과정이라 하며, 이 과정을 통하여 신념과 태도가 형성 혹은 변화된다. 따라서 소비자의 상표에 대한 태도나 구매의사결정에서 소비자가 사용하는 평가기준 등은 모두 소비자의 정보처리의 결과라고 할 수 있다.

관광객을 포함한 소비자의 정보처리과정을 살펴보는 것은 PR에 있어 매우 중요성을 가진다. 이유는 홍보물의 노출에 있어 소비자는 어떤 메커니즘에 의해 홍보물의 내용을 처리하는가를 안다는 것은 홍보물의 구상과 제작방침 설정으로 연결이 되기 때문이다. 즉 정보처리과정을 학습하는 것은 효과적인 홍보물을 만드는 기초를 다지는 일이라 할 수 있다.

한국관광공사(2016)가 해외 주요 검색엔진을 대상으로 한국관광 관련 검색어 트렌드를 분석한 결과는 주요 해외시장별 홍보물 콘텐츠 구성에 중요한 시사점을 준다. 검색어 수량 측면에서 영어권은 관광지 카테고리가 52%로 월등히 많았고 다음으로 관광지, 쇼핑, 지역, 정보, 숙박, 축제, 한류, 문화, 공연, 음식 순이었다. 일본어권과 중국어권도 정보 카테고리가 각각 25%, 42%로 가장 많았다.

관광지 카테고리의 세부 항목별 검색어 수량 측면을 보면 영어권은 관광명소 관련 키워드가 62%로 가장 많고, 전통, 테마파크, 자연, 박물관, 한류 순으로 나타났다. 2015년 영어권 관광지 카테고리에 속하는 Top 5 키워드는 DMZ, 판문점, 롯데월드, 경복궁, 에버랜드였다. 일본어권은 박물관 관련 키워드가 46%로 가장 많고, 관광명소, 전통, 한류, 테마파크 순이었고, 중국어권에서는 관광명소 관련 키워드가 50%로 가장 많고, 한류, 박물관, 전통 순으로 분석되었다.

〈표 4-1〉 어권별 주요 카테고리 검색어 수량

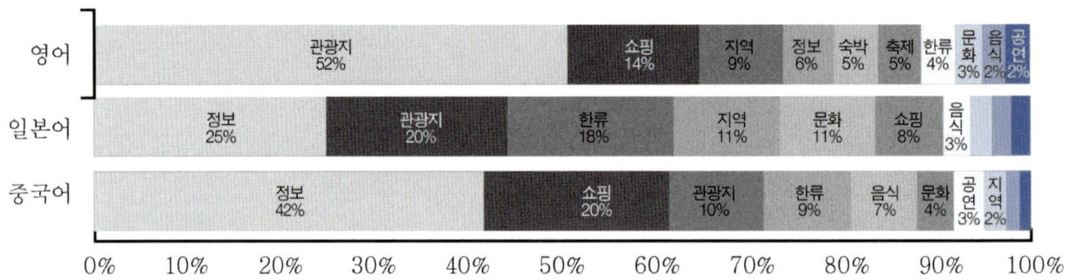

〈표 4-2〉 영어권 관광지 Top 5 검색 키워드

2014년				2015년			
No.	키워드	해석	월 평균 검색량	NO.	키워드	해석	월 평균 검색량
1	dmz	DMZ	103,500	1	dmz	DMZ	105,583
2	lotte world	롯데월드	25,875	2	panmunjom	판문점	31,550
3	gyeongbokgung palace	경복궁	17,892	3	lotte world	롯데월드	27,375
4	everland	에버랜드	16,275	4	gyeongbokgung palace	경복궁	22,875
5	n seoul tower	N서울타워	12,592	5	everland	에버랜드	17,800

* '판문점' 키워드가 새롭게 등장함.

따라서 이 절에서는 소비자의 정보처리 과정을 구체적으로 알아보기로 한다.

제2절 소비자 정보처리과정

소비자의 정보처리의 과정은 [그림 4-1]과 같이 노출 → 주의 → 이해로 이루어진다(안광호, 유창조, 2001). 이 과정에 영향을 미치는 것이 관여도와 기억이다. 이 과정을 구체적으로 설명하면 다음과 같다.

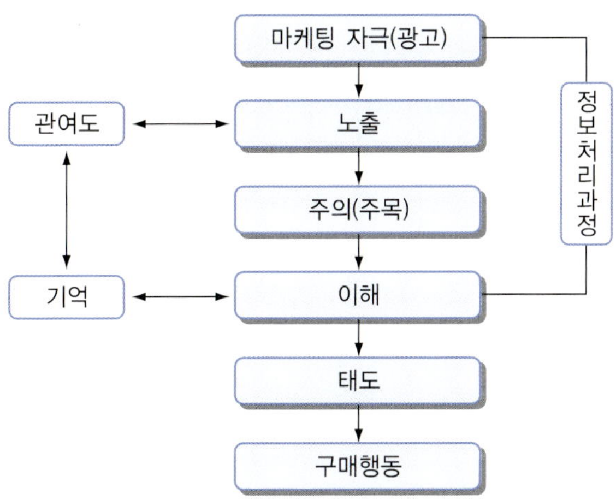

출처: 안광호, 유창조(2001). 「광고원론－통합적 마케팅 커뮤니케이션 접근」. 법문사. p.175.(재인용)

[그림 4-1] 정보처리과정

■ 노출

정보처리과정의 첫 번째 단계가 마케팅 자극에 대한 노출이다. 노출은 소비자가 마케팅자극에 물리적으로 접근하여 감각기관(sensory organs)이 활성화되는 것을 말한다. 소비자 정보처리과정이 갖는 특징의 하나가 선택적 노출(selective exposure)이다. 소비자는 주위환경에서 수많은 마케팅 자극에 노출됨에 따라 불필요한 노출을 가급적 회피하려고 한다. 이와 같이 선택적 노출을 통해 소비자는 마케팅자극에 대한 노출을 스스로 선택할 수 있다. 어떤 제품에 대한 관여도가 높아지면 소비자는 그 제품과 관련된 광고나 제품정보에 자신을 선택적으로 노출시킬 가능성이 커진다.

소비자의 선택적 노출은 광고주에게 매우 중요한 전략적 시사점을 제공한다. 소비자가 자신에게 노출된 많은 제품정보들을 선택적으로 여과한다는 것은 광고비지출의 효과를 현저히 감소시킬 수 있음을 의미한다. 실제 TV시청자들의 물의 사용이 특정 시간대의 2~3분 동안에 급격히 늘어난다고 한다. 즉 대부분의 소비자들이 광고가 방영되는 시간 동안에 화장실을 이용한다는 사실이다. TV시청자들의 물의 사용이 특정 시간대에 집중된다는 사실(flush factor)은 TV프로그램을 시청하는 소비자들이 선택적으로 상업광고에의 노출을 피한다는 것을 시사한다. 또한 리모트컨트롤 기능은 소비자들의 TV광고에 대한 선택적 노출을 더욱 가중시키고 있다. 소비자들은 TV를 시청하던 중에 광고가 나오면 리모트컨트롤을 사용하여 그대로 다른 채널로 돌리게 되는데, 이를 Zapping현상이라고 한다.

이와 같이 소비자의 선택적 노출은 마케터의 PR노력을 무위로 만드는 결과를 가져오므로 이에 대처하기 위해서는 PR에 대한 노출자체를 즐길 수 있도록 PR물을 아주 잘 만들어야 할 필요가 있다. 또한 효과적인 PR물을 제작하고자 하는 마케터는 노출에 있어서 '식역: threshold'에 대해서 알아야 한다. 식역은 소비자가 마케팅 자극을 감지할 수 있는 영역을 말하며, 식역 수준은 소비자가 마케팅자극을 감지하는 데 필요한 자극적 에너지의 강도이다. 마케팅 자극에 노출되는 소비자는 5개 감각기관이 활성화되지만, 소비자는 노출된 모든 자극을 감지하는 것은 아니다. 소비자가 감각기관을 통과한 마케팅 자극을 감지하느냐의 여부는 그 자극의 강도에 의해 결정된다. 또한 감각기관이 자극을 감지할 수 있기 위한 최소한의 자극 에너지를 절대적 식역(absolute threshold)이라고 한다. 따라서 소비자가 노출된 자극을 감지하게 하기 위해서는 적어도 자극이 절대적 식역을 넘기는 것이어야 한다. 간혹 식역 범위를 넘기는 마케팅 자극이 있는데 이는 소비자들을 PR물에 대해 무감각하게 만들기 때문에 비용의 낭비다.

PR물이 기대한 대로의 효과를 거두기 위해서는 소비자 정보처리과정의 첫 단계인 노출을 높이도록 해야 한다. 노출과 관련된 PR전략 시사점은 다음과 같다. 첫째, PR물에 대한 노출의 가능성을 높인다. 마케터는 표적시장의 소비자들이 주로 이용하는 매체, 즉 즐겨 시청하는 TV방송사와 프로그램, 구독하는 신문과 잡지, 주로 이용하는 웹사이트 등을 조사하여 이들 매체를 이용함으로써 소비자의 PR물에 대한 노출가능성을 가능한 한 높이도록 해야 한다.

둘째, 절대적 식역을 초과하는 수준의 PR물을 소비자에게 제시한다. 예컨대 관광 브로슈어의 경우 글자의 크기, 모양, 색깔 등을 관광객들이 인식할 수 있도록 만들어야 한다. 셋째, PR물을 제작할 때에는 차이식역(differential threshold: 두 개의 자극을 지각적으로 서로 구분할 수 있는 최소한의 자극강도의 차이)을 고려하여야 한다.

■ 주의(주목)

주의는 마케팅 자극에 주목하는 과정이다. 마케터는 소비자의 주의를 끌기 위해 많은 노력을 기울인다. PR에 대한 주의유발은 소비자가 PR내용을 이해하고 이를 장기 기억 속에 저장하는 데 반드시 필요한 단계이다. 소비자는 어떤 시점에 노출된 모든 마케팅 자극을 처리하는 것이 불가능하므로, 이들 중 일부만을 선택하여 주의를 집중하여 주의를 기울인 마케팅자극에 대해서만 계속적인 정보처리를 하게 된다. 그러므로 주의는 특정자극에 대해 정보처리 능력(혹은 인지적 능력)을 할당하는 것으로 볼 수 있다.

소비자의 자극에 대한 관여도가 높을수록 소비자는 그 자극에 대해 정보처리 능력을 보다 많이 할당하게 된다. 즉 주의를 더 많이 기울이게 된다. 주의의 유형은 자발적 주의(voluntary attention), 선택적 주의(selective attention)로 분류된다. 자발적 주의는 개인적 관련성이 높은 정보를 탐색하는 과정에서 이러한 정보에 주의를 기울이는 경우이다. 특정제품에 대한 관여도가 높아질수록 소비자는 관련정보에 대해서만 선택적으로 주의를 집중하게 되는데, 이를 선택적 주의라고 한다. 예를 들어 이번 여름휴가에 한 달 가량의 크루즈투어를 계획하고 있는 사람이 있다면 그 사람은 크루즈투어와 관련된 정보를 적극적으로 탐색할 것이다. TV를 보거나 신문, 잡지를 볼 때 혹은 인터넷을 사용할 때도 크루즈투어와 관련된 기사에 더욱 주의를 기울이게 될 것이다.

한편, 소비자는 PR에 비자발적으로 주의를 기울이는 경우도 있다. 소비자는 특이하거나(novel) 잘 만들어진 PR에 대해서 자연스럽게 주의를 기울일 수 있는데, 이를 비자발적 주의(involuntary attention)라고 한다. 일반적으로 소비자들에게 노출되는 대부분의 PR물이 자신이 당면하고 있는 목표와 별 관련이 없기 때문에, 소비자가 자발적 주의를 기울일 가능성이 그렇게 높지 않다. 그러므로 마케터는 소비자들이 PR 자체를 즐길 수 있도록－비자발적 주의가 이루어지도록－PR물을 특별히 잘 만들 필요가 있다.

소비자는 PR물에 자발적 혹은 비자발적 주의를 기울이기 위해서 그 PR물에 인지적 능력(정보처리 능력)을 할당한다. 따라서 소비자가 제품정보에 주의를 기울이게 되면, 생리적 환기(physiological arousal)가 유발된다. 생리적 환기는 혈압의 상승, 뇌파형태의 변화, 맥박의 증가, 동공의 확대 등으로 나타난다. 그러므로 자사 광고효과를 평가하려는 기업은 소비자가 광고를 보는 동안에 유발된 환기수준을 측정하는 경우가 흔히 있다. PR물에 대한 소비자의 주의 정도를 조사하기 위해 마케팅 조사회사들은 생리적 환기 등을 측정하는 기구로 이용하고 있다.

다음은 특정 PR에 대해 소비자로 하여금 주의 유발을 강화하기 위해 사용하는 방식들이다. 첫째, 소비자의 주의를 유발하기 위해 인지적 욕구(cognitive needs)와 쾌락적 욕구(hedonic needs)에 소구하는 PR 메시지를 개발해야 한다. 소비자들은 자신의 인지적 욕구를 충족시키거나 좋은 느낌을 유발하는 PR 메시지에 주의를 기울이는 경향이 있다. 소비자는 당면한 의사결정 문제와 관련된 제품정보를 제공하는, 즉 인지적 욕구를 유발하는 PR 메시지에 주의를 기울인다.

둘째, 진기한 자극(novel stimuli)을 PR에 활용한다. 진기한 자극은 우리에게 익숙한 자극보다 높은 주의를 유발한다. 진기한 자극의 PR은 일반적으로 특이하거나 예상치 못한 실행단서를 PR에 이용하는 경우이다. 또한 진기한 자극은 시각적 요소뿐만 아니라 갑작스런 소리의 변화나 갑작스런 소리정지 같은 청각적 요소도 포함한다. 이 외에도 유머광고, 고의적으로 제품정보를 생략한 광고 등도 호기심을 유발하여 광고에 대한 주의를 높일 수 있다.

셋째, 강렬한 자극(intense stimuli)을 PR물에 이용한다. 강렬한 자극(화려한 색깔, 큰 소리, 밝은 색깔 등)은 그렇지 않은 자극보다 주의를 보다 많이 유발하는 경향이 있다. 보다 강렬한 실행단서를 사용한 PR물에 대해서는 소비자는 자연스럽게 비자발적 주의를 할 가능성이 높아진다. 일반적으로 PR물이 상대적으로 클수록 보다 높은 수준의 주의를 유발하며, 흑백보다는 컬러가 더 주의를 유발한다. 그러나 PR물의 대부분이 컬러인 경우는 오히려 흑백이 대조효과(contrast effect)에 의해 더 높은 주의를 유발할 수 있다.

■ 이해

소비자가 외부자극에 주의를 기울이면 그 자극의 내용을 이해(comprehension)하는 단계로 넘어가게 된다. 이해는 소비자가 마케팅 자극의 요소들을 조직화하고 이를 해석하는 과정이다. 소비자가 마케팅자극을 이해하는 과정, 즉 지각과정(preceptual process)은 소비자의 경험, 기대 그리고 기억 속에 저장된 관련정보 등으로부터 영향을 받기 때문에 소비자들마다 다를 수 있다. 연구결과에 의하면 소비자들이 광고를 정확하게 이해하지 못할 때, 광고의 설득력이 일반적으로 떨어지는 것으로 나타났다. 노출된 메시지에 대한 소비자의 오해가 마케터에게 큰 문제가 될 수 있음을 시사한다.

이해과정은 지각적 조직화(perceptual organization)와 지각적 해석(perceptual interpretation)으로 분류된다. 지각적 조직화의 기본원리는 게스탈트(Gestalt) 심리학자들에 의해 주로 연구되었다. 게스탈트 심리학자들에 의하면 사람들은 노출된 자극의 구성요소들을 통합하여 전체적인 형상(configuration)을 구성한다고 보았다. 게스탈트 심리학자들은 여러 가지 지각적 조직화의 기본원리를 제시하였는데, 단순화,

완결, 근접성, 유사성, 형상과 배경 원리 등이 그 예이다. 사람들은 자극들 간의 차이를 최소화하거나 극대화하여 지각하는 성향이 있다. 이를 단순화라고 한다. 즉 사람들은 자극들을 실제보다 더 유사한 것으로 지각하거나 자극들 간의 차이를 실제보다 과장되게 지각하는 성향이 있는 것이다. 완결은 자극이 불완전할 때 불완전한 부분을 완전하게 만들어 가급적 완전한 전체(complete picture)로 지각하는 경향을 말한다. 근접성은 서로 가까운 자극요소들을 함께 연결시켜 지각하는 성향이며, 유사성은 자극의 요소들 중 비슷한 것들끼리 연결지어 지각하는 경향을 말한다.

또한 형상은 자극요소들 중에서 보다 두드러지는 부분을, 그리고 배경은 상대적으로 덜 두드러지는 부분을 말한다. 예를 들어 어느 부분을 형상으로 보느냐에 따라 사람들은 [그림 4-2]를 색소폰을 부는 남자로 보일 수도 있고 아름다운 여성의 얼굴로 보일 수도 있다. 마케터는 PR물을 만들 때 지각적 조직화의 원리를 잘 활용하면 효과적인 PR물을 제작할 수 있다.

[그림 4-2] 형상과 배경

마지막으로 지각적 해석은 지각적 범주화와 지각적 추론의 두 가지 기본원리를 통해 이루어진다. 지각적 범주화(perceptual categorization)는 마케팅 자극에 노출된 소비자가 그 자극을 기억 속에 저장된 기존 스키마(schema)와 관련지어 그 자극의 의미를 해석하는 것을 말한다. 지각적 추론(perceptual inference)이란 주어진 마케팅 자극(정보)으로부터 다른 요소를 추리하는 것을 말한다. 즉 지각적 추론은 주어진 정보를 토대로 그 이상의 지식이나 신념을 개발하는 것이다. 예컨대 어떤 관광객은 자신이 이용한 여행사가 TV광고를 많이 하였기 때문에 신뢰할 수 있는 여행사라고 추론할 수 있다.

■ 기억

마지막 과정은 처리된 정보가 기억 속에 저장되는 것이다. 기억에는 기존의 정보와 경험 그리고 환경적 요인과 새로운 마케팅 자극들로부터 제공된 여러 가지 정보가 있으며 새롭게 처리된 정보는 기존의 관련 정보끼리 통합되어 기억 속에 저장된다. 그리고 나중에 새로운 자극에 접하게 되었을 때에는 기억 속에 저장된 정보를 이용하여 정보를 처리한다. 즉 기억은 소비자 정보처리과정에 영향을 미치는 하나의 중요한 요인이다. 따라서 기억에 대해 구체적으로 살펴보고자 한다.

기억은 정보처리과정의 각 단계에 영향을 미친다. 기억은 소비자들에게 노출될 자극을 예상할 수 있게 한다. 그 결과 그들은 원하는 자극에 대해서만 선택적으로 노출될 수 있다. 마찬가지로 기억은 특정 자극에 주의를 집중하도록 인지적 자원을 할당하며, 그 속에 저장된 기존 지식들을 인출하여 마케팅 자극을 이해하는데도 영향을 미친다.

기억은 감각기억(sensory memory), 단기기억(short-term memory), 장기기억(long-term memory)으로 구성되며 각각의 기능은 서로 다르다. 제품정보(홍보 혹은 광고)는 먼저 감각기억에 유입된다. 감각기억은 유입된 정보를 간단히 분석하여 추가적인 정보처리 용량의 할당이 필요한지를 결정한다, 추가적인 정보처리용량이 할당된 정보는 감각기억으로부터 단기기억으로 이전된다. 단기기억은 능동적인 정보처리가 이루어지는 곳으로, 단기기억으로 이전된 정보는 장기기억으로부터 인출된 기존지식과 결합되어 정보처리(지각)가 이루어진다. 장기기억은 부호화(encoding)와 인출(retrieval)과정을 통해 단기기억과 연결되어 있다. 부호화는 장기기억 속에 영원히 저장되기 위해 단기기억으로부터 장기기억으로 이전되는 과정이며, 인출(retrieval)은 단기기억에서 활용될 수 있도록 장기기억 속에 저장된 정보를 끄집어내는(accessing) 것을 말한다. 마지막으로 소비자의 정서적 상태도 장기기억과 단기기억에 영향을 미친다.

▪ 관여도

관여도(involvement)는 주어진 상황에서 특정대상에 대한 개인의 관련성 지각정도 혹은 중요성 지각정도로 정의될 수 있다. 관여도는 개인, 제품, 상황에 의하여 결정되기도 한다. 광고된 제품의 구매가 한 개인에게 매우 중요하거나 그 개인의 가치관이나 자아 이미지와 밀접하게 관련되어 있다면, 그 개인의 제품에 대한 관여도가 높아질 것이다. 관여도는 연속적인 개념이지만 보통 고관여와 저관여로 구분된다. 소비자가 어떤 제품군에 대한 관여도가 높으면 낮은 경우에 비하여 광고에서 제시된 제품정보의 처리에 보다 많은 인지적 노력을 기울인다.

그렇다면 마케팅 자극에 대해 소비자들이 지각하는 중요성의 정도(즉 관여수준)를 결정하는 요인들은 무엇일까? 소비자의 관여수준은 제품의 특성, 소비자에게 제공되는 마케팅 커뮤니케이션, 상황적 특성, 개인의 특성에 의해 영향을 받는다. 예를 들어 제품가격이 비싸고 사회적 가시성이 높으며 제품 구매 및 사용에 위험이 수반되는 제품에 대해서는 소비자의 관여도가 높다. 소비자의 호의적인 감정을 불러일으킬 수 있는 마케팅 커뮤니케이션도 소비자의 관여도를 증가시킬 수 있다. 또한 구매가 이루어지는 정황(context)을 정의하는 상황(situation)도 관여도에 영향을 미칠 수 있다. 마지막으로 소비자의 어떤 제품, 상황 및 마케팅 커뮤니케이션에 대한 관여도는 그 소비자의 특성(개성)에 따라 서로 다를 수 있다.

관여도는 지속적 관여도와 상황적 관여도로 구분되기도 한다. 지속적 관여도는 어떤 제품군에 대하여 오랜 기간 동안 계속 관심을 갖는 것을 말한다. 예컨대 평소 지역 축제에 관심이 있는 사람들은 항상 지역 축제에 대한 정보를 확인할 것이다. 상황적 관여도는 어떤 대상에 대하여 일시적으로 높은 관심을 보이는 것을 말한다. 사람들은 자신이 사용하기 위하여 어떤 제품을 구매하는 경우에 비하여 선물로 주기 위하여 구매할 때 일시적으로 그 제품에 대한 관여도가 높아진다(안광호, 유창조, 2001). 관여도는 각 구매의사결정단계별로 서로 다른 형태로 영향을 미친다.

제3절 의사결정단계

소비자는 자신의 채워지지 않은 욕구를 충족시키기 위하여 제품을 구매한다. 제품구매를 결정하고 나면 소비자는 구체적인 의사결정과정을 걸친다. 이러한 구매의사결정과정은 [그림 4-3]과 같이 5단계로 이루어지며 이는 일반적으로 알려져 있는 의사결정과정이다.

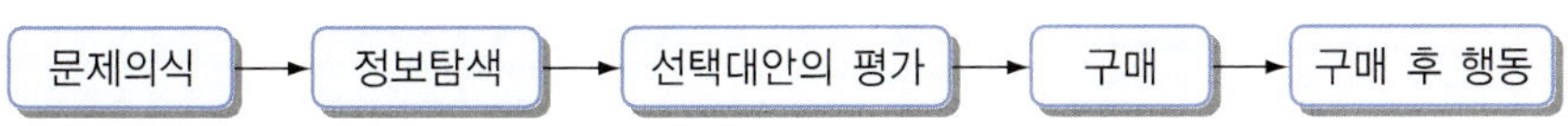

[그림 4-3] 소비자 구매의사결정과정

소비자의 구매의사결정과정은 먼저 문제인식에서 출발한다. 소비자는 어떤 문제에 부딪히게 되면 먼저 이를 해결할 수 있는 방법을 얻기 위해 정보를 수집하고, 몇 가지의 대안을 선정하여 일정 기준에 따라 평가하여 최종 선택된 것을 구매할 것이다. 그리고 그 이후에는 평가하는 과정을 거친다. 이와 같은 일련의 과정을 소비자의 의사결정이라고 한다.

예를 들어 여름휴가를 맞이하여 직장에서의 스트레스를 해소할 겸 외국의 쾌적한 휴양지로 여행하려는 관광객이 있다고 하자. 이 관광객은 자신의 여행목적을 충족시키는 휴양지를 정하기 위하여 정보를 탐색하거나 주변인에게 도움을 청한다. 그 결과 '몰디브'로 결정을 했다면 그곳으로 FIT형태로 자유투어(free tour) 혹은 half-made tour를 구매할 것인지, 아니면 다른 일행과 함께하는 패키지 투어상품을 구매할 것인지를 결정해야 한다. 또한 패키지 투어상품을 구매하기로 했다면 브랜드 가치를 가진 여행사로 혹은 그렇지 않은 여행사로 할 것인지, 가격대는 어느 정도로 할 것인지를 생각해야 한다. 즉 대안의 평가이다. 이후 특정 여행사에서 여행상품을 구매하고, 여행상품의 특성상 관광 일정이 시작되기 전까지는 구매한 상품에 대한 좋고 나쁨을 판단할 수 없으므로 조금은 불안한 날을 보내다가 관광이 시작되면 그 순간부터 자신이 체험하고 있는 관광상품에 대해 만족 혹은 불만족의 감정을 가지게 될 것이다. 이 감정은 여행이 끝난 후 한 동안 잔존하여 다른 여행기회가 있을 때 이 여행사를 다시 이용할 것인지 생각하게 한다.

의사결정과정 단계를 구체적으로 살펴보기로 한다.

■ 문제인식

구매과정은 구매자가 문제나 욕구를 인식함으로써 시작된다. 구매자는 자신의 실제적 상태와 바람직한 상태의 차이를 느끼게 된다. 이러한 욕구는 내적 자극이나 외적 자극에 의해서 발생할 수 있다. 내적 자극인 경우에 인간의 정상적인 요구, 즉 목마름, 배고픔, 성욕 등은 어느 수준까지 오르게 되면 동인(drive)이 된다. 욕구는 외적자극에 의해 야기될 수 있는데 TV, 신문, 인터넷, 잡지에 난 여행광고를 보고 여행을 가려는 행동을 유발할 수 있다.

문제는 네 가지로 구분할 수 있다. 첫째, 실제 상태와 바라는 상태 간의 차이가 발생될 것이 기대되고 문제가 발생하면 즉각적으로 해결이 필요한 일상적인 문제, 둘째, 문제 발생이 기대되지만 즉각적인 해결이 필요하지 않은 계획적 문제, 셋째, 기대하지 않았던 문제가 갑자기 발생하고 즉각적으로 해결이 요구되는 긴급한 문제, 넷째, 소비자가 기대하지 않은 문제이며 즉각적인 해결이 요구되지 않는 점증적 문제로 구분된다. 일반적으로 매일 소비자는 식품이나 가정용품이 떨어져 구입해야 하는 것은 일상적인 문제이고, 갑자기 사고가 발생하여 의료용품을 사야 하는 것은 긴급한 문제 등이 된다.

마케팅관리자는 소비자의 특별한 욕구와 관심을 불러일으키는 상황을 확인할 필요가 있다. 어떤 형태의 욕구나 문제가 발생했는지, 무엇이 그러한 문제와 욕구를 일으키게 하였는지, 어떻게 소비자들이 특정 제품을 선택하도록 유도되었는지의 상황을 파악해야 하는 것이다.

■ 정보의 탐색

문제를 인식하여 구매의사결정을 하고자 하는 소비자는 이에 도움이 될 만한 정보를 탐색한다. 정보탐색은 문제에 따라 이를 해결시켜 줄 수 있는 수단(제품)에 대한 정보를 기억으로부터 회상해 내는 내적인 탐색과, 내적탐색에 의하여 의사결정을 할 만큼 충분한 정보를 가지고 있지 않거나 회상할 수 없을 때 보다 많은 정보를 찾기 위하여 외부에 있는 정보를 탐색하는 외적탐색이 있다. 외적탐색은 특히 제품이 중요한 것이거나 제품이 고가일 때 증가하게 된다.

우리나라의 소비자는 제품구매 시 자신의 경험에 가장 많이 의존하는 것으로 나타나 외적인 탐색보다는 내적인 탐색에 의존하는 것으로 나타났다. 외적탐색 중에는 가족이나 친척의 말 그리고 각종 매체에 의한 광고에 의존하고 있었으며, 중립적인 원천을 사용하고 있는 비율은 극히 낮다.

소비자가 얼마나 많이 정보를 탐색할 것인가 하는 것은 동기의 강도, 처음 가지고 있던 정보량, 추가적으로 정보를 탐색할 수 있는 용이성, 추가적 정보에 부여하는 가치 및 추가탐색으로부터의 만족도 등에 달려 있다. 마케팅 관리자의 주요 관심사 중의 하나는 소비자가 의존하는 중요한 정보원천과 또 하나는 이러한 정보원천 각각이 계속적인 구매의사결정에 미치는 상대적인 영향력이다. 소비자 정보원천은 네 가지로 나누어 볼 수 있다.

- 개인적 원천: 가족, 친구, 이웃, 친지
- 상업적 원천: 광고, 판매원, 상인, 포장, 진열
- 공공적 원천: 대중매체, 소비자 단체, 정부기관
- 경험적 원천: 취급, 조사, 사용

■ 대안의 평가

외적 · 내적 정보탐색을 통하여 정보를 입수한 소비자는 평가기준과 평가방식을 결정하여 고려 상표들을 비교 평가한다. 소비자들이 사용하고 있는 평가기준에는 어떠한 것들이 있으며, 어떠한 평가방식을 선택하고 있는가의 문제는 마케팅 관리자의 입장에서는 매우 중요하다.

평가기준은 소비자의 내면적 구매목적과 동기를 반영하여 제품구매의 주된 목적과 그 제품으로부터 얻고자 하는 편익에 의해 결정되며, 상황에 따라 달라지고, 그 기준은 객관적일 수도 있고, 주관적일 수도 있다. 옷의 구입에 있어 옷감의 질은 객관적인 기준이 되지만, 옷의 디자인은 주관적인 기준이 된다.

평가기준이 설정되면 소비자는 설정된 평가기준을 사용하여 평가한다. 소비자가 평가하는 방식에는 보상적 평가방식과 비보상적 평가방식이 있다. 보상적 방식은 상표대안을 평가함에 있어 여러 가지 상표를 여러 가지 중요한 평가기준을 사용하여 종합적으로 비교 · 평가하는 것이다. 태도이론의 Fishbein의 다속성태도모델은 대표적인 보상적 평가방식compensatory rule)이다.

비보상적 평가방식은 한 평가기준에서의 약점이 다른 평가기준에서의 강점으로 보완이 되지 않으며, 보상적 방식보다 비교적 간단한 방법이다. 이 방식에는 사전편집식, 결합식, 분리식 등이 있다.

- 사전편집식(Lexicographic rule): 이 방식은 사전에 편집되는 순서와 같이 평가를 하는 방식으로 소비자가 자신이 가장 중요시 여기는 평가기준에서 최상으로 평가되는 상표를 선택하는 방식이다. 예를 들어, 커피에 있어 한 소비자가 중요시하는 속성의 순서는 맛, 향기, 가격일 때 그는 중요시하는 속성인 맛에 있어 가장 높은 점수를 가지고 있는 상표를 선택한다.
- 결합식(Conjunctive rule): 소비자가 중요하게 생각하는 각각의 속성에 대한 평가점수가 최소한 어느 정도는 되어야 한다는 수용기준을 설정하고 모든 속성에서 이 수용기준을 만족시키는 상표를 선택하는 방식이다. 이는 소비자가 이 수용기준을 만족시키는 상표를 연속적으로 제거하고 남는 상표를 선택하는 것이다. 소비자가 커피의 각 속성에 대하여 10점 만점에 최소한 4점 이상이 되어야 한다고 하면 고려 상표 중에서 3점을 받은 상표는 제거되고 나머지 상표가 선택된다.

• 분리식(Disconjunctive rule): 이 방식은 특히 중요한 한두 가지의 속성에서 최소한의 수용기준을 정하여 상표별로 평가하는 것이다. 앞의 예에서 소비자가 맛과 향기의 속성을 특히 중요시한다고 할 때 이 둘의 속성 값이 10점 만점에서 최소한 5점 이상이어야 한다는 기준을 세워 놓았다면, 이 두 속성에서 5점 이하인 상표는 고려 대상에서 제거되고 남은 상표 중에서 맛의 속성 값이 가장 높은 상표를 선택한다.

의사결정 평가단계에서 소비자는 대안상품 중에서 가장 선호하는 것을 결정하고 구매하게 된다. 구매의도와 구매의사결정 사이에는 두 가지 요인이 발생할 수 있다. 첫째, 다른 사람의 태도이다. 다른 사람의 태도가 그가 선호하는 대안을 어느 정도 줄일 것인가 하는 것은 다음 두 가지에 의해 좌우된다. ① 소비자가 선호하는 대안에 대한 다른 사람의 부정적 태도의 강도, ② 다른 사람의 기대에 순응하려는 그 소비자의 동기부여이다. 다른 사람의 부정적 태도의 강도가 크면 클수록 또한 다른 사람이 그 소비자와 가까우면 가까울수록 그 소비자는 구매의도를 수정할 가능성이 높아질 것이다. 반대로 한 소비자가 좋아하는 사람이 동일한 상표를 선호한다면 구매자의 그 상표에 대한 선호성은 증가한다.

둘째, 구매의도는 예기치 못한 상황적 요인에 의해서도 영향을 받는다. 소비자는 기대되는 가계소득, 기대가격 및 그 제품으로부터의 기대이익과 같은 요인에 의거하여 구매의도를 형성한다. 많은 경우 구매는 다른 정도의 위험부담을 수반하기 때문에 구매결정을 하는 소비자의 의사결정은 지각적 위험에 의해 상당히 영향을 받는다. 소비자는 지각적 위험을 줄이기 위해 전국적인 상표명 선택, 믿을 만한 친구로부터 정보수집, 심지어는 구매의사결정의 회피 등의 방법을 선택하기도 한다. 따라서 마케터는 소비자에게 위험을 느끼게 하는 요소들을 파악하고 그 인지된 위험을 감소시킬 수 있는 정보와 자원을 제공해 주어야 한다.

■ 구매 후 행동

제품을 구매한 뒤 소비자는 어떤 수준의 만족과 불만족을 경험한다. 마케터는 상품이 판매된 후에도 그 역할이 지속된다. 소비자가 느끼는 만족과 불만족은 제품 구매 전의 기대치에 대한 실제 경험치의 갭(gap)에 의해 결정된다. 만약 실제 경험치가 기대치와 같으면 '만족', 실제 경험치가 기대치보다 높으면 '감동', 반대로 실제 경험치가 기대치보다 낮으면 '불만족'을 경험한다.

소비자는 기대수준을 판매원, 친구, 언론매체, 각종 광고 · 홍보물 등의 정보원천으로 받은 메시지에 근거하여 형성한다. 또한 비일상적인 구매는 구매 후 어떤 형태의 부조화가 일어난다. 이는 소비자가 상품의 장점뿐만 아니라 단점도 알고 있기 때문에 불가피하며 이 때 마케터들은 부조화를 줄이기 위해 여러 조치를 취해야 할 것이다.

제품에 대한 소비자의 만족이나 불만족은 다음의 행동에 영향을 미친다. 만족한 소비자들은 동일제품을 재구매할 가능성이 매우 높게 나타나고 다른 사람에게 그 제품과 기업에 대해 좋은 평가를 내리고 타인에게 좋은 점을 이야기하는 경향이 있다. 하지만 불만족한 소비자는 부조화를 줄이려고 하는데 두 가지 행동 중 하나를 선택한다. 첫째, 그 제품을 버리거나 반품을 함으로써 부조화를 줄이거나, 둘째, 높은 가치를 확신시켜 주는 정보를 탐색함으로써 혹은 낮은 가치를 확신시켜 주는 정보를 회피함으로써 부조화를 줄이려고 노력한다. 마케터들은 소비자들이 불만족을 해결하는 방법을 인지하고 있어야 하며, 소비자들이 구매 후 불만족을 최소화시킬 수 있는 조치를 취해야 할 것이다. 소비자의 개선제안을 유도하고 이용 가능한 애프터서비스 장소를 제시하며 부조화를 줄이는 소책자를 발행하여 소비자에게 보내는 방법이 마케터가 소비자의 구매 후 제품 부조화를 줄이는 방법이 된다.

이상에서 언급한 의사결정과정 외에 관광객 의사결정과정을 욕구 → 요구 → 수요 → 참가 → 재방문으로 설명하기도 한다. 욕구(needs)란 '일상탈출하고 싶다', '쉬고 싶다'라는 관광 수요의 발생의 시작이다. 요구(wants)는 욕구가 더 구체화되어 특정 유형의 목적지로 확정되는 단계이다. '일상탈출'이라는 욕구가 '지리산 등반'이라고 구체화되는 것이며, 이 구체화에는 다양한 지역과 장소가 포함된다. 욕구에서 요구로 넘어갈 때 문화적 · 개성적 차이에 따라 방문하는 의사결정이 차이를 보일 수 있다. 또한 인구통계적 특성, 사회경제적 특성에 따라서도 차이를 보일 수 있다. 예컨대 일상탈출을 한다고 해도 일상탈출 할 지역 선택에 있어 자신의 경제상황을 고려한다든지 자신의 성격이 개입될 수 있다. 문화적으로도 크게 동양인이 선호하는 관광지와 서양인이 선호하는 관광지는 분명 차이가 있다. 또한 서양인 가운데도 미국인, 프랑스인, 독일인 등 국가나 민족에 따라 관광지 선호는 달라진다.

오늘날 세계를 넘나드는 관광객은 참으로 똑똑하다. 그들은 다양한 정보를 캐내고, 온라인 매체를 이용해 관광경험을 한 사람들의 경험담을 참으로 꼼꼼하게 읽고 분석한다. 즉 의사결정과정에서 정보탐색에 할애하는 비율이 상당히 높다. 이런 과정을 거친 후에 평소 자신이 갖고 있는 이미지와 부합하는 관광지를 선택하게 된다. 그리고 이런 과정을 거친 후에야 비로소 관광지가 행하는 판촉행위에 눈을 돌리게 된다. 결국 선(先) PR 후(後) 판촉이라는 결론에 도달하게 된다.

제4절 관여도와 구매의사결정 유형

소비자들이 구매의사결정을 할 때 의사결정의 범위와 관여도에 따라 차이가 난다. 의사결정의 범위는 복잡한 의사결정과정에서부터 습관에 이르기까지 다양한데 정보탐색의 정도와 고려하는 대안의 수에 따라 차이가 난다. 의사결정 유형을 의사결정 범위와 관여도에 따라서 4가지 유형으로 나눌 수 있다. 즉 복잡한 의사결정, 브랜드 애호적 의사결정, 제한적 의사결정, 타성적 의사결정 등이다(박근수, 2009).

■ 복잡한 의사결정(complex decision making)

복잡한 의사결정은 관여도가 높고 많은 정보탐색을 하며, 여러 가지 대안들에 대한 차이가 심할 때 발생한다. 해외여행상품이나, 자동차, 고가의 전자제품 등을 구매할 때 일어나는 의사결정의 유형이다. 이러한 경우 소비자들의 여러 가지 대안적인 브랜드들에 대한 적극적인 정보탐색활동을 하며 여러 가지 평가기준을 이용하여 브랜드들을 평가한다.

■ 브랜드 애호적 의사결정(brand loyalty decision making)

소비자는 제품을 구매할 때마다 복잡한 의사결정을 내리지 않는다. 과거에 여러 번 구매한 경험에 비추어 가장 만족스러웠던 브랜드를 구매할 것이며, 이러한 경우에 예외 없이 의사결정과정이 일어나지 않는다. 이와 같이 과거의 반복적인 구매에 대한 만족의 결과로 특정 브랜드를 계속 구매하는 것이 브랜드 애호적 의사결정이다. 한국관광공사의 Fun Ski & Snow Festival에 방문하는 관광객은 재방문율이 높아 브랜드 애호적 관광소비자 의사결정의 좋은 사례이다.

한국관광공사가 한국을 대표하는 외국인 관광객 대상 스키관광 상품인 'Fun Ski & Snow Festival' 행사를 14일부터 내년 3월 8일까지 강원도와 공동으로 용평리조트와 하이원리조트에서 진행한다.

홍콩, 중국, 러시아, 호주 등에서 외국인 관광객 4,000여명이 참가할 Fun Ski & Snow Festival은 스키강습 뿐만 아니라 대회 및 시상식, 공연 관람, 문화체험, 각종 이벤트 등으로 구성된 외국인 관광객 대상 스키체험 상품이다. 한국관광공사는 Fun Ski & Snow Festival 뿐 아니라, 2018 평창동계올림픽과 연계, 한국을 스키관광 목적지로 자리매김하기 위한 'Ski Korea 캠페인'을 진행하고 있으며, 중국, 홍콩, 대만, 호주, 인도네시아 등 언론인 및 여행사 관계자를 초청해 국내 유명 스키리조트를 해외에 소개할 예정이다.

한편, 11월 관광공사 시드니지사에서 호주 현지인 475명을 대상으로 실시한 '다음 스키관광지로 어디를 가고 싶은가'라는 설문조사에서 일본(24.2%), 캐나다(13.7%) 등을 제치고 한국(28.5%)이 1위로 선정된 바 있다(박홍, 2014).

■ 제한적 의사결정(limited decision making)

제한적 의사결정은 소비자가 다양성을 추구할 때 발생한다. 소비자들은 관여도가 낮을 때 브랜드에 대한 싫증을 느껴 다양한 브랜드를 추구한다. 이러한 경우를 다양성 추구행동이라고도 한다. 저관여 제품을 다른 상표로 바꾼 대부분의 소비자들이 과거에 사용하던 브랜드에 대해 우호적인 태도를 유지하는 경향이 있다. 소비자들은 그 제품에 대해 불만족하기 때문에 브랜드를 교체하는 것이 아니라 단순히 새로운 것을 사용해 보기 위해 브랜드를 교체한다. 골퍼들이 때때로 다른 골프장을 찾는 것은 특정 골프장이 싫어서가 아니라 새로운 골프 코스를 경험해 보기 위해서이며 이러한 경우가 제한적 의사결정에 해당한다.

■ 타성적 의사결정(inertia decision making)

타성적 의사결정이란 관여도가 낮고 습관에 의해 구매가 이루어지는 것을 말한다. 이런 경우 브랜드에 대한 신념은 수동적으로 형성되고 정보처리과정이 없이 의사결정이 내려지며 구매 후에야 브랜드가 평가된다. 타성적 의사결정은 동일한 브랜드를 반복 구매하는 것이므로 몇 번 구매를 한 뒤에는 브랜드에 대한 평가도 하지 않게 된다. 구매한 브랜드가 최소한의 만족만 주게 되면 그 브랜드를 재구매하게 된다. 브랜드 애호적 의사결정과의 차이는 고객이 브랜드에 대한 애호도가 강하지 않기 때문에 쉽게 브랜드 전환이 일어날 수 있다는 점이며, 경쟁브랜드가 가격할인을 했다거나 원하는 브랜드가 품절된 경우에 소비자는 다른 상품을 구매할 가능성이 높다.

일반적으로 관광상품 구매의사결정과정은 관여도가 높은 고관여 의사결정으로 알려져 있다. 그러나 오늘날 관광이 우리 생활의 일부분이 되면서 관광객들도 관광상품 구매의사결정과정에서 다양한 관여도를 나타내고 있다. 지방축제 방문객을 연구한 논문에서는 다음과 같은 사실이 밝혀졌다. 지방축제 방문객들은 고관여, 중관여, 저관여의 3가지 집단으로 구분이 된다는 것이다. 연구에서 전통축제 방문객들 중 축제에 대한 관여도가 높게 나타난 집단이 축제지출, 과거 축제 참가횟수, 경험과 만족의 정도에서 저관여 집단보다 좋은 결과를 보여 주었다.

사례 관광레저와 여행의 거대시장 중국

"세상이 이렇게 큰데, 한번 둘러 봐야겠습니다(世界那么大我想去看看)". 달랑 이 열 글자를 제출하고 학교를 그만둔 하남성 한 고등학교 선생님의 사직서가 2015년에 화제였다. 중국인들은 개혁개방 이후에 봇물 터지듯 국내(内地 · 내지)로, 홍콩 마카오 대만(港澳台 · 항오대)으로, 또 다른 나라로 여행을 떠나고 있다.

상황이 이렇기 때문에 중국 매체를 보면 중국내 각 지방정부나 관광국에서 집행하는 광고가 굉장히 많다. 분출하는 여행 욕구를 국내로 수렴하며 각 지방정부의 수익으로 유도하려는 의도다. 이런 광고는 대부분 "○○지방은 당신을 환영합니다"로 끝나는데, 소구하는 내용은 명승고적(名胜古迹), 경관(풍경구 · 风景区)이 주를 이룬다.

그 밖에 중국다운 점은 "공자의 고향이다, 맹자의 고향이다, 노자의 고향이다, 관우의 사당이 있다, 제갈량의 사당이 있다, 사마천의 무덤이 있다" 같은 내용도 있고, 요즘은 스키장, 온천, 놀이공원 시설 등을 강조하는 곳도 많아졌다.

대개 중국인들은 의사결정을 할 때 대중을 따라서 하는 종중(从众) 심리가 있어서, 여행시즌에 유명 관광지에는 몰려드는 인파로 발 디딜 틈이 없다. 인기가 있는 지역은 운남성, 사천성, 광서 자치구, 티벳 자치구, 위구르 자치구 등지이고, 북경 · 상해 · 광주 등 대도시와 그 인근의 관광지에도 사람이 많다.

모택동이 1930년대에 "만리장성에 오르지 않으면 사나이가 아니다"라며 도전정신을 빗댄 글도 유명하거니와 태산, 화산 등 5대 명산을 일컫는 5악, 그리고 5악을 볼 필요가 없을 정도로 절경이라는 황산에 이르기까지 항간에 전해져 내려오는 명승고적에 관련한 스토리 또한 많은 곳이 중국이다.

필리핀, 말레이시아, 베트남, 캄보디아는 카지노산업에 공을 들이고 있고, 도박 청정국이던 싱가포르도 2010년 여기에 가세했는데 벌써 한국을 추월했다. 일본은 파친코 시장이 엄청나게 큰 대신에 카지노는 불법이었는데 2016년 말에 규제를 풀었고, 이제 카지노까지 포함된 관광 경쟁력이 더욱 강해졌다. 일본을 한번 방문한 중국 여행객의 재방문 의사는 높고, 다른 사람에게 추천 의향률도 높다. 일본은 중앙과 지방 관광기구의 전략이 중첩되거나 따로 놀지 않고 역할 분담을 잘하고 있다.

일본 관광 마케팅을 보면 음식, 문화 등 인문적 관광자원과 자연적 관광자원을 적절히 소구한다. 또 일본 철도(JR)와 각 지방철도가 연계관광 상품화되어 있어서, 일단 도쿄에 방문한 여행객이 철도여행의 매력을 느끼며 편리하게 지방으로 가도록 유도하고 있다. 중국인 중에서도 특히 젊은 여성들이 일본에 두 번 이상 재방문하는 경향이다. 이들은 깨끗하고 스토리 있는 일본의 일상 구석구석을 탐닉하며, 벚꽃 아래 기모노 입은 사진을 중국의 소셜 미디어에 올리는 일본여행 전도사들이다.

한국에 대한 일반 중국인의 인식은 한류 드라마와 음악으로 비롯되는 것이 많고, 화장품과 일부 패션 및 소품의 인기도 긍정적인 유인요소다. 그렇지만 한번 한국을 방문하여 몇 곳의 관광지를 보고 쇼핑을 한 후 재방문 비율은 좀처럼 오르지 못하고 있다.

중국 소셜 미디어의 한국 방문 후기를 보면 '드라마의 이미지와 다르다, 그리 깨끗하지도 않다, 갈 곳은 한정되어 있다, 지방은 특색이 없고 낙후되어 있다, 중국인을 무시하는 사람이 많다, 바가지 씌우는 택시와 상인이 있다, 입이 딱 벌어지게 멋있는 자연도 없다, 고궁이나 사적지의 규모는 작다, 음식이 중국인의 입맛에 맞지 않는다' 등의 반응이다(오강돈, 2017).

제 5 장

Tourism PR

관광지 이미지

제1절 관광지 이미지 개념과 중요성

1.1 관광지 이미지

이미지는 어떤 대상에 대한 신념, 태도, 느낌 그리고 감정이란 용어의 사용으로 이루어지고 있으며, 기억의 활성화에서 제시되어진 감각정보에 의한 과정으로 해석하고 있다. 일반적으로 이미지란 어떤 사물이나 사람에 대해 가지는 기억, 호감, 태도 등의 총칭으로 특정한 사물이나 인물에 대하여 특정한 감정을 가지게 하는 인상이다. 많은 학자들이 이미지에 대한 정의를 내리고 있는데 몇몇 학자들의 견해를 살펴보면 다음과 같다.

미국의 여론조사가이자 언론인인 월터 리프만(Walter Lippman)은 이미지를 개인이 특정 대상에 대해 가지고 있는 '머릿속의 그림(pictures in our head)'으로 정의하였다. 또한 이미지 컨설턴트들은 이미지를 '주관적인 개개인의 생각 속에 존재하는 형상화된 모습'으로 정의하고 있다.

한편, 필립 코틀러(Philip Kotler)는 이미지를 인간이 대상에 대해서 가지고 있는 총체적인 인상이며, 대상에 대해 마음속에 그려보는 심상으로 정의하고 있으며, 이러한 인상은 대상에 대한 지각의 결과라고 하였다. Lawson과 Baud-Bovy는 개인 또는 집단이 특정한 대상 또는 장소에 대해 가지는 모든 객관적 지식, 인상, 선입관, 감정적 생각의 표현이라 하였다. 이 두 학자의 일반적인 이미지에 대한 정의는 관광지 이미지를 정의하는 기초가 되었다.

오늘날 통상적으로 받아들여지는 관광지 이미지란 인간이 어떤 장소나 목적지에 대해 가지는 일련의 반응, 생각, 신념, 인상의 총체라는 것이다. 환언하면 어떤 집단이 객체에 관하여 생각하는 것(감정)과 알고 있는 것(인지)에 대한 전체 느낌이라 할 수 있다. 여기서의 느낌이란 것은 사실이라기보다 감정이나 인상이 창출해 낸 영상과 같은 것으로 보고 있다.

인간의 잠재의식적 언어는 단어가 아닌 상징이며, 논리가 아닌 이미지(image)다. 즉 인간은 이미지로 생각한다. 또한 이미지는 하나의 상징이며, 위대한 브랜드는 훌륭한 상징을 가진다. 따라서 이미지와 브랜드는 매우 밀접한 상호관련성이 있다. 국가나 지역, 기업이 좋은 이미지와 좋은 평판을 가지면 자연스럽게 브랜드 가치도 높아진다. 결국 브랜드 가치 제고를 위해서는 호의적인 이미지의 구축이 선행되어야 한다.

이를 보여주듯 현대사회의 조직체에서는 조직체의 이미지를 매우 중요하게 생각하고 있다. 기업의 경우, 이미지는 제품에 대한 소비자들의 신뢰와 구매에서부터 주주나 은행 등 금융 및 투자자들의 투자행동, 입사의 동기, 정부나 정치권과의 관계 등 다양한 방면에서 영향력을 발휘하고 있다. 또한 경쟁회사들과의 차별적인 우위성에도 결정적인 요소로 작용하고 있으며, 이미지는 전반적으로 보아 여러 중요 공중들로부터의 신뢰를 결정짓는 직접적인 동기가 된다.

현대 PR의 다양한 활동목표들은 이미지의 제고에 집중되어 있다. 퍼블리시티(publicity), 이벤트, 광고, 위기관리 등의 중요한 PR 수단들이 결국은 장 · 단기적으로 기업의 부정적인 이미지를 불식하고 긍정적(호의적)인 이미지를 강화하려는 노력의 결과들이다. 특히 기업의 경우 인수 · 합병 문제가 대두되면서 소비자들의 특정 기업에 대한 이미지는 소비자의 제품에 대한 호감 및 구매의도를 예측할 수 있는 주요 지수로 이용되고, 기업의 전반적인 가치를 평가하는 기준이 되며, 기업의 상대적 경쟁 우위점을 찾는데 있어 전략적으로 중요한 역할을 한다.

관광지의 경우를 보면 관광지에서 실행하는 모든 홍보활동은 직접적으로 관광수요를 증대시키는 것을 목표로 하는 것이 아니라, 관광수요가 증대될 수 있는 요인들, 즉 관광지 인지도 제고 및 호의적인 이미지 창출 등에 목표를 두고 있다. 물론 이 목표는 궁극적 목적인 관광수요 창출을 위한 것이다. 따라서 관광지는 관광홍보활동에 임함에 있어 관광지 이미지에 대해 학습하는 것이 선행되어야 한다.

오늘날 세계 각국은 자국의 산업을 살리고 글로벌 관광객 유치를 위해 자국의 이미지 제고에 초점을 맞추고 있다. 한 국가의 이미지 지수는 브랜드 가치 정도로 표시한다. 2015년 현재 우리나라의 국가경쟁력은 세계 25위이며, 국가 브랜드 가치는 세계 16위(9,970억 달러)를 기록하고 있다. 원산지 효과를 포함한 종합 브랜드 가치를 재화로 측정하면 1조 달러 이상으로 보고 있다. 과거와 달리 한 국가의 경쟁력을 품격과 이미지로 결정하는 작금의 상황을 고려할 때 이는 상당히 고무적인 일이다. 현재 우리나라는 국가 브랜드 가치를 높이기 위해 국가이미지 제고에 많은 예산을 수립하고 있으며 그 금액은 약 2,000억원 정도이다. 그러나 경제적으로나 문화적으로 나날이 도약하고 있는 중국이 이미지 제고 예산으로 한 해 한화 7조원 정도를 책정한다는 점은 관심 있게 보아야 할 사안이다. 〈표 5-1〉에서 나타난 바와 같이 중국의 브랜드 가치가 세계 2위인 점은 중국이 국가적인 차원에서 자국의 이미지 및 국가 브랜드 가치를 높이겠다는 의지가 강하게 나타난 결과라 할 수 있다.

산업적 측면에서도 한 국가의 이미지는 매우 중요한데 '원산지 효과(Country of Origin Effect)' 때문이다. 소비자는 브랜드 생산지역이나 국가의 연상 이미지를 통해 브랜드 연상 이미지를 쉽게 떠올리는데 이것을 원산지 효과라고 한다. 즉 어떤 소비자가 특정국가에 대해 호의적인 이미지를 가지고 있으면 그 국가에서 생산해 낸 모든 제품에 대해 호의적 감정을 가지는 것이다. 관광산업 측면에서 보면 글로벌 관광객이 증가하고 있는 오늘날에 있어 한 국가는 하나의 관광브랜드이다. 그리고 그 국가의 이미지는 그 국가 내에 있는 모든 관광지 이미지에 영향을 미친다.

〈표 5-1〉 2015년 국가브랜드 가치

(단위: 달러)

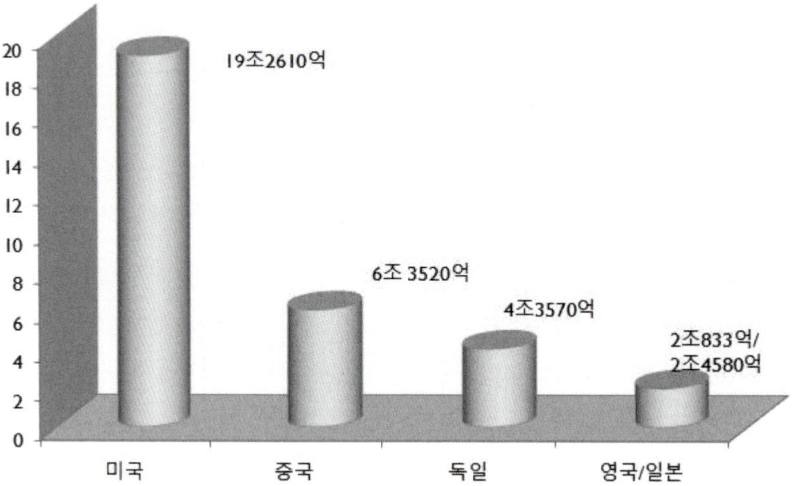

* 캐나다(2조2,120억), 프랑스(1조9,380억), 인도(1조6,210억), 호주(1조5,550억), 브라질(1조4,030억), 이탈리아(1조2,890억), 러시아(1조1,670억), 스위스(1조1,510억), 멕시코(1조270억), 네덜란드(1조260억)

따라서 글로벌 관광환경에서의 한 국가 이미지는 실로 중요하다고 볼 수 있으며, 국가 이미지 지수를 표현하는 브랜드 가치를 높이는데 국가들이 노력하고 있다. 또한 브랜드 가치와 이미지는 상호관련이 있으므로 브랜드 가치를 높이기 위해서는 호의적인 이미지를 구축하는 것이 선행되어야 한다.

1.2 관광지 이미지의 역할과 특징

한편, 관광지 이미지를 관광목적지 선택과 관계없이 잠재관광객이 가지는 잠재관광행동욕구와 관광지의 물리적 속성이 결합된 결과라고 정의하는 경우도 있다. 이 정의에 의하면 잠재관광행동욕구는 감정적인 측면을 내포하고 있으며, 관광지의 물리적 속성은 인지적 측면을 내포하고 있다고 간주할 수 있다. 또한 관광지 이미지가 관광목적지 선택행동과 직접적인 관계가 없다고는 하나, 이미지를 근거로 태도를 형성하고, 이 태도가 관광목적지 선택에 영향을 미치므로 결국 관광지 이미지는 관광목적지 선택에 간접적이지만 중요한 역할을 한다.

이와 유사하게 관광지 이미지를 인지적 · 감정적 속성의 결합으로 보는 경우도 있다. 이는 관광지 이미지를 관광지 방문경험 여부와 관계없이 이미지 변화매개체를 통해 형성되는 관광지에 대한 관광객의 인지적 · 정서적(감정적) 지각 현상으로 보는 것이다. 이러한 관광지 이미지는 다소 역동적이어서 홍보와 광고가 관광지 이미지를 형성 및 유지, 변화시키는데 가장 많이 활용되는 마케팅 요소이다.

그러나 이상에서 언급된 이미지의 정의와 상반되게 이미지를 태도와 반대되는 개념으로 보고 그 구성은 어떤 압도적인 인상이나 고정관념을 함축한다고 봄으로써 대상에 대한 경험 없이도 형성되는 이미지의 비경험성을 강조하는 주장도 있다. 즉 어떤 기업과의 직 · 간접적인 경험이나 접촉이 없이도 대상에 대한 이미지는 나름대로 형성된다는 것이다. 이러한 논리도 현실적으로 어느 정도 설득력을 가진다.

예컨대 우리가 흔히 여행목적지를 선정할 때 휴식 욕구에 의해 고요하고 낭만이 넘치는 휴양지를 떠올리면 대부분 지중해 연안에 있는 '모나코'나 '카리브해' 등을 연상한다. 이러한 연상은 그곳을 한 번도 가보지 않은, 즉 직접적 경험이 없이도 가능하다는 것이다. 환언하면 관광객의 관광목적지 선정은 과거 방문한 기억이라는 직접적 경험 혹은 입소문과 인터넷, TV광고 등의 간접 경험에 의해서 이루어지는 것이 보편적이다. 하지만 막연한 지명(地名)에 의한 연상으로도 가능하다는 것으로 이는 평소 관광지 자체의 이미지 관리가 필요함을 시사한다. 이유는 그 막연한 연상은 필시 오랜 기간 동안 기억에 축적되어 있는 이미지일 가능성이 크기 때문이다.

관광지 이미지는 다음과 같은 특성을 가지고 있다.

■ 주관적 특성

이미지는 개인의 머릿속에 그려지는 상이기 때문에 시간, 상황이나 장소, 맥락에 따라 이미지를 다양하게 연출할 필요가 있다. 관광객의 특정 관광지에 대한 이미지는 관광객의 인구통계적 특성, 사회경제적 특성, 성격 등에 따라 차이가 있다.

■ 긍정적 / 부정적 특성

일반적으로 이미지에 대한 표현은 '이미지가 좋다', 또는 '이미지가 나쁘다'라고 한다. 이처럼 이미지는 양극단으로 표현되기 때문에 관광지는 항시 이미지 관리에 만전을 기해야 한다. 또한 이러한 이미지의 특성 때문에 첫 이미지는 매우 중요하다. 일반적으로 관광객이 특정 관광지를 재방문하는 것은 첫 이미지가 좋았기 때문이다.

■ 가변적 특성

이미지는 고정된 것이 아니라고 보기 때문에 다양한 커뮤니케이션 기술 또는 전략을 사용하여 이미지를 변화시킬 수 있다(예: 부정적 이미지를 긍정적 이미지로, 약한 이미지를 강한 이미지로, 또는 과격한 이미지를 부드러운 이미지로).

제2절 이미지와 지역관광과의 관계

국가와 지역은 그 자체로 하나의 관광지가 되고 있다. 이러한 상황에서 국가 및 지역은 투자유치, 관광객 유치, 인구유입, 지역 특산품 판매고 증대를 위해 갖은 노력을 하고 있으며, 그 일환으로 지역에 대한 호의적 이미지 구축 및 제고를 들 수 있다. 지역에 대한 호의적 이미지 구축 및 부정적 이미지의 탈피는 그 지역의 위상을 높이고 지역 브랜드 가치를 제고하게 되어 투자유치나 관광객 유치 증대 등에 기여할 수 있다.

지역은 이미지 개선을 위하여 물리적 환경개선(관광지 환경개선, 생활환경 개선, 편의시설 확충, 기반시설 개선, 환경오염 개선 등)을 우선적으로 실시하고, 이에 대한 뉴스를 전달함으로써 지역을 홍보한다. 더불어 부정적 이미지에 대해서는 다양한 채널을 활용하여 상쇄시켜 나가는 활동을 한다.

2017년 1월 전북 장수군은 '청정지역 이미지 고수－참고로 전북 장수군은 우리가 익히 알고 있는 '무진장(무안, 진안, 장수)'이란 단어를 구성하는 지역으로 때 묻지 않은 깨끗한 지역의 이미지가 있다-'를 위해 총사업비 137억여원을 들여 장수 IC인근에 위치한 계남양돈단지를 매입 · 철거하는 사업을 추진하기로 했다. 장수군으로 진입하기 위해 반드시 거쳐야 하는 장수IC 인근에서 발생한 악취로 인해 군민 불평은 물론 청정지역인 장수를 찾는 내방객들에게 좋지 않는 이미지를 심어 주는 등 민원이 잇따르면서 이를 해소하기 위하여 장수군측은 양돈 사육농가 및 관계자들과의 충분한 협의를 거쳐 추진되었다(윤난슬, 2017).

이 사례에서도 볼 수 있듯이 오늘날의 대다수의 지자체는 지역 이미지에 상당히 민감하게 반응한다. 이와는 다른 형태의 사례로 최근 한편의 영화로 소란스러운 전남 목포를 들 수 있다. 2017년 1월 목포시의회는 영화 '더 킹'에 대해 목포 이미지 실추에 대해 유감을 표하며, 영화사에 대책 마련을 요구했다. '더 킹'에서 목포에서 현존하지 않은 '들개파'라는 폭력조직이 등장, 목포를 조폭과 연관시켜 지역 이미지를 크게 훼손시켰다는 것이다. 목포 시의회 의장은 영화 상영 전 영화에 등장하는 장소나 인물 등이 허구임을 표시하는 자막을 게시하는 등 지역 이미지 회복방안을 마련해 달라는 내용의 서한을 영화사에 보내기로 했다(연합뉴스, 2017. 1. 25.).

영화 '더 킹', 목포를 배경으로 한 촬영 장면

이상과 같이 지자체는 자신의 지역 전체를 하나의 관광지로 인식하고, 지역 관광 활성화를 위한 초석으로 '호의적 이미지 구축', '부정적 이미지 탈피'에 노력하고 있다. 관광객은 지역 이미지가 좋은 곳을 선호하기 때문에 부정적 이미지가 생기면 이를 탈피하고자 지자체는 PR활동을 하게 되는 것이다.

제3절 관광지 이미지의 구성

일반적으로 이미지는 평가적 이미지, 차별적 이미지, 상징적 이미지로 구성된다. 그 구체적인 내용을 보면 다음과 같다.

■ 평가적 이미지(evaluative image)

평가적 이미지는 소비자행동론과 태도이론에서 가장 보편적으로 적용되는 것으로 조직체의 활동이나 그 결과에 대한 잘잘못을 평가하는 차원의 이미지이다. 이는 태도연구, 혹은 소비자행동 연구에서 적용되는 평가적 기준들을 말하는 것이다.

합리적 행동이론에 따르면 어떤 대상에 대한 선호는 대상을 평가하는 데 중요하게 여겨지는 요소들에 대한 믿음과 그 믿음에 대한 평가가 같이 합해져서 전체의 선호적 태도가 나타난다는 것이다. 예를 들어, 자동차의 경우 자동차의 가격, 연비, 그 자동차를 타게 됨으로써 얻게 되는 지위, 승차감 등이 특정 자동차를 선호하게 되는 평가적 속성들이다. 구매자들은 이 각각의 속성들에 대해 특정의 자동차가 구매결과 얼마나 구매자를 잘 충족시켜줄 것인가를 평가하고 그 수행 가능성에 대한 자신의 만족감을 다시 평가하여 그 정도를 곱한 결과가 특정 대상 자동차에 대한 최종 선호적 태도라는 것이다.

■ 차별적 이미지(differential image)

이 차별적 이미지는 이미지 전략에서 매우 중요한 것으로 어떤 조직체가 특성적으로 다른 면을 가지는 것이다. 차별적 이미지는 상대적인 것으로서 절대적으로 좋고 나쁘고의 차원이 아니라 어떤 개성, 혹은 특성을 가지는 문제이다. 앞에서 설명한 평가적 이미지가 수직적인 차원의 이미지라면 차별적 이미지는 수평적인 차원의 이미지이다.

기업의 경우 부드러운 여성적 이미지를 가질 수도 있고 강한 남성의 이미지를 가질 수도 있다. 서구적인 이미지를 가질 수도 있고 동양적인 이미지를 가질 수도 있다. 지금까지의 ○○호텔의 이미지가 서민적 이미지였다면 ○○호텔은 호텔의 로비와 룸을 현대적이며 고급스럽게 리모델링함으로써 귀족적 이미지로 탈바꿈할 수 있는데 이것이 바로 차별적 이미지의 운용이다.

■ 상징적 이미지(symbolic image)

상징은 추상적인 사물이나 개념을 구체적인 사물로 나타내는 것이다. 어떤 대상에 대한 이미지는 매우 추상적이고 종합적인 것이어서 그 대상의 특성에 대한 설명을 구체적으로 하는 데는 한계가 있다. 상징은 대상에 대해 특별한 의미를 부여하는 일이다. 상징은 단순한 지시기호로서의 기능만을 가진 사인(sign)과는 다르다. 따라서 상징적 이미지는 평가적인 면에서의 차별적 우위성과 다른 것들과의 상대적 차별성을 동시에 의미한다.

조직체의 이미지를 나타내기 위한 상징에는 언어적 상징, 시각적 상징, 청각적인 상징의 3가지가 있는데, 이 모두 조직체가 사람들에게 나타내고자 하는 여러 가지 이념이나 주장, 역사 등을 하나의 뭉뚱그려진 상징을 통해 단순화된 이미지를 나타내고자 하는 노력이다. 예를 들어 레드캡투어는 빨간 모자로 표현된 심벌로 시각적 상징을 나타낸다.

■ 인지적 & 감정적 이미지(cognitive & affective image)

관광지 이미지는 인지적 이미지와 감정적 이미지로 구성된다. 관광지 이미지를 구성하는 속성인 인지적 이미지와 감정적 이미지의 의미를 살펴보면, 인지적 이미지는 역사유적, 자연경관, 사회간접자본 등과 같은 유형적이고 직접적으로 관찰 가능한 기능적인 측면의 이미지이며, 감정적 이미지는 일반적인 느낌과 같은 심리적(추상적) 측면의 이미지이다.

따라서 인지적 이미지는 특정 목적지나 대상에 대한 신념 및 지식과 관련되어 관광지 속성에 대한 개개인의 평가로 나타나는 것이며, 감정적 이미지는 특정 대상에 대한 감정 및 느낌과 관련되어 개개인의 가치를 평가로 나타내는 것이다.

특정 관광목적지에 대한 인지적 이미지 속성에 대한 평가와 감정적 이미지 속성에 대한 평가는 관광지 이미지를 형성하게 된다. 관광지 이미지는 인지적 이미지 및 감정적 이미지와 관계가 있으며, 관광지에 대한 인지적 · 감정적 이미지 속성의 지각은 궁극적으로 관광지 이미지를 형성하는 것이다.

제4절 이미지 결정요인들

이미지란 말의 추상성과 불명확성에 대해서는 앞에서 언급한 바 있다. 그렇다면 조직체의 이미지가 형성되는 데 있어 어떠한 내용들이 포함되는 것일까? 이미지가 형성되기 위해서는 어떠한 절차나 구성요소들이 존재해야 하는데, 심리학적인 차원에서는 다음과 같은 사항들이 필요하다.

■ 인식(perception)

관심 대상인 지역이나 조직체를 주관적인 모습으로 어떻게 느끼는가, 혹은 지각하는가의 문제이다. 특히 주변의 환경이나 경쟁사들과 같이 노출된 상황에서 한 조직체를 어떻게 느끼는가 하는 문제이다. 예를 들면, 어떤 여행사는 그다지 신뢰할 만하지 않은 것으로 인식될 수도 있고, 혹은 신뢰할 만하고 견실한 기업으로 인식될 수도 있다.

■ 정보(information)

지역이나 조직체에 대해 알고 있는 사실은 무엇인가에 대한 문제이다. 정보는 직접경험과 간접경험(책이나 주변인, 매스미디어 등을 통해 알게 된 것)에 의해서 얻을 수 있으며, 그러한 경험들이 논리적으로 연결되어 제3의 정보가 생기기도 한다. 정보는 신념과 지식, 호의의 가장 큰 근원이 된다.

■ 신념(belief)

관심대상인 지역이나 기업이 어떤 회사 혹은 기업이라고 믿는가, 혹은 한 기업체에 대해 나올 수 있는 말 중 어떤 것에 대해 '나는 그 말이 맞다고 믿는다'라고 말할 수 있는 것이 신념이다. 이는 정보 중 방향성을 지니는 것으로, 태도 형성에 있어 가장 중요한 요소가 된다. 예를 들어, '○○투어의 여행상품은 구성이 우수하다고 생각 한다'라든지 '○○리조트는 쾌적하며 다양한 즐길거리가 있다'라는 말 들이 그 예이다.

■ 지식(knowledge)

관심대상에 대하여 공중들이 체계적으로 이야기할 수 있는 주제는 무엇이며 그 정도는 어느 정도인가의 문제이다. 정보가 체계화되면 지식이 되는데, 이는 가치관이나 여론을 형성할 수 있는 중요 단서가 된다. 조직체에 대한 정보나 경험을 바탕으로 상식과 논리로 가꾼 것이 지식이므로 이는 정확한 측정의 대상이 된다.

■ 선호(preference)

어떤 대상을 다른 대상과 비교할 때 얼마나 더 좋아하는가, 싫어하는가, 혹은 한 조직체의 어떤 점을 더 좋아하는가, 싫어하는가 등을 말한다. 좋아함은 절대적인 의미이고 선호함은 상대적이 의미인데, 현대 마케팅이나 기업 간 이미지 경쟁에서는 선호가 더욱 중요한 개념이다.

■ 이해(comprehension)

특정 조직체에 대한 메시지를 얼마나 제작자의 의도대로 이해했는가의 문제이다. 한 조직체에 대한 광고 메시지를 제작자는 A라는 의도로 제작했으나 소비자는 이를 B로 이해할 수도 있다. 이는 이해의 실패이다. 또한 기업체에 대한 상황이나 그 기업체의 사업의도에 대한 정확한 지식이나 정보의 소유도 이해를 결정할 수 있다.

■ 흥미(interest)

대상에 대하여 어느 정도 관심을 기울이는가, 혹은 한 조직체의 일에 대해 어느 정도 자기 관여도(self-involvement)를 가졌는가 등이 주로 지속적인 관심의 연구대상이 된다. 마케팅에서는 제품의 구매 후에도 소비자의 흥미를 유지하기 위해 많은 노력을 한다. 조직체 홍보의 경우 제품구매나 관련 경험 이후 어느 정도 지속적인 관심을 그 조직체에 기울이느냐가 관건이 된다.

■ 상기(recall)

한 조직체(예를 들어 에버랜드) 하면 무엇이 떠오르는가에 대한 문제이다. 상기라는 것은 조직체에 대해 어떤 사실을 말해 주었을 때 '내가 그 조직체를 안다', 혹은 '잘 모른다'라고 말하는 것을 의미한다. 그리고 상기에는 최초상기, 비보조상기, 보조상기 등 여러 형태의 상기가 있는데, 조직체에 대한 관심도나 인지도 등을 따질 때 모두가 유용하게 쓰일 수 있다.

■ 연상(association)

어떤 대상을 떠올리면 무엇이 생각나는가? 즉 그 조직체와 관련된 직 · 간접 경험 중 가장 두드러진 것이 무엇인가를 말한다. 그 조직체에 대한 직접적인 경험이 적은 사람은 그 조직체의 이름말에서 오는 뉘앙스나 특별한 보도 사건 등을 통해 연상이 오는 것이 보통이다. 연상은 이미지 형성에 직접적으로 관련하는 중요한 태도 요소이다.

■ 기억(remembrance)

특정 대상에 관한 영화나 보도 중 어떤 사실을 특히 기억하고 있는가, 특히 한 조직체에 대한 홍보물 중에서 어떤 그림이나 사진, 혹은 사실들이 뚜렷한 기억의 편린으로 남아 있는가 하는 문제이다. 이 기억의 단편들은 홍보물 제작자가 메시지를 만들 때 참고해야 할 중요한 사항 중 하나이다.

■ 인상(impression)

어떤 지역이나 기업에 대해 어떤 모습이 가장 두드러지는가의 문제이다. 인상은 인식과 비슷하나 뭉뚱그려진 어떤 것이면서도 동물이나 식물, 혹은 기타 상징물로 대변될 수도 있고, 컬러(color)등 개성을 지닌 그 무엇이 될 수도 있다. SK그룹의 인상은 주황 나비와 같은 모습일 수도 있고 남성적 기질이 가미된 일본적인 것일 수도 있다. 즉 인상은 이미지와 가장 가까운 것이라 할 수 있다.

■ 감정(emotion)

대상에 대하여 어떤 감정이 생기는가의 문제이다. 어떤 기업을 대하면 감정이 격해지고 두려움이 생길 수도 있다. 반면 어떤 기업에 대해서는 마음이 편해진다. 감정은 인지적인 반응이 아니라 가슴에서 즉각적으로 느껴지는 반응인 것이다.

제5절 관광지 이미지 구축 과정

관광지 이미지 구축을 위해서는 그 지역과 관련된 내·외인을 대상으로 이미지 조사를 실시하는 것에서부터 출발한다. 일반적으로 조사는 설문조사를 실시하는데 이 과정을 통해서 관광지 주민들의 지역자체에 대해 가지고 있는 이미지, 타 지역민이 그 관광지에 대해 가지고 있는 이미지, 관광지가 추구하는 이미지를 파악할 수 있다. 이 조사의 결과물은 관광지 이미지의 구축에 큰 도움이 되는데, 즉 버려야 할 이미지, 유지 혹은 발전시켜야 될 이미지, 새롭게 구축되어야 할 이미지를 알아 낼 수 있다. 따라서 내 · 외인에 대한 조사는 관광지 이미지 구축에서 반드시 필요한 작업과정이다.

앞서 언급한 바와 같이 관광지 이미지는 인지적 이미지, 감정적 이미지로 구성되는데, 관광지 이미지의 구축작업에 있어서는 인지적 이미지를 호의적으로 구축하는 데 집중해야 한다. 이에 대한 이해를 위해서 관광객의 관광지 방문 전 관광지 이미지 형성 경로 모형을 살펴볼 필요가 있다.

관광지 방문 전 관광지 이미지의 형성은 [그림 5-1]에 나타난 바와 같이 정보원천의 양, 정보원천의 유형, 나이, 교육, 사회 심리적 관광동기에 의해 영향을 받는다. 또한 정보원천의 양, 정보원천의 유형, 나이, 교육 등은 인지적 이미지에 영향을 미치며, 나이, 교육, 사회 심리적 관광동기는 감정적 이미지에 영향을 미친다. 여기에서 감정적 이미지에 영향을 미치는 요인들은 나이, 교육, 사회 심리적 관광동기 등으로 모두 관광객의 주관적인 것들이어서 관광조직체가 통제할 수 없다.

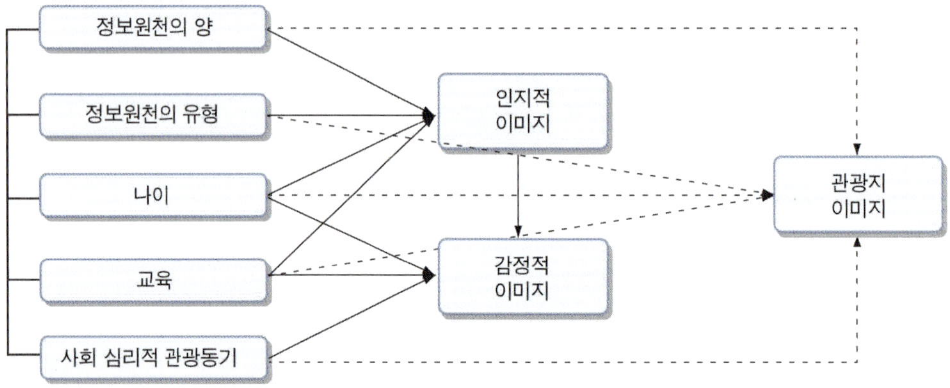

*출처: Baloglu & McCleary, 1999, p. 871.

[그림 5-1] 관광지 방문 전 관광지 이미지 형성 경로 모형

반면 인지적 이미지에 영향을 미치는 요인으로는 비록 주관적 요인인 나이와 교육이 있으나, 정보원천의 양과 정보원천의 유형이 포함되므로 관광조직체의 통제권 내에 있다고 볼 수 있다. 더불어 정보원천으로부터 형성된 인지적 이미지는 감정적 이미지에 직접적으로 영향을 미친다. 따라서 관광조직체의 관광지 이미지 구축작업 시 주력해야 할 이미지는 인지적 이미지임을 알 수 있다. 인지적 이미지는 실제 몸으로 느끼고 보여지는 것에 따라 형성되는 이미지로 물리적 이미지라고도 일컬어진다. 또한 인지적 이미지는 특정 관광지가 생산해 내는 가시적 재화와 서비스에 대한 호의적인 반응에 의해 생성된다.

〈표 5-1〉 관광지이미지 형성 및 변화요인

학자	관광지이미지 형성 및 변화요인	
	내적요인	외적요인
Gunn(1972)	관광동기, 인구·사회통계학적 특성	브로슈어, 광고, 홍보캠페인, 뉴스, 잡지기사, 책, 영화
Kotler(1975)	개인적인 감각의 처리	각종 정보원과 자료
Crompton(1979)	가치, 인구·사회통계학적 특성	다양한 정보원, 관광지 방문경험
Um & Crompton(1990)	-	관광지의 홍보 노력, 사회적 자극, 친구와 친지의 추전, 구전
Gartner(1993)	개인의 특성	과거경험, 브로슈어, TV, 라디오, 인쇄매체, 광고게시판
Morgan & Pritchard(1998)	-	관광자원의 브랜딩, 관광인쇄광고물(브로슈어, 관광포스터)
Baloglu & McCleary(1999)	인구·사회경제적 특성, 관광동기	정보원천, 정보원의 형태
박의서(1999)	-	광고와 홍보
김병국, 박석희 (2001)	친숙성, 스릴, 일탈, 지식	구전, 광고, 인터넷, 여행사, 브로슈어
손삼호(2006)	-	광고, 브랜드 비용
류재숙(2008)	-	광고, 구전 커뮤니케이션

출처: 정정숙(2002). '관광포스터의 언어적 · 시각적 요소가 관광지이미지 변화에 미치는 영향. 계명대학교 대학원 박사학위 논문.(수정인용)

관광지 이미지를 연구한 대부분의 학자들은 관광지 이미지 변화요인을 〈표 5-1〉에 나타난 바와 같이 크게 외적 요인과 내적 요인으로 구분하고 있다. 이들 학자들의 구분에 의하면 관광지 이미지를 변화시키는 내적 요인으로는 나이, 성별, 수입, 학력 등 인구통계학적 특성과 개인의 가치관, 관광동기 등이며, 외적 요인으로는 과거 방문경험, 구전, 정보원천 종류, 광고, 캠페인, 홍보인쇄물 등이다.

이를 관찰해 보면 관광지 이미지를 변화시키는 내적 요인들은 모두 관광객의 개인적인 것들이며, 외적 요인은 관광지의 홍보활동과 관련되는 것들이다. 이는 관광지가 자신의 이미지를 변화시키고자 한다면 충분히 가능함을 보여주는 것이다. 이유는 관광지 이미지를 변화시키는 외적 요인에 관광지에서 펼치는 광고 · 홍보활동이 포함되기 때문이다. 관광지 이미지는 관광지의 홍보활동에 의해 변화시킬 수 있다는 것이다. 실제로 관광지에서는 이미지의 촉진에 있어서 광고나 홍보와 같은 촉진수단이 가장 강력한 역할을 한다고 보고 있기 때문에 관광지 이미지 변화를 위해서 홍보 및 광고와 같은 정보원을 활용하고 있다.

[그림 5-2]는 관광객 이미지 형성과 그 변화과정을 보여주는 그림이다. Gunn은 이미지를 본질적 이미지, 유발된 이미지, 복합 이미지로 구분하였다. '본질적 이미지'는 사람이 원래부터 가지고 있는 이미지를 말하는데, 어릴 적 학교에서 배웠거나, 가정교육이나 언론을 통해, 주위 사람들로부터 영향을 받아서 생성된 이미지이다. 이런 본질적 이미지로 인하여 여행동기가 유발되어서 방문하고 싶은 지역들을 떠올리게 되고 지역들에 대한 정보를 탐색하게 된다. 지역에서 제공하는 관광홍보물이나 인터넷 등 다양한 정보원천을 사용하여 얻는 정보로 그 지역에 대한 새로운 이미지가 형성되는데 이것이 '유발된 이미지'이다. 잠재 관광객은 이러한 유발된 이미지를 바탕으로 여러 대안목적지를 선정하여 장단점을 비교한 후 한 곳의 방문지를 선택하게 된다. 실제로 그 곳을 방문하고 나서 최종적인 이미지가 형성되는데 이것이 복합적 이미지이다.

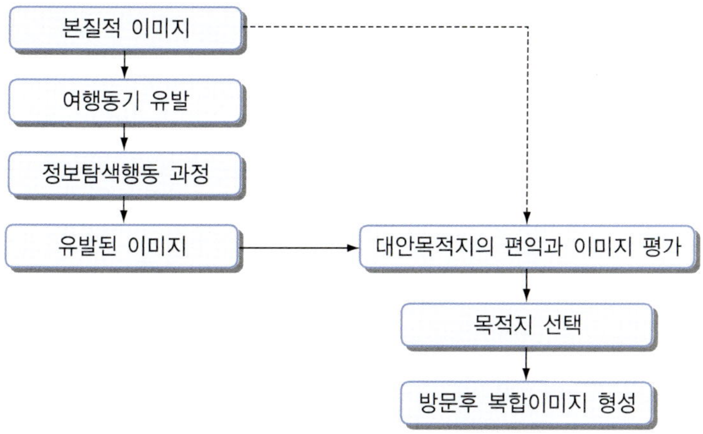

출처: Fakeye, P. C., & Cromption, J. L.(1991). Image differences betweenprospective, first-time and visitors to the Lower Rio grande Bally. Journal of Travel Research, Faoo. 11.(수정인용)

[그림 5-2] 관광객 이미지 형성과정

제6절 관광지 이미지 측정과 평가

관광지의 이미지를 측정하는 방법은 매우 다양하다. 여기에서는 앞서 설명한 인지적 이미지, 감정적 이미지를 측정하는 대표적인 방법들을 소개한다. 추가적으로 상징적 이미지의 측정에 대해서도 알아본다.

일반적으로 소비자 이미지를 측정하는 방법은 요인분석과 다차원척도 등의 방법에 의한 지각적 도해(perceptual mapping)와 지명도와 평판에 의한 방법(visibility and reputation method), 어의차이척도법(semantic differential technique), 그리고 큐-소트법(Q-sort technique) 등이 있다. 통상 관광지 이미지 측정에는 라이커트척도법(Likert scale)과 어의차이척도법을 사용한다. 인지적 이미지의 측정의 경우 라이커트 척도법으로 측정하여 이미지 조준 원의 기법을 사용하여 평가한다. 또한 감정적 이미지의 측정의 경우는 어의차이척도법을 사용한다.

이미지 측정에 있어 라이커트척도와 어의차이척도를 사용하여 접근하는 것은 다음과 같은 이점을 가지고 있기 때문이다. 첫째, 조사관리와 분석이 용이하고, 둘째, 응답자들의 언어구사 능력이 최소한 요구되며, 셋째, 자료는 등간 척도로 처리되며 신뢰성이 높다. 그러나 질문내용이 응답자들에게 가장 특징적이거나 가장 중요한 차원 또는 속성이 아닐 수도 있다는 점에 한계점을 가지고 있음을 간과해서는 안된다.

[그림 5-3]은 이미지 조준 원을 이용한 이미지 평가비교를 나타내는데, 몇 개의 척도기준을 가지고 상대적인 평가를 하고 있다. 척도평가가 원에 가까울수록 좋은 평가이다. [그림 5-3]을 구체적으로 설명하면 자연경관의 우수성은 두 곳이 비슷하나 접근성은 B관광지가 A관광지보다 좋다는 것을 의미한다. 또한 자원다양성, 활동성, 청결함, 오락성, 좋은 편의시설, 문화자원 우수에 있어서는 A관광지가 B관광지를 앞선다. 가령 이를 토대로 A관광지가 B관광지에 대해 완전한 경쟁우위를 점하기 위해 이미지 변화를 꾀한다면, A관광지는 A관광지로의 접근이 용이하도록 각종 조치를 취하면 될 것이다.

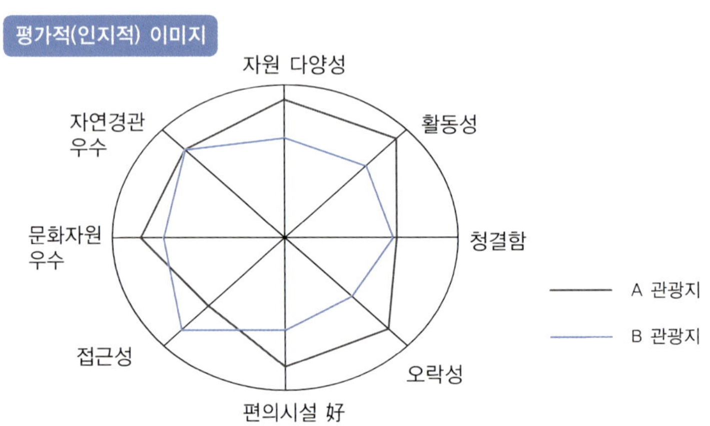

[그림 5-3] 이미지 조준 원

어의판별법은 척도평가를 양극으로 표시한 형용사로 나타낸다. [그림 5-4]를 보면 C호텔이 서구적인데 반하여 D호텔은 동양적인 이미지를 보여준다. 반면 친절성(상냥한－무뚝뚝한)은 두 개의 호텔이 비슷하다. 또한 C호텔은 전반적으로 서구적이고 진취적 호텔의 이미지를 가지며, D호텔은 동양적이며 보수적인 호텔의 이미지를 가지고 있다.

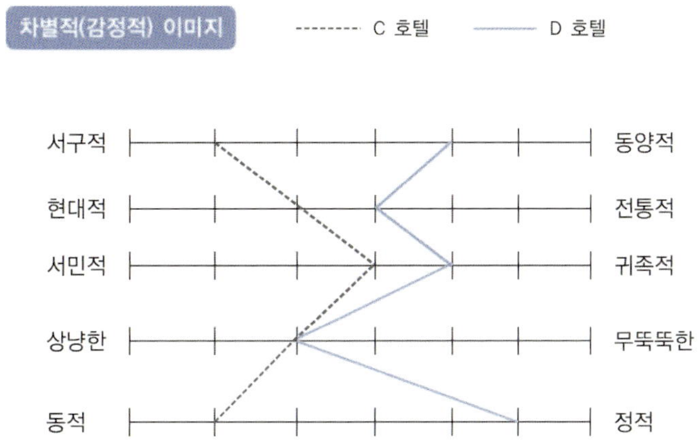

[그림 5-4] 어의판별법

상징적인 이미지의 평가를 위해서는 우리가 일반적으로 잘 아는 사물이나 인물을 이용하여 조사하려는 조직체의 이미지와 가장 잘 맞는 것들을 고르게 하는 방법이 많이 이용된다. 특히 색상, 꽃, 식물, 동물과 같은 것들이 많이 이용된다. 다음은 그 예이다.

예) 다음 중 ○○호텔의 이미지에 가장 알맞은 것들을 고르시오.

(1) 꽃

① 히야신스 ② 백합 ③ 장미 ④ 라일락
⑤ 수선화 ⑥ 철쭉

(2) 동물

① 얼룩말 ② 돌고래 ③ 사자 ④ 기린
⑤ 호랑이 ⑥ 독수리

(3) 색상

① blue ② red ③ white ④ pink
⑤ green ⑥ yellow

사례 중국인에게 가장 먼저 떠오르는 한국 이미지는?

국내외 거주 236명 설문조사… 한류 콘텐츠가 인식변화 불러

패셔너블

중국인은 한국을 패션에 민감한 나라로 인식하고 있으며 한국의 대표 제품은 화장품이라고 생각한다는 조사결과가 나왔다.

11일 국제무역연구원은 지난해 5월 국내외에 거주하는 중국인 236명을 대상으로 설문조사를 한 결과 '현재의 한국 하면 가장 먼저 떠오르는 것'이란 질문에 '패셔너블'(패션에 민감한)이라는 응답이 28.1%로 가장 많았다고 밝혔다. 이어 '삼성'(26.6%), 'IT에 뛰어난'(12.2%) 순이었다. 이는 중국인을 포함한 전체 외국인 1160명을 대상으로 한 같은 설문조사에서 '하이테크'(26.4%), '삼성'(26.3%), 'IT에 뛰어난'(12.3%) 순의 응답이 나왔던 것과 다소 차이가 있는 결과다.

한국의 대표 제품에 대해서도 전체 외국인을 대상으로 한 조사에선 휴대전화 – 가전제품 – 자동차 – 화장품 순이었지만, 중국인들은 화장품을 29.7%로 가장 많이 꼽았다. 이어 휴대전화(25.5%), 가전제품(19.4%) 순이었다.

화장품

한국에 대한 이미지 형성에 도움이 되는 콘텐츠는 'TV 드라마'라는 응답이 73.4%로 압도적으로 많았다.

국제무역연구원 조상현 연구위원은 "IT 강국, 고속성장 등 기존 한국의 이미지와 중국인이 인식하고 있는 한국의 이미지는 크게 다르다는 것을 보여주는 조사"라며 "한국에 대한 중국인들의 인식을 고려하면 중국은 의류나 화장품, 생활용품 등 소비재의 주력 수출시장으로 성장할 가능성이 크다"고 말했다.

조 연구위원은 또 "특히 TV 드라마 등 한류 콘텐츠가 한국 이미지 제고에 크게 기여하고 있는 만큼 이와 연계한 마케팅 전략도 중요하다"고 조언했다(동아일보, 2014. 3. 12.).

제 6 장

Tourism PR

관광지 브랜드 구축

제1절 관광지 브랜드 개념 및 역할

1.1 브랜드 개념

브랜드(brand)란 라틴어로 '각인시키다'는 뜻으로 이집트의 피라미드 벽돌에 새긴 상형문자에서 기원한 것으로 알려져 있다. 다시 말해 이집트의 벽돌공이 '만든 사람이 품질을 책임진다'는 의미로 자신의 이름을 벽돌에 새겨서 사용한 것이 지금의 '소비자의 마음속에 인지된 정도'라는 뜻의 브랜드가 되었다. 최근 소비자들은 브랜드를 보고 구매를 결정하는 성향이 강하다. 이러한 현상은 시중에 출시되어 있는 상품들의 판매고가 브랜드 명성에 따라 차이를 보이며, 실제 브랜드 때문에 특정상품을 구매한다는 소비자가 증가하고 있는 추세이다.

오늘날 브랜드는 기업의 경쟁력 강화와 유지에 핵심적 요인으로 인식된다. 기업에서 브랜드는 제품과 영업능력을 통한 경쟁력 확보와 더불어 소비자들의 이미지 영역에서 우위를 점할 수 있도록 해주는 중요한 요인으로 인식되고 있다. 특히 기업이 일정 수준의 시장점유율에 도달하고 가격경쟁력을 갖추게 되면 브랜드는 다른 경쟁사의 시장진입을 방어하는 효과까지 가질 수 있다.

후기산업사회에서의 기업은 자본주의적 질서의 해체와 재구성이 급속해지면서 그 의미가 이미지, 기호, 상징 등으로 구체화되는 경향이 두드러지고 있다. 산업사회 경제 중심이 재화와 서비스의 기능적 가치였다면, 오늘날의 지식정보사회 경제의 중심은 상징적 가치가 중시되고 있다. 특히 국가 브랜드나 이미지로 표현되는 상징경제는 특정 국가의 자연환경, 국민, 역사, 문화, 전통과 정치체재, 경제수준, 사회안정, 제품, 서비스 등에 관한 유형 또는 무형의 정보와 경험을 통해 내외국민들에게 의도적으로 심어주고자 기획된 상징체계라 할 수 있다. 따라서 강력한 국가브랜드나 이미지의 구축은 정치, 경제, 사회, 문화 등 각 분야에서 광범위한 후광효과를 이끌어 낼 수 있다.

예컨대 'Made in Japan'은 장인정신을, 'Made in Germany'는 첨단기술을, 'USA'는 글로벌 스탠더드를, 'French style'은 품격이라는 아우라를 가졌다. 우리나라도 '품격 있는 문화국가', '성숙한 세계국가', '투자하고 싶은 나라', '가고 싶은 나라'라는 상징체계를 세계인에게 심어 줄 필요가 있다. 이런 상징체계는 우리나라 관광산업 발전과 매우 밀접한 연관성이 있다.

1.2 브랜드 자산

브랜드는 단순히 기업이나 제품을 나타내는 특정한 표시나 호칭을 의미할 뿐만 아니라 일정한 가치를 갖는 브랜드 자산(brand equity)을 형성하게 된다. 브랜드 자산의 개념은 브랜드가 토지나 건물과 같이 가치를 지니고 있으며, 기업자산의 일부분이라는 발상에서 출발한 것이다. 일반적으로 브랜드 자산이란 브랜드의 이름 및 상징과 관련하여 형성된 자산의 총액에서 부채를 뺀 것으로, 브랜드 자산이 높다는 것은 그 브랜드를 부착하는 것이 그렇지 않은 경우에 비해 기업과 소비자에게 제품의 가치를 상승시키는 경우를 의미한다. 따라서 기업의 입장에서 브랜드 자산은 특정 제품이나 서비스가 브랜드를 가졌기 때문에 발생하는 효과로 정의할 수 있다.

국가 브랜드 자산(NBE: National Brand Equity)이란 여러 목표시장의 소비자를 포함한 이해 당사자들이 한 국가에 대해 가지는 인식의 틀 속에 내재된 가치로 이들이 정치, 경제, 사회, 문화, 자연환경 등의 각 분야에 대해 내리는 총체적 평가를 말한다. 국가 브랜드 자산은 일반적으로 소비자 또는 이해 당사자 관련 요인, 즉 국가 브랜드 인지도 그리고 이미지 및 유형적 자원 관련요인으로 구분할 수 있다. 이러한 국가 브랜드 자산은 국제관광객이 관광목적지를 결정하는데 상당한 영향을 미친다.

왜 관광객들은 터키보다 그리스를 더 많이 방문하는가? 터키는 자국의 해안이 더 길고, 비교적 청정한 바다가 있고, 훌륭한 고대 유적지가 많다고 주장한다. 그럼에도 불구하고 많은 수의 관광객들이 바로 옆에 위치한 지중해 연안국가인 그리스의 태양과 고대유적지를 선택한다. 이에 터키는 그리스보다 국가 브랜드 자산이 낮은 것을 인지하였고, 이에 대한 조치로 국가위상을 재정비하고 문제가 많은 나라라는 이미지를 벗어보고자 노력하였다. PR회사를 고용하여 수년전 'Midnight Express'라는 영화에 그려진 인권유린 국가라는 이미지와 전혀 다른 민주국가로서 터키를 세계에 알리고자 노력하였다. 관광산업은 터키 경제에 주축을 이루는 중요한 산업이므로, 대규모 국제적인 캠페인을 통해 관광객에게 '터키'를 그리스에 필적하는 브랜드로 인식시키고자 노력하였다. 터키와 그리스의 예를 보면 한 국가의 브랜드 자산은 그 국가에 속해 있는 수많은 지역과 관광지에 직접적으로 영향을 미치며, 마케팅 측면에서도 큰 역할을 한다는 사실을 알 수 있다.

일반적으로 휴가지 선정은 현재를 살아가는 소비자들의 생활양식을 나타내는 중요한 지표이다. 그들이 어느 곳에서 압축된 휴가를 보내며 어렵게 번 돈을 쓰게 될 곳으로 선정하는가는 그 지역이 가진 정서적인 매력, 훌륭한 이야깃거리(storytelling)가 되는지의 여부, 그리고 심지어는 해당 장소의 유명도와 밀접한 관계가 있고, 이러한 경향은 점점 심화되고 있다. 이 모든 것을 아우르는 한 마디가 '브랜드 힘'이라 할 수 있다. 브랜드 힘이 있는 국가나 지역, 관광지는 그렇지 못한 곳에 비해 더 많은 관광객을 확보할 수 있는 힘을 가진다.

오늘날 싱가포르, 뉴질랜드 등과 같이 목적지 마케팅 분야에서 선두를 달리고 있는 상당수의 국가가 자국을 총체적인 '장소브랜드'로 자리매김하고자 노력하고 있어 '장소브랜드'가 급부상하고 있는 추세다. 이처럼 최근 다수의 국가나 지역에서는 브랜드 구축에 정성을 쏟고 있으며, 이미 브랜드 구축이 되어 있거나 브랜드 구축에 성공한 지역은 한발 더 나아가 브랜드 제고에 홍보활동을 집중하고 있다.

1.3 브랜드 성공요소

자신의 상품을 다른 판매자의 상품과 구별하기 위해 붙인 이름, 문자, 기호, 도형 또는 이들의 결합이라는 사전적 의미를 갖는 브랜드는 이제 제품 및 서비스에 담긴 기술, 품질, 신용, 소비자의 심리적 기대와 만족감까지 내포하는 집합적 총체이자 중요한 기업자산으로 의미가 확장됐다. 브랜드의 성공요소로 흔히 아이덴티티, 가치, 차별성을 꼽고 있다. 브랜드로서의 독특한 정체성은 필수요건이고, 소비자에게 어떤 가치나 혜택을 제공하는가도 중요하다. 그러나 브랜드가 경쟁우위를 가지려면 다른 브랜드와 차별성을 가지고 있어야 한다. 이러한 전통적인 브랜드 요소 외에 가수 이효리를 통하여 성공한 브랜드의 3대 요소를 스토리(Story), 진정성(Sincerity), 그리고 차별화(Differentiation)로 정리한 것(정상혁, 2017)도 있어 소개한다.

■ 스토리(Story)

브랜드에서 스토리는 상품이 본래 가지고 있는 기능에 혼을 심어주는 역할을 한다. 중국식당에서 식사를 다 마치면 후식으로 과자 안에 운세 쪽지가 들어 있는 포춘쿠키(fortune cookie)를 준다. 쿠키에 더하여 운세 이야기를 제공함으로써 소비자들로부터 좋은 이미지를 준다.

가수의 상품적 가치는 기본적으로 노래와 춤에서 비롯되지만, 이들 대부분이 스타로 크지 못하고 실패의 쓴맛을 본다. 실패 이유는 팬들에게 직접적으로 보여지는 무대활동 이외에 가수 개인이 가지고 있는 스토리가 부족하기 때문이다. 이효리에게는 가수 이외에 '동물애호가'라는 타이틀을 지니고 있다. 동물보호를 위해 스스로 채식주의자가 됐고, 유기견 보호소를 찾아 자원봉사자들과 함께 봉사활동을 펼치고, 모피코트 한 벌에 밍크 70마리가 죽어 간다며 '모피옷 안 입기 운동'을 벌이는 등 동물보호에 앞장서고 있다는 스토리가 있다. 이런 선행들은 자칫 그녀의 섹시한 노래와 춤으로 생길 수 있는 부정적 편견들을 상쇄시켜준다. 특히 사회적 책임을 다하는 의식 있는 가수로서 팬덤들로 하여금 그녀를 사랑해야 하는 명분을 안겨주고 동조화된 자부심을 느끼게 해준다.

■ 진정성(Sincerity)

생산자가 추구하는 브랜드 정체성과 소비자가 실제로 인식하는 브랜드 이미지 사이에 갭(gap)이 존재해서는 안 된다. 그 갭은 상품에 대한 신뢰를 떨어뜨리고 결국엔 브랜드 실패로 이어진다. 영국 석유회사 BP그룹은 민영화 이후 '석유를 넘어서(Beyond Petrol)'라는 슬로건 및 태양과 유사한 기업 로고를 통해 친환경 기업으로의 변신을 꾀했다. 그러나 2010년 안전불감증과 운영 미숙으로 멕시코만 기름유출 사고가 터지자 소비자들로부터 '영국 오염(British Pollution)', '석유 밑에서(Below Petrol)'라는 오명을 얻었다.

카메라 앞에서의 이효리와 실생활에서의 이효리는 크게 다르지 않다. 방송에 출연해 거침없는 행동을 취하고 꾸밈없는 멘트를 날리는 솔직 털털한 모습은 실생활에서도 이어진다. 해고 노동자 복직을 위해 쌍용차 측에 소형 SUV 무료광고 출연을 제안하고, 서울에서 열리는 모피쇼 반대를 위해 시장에게 편지를 보내고, 말로만 동물보호를 외치는 게 아니라 실제로 유기견을 입양해 키운다. 팬들은 미디어 속 그녀와 실생활 그녀가 일치하는 것에 열광한다.

■ 차별화(Differentiation)

브랜드 성공을 위해서는 경쟁 브랜드와 구분되어질 수 있는 차별화된 특징이 필요하다. 가격, 디자인(이미지), 품질의 차별화가 대표적이다. 디지털카메라 시장이 화소경쟁에 몰두하던 지난 2000년 캐논은 게임체인저(Game Changer) 역할을 자처하며 디자인 혁신에 나섰다. 그 결과 초소형 필름카메라 크기의 디지털카메라 'IXY DIGITAL'을 탄생시켰고 이 깜찍한 모델은 5위 브랜드였던 캐논을 단박에 1위로 끌어

올렸다.

이효리는 1998년 데뷔 당시 자신이 속한 그룹의 '청순', '요정' 이미지와 차별화하며 본인을 부각시켰다. 보이시(Boysh)한 패션으로 터프함을 과시했고 셀프디스에 가까운 코믹 개인기로 털털한 매력을 뽐냈다. 2003년 솔로 데뷔 앨범 'STYLISH..E hyolee'를 발표할 때에는 아이돌 출신답지 않은 섹시미로 또 한 번의 이미지 차별화를 꾀했다. 타이틀곡 '10 Minutes'의 10분 안에 남자를 유혹한다는 가사와 세계적 안무가 트위티(Tweetie)의 선정적 댄스 그리고 어깨와 에스라인이 드러나는 탱크탑 패션은 당시 가요계를 휩쓸며 이효리를 명실상부한 섹시퀸으로 재탄생시켰다.

광고, 홍보, 브랜딩의 의미를 흔히 다음과 같이 구분한다. 첫째, 광고는 'I'm a great lover(나는 너를 정말 사랑해)'. 상대에게 일방적이고 반복적으로 전달하는 것. 둘째, 홍보는 'Trust me, he is a great lover(나를 믿어봐, 그는 너를 정말 사랑해)'. 믿을 만한 누군가를 통해 상대에게 대신 전달하는 것. 셋째, 브랜딩은 'I understand you're a great lover(난 네가 나를 정말 사랑하는 걸 알고 있어)'. 상대가 자발적으로 말하게끔 하는 것, 즉 브랜딩은 광고 또는 홍보와 같이 자신의 가치를 억지로 설득하는 게 아닌 상대가 무의식중에 인정하게 만드는 것이다.

제2절 관광지 브랜드 구축 과정 및 전략

Philip Kotler와 David Gertener는 추구하는 브랜드 이미지가 갖추어져야 할 요소로서 첫째, 실제에 가까워야 하며, 둘째, 믿을 수 있으며, 셋째, 단순하고, 넷째, 소비자의 마음을 끌 수 있으며, 다섯째, 뚜렷해야 한다고 주장하였다. 이를 관광지에 적용하여 재해석하면 특정 관광지가 도출해야 할 이미지는 실체와 비교하였을 때 누구나 납득 가능한 것이어야 하고, 경쟁관광지에서 모방하기 힘든 요소여야 하며, 관광객이 매력을 느끼는 요소여야 한다는 것으로 정리될 수 있다.

2.1 브랜드 컨셉과 브랜드 구축 단계

이상의 내용으로 관광지브랜드 컨셉 결정절차를 정리하면, 첫 번째 단계로 납득 가능한가, 두 번째 단계는 주변 경쟁국과 차별화되는가, 마지막으로 사람의 마음을 끄는가이며, 이로써 관광브랜드 컨셉은 확정된다. 브랜드 구축과정은 개발(Development), 조사(Research), 광고(Advertising), 브랜딩(Branding) 순이다.

① 새로운 제품이나 서비스를 개발한다.
② 개발된 제품이나 서비스가 고객들에게 상당한 이익을 제공해 줄 수 있는지 조사한다.
③ 광고대행사를 활용해 제품이나 서비스에 대한 대대적 광고캠페인을 실시한다.
④ 시간이 흐르면서 광고는 새로운 제품이나 서비스를 강력한 브랜드로 구축해 간다.

이것의 각 단계 앞머리 글자를 따면 DRAB(단조로움)이란 의미를 가진다. 말 그대로 기존 브랜드 구축과정의 세련되지 못하고 비현실적임을 지적하고 있다. 이를 변화시키기 위해서는 기존 브랜드 구축과정 각각을 면밀히 검토할 필요가 있다. 이에 따라 각 단계를 연결하는 고리 중 약한 고리 하나가 존재하는데 이것이 바로 광고다. 브랜드 구축에서 가장 중요한 것은 제품이나 서비스를 상징하는 브랜드 명을 고객의 마인드에 심는 것인데, 그 역할을 해왔던 광고는 이제 브랜드 명을 고객의 마인드에 심는 도구로서 힘을 잃고 말았다.

따라서 위의 브랜드 구축 4단계를 현실에 맞게 수정하면 개발(Development), 조사(Research), PR(Public Relations), 브랜딩(Branding) 순으로 이루어진다. Shneider & Associates사가 하버드 비즈니스스쿨 마케팅 교수인 수잔 푸르니에(Susan Fournier)와 보스턴대학의 커뮤니케이션 연구센터에 의뢰하여 최초로 실행한 연구조사는 새로운 브랜드를 시장에 처음 내 놓을 때 PR이 효과적이란 연구결과를 도출하였다.

앞서 언급한 브랜드 구축과정을 토대로 관광지 브랜드 구축 단계에 대해 살펴보면 다음과 같다. 첫 단계는 관광지에 대한 확실한 이미지 구축이다. 관광지가 이루고자 하는 이미지가 그 관광지의 브랜드를 만드는 원천이 된다. 이 때 구축되는 이미지는 호의적인 이미지여야 한다. 즉 호의적인 이미지를 가진 지역은 브랜드 가치를 높이는 토대가 된다. 이처럼 호의적인 이미지 구축은 브랜드 구축의 성공을 위해 매우 중요한데, 이에 다수의 관광지에서는 호의적인 이미지를 얻어내기 위해 호의적인 지역사회관계 형성, 퍼블리시티, 드라마 · 영화 촬영 장소 협찬, 메가 스포츠 대회 유치, 축제를 포함한 중 · 소이벤트 개최, 각종 환경 개선 등을 실시하고 있다.

두 번째 단계로 브랜드 이미지 형성이 필요하다. 브랜드 이미지는 소비자가 브랜드에 대해 갖는 전체적인 연상이다. 아커(Aaker)는 브랜드 연상을 브랜드에 연계된 기억으로 정의하고 있으며, 브랜드 이미지를 브랜드 연상들의 집합으로 보고 있다. 관광지 브랜드는 관광객의 기억 속에 새겨진 관광지 브랜드 연상들에 의해 표현된 브랜드에 대한 인식인 것이다. 즉 지역 브랜드 이미지는 지역 브랜드에 연계된 기억으로 지역에 관한 의미 있는 연상들의 집합으로 볼 수 있다. 브랜드 연상은 그 유형이 무엇이든 세 가지의 주요 차원, 즉 강도 · 호감도 · 독특성에 따라 분류될 수 있다. 강하고 호의적이며 독특한 연상이란 브랜드의 차별성을 말하는 것으로 '오페라의 도시' 하면 '시드니'가 떠오르고, '야경' 하면 '홍콩'이 떠오르는 것을 예로 들 수 있다.

브랜드 연상은 이처럼 상품의 속성이 될 수도 있고 브랜드의 개성이 될 수도 있으며, 조직과 관련된 내용이 될 수도 있다. 또한 상품을 이용하는 사람들의 유형이나 라이프스타일이 될 수도 있고 브랜드 슬로건이 될 수도 있다. 이러한 브랜드 연상은 브랜드 자산가치를 형성하게 되는데, 이를테면 고객은 브랜드 연상을 통해 특정 브랜드를 다른 브랜드와 차별화시킬 수 있고, 품질을 지각하며 호감도를 형성하게 된다. 결국 다른 브랜드와 차별적인 연상내용은 주요한 경쟁우위요소가 될 수 있다.

세 번째 단계는 브랜드 네이밍(brand naming) 작업이다. 브랜드 네이밍이란 브랜드의 명칭을 만드는 행위를 줄여서 사용하는 말이다. 브랜드는 브랜드의 명칭, 시각적 · 잠재적 이미지, 가치, 회사명, 상품을 아우르는 광역의 의미이다. 브랜드 네이밍은 브랜드의 운명을 좌우하며, 브랜드 네임이 마케팅에서 차지하는 비율은 70%로

꽤 높다. 브랜드 네임 안에는 상품의 특성이 집약적으로 담겨 있으며, 동시에 상품의 미래를 결정하는 DNA가 들어 있다. 결국 브랜드 네임은 무언의 강력한 세일즈 도구이므로 '네이밍'으로 브랜드 파워를 키워야 한다. 또한 브랜드가 제 구실을 하기 위해서는 기본적으로 훌륭한 브랜드 네이밍이 필요하다. 소비자는 브랜드 네임이 소구하는 것에 주목하게 되며, 그 분위기에 어울리는 디자인에 마음이 끌려 선택하고 구매결정을 내리게 된다.

브랜드 네임은 고객에게 직접 노출되는 도구이기 때문에 더욱 필요하다. 실제로 브랜드 네임은 하루에도 수백, 수천 번씩 이메일이나 명함, 상담원의 전화, 브랜드 소개 책자 등 갖가지 경로와 매체를 통해 소비자에게 노출된다. 이러한 사실은 수많은 브랜드 네임이 고객의 기억에 새겨질 가능성도 있지만, 다른 시각으로 보면 좋지 못한 브랜드 네임의 경우 고객에게 조직체의 의도를 잘못 전달할 위험도 가지고 있다. 때로는 읽거나 기억하기 어렵다는 이유만으로 마케팅활동의 효과를 떨어뜨리기도 한다. 불필요한 법률 비용과 위험을 초래하는 이름 역시 좋은 브랜드 네임이라고 할 수 없다. 시장개방이 일반화되고 경쟁이 치열해지면서 마케팅과 법률적 부분이라는 양 측면의 욕심을 모두 만족시키는 좋은 브랜드 네임을 만드는 것은 점점 어려워지고 있는 실정이다.

광고 · 홍보에 노출된 소비자는 상상을 통해 자기만의 상품에 대한 이미지를 만들고 기억하게 되므로 매력적인 네임은 곧 소비자의 행동으로 연결된다. 결국 네이밍은 상품의 '홍보원' 역할을 담당한다고 볼 수 있다. 이처럼 브랜드 네이밍 작업이 중요하기 때문에 브랜드 네이밍 담당자의 역할은 매우 중요하다. 그럼 브랜드 네이밍에 임하는 브랜드 네이밍 담당자(브랜드 디자이너)가 가져야 할 태도에 대해서 알아보기로 하자.

첫째, 확립된 브랜드 아이덴티티를 시각적으로 표현하는 작업을 해야 한다. 이때 중요한 것은 브랜드 아이덴티티를 표출하는 상징적인 부호나 그림 등을 떠올려야 한다.

둘째, 떠올린 상징물이 있다면 언어별로 표현되는 어휘를 찾아내고 각 어휘의 의미와 발음이 관광 수요자가 있는 지역문화에 적용시켰을 때 어떤 형태로든 충돌을 일으키지 않는지를 알아보아야 한다. 이 부분은 매우 중요한 것으로 어떤 어휘는 A 지역에서는 브랜드가 상상해 주기를 바라는 대로 소통되는가 하면, B지역에서는 그 어휘가 다르게 해석되어 브랜드의 예상을 완전히 빗나가게 할 수 있다. 심지어는 브랜드 명으로 지역 간에 갈등 혹은 마찰을 불러 올 수 있으며, 나아가 거부감을 주는 형태가 되어 기억되지 않는 것은 물론이고 상품에 대한 거리감까지 줄 수 있다.

셋째, '어휘'를 찾아내었다면 장시간 기억될 수 있게 만들어야 한다. 이것은 네이밍에 있어 결정적인 포인트이다. 소비자들은 지금 본 광고에 의해 바로 구매행동으로 가지 않는다. 구매행동은 다양한 요소에 영향을 받고 있기 때문에 단순히 지금 그 광고에 노출되었다고 곧장 해당 매장으로 달려가진 않는다. 이때 가장 필요한 것은 오랜 시간 동안 기억에 남는 메시지나 로고이다. 따라서 네이밍을 할 때에는 브랜드 아이덴티티는 기본으로 하되, 기억에 선명하게 남을 정도의 주목효과가 큰 브랜드 네임과 로고 디자인이 필요하다.

마지막으로 매우 중요한 사실은 소비자들은 자신이 이해할 수 있는 의미를 가진 브랜드 네임을 더 좋아한다는 사실이다. 소비자가 브랜드 네임을 이해하지 못해서 브랜드를 신뢰하지 못하고 거기에서 발생된 잘못된 사고로 브랜드의 가치를 떨어뜨린 예가 적지 않다. 결국 좋은 브랜드 네임의 조건은 의미 전달성, 기억 용이성, 미래 지향성, 법률적 권리 확보 용이성, 긍정적 이미지 연상, 디자인 적용성 등이다. 브랜드 네임은 여러 가지 형태가 있다. 구체적으로 설립자의 이름을 따오는 경우, 조어형 이름, 설명형 이름, 상징형 이름, 머리글자 따기, 기타(네이밍을 함에 있어 정석은 없다는 것) 등이다.

브랜드 네이밍이 되었다면 마지막 단계로 전술적인 커뮤니케이션이 필요하다. 즉 소비자와 소통하고 인지를 얻어 내는 것인데, 주목을 이끌어 내고 소통하고 인지하게 만드는 것은 PR에 의해 가능하다. PR활동에 있어서는 적극적이고 능동적인 방법을 필요로 한다. 일반적으로 신제품의 개발이 있으면 적극적 PR활동이 필요한 것과 그 맥을 같이 한다. 이를 PR에서는 대응적 PR활동이라 한다. 이에 해당하는 방법은 커뮤니케이션을 해 줄 매체를 기다리지 말고, 매체에 새로운 브랜드 구축 혹은 브랜드 변경에 대한 뉴스거리를 주는 것이다.

두 번째 방법은 브랜드를 내건 다양한 이벤트 개최인데, 이것은 균형 잡힌 쌍방향 커뮤니케이션으로 직접적인 만남을 꾀한다는 점에서 상당히 높은 설득력을 보이기 때문에 매우 높은 PR효과를 나타낸다. 일방적으로 소비자에게 구매할 것을 설득하는 광고에 비해 선진화된 브랜드 노출 방법이며, 커뮤니케이션 방법 중 단연 브랜드에 대한 이해와 호의적인 이미지를 구축하는데 효과적이다.

이벤트의 방법은 두 가지 형태로 구분할 수 있다. 우선 박람회나 축제 개최를 통한 만남의 장을 만드는 것이 있으며, 다른 하나는 소비자가 구축된 브랜드와 가상의 공간에서 커뮤니케이션하도록 하는 것이다. 전자의 경우 일반적인 이벤트에 해당하는 것으로 이벤트를 개최하면 공급자와 수요자는 일정한 장소에서 만난다. 그 만남의 장소에서 소비자는 공급자와 교감하며 제품에 대한 대화가 오가고, 공급자는 브랜드에 대한 소비자로부터의 반응을 즉각적이고 정직하게 알 수 있기 때문에 구축된 브랜드를 평가하는데 매우 효과적이다.

후자의 경우는 인터넷 상이나 일반적인 공모전 등을 통해 만남을 가지는 것을 말한다. 이 형태는 전 연령층의 참가가 가능하고 참가자들은 브랜드가 내건 주제에 대해 많은 생각과 관심을 가지게 되는데, 이것이 결국 하나의 PR이 되는 것이다.

이 외에도 브랜드를 시각화한 팸플릿, 브로슈어 등의 배포 및 입간판의 설치, 홍보 전광판의 설치, 스마트 폰의 애플리케이션의 활용, 브랜드 랜드(Brand Land)의 개발도 브랜드 커뮤니케이션 도구로 사용될 수 있다. 다음의 [그림 6-1]은 앞서 언급한 브랜드 구축과정을 도식화한 것이다.

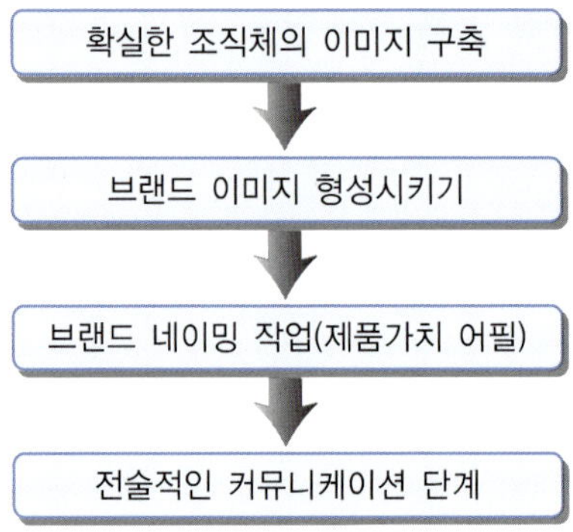

[그림 6-1] 브랜드 구축 과정

제3절 관광지 브랜드 관리

관광지로서 한 국가가 해외 관광송출 시장에서 어떤 브랜드로 자리매김 되고, 또 어떤 브랜드 이미지로 유도해 갈 것인지는 해외관광마케팅 활동에 있어서 매우 중요한 요소이다. 또한 일개 관광지가 갖는 브랜드 이미지는 관광객 유치에 결정적 영향을 미칠 수 있기 때문에 관광객 유치차원에서 뿐만 아니라 국가브랜드 관리차원에서도 과학적인 관리가 필요하다.

관광지의 브랜드 자산의 가치를 증진시키는 방법으로 관광지 브랜드에 관광지의 고유성, 경쟁관광자원과의 차별성, 독창성, 관광지 브랜드에 대한 호의 및 브랜드가 단순한 상품명이나 슬로건이 아닌 시각적 또는 청각적 요소들이 포함되어야 한다. 이러한 방법은 관광객들의 지속적인 방문을 확보하게 되고 이것은 결국 타 관광지와의 경쟁우위를 점하는 것이다. 즉 강력한 이미지를 가진 파워 관광지 브랜드가 되는 것이다.

3.1 관광지 브랜드 관리 방법

관광지브랜드 구축에 사용되는 방법은 다양한데 일반적으로 다음과 같은 전술을 많이 사용하고 있다.

■ 퍼블리시티(Publicity)의 활용

일부 제품이나 서비스들은 잠재고객의 마인드에 파고드는데 성공해서 결국 유명 브랜드가 되기도 한다. 이것은 바로 퍼블리시티 때문이다. 사실상 소비자들에게 익히 알려져 있는 브랜드 중에서 놀랄 만큼 상당수가 광고를 거의 하지 않고도 인지도를 높이는데 성공하고 있다. 그 예는 다음과 같다.

(예 1) 애티타 로딕(Anita Roddick)은 보디숍을 설립한 후 광고를 전혀 하지 않고도 세계적인 브랜드로 성장시킬 수 있었다. 그 대신 그 녀는 전 세계를 돌아다니며 천연성분의 화장품에 들어갈 원료들을 찾아 다녔는데, 이러한 노력이 결실을 맺어 이 브랜드가 세상에 퍼블리시티 형태로 널리 알려지게 된 것이다.

(예 2) 스타벅스는 브랜드 인지도를 높이기 위해 광고에 엄청난 금액을 투입하는 따위의 일을 하지 않았다. 퍼블리시티를 이용해 사무공간과 집 사이에 존재하는 '제3의 공간'개척자라는 사실을 알린 것이 브랜드 인지도를 높이는데 성공했다.

■ PPL(Product Placement)

특정한 상품을 영화나 드라마 속의 소도구를 이용해 일종의 광고효과를 누리는 것을 말한다. PPL의 목적은 영화나 드라마 속에서 자사의 제품을 노출시켜 브랜드에 대한 소비자의 인지도를 높이며, 아울러 호의적 이미지를 형성하는 것이다. 호의적 이미지 형성은 곧 브랜드 제고와 연결된다. 사실 초기 PPL은 상당히 효과적 PR방법

중 하나였다. 영화, 드라마 속에서 등장하는 소품, 의상, 관광지, 주택, 호텔, 자동차, 음료 등 수많은 제품과 장소들은 영화나 드라마의 흥행을 기반으로 해서 기업의 매출 증대, 관광지의 관광수요 증대 등으로 연결되어 매력적인 브랜딩 방법으로 회자되었다. 그러나 최근의 추세는 지나친 PPL의 여파로 예전만큼의 PR효과를 보지 못하고 있다는 점을 인지하고 있어야 한다.

■ ○○의 대명사가 되고 약속은 반드시 이행

특정 분야의 대명사가 된다면 브랜드 구축에 성공한 것이다. 영화 하면 부산국제영화제, 관광 하면 스페인이 바로 떠오르듯, 호텔의 대명사는 ○○호텔, 여행사의 대명사는 ○○여행사, 벚꽃 하면 ○○지역으로 소비자가 인식하도록 만드는 방법이다. 지속적인 광고나 인상적인 이벤트 홍보활동, 대대적인 언론보도가 실행되면 소비자에게 그런 인식을 심어줄 수 있다. 이런 목적으로 슬로건을 만든다고 하면 전달하고자 하는 메시지를 실천하도록 꾸준히 홍보를 해야 한다.

(예 1) 볼보는 '안전'의 대명사다. 볼보는 자동차업체 중 차 안에 내비게이션 시스템을 가장 늦게 내장한 회사 중 하나이다. 이유는 단 하나 '안전에 해가된다'는 것이었으며, 이는 안전이라는 대명사에 걸맞게 약속을 지킨 대표적 사례에 해당한다.

(예 2) 뉴질랜드 '100% Pure New Zealand', 태국 'Amazing Thailand', 말레이시아 'Truly Asia', 싱가포르 '새로운 아시아-싱가포르', 홍콩 '인생을 즐기라, 사랑하라(Live it, love it)', 칠레 '자연의 감각(A natural inspiration)'.

■ 브랜드 제고를 위한 호의적 이미지 구축

특정 관광지에 대한 이미지는 그 관광목적지(destination)의 브랜드 구축의 토대가 된다. 즉 좋은 이미지의 관광지는 브랜드 가치를 높이게 된다. 관광지 브랜드가치를 높이기 위해서는 관광지 이미지 형성, 변화를 어떻게 시키는가는 주요 관건이다. 이를 위해서 앞서 언급한 바와 같이 정체성 발굴 및 확립이 우선시된다. 브랜딩의 사슬은 우선 이미지 구축, 슬로건 만들기, 광고 · 홍보로 이어진다. 이와 관련된 예는 다음과 같다.

(예 1) 콰테말라는 마야문명의 중심지다. 그러나 이곳에 이러한 이미지가 없다. 이는 콰테말라에 대한 인지적 이미지 형성이 되어 있지 않았기 때문이다. 이 경우 콰테말라가 '마야문명의 중심지'란 브랜드 구축 및 제고를 위해서는 인지적 이미지 형성을 시키는 것이 선결 과제이다.

■ 특별난 힘을 드러낼 아이콘을 브랜딩 핵심으로 활용

현재 프랑스는 멋, 이탈리아는 관능미, 독일은 품위, 미국은 실용성, 영국은 독창성, 일본은 정교함, 브라질은 젊음 등이 이미지와 직결되는 아이콘들이며 이를 활용한 브랜딩은 성공 가능성이 매우 높다.

■ PR과 광고의 적절한 배분

통상 PR과 광고를 모두 사용할 경우, 제품 출시 전 인지도 및 주목, 신뢰성을 얻기 위해서 퍼블리시티라는 PR도구를 먼저 사용하여 제품의 인지도를 어느 정도 올린 다음, 그를 계속 지원하기 위한 방편으로 광고를 시작한다. 이 때 PR은 신뢰성을 가지게 만들고 높은 주목효과를 누리게 되므로 브랜드 제고 효과를 가져 올 수 있다.

■ 브랜드 제고를 위해서는 현재의 브랜드 가치 평가 중요

브랜드 가치 평가 시 평가항목은 다양하다. 예컨대 평가항목의 예를 들면 '휴가 시 여행지로 ○○지역을 선택하겠는가' 등이다.

■ 스토리텔링 마케팅을 통한 브랜드 제고

최근 상품에 얽힌 이야기를 가공하여 광고에 활용하는 스토리텔링 마케팅이 각광을 받고 있다. "기업과 시장을 주도하려거든 이야기 꾼(storyteller)이 되어라." 이는

2007년 한국을 찾은 덴마크의 미래학자 롤프 옌센(Rolf Jensen)이 세계지식 포럼에 참가해서 한국 기업인들에게 강조한 말이다. 스토리텔링 마케팅은 말 그대로 story와 telling의 합성어로 이야기를 만드는 것과 그 이야기를 들려주고 관련된 관광상품을 만드는 것이다. 즉 상품에 얽힌 이야기를 가공, 포장하여 광고, 판촉 등에 활용하는 브랜드 커뮤니케이션 활동이다. 명품 브랜드에 이야기가 없다는 것은 죽는 것보다 더 비참하다. 현재 브랜드의 스토리를 만드는 것은 최근 제1의 마케팅 법칙이 되고 있다.

스토리텔링 마케팅은 상품의 기능적 특성을 설명하는 내용 중심 광고나 판촉활동과는 차이가 있다. 상품 자체를 강조하기보다는 상품에 담긴 의미나 개인적인 이야기를 제공함으로써 소비자와 브랜드의 교감을 유도하는 감성마케팅 활동이다.

관광기업이 스토리텔링 마케팅을 활용하기 위해서는 먼저 자사 브랜드에 적합한 스토리를 발굴하고 이를 적절히 상품에 녹여내야 한다. 즉 소비자들이 가장 좋아 할 수 있고 자사 상품의 독특한 가치를 가장 잘 설명할 수 있는 매력적인 스토리를 만들 필요가 있다. 더불어 발굴된 스토리의 훌륭한 각색이 필요하며, 스토리텔링이란 단어가 말해 주듯 각색된 스토리를 제대로 이야기할 수 있는 이야기꾼이 필요하다. 관광목적지에서의 '문화재 해설사' 등이 이에 해당하며 이들의 스토리 구사 능력은 관광조직체의 이미지 및 매출 증가로 연결된다. 마지막으로 스토리에 등장하는 관광기념품의 개발도 반드시 필요한 사항 중 하나이다.

■ 이벤트를 통한 브랜드 제고

각종 이벤트는 보다 각계각층의 관광객을 끌어들일 수 있는 훌륭한 홍보전략의 하나이다. 예를 들면 이벤트를 개최하는 지역은 지역이 마련한 이벤트를 미디어에 소개함으로써 지역의 브랜드 가치를 높이고 관광객의 증가를 꾀할 수 있다. 이처럼 이벤트를 통해 장소브랜드가 강화되고 개선, 변화될 수 있다.

■ 브랜드 인지도의 관리

브랜드 인지도의 효과는 매우 크다. 단순히 안다는 것만으로도 매우 큰 효과가 발생되기 때문이다. 브랜드 인지도 관리에서는 브랜드를 소비자에게 친숙한 것이 되도록 하는 것이 중요하다. 브랜드를 알고 있다는 것은 그 브랜드와 친숙하다는 것으로 이를 위해서는 앞서 소개한 다양한 브랜드 관리방법들도 도구로 사용할 수 있다.

■ 브랜드 연상 관리

브랜드 연상은 크게 세 가지로 구분되는데, 첫째, 그 브랜드의 기능에 관련한 연상, 둘째, 그 기능으로 추론되는 혜택에 관련한 연상, 셋째, 기능과 혜택으로부터 확장된 다양한 상징과 경험 등의 내용 등이다. 기능적 특징에 대한 연상은 독특성, 호의성, 연상의 강도 등을 말한다. 혜택과 관련한 연상은 고객이 인식하는 혜택을 브랜드가 유리한 쪽으로 유도해 가는 것으로 소비자는 이 혜택을 추론할 수 있어야 한다. 이것을 도와주는 것은 온전히 PR담당자의 몫이다.

■ 브랜드를 자아 표현의 도구화

사람들은 자신이 소유하고 있는 제품이나 경험하는 서비스를 통하여 자아를 표현하고자 한다. 만약 공중의 한 사람이 특정 관광지로의 여행으로 자아 표현을 하고자 한다면 이 관광지는 브랜드 구축에 성공한 것이며, 브랜드 관리를 잘 한 것이다. 우리는 종종 주변에서 “나는 이번 겨울 휴가로 호주를 다녀왔어”라는 등의 특정 관광지를 지칭하며 자신의 여가활동을 이야기하는 사람들을 보게 된다. 이 때 이들의 자아 표현의 도구가 된 ‘호주’는 브랜드 관리를 잘한 것이 분명하다.

이 외에도 로고와 심벌, 슬로건 만들기와 CIP 도입을 통한 브랜드 구축이 있다.

3.2 로고와 심벌을 통한 브랜드구축

브랜드 네임은 일반적으로 브랜드의 중심적 요소이지만, 시각적 브랜드 요소들은 브랜드 인지도의 측면에서 브랜드 네임 못지않게 브랜드 자산 구축의 중요한 역할을 한다.

로고는 기업에 대한 소비자의 지각을 변화시키는 의미와 연상을 갖고 있다. 브랜드 네임과 마찬가지로 로고 역시 지원 마케팅 프로그램과 함께 로고의 내재적 의미를 통해서 연상을 획득할 수 있다. 내재적 의미의 측면에서 매우 추상적인 로고조차 관련 형상에 따라 다양한 평가를 받을 수 있다. 추상적인 로고일수록 차별성을 가지며 주목을 받을 수 있다. 그러나 추상적 로고는 좀 더 구체적인 로고가 갖고 있는 내재적 의미가 결여되어 있을 수도 있기 때문에, 로고의 의미를 설명하기 위한 의미 있는 마케팅 활동이 없을 경우 추상적인 로고는 소비자가 그것이 무엇을 나타내는지 이해하지 못할 수도 있는 위험이 있다.

로고와 심벌은 시각적 성격 때문에 쉽게 인식되기도 하며 제품을 식별하는 중요한 수단이기도 하다. 핵심적인 문제는 로고와 심벌이 기억 속에서 제품과 브랜드 네임에 얼마나 잘 연계되어 브랜드 회상을 높이는가 하는 것이다. 다시 말해서 소비자는 특정 심벌을 인식할 수 있지만, 특정 제품 또는 브랜드와 연계시키지 못할 수도 있다.

로고의 또 다른 브랜딩의 장점은 변동성이다. 로고는 대체적으로 비(非)언어적이기 때문에 시간이 흐르면 필요에 따라 변경될 수 있으며, 일반적으로 여러 문화권에 걸쳐 잘 전달된다. 또한 로고는 제품 의미가 거의 없는 추상적인 경우가 있기 때문에 여러 제품 범주에 적합하고 관련성이 있을 수도 있다. 예를 들어 기업 브랜드는 다양한 제품에서 브랜드 정체성을 제공하기 위해 로고를 개발하곤 한다. 물론 여러 하위 브랜드를 포괄하기 위한 수단이기도 하다. 로고로 인해 기업 브랜드는 이러한 여러 제품에 대해 좀 더 명시적인 부차적 의미를 제공할 수 있다.

마지막으로 추상적 로고는 브랜드 네임 전체의 사용이 어느 정도 제한되는 경우에 유용하다. 브랜드 네임이 지나치게 긴 경우 부담스러움을 탈피하기 위하여 간단한 로고를 제작하여 사용하기도 한다. 또한 많은 말로 상품을 표현해야 하는 서비스 기업의 경우 무형적이고 추상적 성격을 띠는 로고를 많이 이용하고 있다.

로고는 시간이 지나면서 좀 더 추세에 맞는 디자인을 갖추기 위해 변경이 되기도 한다. 그러나 그러한 과정에서 로고에 내재된 장점을 상실하지 않는 범위 하에서 점진적 변화를 실시하는 것이 중요하다.

국제관광이 일반화되고 있는 오늘날에는 국가의 정체성을 상징하는 로고나 심벌이 필요하다. 일반적으로 국가를 대표하는 상징화 전략은 국기, 국가, 국호 등이다. 그러나 이 외에도 특정 국가를 연상하는데 사용되는 유형의 상징물은 매우 다양하다. 예를 들어 미국의 경우 자유의 여신상, 흰머리 독수리, 미키마우스, 영국의 경우 타워브리지, 런던아이, 웨스트민스터 사원, 빅벤 등이 연상되며, 일본의 경우 후지산, 벚꽃, 기모노 등이 연상된다.

반면 우리나라는 세계적으로 널리 알려진 유형문화재가 없으며, 특히 중국과 일본의 아류문화로 인식되어 고유의 문화적 가치를 제대로 평가받지 못하고 있는 실정이다. 이에 우리나라는 정체성을 찾아내고 외국인이 인식하는 대표적인 것을 발굴하는 것이 시급하며, 발굴된 것을 상징화하는 전략이 필요하다. 현재 우리나라는 다양한 문화 아이콘을 국외에 선보이고 있으며, 이에 호응하는 이들이 늘어나고 있다. 예를 들면 태권도, 골프, 축구, 야구, 피겨스케이팅 등을 포함하는 스포츠 및 IT, 각종 공연예술, 영화, 드라마, 응원문화를 통한 활동적인 국가 구성원들의 모습, 김치 등의 건강식품과 김치 만들기 체험 등이다. 이 외에도 다양한 독창적이고 매력적인 모습을 소유하고 있기 때문에 이러한 것을 배경으로 한 로고와 심벌작업도 브랜드 구축의 한 가지 방법이 될 수 있다.

3.3 캐릭터를 통한 브랜드 구축

캐릭터는 인간적 성격이나 실생활의 특성 등과 같이 특수한 유형의 브랜드 심벌을 묘사하는 역할을 한다. 브랜드 캐릭터는 일반적으로 광고를 통해서 소개되며 광고 및 포장 디자인에서 중심적 역할을 한다. 브랜드 캐릭터는 여러 가지 형태를 취한다. 애니메이션으로 표현되는 브랜드 캐릭터도 있고—주로 지자체와 지역 축제, 메가 스포츠 이벤트에서 활용하며 이 경우 캐릭터 네임이 있다—살아 있는 인물로 표현되는 브랜드 캐릭터도 있다. 일반적으로 살아 있는 인물로 표현되는 브랜드 캐릭터보다는 애니메이션으로 표현되는 브랜드 캐릭터를 사용하는 경우가 더 많다.

우리나라의 지자체는 지역의 브랜드 구축을 위해 노력하고 있는데, 그 예가 로고 및 캐릭터를 만드는 것이다. 〈표 6-1〉은 우리나라 지자체 중 광역자치단체의 로고와 캐릭터이다. 지자체의 로고와 캐릭터가 그 지자체의 정체성을 잘 반영하고 있는지 생각해 볼 필요가 있다.

〈표 6-1〉 우리나라 광역자치단체 로고 및 캐릭터

지자체 이름	로고	캐릭터	
		캐릭터 명	캐릭터 모양
서울특별시		해치	
인천광역시		새날이	
대전광역시		꿈돌이	

대구광역시		패션이	
광주광역시		예향, 의향, 미향	
울산광역시		해울이	
부산광역시		부비	
세종특별자치시		이름 없음	
강원도		반비	
경기도		블루링	

경상남도		경남이, 경이	
경상북도		신나리	
충청남도		귀도리, 귀여미	
충청북도		고드미, 바르미	
전라남도		남도, 남이	
전라북도		없음	없음
제주도		돌이, 소리	

브랜드 캐릭터는 다양한 브랜드 자산의 편익을 제공할 수 있다. 브랜드 캐릭터는 다양한 이미지로 표현되기 때문에 사람들의 시선을 쉽게 끄는 경향이 있어 브랜드 인지도 창출에 매우 유용하다. 브랜드 캐릭터는 브랜드의 핵심적인 제품 편익을 효과적으로 전달하는 데 도움이 된다. 또한 브랜드 캐릭터의 인간적 요소는 브랜드에 대한 재미나 흥미, 호감을 주는 인상을 갖게 하는 데 도움이 될 수 있다. 이상과 같이 브랜드 캐릭터는 많은 장점을 가지고 있지만, 이는 브랜드의 개성을 잘 표현했다는 전제하에서이다.

브랜드의 이미지 향상요인은 브랜드의 개성과 단순한 브랜드의 호감도임은 잊지 말아야 할 것이다. 인기 있는 캐릭터들은 다양한 느낌과 의미를 부여할 수 있기 때문에 중요한 라이센싱 재산이 되어 직접적으로 얻을 수 있고, 소비자가 해당 브랜드를 접할 기회를 많이 부여받을 수 있다. 또한 브랜드 캐릭터는 일반적으로 직접적인 제품 의미를 갖고 있지 않기 때문에 제품 범주들에 걸쳐 비교적 쉽게 전달될 수도 있다.

브랜드 캐릭터를 이용하는 데는 약간의 주의사항과 결점이 뒤따른다. 예컨대 브랜드 캐릭터는 시선을 끌고 누구나 좋아할 수 있기 때문에 다른 브랜드 요소를 압도하며 실제로 브랜드 인지도를 잠식하기도 한다.

마지막으로 브랜드 캐릭터는 시간이 지남에 따라 수정하여 캐릭터의 이미지와 개성을 표적시장에 적합하도록 유지해야 한다. 일반적으로 브랜드 캐릭터가 현실적일수록 브랜드 캐릭터를 최근 상황에 맞게 적절하게 수정하는 것이 필요하다. 반면에, 애니메이션으로 표현한 가공의 캐릭터는 소비자에게 좀 더 지속적으로 또는 영원히 어필할 수 있는 장점을 갖는다.

사례 잉카문명의 중심지 페루

과테말라처럼 최적의 관광지이면서도 관광객을 별로 끌지 못하는 또 다른 나라로는 페루를 들 수 있다. 남미에 자리잡고 있으며 2,700만 명의 인구를 가진 페루는 연간 40만 명의 관광객을 유치 할 뿐이다(마약문제로 골머리를 앓고 있는 콜롬비아의 경우만 하더라도 연간 200만 명의 관광객을 유치하고 있다).

페루가 잉카 유적으로 유명한 마추픽추의 본거지라는 사실을 감안하면 참으로 이상한 현상이 아닐 수 없다. 마추픽추는 인도의 타지마할과 프랑스의 에펠탑과 함께 세계적인 3대 유명 관광지인데 말이다. 이상하게 들릴지도 모르겠지만, 페루는 마추픽추를 알리기 위해 여념이 없는 현재의 전략을 바꿔 페루라는 국가 전체를 홍보할 수 있는 새로운 전략을 채택할 필요가 있다.

만약 에펠탑이 프랑스에서 유일한 관광명소라면 프랑스는 관광객을 어느 정도 유치할 수 있다고 생각하는가? 그다지 많지 않을 것이다. 에펠탑이 제아무리 매력적이라 할지라도 그것만으로는 프랑스 여행을 떠날 만한 충분한 동기를 유발하지 못한다.

마추픽추의 경우도 이와 마찬가지다. 마추픽추는 그야말로 구경하기에 장관을 이루지만, 마추픽추 하나로는 페루로 여행을 떠날 만한 충분한 동기를 유발하지 못한다.

반면에 국가가 관광객을 유치하고자 한다면 초점을 한 가지 요소에 둘 필요가 있다. 프랑스는 파리를 단일한 요소로 삼아 여기에 초점을 두었다. 파리에 가면 에펠탑을 비롯해 볼 만한 명소가 많다.

페루가 취해야 할 조치는 쿠스코라는 도시 명을 잉카제국의 본거지답게 본래의 문화유산을 반영하도록 바꾸는 일이다. 우리가 새로운 도시 명으로 제시하는 것은 '시우다드 데 라스 잉카스(스페인어로 '잉카민족의 도시'라는 뜻임)이다.

'시우다드 데 라스 잉카스에 가면 구경할 만한 관광명소들이 산재해 있는데, 마추픽추 같은 그야말로 장관을 이루는 고대유적지를 구경할 수도 있다'고 홍보문구를 만들 수도 있다.

시우다드 데 라스 잉카스와 과테마야 같은 새로운 도시명과 국명은 언론매체의 관심을 끌어당길 만한 낚싯바늘을 제공한다. 그뿐 아니라 관광객들의 마인드에 침투할 수 있는 정신적인 낚싯바늘을 제공하기도 한다. PR 프로그램이 소기의 성과를 거두려면 언론매체를 통해 기사가 실리거나 방송에 나오는 것만으로는 부족하다. 잠재고객의 마인드에 동기를 유발시킬 수 있는 단일한 아이디어를 심어야만 한다(알 리스, 로라리스, 2003).

제 7 장

브랜드스토리 마케팅

제1절 브랜드스토리

1.1 브랜드스토리의 개념

이야기(story)라는 말은 '귀로 먹는 약(耳於藥)', 또는 '먹는 약보다 더 이로운 것(利於藥)'에서 유래했다는 설이 있다. 그만큼 이야기는 우리 생활에 있어 유용한 것이라는 의미다. 우리는 어릴 때부터 동화책을 접하며 그 속의 이야기에 푹 빠지기도 했으며, 성인이 되어서는 영화나 음악, 스포츠, 무용, 무술과 같은 이야기에 심취했으며, 더불어 각종 매체들의 이야기를 통해 사회구성원으로 살아간다. 이처럼 우리 생활의 일부로 남아 있는 이야기들이 우리의 다양한 삶의 모습을 이해하도록 돕고 있다는 사실이다. 또한 이야기는 사람들에게 고도의 정신세계를 열어줄 뿐만 아니라 보다 허용적인 새로운 인간관계를 열어준다. 또한 이야기는 정보와 결합하여 더욱 강력한 힘을 발휘하며 타인과의 의사소통을 원활하게 해주고 우리가 더욱 쉽게 정보를 이해할 수 있도록 도와준다.

인간은 이야기가 있는 지역이나 물질에 대해 관심을 표한다. 이 때문에 다수의 국가 및 지방자치단체는 지역 속에 녹아 있는 이야기를 발굴하는 데 힘쓰고 있다. 우리 주변의 많은 관광지에는 수많은 이야기가 담겨져 있다. 특히 문화관광자원에서의 이야기는 없어서는 안 될 구심점 역할을 한다. 우리는 많은 유물, 유적을 접하면서 그 속에 배어 있는 역사적 사실에 대해 흥미를 느끼고 그것으로 인해 더욱 애착을 가지게 된다. 특정 장소에 대한 이야기는 역사를 통해 그리고 영화, 드라마, 소설, 새로운 영웅들의 등장으로 만들어지고 있으며, 지역의 관광상품개발 담당자는 이를 관광자원화 한다. 이야기를 PR의 도구로 활용한다면 지역 관광지 마케팅에 상당히 유용할 것이다. 또한 특정 장소의 이야기는 그 장소를 홍보하는 데 유용한 도구로도 사용된다.

브랜드스토리란 브랜드에 강력한 감성 바이러스인 이야기를 녹여낸 것이다. 다시 말해, 사람들이 쉽게 이해할 수 있는 이야기 방식을 브랜드에 접목시킨 것이다. 소비자들은 독특한 이야기를 가진 브랜드에 돈을 아끼지 않으며, 그 순간만큼은 자신의 선택이 옳다고 믿는다. 왜냐하면 소비자는 스스로 브랜드에 담긴 이야기를 체계화하면서 이로부터 자신만이 느낄 수 있는 고유한 가치를 만들어 내기 때문이다. 이야기의 힘은 오랫동안 지속되면 될수록 소비자가 브랜드에 느끼는 친밀감과 호감도는 높아지게 되며 주변인들의 관심까지 이끌어낼 수 있다.

브랜드 그 자체는 제품과 소비자의 중간적 존재이지만, 브랜드 속의 이야기는 양자 간의 '관계 맺기를 위한 도구'가 된다. 그러므로 브랜드스토리는 소비자와 제품과의 커뮤니케이션 관계를 올바르게 형성하기 위해 서로를 강력하게 연결시키는 역할을 한다. 다음은 영화 '로마의 휴일'의 촬영지로 알려진 이탈리아 로마의 스페인 광장의 모습으로 로마라는 도시 브랜드에 더욱 흥미로움과 의미를 부여해 해마다 수많은 관광객이 그 이야기 속으로 들어가 보기 위해 방문하고 있다.

이처럼 효과적인 브랜드스토리는 흥미로운 이야기를 담고 있다. 또 기본적인 줄거리에 포함된 성격, 환경, 행위의 3가지 요소가 인과적으로 구성되어 있다. 사람과 장소, 대상과 사건 등 모든 요소들이 유기적인 관계를 가짐으로써 극적인 효과를 갖는다. 성공적인 브랜드스토리가 되기 위한 방법을 제시하면 다음과 같다. 첫째, 소비자 스스로 하여금 그 이야기 속의 배우처럼 연기하도록 유도해야 한다. 스페인광장에서 젤라또 아이스크림을 먹으면서 마치 '로마의 휴일'에서의 오드리햅번이 된

'로마의 휴일' 영화 장면과 실제 장소(이탈리아 로마: 스페인 계단, 트레비 분수)

것 같은 상상을 하도록 해야 한다. 이와 같은 체험마케팅은 소비자들에게 브랜드에 대한 특별하고 재미있는 경험을 제공함으로써 소비자와 브랜드 사이에 브랜드스토리를 형성시킨다. 즉 감성적인 브랜드 체험을 통해 소비자들에게 브랜드에 대한 이해와 이미지를 전달하는 것이다.

둘째, 브랜드스토리는 일종의 콜라주(collage)와 같이 광고, 홍보, 판매, 소비 등 전 영역에 걸쳐 되풀이 되어야 한다. 또한 소비자의 감각단서들을 모아 제품 이미지에 알맞은 감정으로 바꿔주는 '필터' 역할을 해내야 한다.

이러한 브랜드스토리의 전형을 가장 잘 보여주는 기업이 바로 '맥도날드(McDonald's)'다. 맥도날드 매장의 모든 요소들은 브랜드스토리에 포함되어 있다. 맥도날드의 이야기를 구성하는 요소는 실내 인테리어뿐만 아니라 매장 내 놀이터와 캐릭터 판매로까지 이어진다. 노랑과 빨강이라는 대표적인 컬러를 중심으로 제작된 다양한 이미지와 상징들은 햄버글러(Hamburgla: 맥도날드 캐릭터 중 하나)와 맥도날드 랜드(McDonald's land: 맥도날드 캐릭터들인 로널드, 버디, 그리미스, 햄버글러가 사는 마을)와 같은 캐릭터들, 그리고 맥키즈(Mckids) 아동복을 만들어냈다.

이와 같은 이야기 구성요소들은 소비자들을 잡아끄는 일종의 맥도날드 주파수를 형성하게 되고, 이로써 햄버거 그 자체보다 훨씬 더 강력한 브랜드 파워(brand power)를 만들어낸다. 그러므로 설사 제품의 품질에 만족하지 못한다 하더라도 적절한 브랜드 연상이 작용한다면 아이들은 여전히 맥도날드를 선호하게 된다. 브랜드화된 체험에는 제품에 대한 실망감까지 흡수할 수 있는 일종의 보호막이 존재하기 때문이다. 맥도날드는 그 보호막으로 인간의 유아적 감성에 호소할 수 있는 브랜드스토리를 창조하였다. 이를 위해 디즈니 무대감독과 작사, 작곡가를 고용하였고, 그 효과를 톡톡히 보고 있다.

이처럼 맥도날드의 브랜드스토리는 먼저 어린 소비자들과 친숙해지고, 이를 확장시켜 어른들까지 매료시켰다. 그리고 이러한 감성적 유대관계는 다음 세대로까지 지속적으로 이어진다. 이러는 사이 브랜드스토리는 일상적인 전략 기반 위에 풍부한 브랜드 가치(brand value)를 추가하게 된다.

셋째, 한번 만들어진 브랜드스토리는 지속적으로 발전시켜야 한다. 시대의 변화에 따라 광고도 바뀌고 디자인도 재설계가 필요하듯, 일단 만들어진 이야기는 큰 틀을 유지하되 계속 다듬어져야 한다.

넷째, 스토리와 어린 시절은 그 자체로 매우 위력적인 조합이다. 브랜드스토리의 이야기꾼(story teller)들 역시 이 점을 잘 알고 있기 때문에 제품을 기획하고 판매하고자 할 때 3C에 주력해야 한다. 3C란 개념화(conception), 의사소통(communication), 확신(conviction)을 말하며, 이 세 가지를 제공하는 것이야 말로 가장 효과적인 브랜드스토리라고 할 수 있다.

제2절 브랜드스토리 창조의 핵심요소

훌륭한 브랜드스토리를 창조하기 위해 필요한 요소에 대해 알아보기로 하자. 무엇보다 중요한 것은 소비자의 감성을 불러일으킬 수 있는 원리를 이용하는 것이다. 즉 소비자의 마음을 움직일 수 있어야 하고 평생 소비자의 기억 속에서 잊혀지지 않아야 한다는 기본원리에 충실해야 한다.

어린 시절 갖게 된 어떤 브랜드에 대한 특정 인상은 어른이 되어서도 쉽게 잊혀지지 않는다. 그것은 기억 어딘가에 잔상으로 남아 기회가 있을 때마다 지속적으로 떠오르기 때문이다. 물론 그 기억이 좋은 느낌의 경험이라면 친밀감은 더해진다. 우리의 일상적인 삶을 담은 이야기가 브랜드스토리로서 설득력을 지니는 이유도 이와 같다. 바로 이런 개념들이 브랜드스토리 창조의 4가지 핵심 요소를 구성한다. 즉 브랜드 주제, 브랜드 특성, 브랜드 연상, 브랜드 플롯 등이다.

■ 브랜드 주제

이야기가 있는 브랜드 주제는 3가지 이점을 제공한다. 첫째, 쉽게 잊혀지지 않는 감성적인 면을 강조함으로써 일반적인 포지셔닝보다 훨씬 친밀하게 만든다. 둘째, 브랜드 전략의 기초인 감성적 단서를 구현할 수 있는 구체적인 지침을 제공해준다. 마지막으로 보다 넓은 의미에서 경쟁사를 꺾을 수 있는 기회를 제공한다. 이야기를 통해 해당 사업 분야의 선두 브랜드로서 주인공이 될 수 있는 기회를 얻을 수 있는 것이다.

브랜드 주제(brand theme)의 중심이 되는 언어는 간결해야 한다. 브랜드스토리의 주제는 브랜드 네임, 즉 브랜드 그 자체에 있다. 어떤 이름이든 소비자들의 두뇌 속에 자극적인 연상작용을 불러일으킬 수 있어야 한다. 만화가였던 월트디즈니의 말 속에 브랜드 주제에 대한 개념이 잘 드러나 있다. 그는 기획자들에게 만화와 영화, 그리고 마치 한 편의 영화와 같은 테마공원에 대해 늘 이렇게 물어보곤 했다.

"마지막 장면엔 뭐가 들어가지?"

월트디즈니가 말한 '마지막 장면'의 진정한 의미는 테마공원을 찾은 소비자들이 놀이기구나 각종 체험을 통해 결과적으로 어떤 감성적인 보상을 얻었는지를 알고자 했던 것이다.

일례로 디즈니랜드의 프론티어랜드(디즈니랜드의 4개 테마존 중 하나)는 공원 개장시간 동안 트럭을 운행하지 못하도록 하고 있다. 이는 20세기에 발명된 트럭이 눈에 띄면 황야의 서부처럼 꾸며놓은 프론티어랜드 세트장과 시간적 차이가 나기 때문이다. 그렇게 되면 '마술적 매혹'이라는 공원의 테마가 산산조각 나게 된다. 소비자들이 트럭을 보는 순간 테마존의 마법은 풀려 버리고 결국 소비자에게 남는 것은 허탈과 불신뿐이란 사실을 디즈니는 잘 알고 있었던 것이다.

브랜드 주제를 고안하는 데 있어 무엇보다 중요한 것은 디즈니랜드의 예처럼 포지셔닝의 틀에 의존하지 않는 것이다. 포지셔닝에는 소비자들의 선택 방식에 영향을 주는 이성적인 요소가 작용하는데, 이것에서 탈피하여 새로운 주제를 고안해내는 것이 중요하다. 즉 창의성의 발휘다.

브랜드 주제는 단순히 기업의 사명을 밝히는 정도에 그쳐서는 안 된다. 또한 자기들만 이해할 수 있는 용어나 진부한 표현들은 브랜드만의 독백에 불과하기 때문에

소비자에게 큰 공감을 얻지 못한다. 결코 일시적인 문구나 슬로건 정도로 주제를 취급해서는 안 된다. 하나의 구절이든 개별적인 단어이든 간에 모든 것들이 한데 어우러져 스토리를 통해 소비자와 브랜드 간의 감성적 유대관계를 형성해야 한다. 그리고 이를 통해 소비자들과 점진적으로 관계를 이어나갈 수 있는 브랜드 코드(brand code)를 창조해야 한다.

■ 브랜드 특성

브랜드 특성(brand personality)이란 소비자들이 특정 브랜드로부터 인지하는 인간적 특성들의 집합이다. 즉 소비자들이 해당 브랜드에 대해 느끼는 의미와 구별성을 뜻한다. 브랜드는 사람에게 느끼는 것처럼 유능하고, 인상적이고, 믿을 만하고 재미있고, 활동적이고, 지적인 것 등으로 구분될 수 있다. 그런 이유로 소비자가 자기의 개성을 표현하는 수단으로 이용할 수 있도록 '자기표현의 이점'을 제공한다. 또 브랜드 특성은 제품의 특성을 전달하는 매개체 역할을 한다. 개인의 자아표현의 상징적 기능을 수행하기 때문에 해당 기업의 고객과 비고객의 성향을 구분 짓는 중요한 기준이 된다. 소비자는 동일 상품 범위 내의 다양한 브랜드 중에서 자아와 일치하는 브랜드, 즉 소비자의 가치관, 성격 그리고 라이프스타일에 맞는 브랜드를 선택함으로써 자신의 이미지를 효과적으로 표현하려 하기 때문이다.

소비자들은 특성을 통해 자신이 선호하는 특정 브랜드를 구별하며, 제품에 대한 신뢰를 형성한다. 이러한 브랜드 특성은 소비자가 혼란을 느끼지 않도록 일관성을 유지하며 변화를 추구해야 한다.

보통 기업들은 소비자의 브랜드 행동을 예측할 수 있게 되면 더 이상 노력하지 않고 단지 기능적인 제품이나 서비스를 제안하는 수준에 머무르곤 한다. 그러나 브랜드스토리의 진정한 브랜드 특성을 창출하기까지 안심해서는 안 된다. 이를 위해서는 다음과 같은 조건들이 충족되어야 한다.

첫째, 열정과 충성심을 불러일으키는 브랜드인가? 이제는 소비자에게 브랜드를 알리는 것 정도로는 부족하다. 그 이상의 역할을 브랜드가 해내야 한다. 소비자가 브랜드를 수용하도록 하는 것은 물론, 마법에 걸린 듯한 열정과 충성심까지도 불러일으켜야 한다. 그러기 위해서는 소비자들을 내편으로 끌어들이고 함께 키워나가야 한다.

둘째, 소비자들이 브랜드의 특성을 규정할 수 있는가? 소비자들이 어떻게 브랜드의 특징을 자기 것으로 의인화시키고, 또 그것에 대한 성격을 규정하는가에 주목해야 한다. 소비자와의 상호 작용만큼 많은 감정을 불러일으키는 것도 없기 때문이다.

셋째, 브랜드 자체가 차별화되어 있는가? 차별화된 특성은 브랜드 자체를 차별화시켜 주기 때문에 소비자들은 타 브랜드와 쉽게 구별할 수 있고 그들의 기억 속에 더욱 더 강력하게 남게 된다. 따라서 브랜드 매니저들은 이러한 사실을 자신에게 유리하게 이용할 줄 알아야 한다.

사람들이 감성적인 실마리를 통해 타인의 특성에 매혹되는 것처럼 브랜드도 마찬가지다. 매력적인 브랜드 특성을 감지하게 되면 보다 친밀감을 느끼고 지속적으로 그 브랜드와 접촉하고 싶어진다. 그러므로 브랜드 특성 창출을 위해서는 브랜드 프로필을 수립하고 소비자의 입맛에 맞도록 수정 과정을 반복해야 한다. 이러한 반복을 통해 현존하는 소비자들과의 유대를 강화할 수 있고, 새로운 소비자를 확보할 수 있게 된다.

■ 브랜드 연상

데이비드 아커(David Aaker)는 브랜드 연상(brand association)을 4개의 카테고리로 구분하였다. 첫 번째 '상품으로서의 브랜드'에는 상품의 범주, 속성, 품질 등이 이에 속한다. 두 번째 '조직으로서의 브랜드'는 해당 기업체 또는 조직의 속성과 지역적 특성에 대한 연상과 관련된다. 세 번째 '사람으로서의 브랜드'는 브랜드 특성에 초점을 맞춘 것이며 고객과 브랜드의 관계를 포함하고 있다. 마지막으로 '상징으로서의 브랜드'는 시각적 이미지, 브랜드 유산, 은유 등과 관련된다.

그는 특히 브랜드는 상품의 속성집합 이상의 것, 즉 기능적인 의미 이상의 것이며 감정적, 자아표현적 혜택을 줌으로써 소비자에게 다가가야 한다고 강조하고 있다. 이것은 사람처럼 브랜드가 독특한 개성을 갖추고 그것을 통해 '브랜드-소비자'의 관계를 '상품-사람'의 관계가 아니라 '사람-사람'의 관계로서 구축하는 것이 중요하다는 의미이다.

브랜드는 연상들의 집합, 즉 사람들에게 전달하는 의미를 가질 때 비로소 그 가치를 갖게 된다. 타 브랜드와 차별화되는 강력한 브랜드 연상은 결국 구매결정과 브랜드 로열티 형성의 근간이 되면서 큰 PR 효과를 누리게 된다. 그리고 브랜드 인지도 및 마음속에 지니게 되는 품질에도 상당한 영향을 미친다. 결국 브랜드 자산의 근간은 브랜드 연상이라고 할 수 있다.

이러한 브랜드 연상에 직접적으로 영향을 미치는 것이 바로 브랜드스토리다. 브랜드스토리는 소비자의 기억 속에 그 브랜드를 긍정적으로 인식하게 만듦으로써 브랜드 연상의 강력한 네트워크를 형성하는 데 중요한 역할을 수행하게 한다. 따라서 브랜드스토리는 제품 마케팅 그 이상의 의미를 지녀야 하며, 소비자들은 가장 큰 관심사를 포괄하는 의미심장한 스토리로 창조되어야 한다. 그리고 이를 통해 소비자에게 한 차원 높은 브랜드를 제안하고, 그 깊이를 넓혀 가야 한다.

최근 과학적 연구에 따르면, 일단 소비자의 연상 네트워크가 작동되면 그 네트워크를 토대로 지속적인 충성도가 생성된다고 한다. 앞으로 더 많은 소비자들을 확보할 수 있는 기회를 갖게 되는 것이다. 이런 브랜드는 그저 자기들의 브랜드 필름을 소비자들의 머릿속 기억장치에 입력시키기만 하면 되기 때문이다.

■ 브랜드 플롯

브랜드스토리를 창조하는 또 하나의 중요한 구성요소는 바로 브랜드 플롯(brand plot)이다. 브랜드스토리에서 플롯이란 소비자의 욕구와 그것을 만족시키는 브랜드의 능력 사이에 내재하는 갈등을 말한다.

실제로 사람들을 사로잡는 플롯을 창조하는 것은 매우 어려운 작업이다. 브랜드스토리 라인의 모든 접촉점(판촉활동, 제품 자체, 직원, 장소 등)에서 평균적인 소비자 만족 수준을 측정해야 하기 때문이다. 플롯 창조가 어려운 또 하나의 이유는 무슨 일이 있어도 플롯 안에는 앞의 3가지 요소인 브랜드 주제, 브랜드 특성, 브랜드 연상 등이 모두 통합되어야 하기 때문이다. 그 3가지 요소가 한데 어우러져 조화를 이룰 때 비로소 흡입력 강한 브랜드 플롯이 탄생하게 된다.

여기서 우리가 기억해야 할 것은 소비자들은 신속한 의사결정을 위해 최대한 모든 것을 단순화하려고 한다는 사실이다. 의도적이든 아니든 간에 소비자들은 모든 것을 나누고 분류하며, 그것들을 자신들의 기준에서 분석하기를 좋아한다. 따라서 소비자의 입맛에 맞는 최대한 단순한 플롯을 구성해야 한다. 브랜드 플롯은 크게 소비자 니즈와 브랜드스토리 유형으로 구성할 수 있다. 시대와 상황, 그리고 제품에 맞는 소비자 니즈를 파악해야 하고 그에 맞는 스토리 유형을 선택해야 한다. 그래야만 소비자와 브랜드 관계의 역동성과 풍성함이 생겨나고, 결과에 대한 소비자 만족도 역시 높아질 수 있다.

제3절 브랜드스토리의 5가지 기본원칙

앞에서 언급한 브랜드스토리가 제대로 만들어졌다면 다음으로 브랜드스토리를 만듦에 있어 지켜야 할 '5가지 기본원칙'에 대해 살펴보고자 한다.

■ 브랜드스토리 연계성

브랜드스토리를 이루는 4가지 핵심 요소인 브랜드 주제, 브랜드 특성, 브랜드 연상, 브랜드 플롯은 그 나름의 존재 이유를 갖춰야 한다. 이들 요소들은 브랜드스토리가 궁극적으로 목표하는 지향점을 찾아내어 그곳에 귀착할 수 있도록 서로 조화롭게 융화되어야 한다. 만약 이러한 융화가 이루어지지 않는다면 브랜드와 소비자 간의 감성적 유대관계는 둔화된다. 그러므로 브랜드스토리의 핵심요소들은 서로 인과관계를 맺으며 브랜드스토리가 하나의 모양으로 갖춰질 수 있도록 연결의 끈을 놓지 말아야 한다.

■ 브랜드스토리의 명확성

브랜드스토리는 복잡하거나 늘어져서는 안 된다. 사람들이 한 번 듣고도 금방 빠져들고 기억할 수 있는 간결한 것이어야 한다. 이것은 마치 '백 마디의 말보다 한 장의 사진이 많은 것을 말해준다'고 하듯이 핵심만을 보여주는 명확성을 갖추어야 한다는 뜻이다. 특히 현대의 소비자들은 간결하고 단순한 것을 원한다. 따라서 소비자들에게 브랜드스토리를 이해시키기 위해서는 강조하고자 하는 핵심 내용을 짧고 강력한 이야기로 명확하게 전달해야 한다.

■ 브랜드스토리의 진실성

외부로 표출되는 브랜드 특성은 브랜드 자신의 목소리를 통해서 표현된다. 이때의 브랜드 목소리는 정말로 사람들이 말하는 것처럼 들려야 한다. 메아리처럼 흐려서는 안 되고, 바로 옆 사람에게 듣는 것처럼 현실성을 갖춘 이야기들로 믿음을 심어줄 수 있어야 한다. 브랜드스토리 역시 소비자가 그 브랜드에 빠져들고 만족할 수 있어야 오랫동안 지속적으로 사랑받을 수 있다. 이처럼 소비자에게 관심을 받기 위해서는 스토리에 진실이 포함되어야 한다.

■ 브랜드스토리의 일관성

흔히 광고나 디자인에 있어서 공통적인 스타일을 요구하는 것은 일반적이다. 이것은 표적 소비자들을 겨냥한 갖가지 다양한 요소들이 하나의 목소리를 내어야 소비자가 그 뜻을 제대로 이해하고 기억해낼 수 있기 때문이다. 이것을 '유보된 불신'이라고 하는데, 브랜드스토리 역시 제대로 전달하기 위해서는 매체들의 특성과 관계없이 일관된 목소리를 내도록 주의해야 한다.

■ 브랜드스토리의 재미성

이야기가 너무 지겹거나 현실과 동떨어진 유머를 남발하는 브랜드스토리는 힘을 발휘할 수 없다. 소비자가 빠져들 수 있는 이야기라고 단정지어 무조건적인 웃음을 제공하겠다는 생각은 버려야 한다. 재미의 선택은 소비자를 사로잡을 필요충분조건이기 때문에, 우선 소비자들이 무엇에 흥미를 느끼고 무엇에 관심을 갖는지부터 철저하게 조사한 뒤, 소비자들이 매혹될 수 있는 것들을 창조해야 한다.

이상의 원칙에 의해 만들어진 브랜드스토리는 타 브랜드에 경쟁적 우위를 획득함으로써 브랜드 차별화를 달성할 수 있게 해주고 브랜드 가치를 높여준다. 특히 아직까지 차별화와 가치를 획득하지 못한 브랜드의 경우 브랜드스토리는 소비자에게 자사 브랜드를 알리는 최적의 방법일 것이다. 브랜드화된 이야기는 소비자에게 브랜드 제안을 대신할 뿐만 아니라 브랜드 가치를 높여주는 제안자로서의 역할도 함께 맡고 있다. 브랜드스토리는 이제 더 이상 이성중심적인 브랜드 제안을 위한 발판이 아닌 감성중심적인 브랜드 제안의 핵심적인 역할을 하고 있다.

초기 수용자나 생필품 구매자들의 구매성향은 셀링 포인트(selling point)에 의해 결정되는데, 그 이유는 브랜드스토리가 아직 소비자들이 안심하고 선택할 수 있을 만큼 완벽하게 무르익지 않았기 때문이다. 그래서 브랜드스토리 자산이 형성될 때까지는 이성적 접근방법과 감성적 접근방법을 병행해야 한다. 그러나 시간이 흐르면서 실질적인 부가가치를 제공하는 브랜드스토리는 '사실적인 것에서 허구적인 것으로' 변해간다. 이는 사실적인 것에는 존재하지 않는 감성적인 힘을 픽션을 통해 획득할 수 있기 때문이다. 실제로 뛰어난 브랜드스토리의 탄생을 살펴보면, 대부분 소비자와의 감성 대역폭을 확장시켰음을 알 수 있다.

제4절 브랜드스토리 구성의 3가지 위험요소

앞서 언급한 것과 같이 좋은 브랜드스토리는 그 브랜드를 성공으로 이끌 수 있는 몇 가지 요소를 지니고 있다. 그러나 브랜드스토리를 통해 브랜드를 창출하는 과정 속에서 예기치 못하는 위험이 있기도 하다. 다음은 그 위험 요인 3가지에 대한 설명이다.

첫째, 브랜드스토리가 너무 내부(이미 높은 충성도를 지닌 소비자)에만 집중되어 있어서는 안 된다. 브랜드스토리가 직접적인 효과를 발휘해야 할 표적 소비자는 이미 높은 충성도를 지닌 소비자라기보다 새로운 소비자들이 대부분이다. 따라서 내부에만 매어 있지 말고 확장하는 노력을 해야 한다.

둘째, 브랜드스토리는 시대와 함께 진화해야 한다. 그렇지 않으면 시대에 뒤처진 채 소비자의 관심 밖으로 전락해 버릴 위험이 있다. 좋은 브랜드스토리란 핵심을 잃지 않으면서 원래의 브랜드스토리를 발전시키고 정교화하는 것이다. 또 브랜드가 적절히 유지되도록 필요한 추가사항을 원래의 스토리에 담아낼 수 있어야 한다.

셋째, 이야기꾼인 브랜드 매니저는 표면에 드러나지 않게, 즉 소비자의 눈에 띄지 않도록 항상 주의해야 한다. 소비자들이 브랜드스토리를 움직이는 자의 존재를 알도록 해서는 안 되며, 그런 느낌조차 받을 수 없도록 치밀하게 구성해야 한다. 이미 소비자들이 그것이 픽션이라는 사실을 알고 있다 하더라도 이를 상기시켜 줄 필요는 없다. 이야기는 늘 소비자에게 스스로 움직이고 있다는 느낌을 전달해야 하기 때문이다.

이처럼 브랜드스토리 구성의 3가지 위험요소는 브랜드 이미지를 창출하는 데 악영향을 미친다. 특히 브랜드스토리를 뒤에서 조정하고 있다는 사실이 소비자에게 알려지면 그 브랜드는 곧 소멸되고 만다. 사람들은 의식적으로 사실이라고 합리화할 수 있는 픽션을 원하기 때문이다. 사람들은 그렇게 해서라도 감성적으로 특정 브랜드에 빠진 것을 합리화하고 이성적 가치보다 더 큰 가치를 브랜드에서 찾고자 한다. 또한 사람들은 낭만을 좋아하지만, 비록 형식적일지라도 외양적 진실 또한 원한다. 그렇지 않으면 소비자에게 건 마법은 순식간에 와르르 무너져버릴 것이다. 그러나 여기에서 말한 이 3가지 위험요소만 주의한다면 브랜드스토리는 조직체에 막대한 이윤을 안겨준다.

제5절 브랜드스토리의 스토리 라인

훌륭한 브랜드스토리는 소비자의 감각과 감성 모두를 사로잡는다. 소비자들이 이야기를 수용하는 단계가 사실에서 픽션으로 나아갈수록 구매는 활성화되는데, 이 정도가 되면 더 이상 가격은 중요치 않다. 이미 소비자들이 브랜드 가치를 내면화하는 단계이기 때문이다. 만약 이러한 상황에서 더 이상 이성적인 고려가 필요 없게 된다면 조직체는 자신감을 갖고 경쟁 브랜드와 맞설 수 있다. 감성을 사로잡는 스토리야말로 소비자를 잡아둘 수 있는 강력한 무기가 되기 때문이다.

소비자는 거대 브랜드를 끌어안거나 맹목적으로 지지할 이유가 없다. 그러나 브랜드스토리를 만들어내는 훌륭한 이야기꾼이 눈앞에 있다면 이야기는 달라진다. 감성적으로 펼쳐진 픽션의 스토리 라인은 그 브랜드를 받아들일 이유가 되기 때문이다.

브랜드스토리를 통해 대량의 득점을 올리면서 깊이(심층적 스토리)와 기본원칙(원형적 스토리)을 동시에 갖춘 스토리 라인이 필요하다. 그러나 이것은 브랜드스토리의 효과를 증대시킬 수도 있고 오히려 반감시킬 수도 있다는 사실을 기억해야 한다.

우선 심층적인 스토리 라인은 무엇보다 전술적이어야 한다. 그래서 각 감정마다 자체적인 이야기나 극적인 구성, 그리고 감성적인 대본 등을 구현해낼 수 있어야 한다. 본질적으로 모든 감성은 자기 대본을 풀어내는 데 있어 나름의 내적인 논리를 갖는다. 내적인 논리라고 하는 것은 인간의 핵심적 본능에서 기인될 수 있고, 브랜드스토리의 주제와 실제상황, 그리고 행동 이면에 담긴 목적 등에 의해 성립될 수도 있다.

만약 TV에서의 지자체 관광 광고라든지 레스토랑 분위기 등에 대해 소비자들이 어떻게 반응하는지, 즉 감정의 미묘한 작용을 밝힐 수만 있다면 기업이 소비자의 구매동기(motivation)를 이해할 수 있는 것은 물론, 판매 가능 수량까지도 예상할 수 있다. 여기서 얻을 수 있는 이점은 매우 분명하다. 무엇이 소비자의 구매동기를 움직이고 또 무엇이 움직이지 못하는가의 문제를 파악할 수 있다. 또한 소비자들을 보다 브랜드 가까이 이끌어 올 수 있는 방법에 대해 알 수 있다.

그러는 동안 전략적인 브랜드스토리는 심층적 스토리 라인으로 가는 두 번째 통로를 개척함으로써 또 다른 이익을 얻게 된다. 여기에는 확실히 근본적이고 원형적인 이야기와 형태(pattern)들이 수반되는데, 이를 통해 소비자 반응을 유형화시킬 수 있다. 이러한 원형적 스토리 라인은 인류가 기나긴 역사를 통해 터득한 경험에서 유래된 것으로 '집단적인 무의식' 안에 존재할 가능성이 크다.

심층성과 원형성으로 대별되는 브랜드의 스토리 라인 방법론은 진화심리학, 인지과학, 진화 생물학 그리고 유전학 분야에서 그 단서를 찾을 수 있다. 이러한 개념을 통해 우리는 '인간의 영혼이 세상을 규정하는 방식'에 대해 이해할 수 있게 된다.

브랜드는 이처럼 본질적인 스토리 라인을 통해서 세계화의 요구에 부응할 수 있다. 물론 세계는 시장, 사람, 문화, 역사, 지리 등 너무 다양하고 광범위하다. 그러나 훌륭한 브랜드스토리는 이와 같은 모든 경우에 있어서 개별적이고 차별화된 의미를 가미함으로써 이러한 특징들을 조화롭게 다룰 수 있다. 브랜드는 기본적인 브랜드스토리를 유지하면서 지구촌 모든 사람들이 공유하고 있는 근본적인 토양에 브랜드의 감성적인 씨앗을 뿌리는 것으로 문화적 차이를 극복할 수 있다(김훈철, 장영렬, 이상훈, 2007).

높은 브랜드 파워를 가지고 있는 브랜드는 반드시 그들의 브랜드스토리를 가지고 있다. 이들 대부분은 인위적, 즉 의도적으로 만들어진 것들이다. 이렇게 만들어지는 브랜드스 토리는 조직체의 이익에 직·간접적으로 큰 영향을 미치고 있다. 브랜드스토리의 생산방법에 따라 브랜드의 성패를 좌우한다는 사실을 인지해야 한다. 성공적인 브랜드스토리를 위해 앞서 언급한 위험요소를 제거시키고 타 브랜드와 차별화와 동시에 창의성을 곁들일 필요가 있음을 알아야 한다.

제6절 관광지 스토리텔링 마케팅

6.1 관광지 스토리텔링 마케팅의 의미

최근 관광분야에서 스토리텔링(storytelling) 마케팅이 국내외적으로 각광을 받고 있다. 스토리텔링이란 '이야기(story)'라는 명사에 '말하다(telling)'라는 동사성 명사의 합성어로 어떤 이야기를 만들거나, 이야기를 남들에게 표현 · 전달하는 행위를 말한다. 스토리텔링 마케팅은 상품에 얽힌 이야기를 가공 · 포장하여 광고 · 판촉 등에 활용하는 브랜드 커뮤니케이션 활동이다. 상품개발과정 등 브랜드와 관련된 실제 스토리를 여과 없이 보여줄 수도 있고, 아니면 신화 · 소설 · 게임 등에 나오는 스토리를 원용하여 가공하거나 패러디하여 보여 주기도 한다. 스토리텔링 마케팅은 이야기를 좋아 하는 인간의 본성에 바탕을 두고 있다.

이야기는 소비자들이 브랜드에 대한 호감을 갖게 만드는 설득의 힘을 가지고 있다. 영화 · 드라마 이야기, 연예가 소식, 정치인 이야기, 항간에 떠도는 소문 등 사람들은 흥미로운 이야기에 관심을 기울인다. 상품도 마찬가지다. 사람들은 평범한 목걸이보다는 드라마 속 주인공이 착용했던 이야기가 있는 목걸이를 더 좋아한다. 따라서 장소이든 제품이든 스토리텔링 마케팅을 성공시키기 위해서는 흥미롭고 가치 있는(소비자 입장에서) 이야기가 있어야 한다.

대구 팔공산 갓바위는 전국적으로 연간 수백 만 명이 방문할 정도로 인지도가 있는 장소이다. 갓바위의 정식이름은 관봉석조여래좌상이다. 머리 위에 두께 15cm 정도의 평평한 돌을 갓처럼 쓰고 있어 갓바위라 불린다. 갓바위는 해발 850m의 관봉 정상에 자리잡은 4m 크기의 불상인데, 돌계단을 밟아 1시간 정도 오르면 정상에 당도하게 된다. 갓바위는 '소원 가운데 적어도 한 가지는 꼭 들어 준다'는 속설 때문에 평일은 물론 매월 1일이나 입시철에는 전국 각지에서 사람들이 몰려드는 곳이다.

갓바위는 이미 우리나라 사람들에게는 브랜드 명성이 높은 곳이다. 그렇다면 외국인들에게도 방문하고 싶은 매력 있는 자원으로 인식될 수 있을까? 결론은 "그렇다"고 할 수 있다. 일전 필자는 자매대학 관계에 있는 오스트리아의 교수가 대구를 1주일간 방문했는데, 당시 밤에 시간을 내어 갓바위에 올랐다. 갓바위와 관련된 다양한 이야기를 해주면서 정상에 다다랐을 때 그는 자신들의 생활과는 전혀 다른 것이기에 신기해 했다. 밤에 산을 오르는 것은 오스트리아에서는 상상하기 어렵고, 이 늦은 밤에 많은 사람들이 자리를 깔고 앉아서 소원을 빌고 있다는 사실에 놀랐다고 한다. 귀국한 후 한국의 다른 지명은 기억이 안 나도 갓바위 만큼은 기억하고 있다고 여러 번 필자에게 말했다.

최근에는 지자체에서도 많은 예산을 들여가며 스토리텔링 마케팅을 자주 활용하고 있다. 주로 지역 문화자원에 스토리를 입히는 작업을 하는데, 문제는 모든 스토리가 관광객에게 흥미롭지는 않다는 사실이다. 문화체육관광부에서 스토리텔링 지원 정책을 펼치니 지자체에서도 스토리를 발굴하거나 생산하여 관광객 유치에 활용하고 있지만, 그 효과는 미지수이다. 왜냐하면 대부분의 지역의 스토리는 널리 알려져 있지 않고, 또한 너무 많아서 관광객이 관심을 갖기에 역부족인 경우가 허다하다. 동네에서 회자되는 전설이나 뒷 담화 정도인데, 들어 보면 거의 유사한 내용들이다. 이런 도토리키재기 식의 스토리텔링이라면 재고되어야 마땅하다.

대구 오페라하우스 앞의 이병철 동상

반면에 성공할 수 있는 스토리텔링도 물론 있다. 대구시는 삼성그룹의 창업자인 호암 이병철 회장의 동상에 '부자 스토리'를 입혀 세계적인 관광명소로 조성하였다. 호암 이병철 회장에 대하여 일반인들이 즐겨 썼던 별명은 '돈병철'이었을 정도로 사람들은 '거부(巨富)'라는 이미지를 갖고 있기에 대구시 차원에서 스토리텔링 마케팅을 하기에 적합하다.

동상이 세워진 도로를 'Rich Road'라고 명명

했는데, 이것을 'Millionnaire Road'로 바꾸는 것이 의미상 좋을 듯하다. 그냥 '부자 길'이라는 추상적인 표현보다는 '백만장자길'이라고 부르면 부자에 대한 의미도 더 구체적이다. 이렇게 바꾸면 방문객이 더 쉽게 공감하고 부자가 되는 꿈을 더 실감나게 꾸지 않을까?

호암과 관련된 부자 스토리를 하나 더 소개해 보자. 경남 진주 남강을 건너 북쪽으로 의령군 정곡면 중교리에 있는 호암의 생가도 부자기운을 받으려는 사람들이 몰려오는 곳이다. 안채 왼편에 산의 절개지 같이 보이는 바위가 있는데, 여기에는 재물과 부귀를 뜻하는 거북이 · 두꺼비 · 자라 등의 모습이 숨어 있다고 한다. 가장 밑 부분을 '떡채바위'로 불리는데 시루떡 모습이라 해서 붙여졌다. 암반 오른쪽에는 주판알처럼 보이기도 하고 쌀가마니를 쌓아 놓은 것처럼 보이기도 하여 방문객들이 떡채바위를 꼭 쓰다듬고 간다. 주판알이나 쌀가마니나 전부 돈과 연관된 것들이어서 그렇게 보일 수도 있을 듯하다. 이 떡채바위의 영험 때문인지 호암의 집안은 할아버지 때에도 천석꾼 부자였다고 한다.

관광기업이 브랜드 제고를 위해 스토리텔링 마케팅을 활용한다면 먼저 자사 브랜드에 적합한 스토리를 발굴하고 이를 적절히 상품에 녹여내야 한다. 소비자들이 가장 좋아할 수 있고 자사상품의 독특한 가치를 가장 잘 설명할 수 있는 매력적인 스토리를 만들 필요가 있다. 그리고 만들어진 스토리의 '텔링(telling)'을 잘해야 한다. 여기서 '텔링'은 음성언어(말) 혹은 비음성언어(그림, 문자, 음악, 만화 등)로 커뮤니케이션 하는 것을 말한다.

예컨대 생수업체인 에비앙은 세계 최초로 물을 상품화하기 위해 고유의 브랜드스토리를 개발하여 활용한 사례로 유명하다. 1789년 한 귀족이 알프스의 작은 마을 에비앙에서 요양하면서 지하수를 먹고 병을 고친 후에 물의 성분을 분석해 보았다. 그 결과 물 속에는 미네랄 등 인체에 효험이 있는 성분이 다량으로 함유되어 있었다. 이후 마을주민들이 이 물을 에비앙이라는 생수로 판매하기 시작했고, 에비앙은 단순한 물이 아닌 약이라는 브랜드스토리를 소비자들에게 들려주고 있다. 현재 국내에서 에비앙은 치열한 생수시장에서 쟁쟁히 선전하고 있으며 가장 비싼 물로 팔리고 있다.

외국인들의 조신시대 과거시험 체험 모습

다른 시각에서 스토리를 발굴해 보면 한 나라의 역사 속에서 타국과 차별화되는 관습 혹은 풍습, 제도 등도 스토리텔링의 소재로서 가치를 가진다. 앞에 제시된 사진은 2012년 11월 충남 아산시 의암마을에서 열린 짚풀문화제에서 도포와 유건(儒巾)을 착용한 후 조선시대 과거시험 체험 및 재현 행사에 참여한 외국인들의 모습이다. 우리나라 역사 속 한 시대의 공무원 시험을 스토리로 엮어 외국인들로 하여금 이 스토리로 끌어들여 체험하게 하는 것이다. 사진 속 체험 참가 외국인들의 표정이 이 체험의 흥미로움을 말하고 있는 듯하다.

미래학자 롤프 옌센은 정보화시대가 지나면 소비자에게 꿈과 감성을 제공하는 것이 차별화의 핵심이 되는 드림 소사이어티(dream society)가 도래할 것이라고 말한다. 미래에는 이야기와 꿈이 부가가치를 만들며, 이를 통해 새로운 시장이 형성된다는 것이다. 소비자들의 라이프스타일을 지배하면서 고유의 소비문화를 만들고 있는 브랜드들의 성공 이면에는 항상 이야기가 있다. 흥미 있는 이야기가 담긴 상품은 단순히 우수한 품질이나 디자인을 가진 제품보다 더욱 매력적일 수 있다. 상품에 대한 기능을 따분하게 늘어놓기보다 고객의 마음을 읽고 그들이 꿈꾸는 바를 흥미 있는 이야기를 통해 부드럽게 풀어 가면 고객에게 다가가기 더욱 쉽다.

6.2 스토리텔링 마케팅 성공전략

소비자의 구매요인이 제품의 기능중심에서 감성중심으로 이동함에 따라 스토리텔링 마케팅의 중요성이 과거보다 더욱 부각되고 있다. 이야기는 소비자들이 브랜드를 이해하고 호감을 갖게 만드는 감성적인 설득의 힘을 가지고 있다. 그렇다면 스토리텔링 마케팅을 효과적으로 실행하기 위한 방안은 무엇일까? 마케팅의 기본원리를 고려한 스토리텔링 마케팅의 성공적인 전략을 살펴보자.

요즘에는 덜 심각하고 더 즐거운 상황이 대접을 받는다. 스토리텔링 마케팅 역시 이러한 추세를 반영해야 한다. 그 중심에는 재미가 빠질 수 없다. 예컨대 대한항공의 "미국 어디까지 가봤니?"라는 광고는 사람들의 여행이야기 소재로 많이 쓰였다. 이것은 '대한민국 어디까지 가봤니?'로 바뀌어 국내 여행에 대한 관심을 높이도록 재미있게 표현하기도 했다. 재미와 더불어 좋은 스토리텔링이 되려면 메시지가 있고, 유익해야 한다는 점－인간 삶에 어떤 유익함을 주는가－도 간과해서는 안 된다.

스토리텔링 마케팅이 단순한 정보전달에 그치지 않기 위해서는 소비자와의 직접적인 커뮤니케이션을 통한 경험을 제공할 수 있어야 한다. 소비자가 느끼는 스토리 경험은 브랜드와 소비자가 교감을 형성하는 데 도움이 된다. 몇 년 전 버거킹은 '복종하는 닭(subservient chicken)'이라는 홈페이지 개설을 통해 자사 햄버거 스토리의 주제인 '마음대로 조리하세요'라는 메시지를 전달하였다. 방문자가 행복 등 갖가지 단어를 입력하면 복종하는 닭은 그 명령에 따라 다양한 행동을 보여준다. 이러한 상호작용적 체험은 개설 3주 만에 방문수가 약 1억 4,300만회에 이를 정도로 선풍적인 인기를 끌었다.

기업은 브랜드스토리를 전달하기 위한 수단으로서 보다 다양한 채널을 복합적으로 활용해야 한다. 소비자가 브랜드에 접할 수 있는 접점을 다원화시킴으로써 브랜드스토리 전파의 효과를 극대화할 수 있다. 스토리를 전달할 수 있는 채널은 TV · 신문 · 인터넷 · 모바일 · 영화 · 책 · 기업역사관 · 강연 등으로 매우 다양하다. 그런데 그동안 기업이 소비자에게 브랜드스토리를 전달하는 방식을 보면 대부분 TV나 신문

중심이었다. 사회적 환경이 변화하는 만큼 다양한 채널을 활용해 브랜드스토리를 전달해야 한다.

스토리는 감성가치를 주기 때문에 관광홍보에 효과가 있다. 똑같은 남이섬이라 하더라도 '겨울연가' 주인공이 거닐던 남이섬이면 한 번 더 보고 싶은 것이 사람의 마음이다. 따라서 지자체의 문화산업주체들은 스토리와 체험이 있는 문화관광상품을 만들기 위해 노력할 필요가 있다. 한국관광공사도 이러한 추세를 반영하여 유명관광지와 그 곳에 얽힌 이야기를 결합한 다양한 한류상품을 꾸준히 기획하고 있다.

대부분의 지역에서 스토리텔링 마케팅을 도입하고 있으나, 구매력을 지니고 있는 이야기를 담은 상품은 부족하다는 의견이 많다. 스토리텔링 마케팅이란 상품이나 서비스에 매력적인 이야기를 담아서 고객이 구매하도록 유도하는 기법이다. 따라서 셀링 포인트가 없는 지역이미지 광고나 지역의 역사를 나열하는 식으로는 설득이 약하여 고객의 마음을 움직일 수 없다. 성공하는 지역브랜드에는 매력적인 이야기가 있어야 한다.

지역 스토리 마케팅이 성공하기 위한 방법 중 하나는 지역과 연관된 유명인사를 활용하는 것이다. 회사의 우수성을 대변할 수 있는 인물로 대부분의 경우, 해당기업의 CEO이다. CEO는 브랜드의 성패에 가장 많은 책임을 감당해야 할 인물로 여겨져 왔다. 그런데 일반기업과 달리 관광에서 지자체장을 앞세우는 홍보는 별로 영향이 없는 듯하다. 그 대신 요즈음 지역출신 유명인을 내세우는 유명인사 마케팅(celebrity marketing)이 유행하고 있다. 홍보대사라고도 하는데, 출신지역의 얼굴이며 목소리이다.

유명인의 홍보파워는 갖가지 매스컴이 발달한 것과 관련이 크다. 매스컴에 등장하는 유명인들은 그 자체로 스토리가 된다. 만약 그 유명인이 인지도가 높고 대중들의 인기가 높다면 더욱 큰 힘을 가진 홍보원이 될 수 있다. 상황이 이러하다 보니 지역의 스토리텔링 마케팅으로 유명인들이 많이 활용되고 있다. 지역의 유명인을 내세운 홍보활동은 대개 그 지역 출신의 유명인의 이름을 '거리'나 '건물'의 이름으로 사용하여 관광지화하는 경우가 많다. 그 대표적인 성공사례로 대구의 '김광석 거리'를 들 수 있다.

김광석 거리 입구의 '김광석 동상'

대구의 '김광석 거리'는 2015년에 이어 2016년에도 100만 명의 관광객이 찾았다. 이 덕분에 2016년에 이어 2017년에도 '한국관광100선'에 뽑혔다. 김광석 거리(길이 350m, 폭 3.5m)는 가수 고(故) 김광석이 대구 방천시장 인근에서 태어난 데 착안해 2010년 조성됐다. 벽화거리에는 김광석 그림, 사진, 노랫말을 담은 작품 80여 점이 있다. 입구에 설치된 기타를 치는 동상은 이 거리의 상징물이다. 또한 270석 규모의 야외공연장에서는 김광석 음악을 좋아하는 사람들이 주말마다 무대를 꾸민다. 거리 입구에는 방송부스도 있다. 관광객이 여기에 사연과 곡목을 신청하면 거리 곳곳에 설치된 스피커로 들려준다(장영훈, 2017). 이처럼 유명인들이 출신 지역의 홍보대사로 관광객 유치에 일조하고 있다.

아시아 지역에서 인기몰이를 했던 드라마 '겨울연가' 덕택으로 촬영지였던 춘천, 남이섬 등은 한때 일본 · 중국 · 동남아시아의 여성들이 방문하고 싶어 하는 장소 1순위가 되기도 했었다. 언젠가는 한류에도 변화가 오겠지만, 한국의 드라마 · 영화 · K-POP은 국가와 지역관광홍보에 밑거름이 되고 있다. 또한 유명인의 이런 긍정적인 역할은 한 해마다 치러지는 '한국방문의 해' 홍보효과에 크게 기여하고 있다. 국가나 지역의 스토리텔링 마케팅은 이와 같이 소재의 다양성이란 장점을 가지고 있으므로 미래지향적 관광지 마케팅의 한 방법이라 할 수 있다.

사례 흑맥주의 대명사 기네스(Guinness)

더블린 시내에 '기네스 스토어하우스(기네스 팩토리)를 만들어 공간 브랜드 전략을 펼치고 있다. 기네스가 옛 맥주 양조장을 개조해 1996년에 선보인 이곳의 내부는 거대한 술통의 모습을 본떴다. 독특한 내부 설계 하나만으로도 고객과 관광객이 줄을 잇고 있다. 연간 70만 명에 이르는 방문객들은 30t이 넘는 물로 연출한 디스플레이와 거대한 그래픽을 감상할 수 있다. 특히 1층부터 올라가며 관람을 마치고 나면 꼭대기인 7층의 그래피티 바에서 더블린 시내를 한 눈에 내려다보며 기네스 맥주를 마시는 낭만적인 경험도 할 수 있다. 기네스는 단순히 맥주를 만들어 파는 회사가 아니라 기네스란 브랜드와 그 속에 담은 감성과 가치를 전하는 새로운 정체성을 확보하는 '브랜드 왕국'을 지은 것이다.

로미오와 줄리엣의 도시 '베로나'

밀라노에서 기차로 1시간 30분 가면 이탈리아 북부도시인 '베로나'가 나온다. 이곳에 로미오와 줄리엣의 주인공인 줄리엣이 살았다는 집이 있다. '줄리엣의 집'이라는 팻말을 단 13C 벽돌 건물에 줄리엣이 "창문을 열어다오"라고 세레나데를 부르던 발코니도 남아 있고 무덤까지 있다. 매년 수십만 명의 연인들이 사랑의 맹세를 벽에 쓴다. 줄리엣 집 온 천지가 낙서로 가득 차있다. 그러나 이 집이 몬테뉴 집안의 원수이자 줄리엣 가문인 캐플렛이 살았다는 증거는 어디에도 없다. 더구나 셰익스피어는 베로나를 무대로 이 작품을 쓰기는 했지만 이탈리아에는 한 번도 가본 적이 없다. 그러나 이곳에는 로미오와 줄리엣이란 소설의 힘으로 수많은 관광객을 유인하고 있으며, 베로나 시 차원에서 이 집을 줄리엣의 집으로 정하여 관광객을 끌어 모으고 있다. 허구라 하여도 로미오와 줄리엣이 질풍노도와 같은 사랑을 나누었던 장소에 서 있다는 것만으로도 관광객의 감동을 자아내기에 부족함이 없다. 안뜰에 있는 줄리엣의 드레스 입은 동상 왼쪽 가슴을 만지면 행운이 온다는 설에 반질반질하다 못해 닳았는 듯하게 보인다. 줄리엣의 집 발코니에서 키스를 나누는 연인들, 사진 찍는 사람들, 1,000유로라는 거금을 들여 줄리엣의 집에서 결혼식을 하려고 대기하는 관광객들, 줄리엣의 무덤에서 메시지와 꽃을 남기는 사람들, 각종 기념품들도 불티나게 팔린다. 매년 전 세계에서 4만여 통의 줄리엣에 러브레터를 보내기도 한다. 관광객의 거의 반은 줄리엣을 향한 순례자들이며 로맨틱한 사람들의 숭배지이기도 하다. 이탈리아의 작은 도시 하나를 먹여 살리는 문학과 관광의 연결고리를 최대한 활용하는 스토리텔링의 힘이다.

베로나 최대의 관광지 '줄리엣의 집'

제8장

Tourism PR

Marketing PR

제1절 MPR의 이해

PR은 기업과 다양한 공중간의 선의 또는 호혜적인 관계를 구축하고 유지하며 부추기기 위한 일련의 모든 조직커뮤니케이션 활동을 말한다. 따라서 PR은 종업원이나 노조는 물론 협력업체, 주주, 정부기관, 시민단체, 소비자 등 다양한 공중간의 관계를 다루는 전반적인 조직경영활동 중에 하나로 이해될 수 있다. 이 장에서는 MPR(Marketing Public Relations)에 대한 이해의 폭을 넓히고, 이와 함께 MPR의 기능 및 MPR의 유형, MPR 기획과 전략, MPR의 전술 등에 대해 살펴본다.

1.1 MPR의 개념

MPR의 형태는 1980년대부터 변화하는 시장환경에 능동적으로 대처하기 위해 급속하게 그리고 실용적으로 발전을 거듭해 왔다. MPR이란 용어가 사용되기 시작한 것은 1990년대 초반 노스웨스턴대학교의 토머스 해리스(Thomas L. Harris) 교수가 마케팅 활동을 지원하기 위하여 실행되는 일련의 PR활동이 모두 MPR이라고 명명하면서부터이다. 해리스는 'The Marketer's Guide to Public Relations'에서 MPR을 "소비자의 수요, 욕구, 관심과 기업 또는 제품이 합치한다는 정보나 이미지를 신뢰할 수 있는 커뮤니케이션을 통하여 전달함으로써 소비자의 구매와 만족을 자극하기 위한 기획, 실행, 평가 과정"이라 정의하였다(Harris, 1991). 그런가 하면 헨리(Henry)는 자신의 저서 'Marketing Public Relations: The How That Makes It Work'에서 MPR을 "기업의 상품이나 서비스의 판매 및 신용을 증가시키는데 영향을 미칠 목적으로 대중 또는 특별한 수용자를 목표로 하는 포괄적인 공중인지(awareness) 및 정보프로그램 또는 캠페인이다. MPR은 능숙하고 전문적으로 활용되는 경우 기업의 판매량이나 마케팅 목표 도달에 도움이 되는 다양한 커뮤니케이션 수단들의 성공적인 조합"이라고 정의하고 있다(한정호 외, 2014).

종합하면 MPR은 마케팅 목표에 도달하기 위하여 PR전략과 수단을 사용하는 것을 말한다. 따라서 MPR의 목적은 소비자가 인지하도록 하고 판매를 자극하고 커뮤니케이션을 촉진하며, 그리고 소비자와 기업 사이의 관계를 구축하는 것이다. 또한 MPR의 기본적인 기능은 신뢰할 수 있는 정보를 교환하고 관련 이벤트를 후원하며, 그리고 사회에 이익이 되는 공익적 활동을 지원하는 것이다. 따라서 MPR은 조직과 관련된 다양한 외부의 공중 중에 소비자에 초점을 맞춰 마케팅을 지원할 목적으로 수행하는 PR활동이다. 이와 다르게 소비자 외의 다른 공중을 겨냥한 PR활동을 기업 PR(CPR: Corporate Public Relations)이라 한다.

1.2 MPR이 중요해진 이유

MPR이 신뢰할 수 있는 커뮤니케이션을 통하여 소비자의 공감을 불러올 수 있는 정보 및 인상을 만들어 낸다고 할 때 구체적인 실행전술은 언론매체의 관심을 끌 수 있는 화제 개발을 통하여 다양한 퍼블리시티를 창출하는 것이다. 이런 측면에서 MPR은 언론매체의 관심이나 소비자의 흥미를 불러일으키기 위하여 처음부터 기획된 활동이라 할 수 있다. 이러한 MPR에 대하여 기업들이 보다 많은 관심을 가지게 된 것은 다음과 같은 몇 가지 이유에서다.

■ 소비자집단이 기업의 가장 중요한 공중으로 부상

과거에는 상품을 판매하는 대상 또는 기업목표 달성을 위한 전략적 도구로 여겨졌던 소비자들이 현재 전반적으로 교육수준이 높아졌을 뿐만 아니라, 다양한 정보를 소유하고 있고 스스로 전략적으로 행하는 집단으로 발전하였다. 게다가 인터넷과 모바일 매체를 활용하여 다른 소비자와 상품정보를 공유하고 기업이나 제품의 문제점이나 비윤리적인 측면을 퍼뜨려 공론화하기도 한다. 때로는 소비자들은 그들의 공동이익이나 사회적 가치를 실현하기 위하여 연대를 결성하고 기업과 투쟁을 벌이기도 한다. 따라서 기업들은 소비자집단에게 다가가 일방적으로 상품을 구입하라고 자극하는 것이 더 이상 무의미하다는 사실을 깨닫게 되었고, 윤리적이면서 질적 수준이 우수한 상품개발을 통하여 소비자들로 하여금 기업이나 제품에 먼저 다가오도록 하고 있다.

■ 매체환경의 변화

예전에는 몇몇 TV채널이나 신문과 같은 주류 매체가 정보를 독점해 왔지만, 뉴미디어들의 지속적인 시장진입으로 매체 간의 경쟁이 치열해졌다. 매체 간의 경쟁은 소비자들의 매체 소비를 둘러싼 경쟁을 야기했으며, 각 매체가 과도하게 정보를 쏟아내고 있는 상황에서 소비자의 관심을 끌기란 매우 어려운 과제가 되었다. 이러한 상황은 매체들의 신뢰도 하락으로 이어지며 신뢰도가 하락된 매체를 통하여 전달되는 정보 또한 소비자의 신뢰를 얻지 못하게 되었다. 결국 조직들이 전략적으로 양산하는 퍼블리시티에 대한 사회적 반향도 예전 같지 않게 되었다.

■ 정보 소비 패턴의 변화

다양한 정보매체가 등장하기 전에는 정보생산자가 생산한 정보가 매체를 통하여 수용자들에게 일방적으로 전달되었다면, 오늘날에는 소비자들이 자신이 원하는 메시지를 언제 어디서든 찾아서 소비할 수 있는 시대가 되었다. 이는 소비자들이 필요로 하는 정보를 적재적소에 제공할 수 있느냐가 관건이 되었으며, 소비자들의 경험

공간과 밀접한 정보를 생산하고 유통하는 것이 무엇보다도 중요해졌다. 이제 소비자들은 매체를 통한 일방적 메시지에는 관심이 없어졌다. 즉 정보 생산자의 일방적 메시지에 대해 신뢰를 가지지 않고 있는 상황이다. 이때 기업에 있어 필요한 것은 제품과 관련된 사회적 가치 개발을 통하여 소비자의 관심을 유도하는 활동인 MPR이다.

■ 제품수준의 균등화

오늘날의 기업은 소비자의 기본 욕구 이상의 필요와 수요를 지속적으로 창출해야 한다. 이러한 상황에서 제품을 둘러싼 인식과 제품가치 생산, 이미지의 창출은 더욱 중요한 과제가 되었다. 어떤 제품을 소비하더라도 기본적인 욕구를 충족시키는 데 아무런 문제가 없는 상황에서 소비자들의 심리공간과 인식공간을 누가, 먼저, 많이 점유하느냐가 중요하게 되었다. 이에 따라 많은 기업들은 소비자 경험 공간 곳곳에 제품을 위치시키고, 제품과 관련된 이야기에 공감하도록 하고, 나아가서 기업 및 제품에 관심을 갖도록 하는 전략개발에 보다 적극적으로 나서게 되었다. 2000년대부터 시작된 관광지의 스토리텔링도 이와 같은 취지에서 시작되었다고 볼 수 있다.

■ 소비자들의 기업에 대한 인식 변화

제일기획의 2013년 소비자 인식조사 결과를 보면 응답자들의 71.5%가 비윤리적 기업의 제품이나 브랜드는 구매하지 않겠다고 하였다. 또한 응답자의 65.7%가 사회공헌활동이 제품구매에 영향을 미친다고 답했다. 더불어 54.3%의 응답자는 조금 비싸더라도 윤리적인 기업, 착한 기업의 제품을 구매한다고 응답하고 있다. 이는 한국의 소비자들은 기업의 사회적 책임(CSR; Corporate Social Responsibility) 활동을 매우 중요한 구매동기로 받아들였다(제일기획, 2013). 이처럼 오늘날의 소비자들은 기업의 마케팅 전략이나 제품판매전략 자체보다는 얼마나 사회적 문제에 관심을 기울이고 공익에 기여하느냐를 기준으로 소비를 결정하는 경향이 증가하고 있다. 따라서 기업들은 신제품 출시나 기존 제품의 포지셔닝을 다시 할 때 상품판매를 위한 직접적인 활동보다 소비자들이 공감할 수 있는 브랜드 이슈를 개발하고, 이러한 이슈를 신뢰받는 커뮤니케이션 도구를 통하여 확산시킴으로써 소비자들의 제품에 대한 구매를 독려할 수 있다.

국내 여행사인 하나투어는 소비자들의 인식변화를 읽고 다양한 CSR사업을 펼치고 있다. 현재 하나투어의 대표적인 CSR사업은 후원대상과 범위에 따라 각각 나뉘어져 있다. 우선 소외계층에게 꿈과 희망을 전하는 '희망여행 프로젝트', 아티스트와 함께하는 '문화예술 희망여행', 미래 관광인재를 육성하는 '투어챌린저' 및 '투어챌린저 하이스쿨', 다문화 어린이들을 위한 스포츠 꿈나무 인재 양성 '글로벌 프렌즈', 임직원 및 파트너사 직원으로 구성된 '희망봉사단', 봉사활동과 현지 문화체험 관광을 접목시킨 '볼런투어' 등이 그 예이다.

하나투어 CSR 사업(http://blog.daum.net/jeju/406)

■ 시대정신(Zeitgeist)의 변화

오늘날 광고밀집(clutter) 현상이 가속화되고 더불어 광고가 제품의 기능이나 특징을 과장하거나 허위 정보를 포함하면서 소비자의 신뢰를 잃고 있다. 이러한 상황에서 기업은 단순한 판매보다 다양한 공중들과의 관계 구축이 보다 절실하게 되었고 다수의 기업이 이를 위해 노력하고 있다. 그러나 소비자들은 이러한 것까지 하나의 상술로 받아들이고 있다. 즉 기업의 비순수성을 소비자들이 눈치를 채는 경우가 많아졌다는 것이다. 따라서 기업들은 선한 의도로 사회적 이슈에 관심을 갖고 나아가 그러한 이슈의 해결에 적극적으로 나설 때 우호적인 퍼블리시티는 자연스럽게 따라오게 되며, 결과적으로 기업 및 제품에 대한 소비자의 관심이 유발될 수 있을 것이다.

제2절 MPR의 기능

마케팅과 MPR 그리고 CPR에 대한 기능적 특성을 구분해 본다면 〈표 8-1〉과 같이 정리될 수 있다.

〈표 8-1〉 마케팅과 MPR 그리고 CPR의 기능적 특성

마케팅	MPR	CPR
• 시장평가 • 고객 세분화 • 제품개발 • 가격정책 • 유통 • 서비스 • 소비자 광고 • 판매촉진 • 세일즈	• 제품 퍼블리시티 • 스폰서십 • 특별 이벤트 • 공공 서비스 • 간행물 • 미디어 이벤트 • 미디어 투어 • 스포츠 마케팅 • PPL 등	• 기업 미디어 관계 • 투자자관계 • 정부관계 • 지역사회 관계 • 종업원 커뮤니케이션 • 공공업무 • 기업광고

한편, 오늘날의 마케터들은 마케팅의 4P's －제품, 가격, 유통, 촉진－라는 전형적인 구조에 익숙해 있다. 이런 구조에 의하면 촉진영역에서 소비자들과 커뮤니케이션할 수 있는 모든 수단들을 동원하여 제품의 구매를 설득하게 된다. MPR은 이런 광고나 기타 판매촉진수단들과 함께 작용하게 되는데 이들은 각각의 상이한 고유영

역이 있는 반면, 서로 중복되는 기능을 지니고 작용하기도 한다. 이것을 간단히 요약하면 〈표 8-2〉와 〈표 8-3〉과 같다.

〈표 8-2〉 광고, 판매촉진 수단들 그리고 MPR 간의 배타적 기능

광 고	판매촉진 수단	MPR
• TV 커머셜 • TV 프로그램 스폰서십 • 라디오 커머셜 • 신문광고 • 잡지광고 • 업계광고 • DM • 직접 반응광고 • 옥외광고 • 직접 전화광고 • 영화광고	• 쿠폰 • 콘테스트 • 리베이트 • 경품 • 상품 • 인센티브 등	• 기자회견 • 미디어 투어 • 신문 퍼블리시티 • 라디오 퍼블리시티 • 잡지 퍼블리시티 • TV 퍼블리시티 • 세미나 및 심포지엄 • 서베이

〈표 8-3〉 광고, 판매촉진 수단들 그리고 MPR 간의 중복적 기능

광고	판매촉진 수단	MPR
• 기사형 광고(advertorial) • 촉진광고 • 무료삽입물 • 매장 내 미디어 • POP • 연대(tie-ins) • 콘테스트 • 스페셜 이벤트 • 팸플릿/소책자 • 공공서비스 연대	• 촉진광고 • 무료삽입물 • 매장 내 미디어 • POP • 연대(tie-ins) • 콘테스트 • 스페셜 이벤트 • 팸플릿/소책자 • 공공서비스 연대 • 무역쇼/전시회 • 샘플 • 데몬스트레이션 • 퍼레이드 • 축제 • 스포츠 이벤트 • 엔터테인먼트 스폰서십 • 시청각 프리젠테이션 • 회의/대회	• 기사형 광고(advertorial) • 연대(tie-ins) • 콘테스트 • 스페셜 이벤트 • 팸플릿/소책자 • 공공서비스 연대 • 무역쇼/전시회 • 샘플 • 데몬스트레이션 • 퍼레이드 • 축제 • 스포츠 이벤트 • 엔터테인먼트 스폰서십 • 시청각 프리젠테이션 • 회의/대회

그 외 MPR의 기능을 정리하면 다음과 같다.

- 매체광고가 시작되기 전에 시장에서 흥미를 유발한다. 예컨대 신제품에 대한 공지는 마케터에게 퍼블리시티 기회를 안겨줌으로써 그 제품의 가치를 극대화시켜 궁극적으로 홍보효과를 증대시킨다. 윈도95 출시 당시 MS사는 본거지인 미국이 아니라 호주에서 먼저 출시하여 윈도95를 사려는 사람들로 북새통을 이루었고, 이 장면은 다음날 언론보도를 통하여 미국 전역에 알려지게 되었다. 그와 동시에 MS사의 빌게이츠와 더 투나잇 쇼 진행자 제이 리노가 워싱턴주 레드먼드에 있는 MS 본사에서 윈도95 출시를 발표하였다.

호주에서 처음으로 윈도95를 산 고객의 환호하는 모습

- 제품 뉴스가 없는 경우에는 광고 뉴스를 창출한다. 이때는 광고 자체가 퍼블리시티의 초점이 될 수 있다. Pepsi나 Apple Computer는 마이클 잭슨, 마돈나, 레이 찰스 등 셀리브리티와 연결된 PR활동을 통해 수백만 달러 상당의 무료 홍보효과를 얻었다.
- 광고활동이 전무하거나 거의 없이 특정 제품을 소개한다.
- 부가가치 고객서비스를 제공함으로써 브랜드와 고객 간의 유대를 구축한다. 일반적으로 퍼블리시티에 노출되는 제품정보는 그 제품의 가치를 상승시킨다.

- 의견 선도자들에게 정보를 제공함으로써 그들에게 영향을 미친다.
- 위기에 처해 있는 제품을 보호하고 소비자들에게 구매이유를 제공한다. Heinz와 McDonald는 환경단체와 연계한 PR활동을 전개함으로써 소비자들로부터 호평을 받고 있다.

2.1 마케팅과 PR의 관계

PR을 조직과 다양한 공중 간의 호혜적인 관계를 구축하고 유지하는 일체의 커뮤니케이션 활동이라 했을 때 이런 과정에서 다양한 관계적 활동이 나타나게 된다. 이런 일련의 관계적 활동들은 전체 마케팅 프로그램에서 긍정적이 영향을 미치며 구체적인 혜택을 제공하기도 한다. PR 활동이 마케팅 프로그램에 가져다주는 혜택을 정리해 보면 〈표 8-4〉와 같다.

기업경영에 있어서 PR 활동은 필연적으로 마케팅 전략과 함께 작용하게 된다. 단순히 제품의 퍼블리시티는 물론 브랜드 자산을 구축하는 데 중요한 역할을 하는 다양한 공중과의 관계에 이르기까지 광범위한 영향을 미치는 것이다. 여러 가지 MPR 전략이 마케팅 프로그램에 기여하는 내역을 살펴보면 다음과 같다.

① MPR은 공신력/신뢰성을 증가시킨다. 미디어에 뉴스 형식으로 실리는 제품 퍼블리시티는 기업에서 미디어에 비용을 지불하여 집행하는 광고활동보다 더 큰 공신력을 갖고 있다.

② MPR은 광고 클러터(clutter)를 줄인다. 광고 메시지가 양적으로 증가하고 소비자들이 그것을 외면하는 경향이 가중됨에 따라 실제고객과 잠재고객이 도달하려는 다른 대안으로서 PR 기법이 선호되고 있다.

③ MPR은 비용이 적게 든다. 특히 TV광고의 경우가 그 비용이 날로 증가하고 있는 반면, 이에 비해 특정 MPR 프로젝트에 드는 비용은 훨씬 저렴하다.

④ MPR은 접근하기 어려운 오디언스(audience)에게 도달할 수 있다. 교육수준이 높고 고소득을 가진 오디언스 계층의 경우에는 광고만으로는 도달하기 어려운

경우가 많다. 그러나 신문기사나 특정 잡지, 인터넷, 모바일을 통해 기사 형태로 그들에게 도달할 수도 있다.

〈표 8-4〉 PR 활동이 마케팅에 제공하는 혜택

타깃 오디언스	채널	마케팅 혜택
고객	• 뉴스 릴리스 • 이벤트 • 스폰서 십	• 브랜드 인지도 증대 • 판매증가를 위한 메시지 공신력 증대
종업원	• 뉴스레터 • 사회활동 • 피드백	• 종업원 사기 고조
원자재 공급자	• 업계기사 • 인센티브	• 고객선호 지위확보 • 정시 배달 • 원자재의 적절한 분배로 생산 및 유통의 원활한 증대
지역사회/일반 공중	• 뉴스 릴리스 • 공장 견학 • 지역사회 활동 후원	• 우수인력 확보 • 지역사회와의 갈등 완화
정부	• 로비 • 뉴스 릴리스 • DM • 전화통화	• 호의적인 법률 제정 • 규제완화
금융권	• 보고서 • 뉴스 릴리스 • DM • 전화통화	• 주가 상승 • 신용 확대

⑤ MPR은 소비자 이외에 다른 공중에게도 할 수 있다. 좋은 PR 프로그램에서는 종업원이나 지역사회 지도자, 법률제정자, 규정담당자, 소비자단체, 금융권 등 소비자 이외의 다른 다양한 공중에게 어떻게 도달해야 하는지 그 방법을 제시해 준다. 이런 다양한 공중집단은 조직활동 및 마케팅 활동에 매우 중요한 영향을 미치기 때문에 이들 집단과의 쌍방향 커뮤니케이션의 구축이 필수적이다.

⑥ MPR은 전향적인(proactive) 접근방법을 취한다. 조직과 다양한 공중 간의 커뮤니케이션 라인을 견고히 구축해 놓음으로써 공중의 불평불만을 사전에 감지하여 그것이 심각한 상태가 되기 전에 미연에 방지할 수 있다.

⑦ MPR은 기업-시민 이미지를 구축한다. MPR을 통해 기업과 시민이 함께 한다는 이미지를 심어주는 이른바 관계구축 프로그램을 추구한다.

⑧ MPR은 법적 규제가 적다. 종종 광고에서 할 수 없는 말을 프레스 릴리스를 통해 할 수 있는 경우가 있다.

제3절 MPR의 유형

MPR은 전향적(proactive) MPR과 대응적(reactive) MPR으로 나누어 설명할 수 있다. 전향적 MPR은 기업의 마케팅 목표에 지배를 받는 것으로 방어적이라기보다는 공격적이고, 문제해결을 위한 활동이라기보다는 기회요인을 추구하는 경향이 있다. 이런 MPR은 특정 브랜드의 장점을 소통하는 수단으로 광고 및 기타 촉진활동과 함께 연계하여 사용된다. 반면 대응적 MPR은 외부의 영향력에 대한 반응으로서의 PR 활동을 말한다. 이것은 경쟁상황이나 소비자태도의 변화, 정부정책의 변경과 같은 외부자극이나 압력의 결과에 의해 시행된다. 따라서 대응적 MPR은 대개 조직의 평판을 개선하거나 시장침식의 방지, 판매손실의 보상 등과 같은 조직의 부정적 변화를 다룬다.

3.1 전향적 MPR

전향적 MPR의 역할이 가장 요구되는 시점은 바로 제품 도입기와 제품 변경시점이다. 소비자들은 광고나 대인판매에서의 제품설명에 대해서는 의문을 갖는 경우가 종종 있으나, 신문기사나 방송뉴스 형식의 제품 공지에 대해서는 높은 신뢰감을 나타내는 경향이 있다. 따라서 퍼블리시티가 전향적 MPR의 전형적이 도구가 된다. 광고와 대인판매에서처럼 마케팅 지향적인 퍼블리시티의 목적은 첫째, 브랜드 인지를 촉진시키고, 둘째, 브랜드와 강력하고 호의적인 연상을 통해 소비자의 마음속에 브랜드 이미지를 각인시킴으로써 브랜드 자산을 증대시키는 것이다.

마케팅 지향적인 PR에서 가장 폭넓게 활용되고 있는 퍼블리시티의 유형은 제품공개, 경영인-진술 공개, 특집기사 등이 있다. 제품공개는 신제품을 알리고 제품의 특징과 편익에 대한 정보를 제공하는 것인데 전형적으로 방송뉴스로 기사화되거나, 비즈니스코리아, 피플앤컨퍼니, 동아비즈니스, Business Week, Forbes, Fortune, The Wall Street Journal과 같은 비즈니스 간행물, Time이나 Newsweek 같은 일반 잡지에 기사 형식으로 실리는 것을 말한다.

경영인-진술 공개는 최고경영자나 다른 간부의 멘트를 인용하는 뉴스 릴리스를 말한다. 여기서 다음과 같은 내용이 포함된다.

- 업계 동향에 대한 진술
- 미래 경영에 대한 예견
- 경제에 대한 의견
- R&D나 시장조사 결과
- 신규 마케팅 프로그램에 대한 언급
- 해외사업 분야에 대한 견해
- 환경 이슈에 대한 언급

우리나라 항공사가 새로이 개척한 항로에 대해 대대적으로 뉴스보도 하는 경우가 종종 있는데 이것은 '업계동향에 대한 진술'에 해당한다. 또한 R&D나 시장조사결과에는 우리나라 대기업의 연구소인 삼성경제연구소, LG경제연구원 등에서 발표하는 연구보고서가 해당된다. 기업의 연구소에서 발표하는 보고서는 학술적으로도 높은 평가를 받는 경우도 많으며, 사회 전반의 문제들에 대한 연구보고서는 소비자로 하여금 해당 기업을 신뢰하게 하고 호의적인 이미지를 형성하는 홍보도구가 된다.

특집기사는 PR회사에 의해 쓰여진 제품대한 구체적인 기사나 뉴스 가치가 있는 프로그램을 인쇄매체나 방송매체 또는 인터넷 사이트에 게재하는 것을 말한다. 이와 같은 자료는 적은 비용으로 준비할 수 있기 때문에 잠재고객과 예상투자자들에 용이하게 도달할 수 있다.

3.2 대응적 MPR

전술한 바와 같이 대응적 MPR은 외부의 영향력에 대한 반응으로서의 PR 활동을 말하는 것으로 제품의 결함이나 손실의 발생 시 이런 활동이 요구된다. 예컨대 미국 뉴올리언스에서 한 남자가 CNN과 접촉하여 자신이 Diet Pepsi캔에서 이물질을 발견했다고 거짓 폭로하는 사건이 일어났다. 이때 Pepsi의 경영층은 Pepsi의 가공과정상 절대 안전하다는 확신을 갖고 뉴스시간대 이후의 광고시간에 안전한 Pepsi의 가공과정을 담은 비디오를 방송하였다. 사장이 ABC 방송의 Nightline 프로그램에 FDA의 장관과 함께 출연하여 Pepsi 캔은 99.9% 안전하다고 적극적으로 주장하는 위기대처 능력을 보였다.

기업에 대한 이런 부정적인 사건이나 퍼블리시티는 기업을 순식간에 위기로 몰아간다. 여기서 우리가 반드시 기억해야 하는 것은 이런 부정적인 퍼블리시티에 대해 즉각적이고 신속하게 그리고 긍정적으로 대처해야 한다는 것이다. 기업이나 제품 또는 브랜드에 대한 루머에 대한 논란도 같은 맥락으로 이해될 수 있겠다. 물론 호의적인 루머는 기업에 매우 긍정적인 영향을 미칠 수 있으나, 부정적인 루머는 PR 담당자에게는 매우 부담스럽고 다루기 어려운 업무 중에 하나이다. 우리는 "McDonald가 악마의 교회에 기부금을 내고 있다", "Wendy's 햄버거에 고기 외에 벌레가 섞여 있다", "Popeyes가 KKK단이나 Nazi 단체와 연계되어 있다", "멕시코산 수입맥주인 Corona에 오줌이 섞여 있다" 등 갖가지 소문을 접해본 경험이 있다. 이중 일부는 법정을 통해 그 진위가 가려진 경우도 있으나, 이와 유사한 소문의 생성 및 전파의 가능성은 여전히 상존하고 있다고 할 수 있다.

이런 종류의 루머에 접하게 되었을 때 일부 기업은 그냥 방치하는 것이 최선의 방법이라고 생각할 수 있다. 그런 루머에 대항하는 안티-루머(anti-rumor) 캠페인이 오히려 그 루머의 확산을 부추긴다는 생각 때문일 것이다. 그러나 PR 전문가들은 루머는 산불과 같은 것으로 이에 대응하는 시기를 놓치면 치명적이기 때문에 그것이 스스로 가라앉기를 기다리기보다는 신속하게 대처하여 초기에 진압하는 적극적인 자세가 필요하다고 강조한다.

제4절 MPR 기획 전략

기업에서 수행되는 모든 전략기획과 같이 효과적인 MPR은 기업의 이념을 명확하게 이해하는 것에서부터 시작된다. 기업의 경영이념은 기업활동의 영역을 여러 가지 측면(비즈니스 방향, 비즈니스 분야, 대상고객, 비즈니스 지역 등)에서 규정한 내용으로 기업 특유의 가치와 경쟁영역을 밝히는 데 초점을 맞춘다. 또한 종종 간과되기도 하지만, 이런 경영이념에서는 조직과 다양한 공중(종업원, 주주, 지역사회, 협력업체, 딜러, 소비자 등)과의 관계를 규정하거나 기업문화나 마케팅 활동의 방향 등이 밝혀지기도 한다.

4.1 MPR 과정

마케터들은 광고기획과 마찬가지로 MPR 기획도 마케팅 기획의 한 분야로 통합되어야 하며, 이것이 마케팅 목표와 전략을 어떻게 보조하는지 설명되어야 한다고 믿고 있다. PR의 전형적인 네 가지 과정은 1단계 문제의 규정, 2단계 기획 및 프로그래밍, 3단계 집행 및 커뮤니케이션, 마지막으로 프로그램의 평가로 알려져 있다. 여기서 우리는 이런 PR의 기본적 과정에 MPR과 관련된 다른 질문들을 첨부하여 전체

MPR 과정을 좀 더 구체화해 볼 수 있다.

■ 문제의 규정

- 주된 PR 질문: 지금 어떤 일이 일어나고 있는가?
- 구체적인 MPR 질문:
- 제품은 무엇인가?
- 그 제품이 소비자에게 전해주는 편익은?
- 그 제품의 가격은?
- 그 제품에 대한 1차시장은?
- 그 제품에 대한 2차시장은?
- 유통채널은?
- 만약 기존제품이라면?
  - 최근 판매내역은?
  - 시장점유율은?
  - 판매계획은?
  - 새로운 판매수입의 출처는?
- 만약 신제품이라면?
  - 어디에 그 제품을 소개할 것인가?
  - 유통경로 확대를 위한 방안은?
  - 신제품이 어느 지역에서 팔릴 것인가?
  - 신제품이 어느 시점(시간, 계절)에서 팔릴 것인가?
  - 경쟁제품은 무엇인가?
  - 각각의 시장점유율은?
  - 각각이 지니고 있는 편익은?
  - 각각의 포지셔닝 전략은?
  - 각각의 광고 및 프로모션 전략은?

- 마케팅에 미치는 환경적 요인?
- 영향력 행사자는 누구?

■ 기획 및 프로그래밍

- 주된 PR 질문: 무엇을 해야 하나? 그리고 왜 해야 하나?
- 구체적인 MPR 질문:
  - 우리가 성취해야 할 것은 무엇인가?
  - MPR 프로그램 목표가 어떻게 마케팅 목표를 보조할 수 있을까?
  - 우리의 공중은 누구인가?
  - 공중에 대해 우리는 무엇을 알고 있나?
  - 그들과 어떻게 커뮤니케이트 할 것인가?
  - 그들에게서 어떤 반응을 원하는가?
  - 그들을 어떻게 설득할 것인가?
  - 주요 MPR 메시지는 무엇인가?

■ 진행 및 커뮤니케이션

- 주된 PR 질문: 어떻게 행동을 취하고 말할 것인가?
- 구체적인 MPR 질문:
  - 각각의 타깃그룹에게 도달하는데 사용될 프로그램은 무엇인가?
  - 각각의 프로그램이 어떻게 집행될 것인가?
  - 프로그램 집행을 위한 자료는?
  - 매체계획은?
  - 실행일정은?
  - 집행비용은?
  - 프로그램 집행의 책임자는 누구인가?

- PR 회사를 이용할 것인가?
- PR 회사를 선정한다면 어떻게 할 것인가?

■ 프로그램의 평가

- 주된 PR 질문: 우리는 어떻게 업무를 수행하였는가?
- 구체적인 MPR 질문:
  - MPR 목표를 어떻게 충족시켰는가?
  - 타깃에 정확하게 도달하였는가?
  - 얼마나 많은 사람들에게 도달하였는가?
  - 도달비용은?
  - 인지도를 증가시켰는가?
  - 소비자들에게 그 제품에 대한 흥미를 불러일으켰는가?
  - 소비자들이 실제 구매했는가?
  - 프로그램 집행결과를 어떻게 측정할 것인가?
  - 프로그램 평가를 위한 비용은?
  - 우리가 얻은 교훈은?
  - 프로그램을 변경할 것인가?
  - 변경한다면 어떻게 할 것인가?

4.2 MPR과 우회전략

MPR의 실행은 주로 우회전략(pass strategy)에 의존하게 된다. CPR이 기업, 조직, 단체가 다양한 공중들과의 우호적인 관계구축을 위한 모든 커뮤니케이션 활동이라고 한다면, MPR은 소비자들의 관심과 흥미를 끌기 위하여 제품 및 서비스에 대한 정보 및 화제를 창출하면, 대중매체는 제품이나 서비스에 대한 이슈성 내지는 흥미성과 같은 뉴스가치를 발견하여 퍼블리시티를 만들어 내게 된다. 처음부터 소비자의 흥미와 관심을 끌기 위한 MPR 전술은 자연스럽게 대중매체를 통하여 소비자와의 접점이 생겨나는 것이다. 이런 의미에서 MPR전략은 공중들에게 직접적이고 일방적으로 다가가는 것이 아니라, 대중매체의 관심을 경유하여 소비자의 관심을 유도하기 위한 것이라는 점에서 우회전략이라고 할 수 있다.

또한 어떤 경우에 MPR은 소비자들이 아닌 정책결정자, 정부단체, 국회의원, 규제단체와 같은 제3자들이 제품의 시장진입을 막거나 걸림돌이 되는 상황에서 이들에게 영향력을 행사하는 유력 매체를 통하여 제품에 대한 긍정적인 퍼블리시티를 만들어 냄으로써 이들 사이에 우호적인 분위기를 형성해 결국은 제품의 시장진입을 가능하도록 한다는 점에서 우회전략이라고 할 수 있다.

제5절 MPR의 전술

5.1 신제품의 소개/기존제품에 대한 뉴스

MPR은 제품 생명주기의 모든 단계에서 효과적으로 활용될 수 있으며, 그중 특히 도입기의 신제품에 대한 뉴스가치 제공을 통해 그 제품에 대하여 퍼블리시티 하고 극화(dramatizing)할 수 있다. 따라서 MPR 담당자는 미디어의 게이트키퍼에게 신제품에 대한 뉴스거리를 주고 설득시키고자 하는 총괄기획을 구상하고 있어야 한다. 미디어에게는 뉴스거리를 제공할 수 있고 소비자들에게는 흥미를 유발할 수 있는 신제품이라면 미디어에 최대한으로 노출될 잠재력을 지니고 있다고 볼 수 있다.

한편, 일단 광고활동에 의해 신제품이 노출되고 나면 더 이상 소비자들에게 뉴스거리가 될 수 없게 되고, 특히 성숙기 · 쇠퇴기에 접어든 제품의 경우에는 다른 방법을 모색해야한다. 즉 쿠폰이나 콘테스트, 특별행사 등과 같은 다른 프로모션 활동과 관련된 뉴스거리를 제공하거나, 다른 MPR 활동을 통해 기업의 신뢰도나 브랜드에 대한 충성심을 구축할 수 있다. 결과적으로 MPR을 통한 성숙기 · 쇠퇴기 제품에 대한 재출시(relaunching), 부활(revitalizing), 재포지셔닝(repositioning)은 기업에게 기대 이상의 가치를 제공할 수 있다.

5.2 스폰서십

스폰서십은 브랜드 인지도 및 브랜드 이미지의 증대, 매출액의 증가 등과 같은 마케팅의 목표를 성취하기 위한 MPR 활동 중에 하나로 주로 이벤트나 사회운동과 관련된다. 스폰서십은 브랜드라는 스폰서와 이벤트 간의 상호작용으로 후자는 수수료를 받고, 전자는 이벤트와 자신(스폰서)과 연합할 권리를 획득하여 마케팅에 활용한다.

■ 이벤트 스폰서십

이것의 유형은 운동경기(골프, 테니스, 농구, 축구 같은 구기종목이나 올림픽)의 후원부터 콘서트나 페스티벌의 후원에 이르기까지 다양하다. 기업과 특정 브랜드의 이미지와 부합되는 적절한 이벤트를 선정할 때 고려해야 할 사항을 정리하면 다음과 같다(Heffler, 1994).

- 그 이벤트가 브랜드 이미지에 부합되는가?
- 그 이벤트로 의도하는 타깃에 도달할 수 있는가?
- 그 이벤트가 지리적으로 적합한가?
- 그 이벤트를 이전에 경쟁자가 후원한 적이 있는가?
- 이벤트 클러터(clutter) 문제는?
- 그 이벤트가 경제적으로 가치가 있는가?

이벤트는 타깃 오디언스에게 친근하게 다가가 그들이 편안해 하고 즐거워하는 분위기에서 자사 브랜드에 대한 이미지를 고양시킬 수 있기 때문에 마케팅 활동에 매우 긍정적인 기회 및 가능성을 제공한다.

■ 사회운동 스폰서십

이것은 사회적 관심을 불러일으키는 환경보호운동이나 자연보호운동, 기금조성 운동 등을 후원하는 것을 말한다. 사회운동과 관련된 스폰서십은 사회운동 자체에 대한 사회적 인식을 고취하는데 도움을 줄 뿐만 아니라 기업에게는 다음과 같은 혜택을 제공한다.

- 기업 이미지와 브랜드 이미지를 증대시킨다.
- 부정적인 퍼블리시티를 무력화시킨다.
- 판매를 증가시킨다.
- 브랜드 인지도를 증가시킨다.
- 고객층을 넓힌다.
- 새로운 세분시장에 도달한다.
- 브랜드의 소매활동을 증대시킨다.

■ 스포츠 마케팅

스포츠 마케팅은 스포츠라는 이벤트를 통해서 기업이 전개하는 마케팅 및 PR 활동을 말한다. 즉 스포츠 팀을 운용하거나 경기단체나 선수 또는 대회 등을 후원해 제품의 인지도를 증가시키고 기업의 이미지를 고양하려는 행위를 말한다. 스포츠 마케팅의 사업영역은 스포츠 자체의 마케팅과 스포츠를 통한 마케팅으로 구분된다.

첫째, 스포츠 자체의 마케팅은 스포츠를 사업화하는 것으로 스포츠 제품이나 서비스에 대한 마케팅, 즉 스포츠 팀의 팬 확보를 위한 각종 활동, 스포츠 시설과 용품 그리고 의류판매 등이 해당된다. 둘째, 스포츠를 통한 마케팅은 스포츠를 기업 PR이나 상품판매의 촉진수단으로 삼는 것을 말한다. 즉 방송중계권, 스폰서십, 수익사업, 유명 선수의 후원 등이 여기에 속한다. 예컨대 기업의 스포츠 마케팅 참여 형태는 타이틀 스폰서, 스포츠 대회 후원, 스포츠 스타활용, 경기단체장으로서의 활동, 스포츠 팀 운영 및 후원, 스포츠 용품 제공 등으로 나타나게 된다. 대한항공의 프로배구단 운영, T-way 항공의 골프대회 개최 등이 여기에 해당된다.

5.3 기타 MPR 전술

MPR은 제품과 관련된 소문이나 뉴스거리를 창출하여 뉴스가치를 높임으로써 매스미디어나 인터넷 등을 통하여 자연스럽게 퍼블리시티 되도록 하고, 이를 통해 소비자의 흥미를 불러일으킴으로써 제품이나 서비스 구매로 이어지도록 하기 위한 것이다. 이를 위한 MPR은 다음과 같은 실행방안(신제품 소개/기존 제품에 대한 뉴스, 스폰서십을 제외한 MPR 실행방안)들이 있다(Harris & Whalen, 2006).

- 수상(Award)
- 책자 발간(Book)
- 시합/공모전(Contest)
- 시연(Demonstration)
- 전시(Exhibition)
- 전문가 칼럼(Expert Column)
- 팬클럽 운영(Fan Club)
- 축제(Festival)
- 핫라인 설치(Hotline)
- 인터뷰 실행(Interview)
- 탐방 프로그램(Junket)
- 핵심 이슈 만들기(Key Issue)
- 로고 만들기(Logo)
- 회합(Meeting)
- 박물관 건립(Museum)
- 뉴스레터 발간(Newsletter)
- 공인제도활용(Official Endorsement)
- 간접광고(Product Placement, PPL)
- 공익사업(Public Service Announcement)
- 설문조사(Questionnaires)
- 순회전시회(Road Show)
- 샘플 제공(Sampling of Product)
- 상징만들기(Symbol)
- 언론매체의 기업 방문(Tour)
- 서명운동(Underwriting)
- 청소년 프로그램(Youth Program)
- 지역 프로그램(Zone Program)
- 기념일 지정, 라디오 프로그램 협찬
- 언론인과의 오찬모임(Luncheon)

사례 때로는 파격적인 이벤트 하나가 해결사!

브라질의 갑부인 치퀴노 스카르파(Chiquinho Scarpa)는 2013년 9월 어느 날 자신의 페이스북에 믿기지 않는 글을 하나 올렸다. 무려 50만달러(약 5억7천만원)짜리 최고급 승용차 벤틀리의 장례식(Bentley Burial), 즉 자신의 최고급 승용차를 땅에 묻는 승용차 장례식을 열겠다는 듣도 보도 못한 기이한 알림을 게시했다. 그는 이 알림에서 "인간의 삶이 무덤에서 끝나지 않고 계속된다고 믿었던 이집트인에게서 영감을 받아, 본인도 보물을 묻으면 내세에서 풍족한 삶을 누릴 수 있다고 믿는다"고 그의 승용차 장례식 취지를 설명했다.

반응은 폭발적이었다. 페이스북에는, 즉 브라질 국민들의 반응은 격렬했다. 비난과 욕설이 쏟아졌다. 이에 스카르파는 그의 페이스북에는 물론, 심지어 여러 방송에 출연해 그의 승용차 장례식의 뜻을 설명하고, 자택에서 갖는 그 승용차 장례식에 시민들, 시청자들을 초대했다. 사람들의 반응은 뜨거웠다. 승용차 장례식 당일 브라질의 거의 모든 주요 매체들은 특별취재팀을 보내고 몇몇 방송에선 생중계를 하기 위해 헬기까지 동원하는 등 센세이셔널한 관심이 쏟아졌다.

그런데 스카르파는 장례식을 시작하기 직전 식장에 운집한 사람들을 집 안으로 안내했다. 그러고는 기자회견을 열고 전혀 뜻밖의 말을 했다. "사람들은 승용차를 땅에 묻는 건 말도 안 된다고 생각하면서, 왜 누군가의 생명을 살릴 수 있는 사람의 장기는 그냥 땅에 묻어버리는가"라고 지금까지와는 전혀 다른 소리를 했다.

그의 행동은 브라질 장기 기증 주간에 맞춰 진행된 특별 퍼포먼스였다. 브라질 국민의 장기 기증을 독려하기 위해 그의 고급 승용차 벤틀리를 땅에 묻는 승용차 장례식을 갖겠노라 선언한, 파격적인 이벤트였다. 이러한 스카르파의 파격적인 '반전(反轉) 마케팅'은 그 자체가 즉시 각종 언론매체에 크게 보도되고, 그 후 한 달 동안 브라질의 장기 기증이 31.5% 증가한 놀라운 결과가 창출되었다.

또 하나의 천재적인 마케팅 성공 사례. 제1차 세계대전이 끝날 즈음 미국의 남성들이 시가나 파이프 대신 오늘날처럼 가느다란 종이 담배를 즐겨 피우자, '럭키 스트라이크'로 유명한 미국의 대표적 담배회사 '아메리칸 토바코'는 판매 증대에 고심하다가 인류의 절반인 여성들이 담배를 피워야 판매와 수익이 곱절로 늘어날 거라는 획기적인 아이디어를 생각했다. 그리고 이 문제에 대해 당시 'PR의 아버지'로 불리고 있는 에드워즈 버네이즈(Edward Bernays)에게 자문했다.

1920년대만 해도 공개 석상에서 여성의 흡연은 금기시되고 집 안에서만 몰래 흡연하는 분위기였다. 그래서 '거리에서도 거리낌 없이 공개적으로 담배를 피울 수 있다면 얼마나 좋을까'라는 것이 당시 여성들과 담배회사 모두의 미련과 욕망이었다. 이에 버네이즈는 그런 근본적인 문제를 100% 충족시켜 주는 퍼포먼스를 기획했다. '자유의 횃불'(Torches of Freedom) 행사를 뉴욕시 한복판에서 진행하는 것이었다.

마침내 1929년 부활절 일요일에 미국에서 가장 유명한 퍼레이드 거리인 맨해튼 5번가에서 남녀 차별에 맞서는 여성 운동가들의 '자유의 횃불 행진'을 기획했다. '횃불'이란 바로 '담배', '자유'는 '남녀 평등'을 의미하는 퍼포먼스인 것이었다. 담배를 피워 문 늘씬한 미녀들의 행진이 특히 당시 여성 흡연에 반대하는 보수적인 교회와 성당 앞을 지나갔기에 매스컴의 관심이 집중되었으며, 행사 후 5주 만에 뉴욕시의 극장가에 여성 흡연실이 생기게 되고 여성들의 길거리 흡연은 그 후 너무나도 자연스러운 광경이 되었다.

스카르파와 버네이즈 모두 파격적인 마케팅 이벤트 아이디어를 계획, 대성공으로 유도하여 그들이 전달하려고 하는 마케팅 메시지를 가장 효과적으로 전달해 세상을 바꾸었다. 때로는 도발적이고 반전의 모습을 세상에 선보일 수 있는 마케팅 이벤트 하나가 대구, 경북이 원하는 모든 것을 한 방에 해결해 줄 수도 있다. 우리 모두 제2의 스카르파와 버네이즈가 되어보자!(김경해, 매일신문, 2016. 9. 4.)

제 9 장

Tourism PR

지자체(지방자치단체) 홍보

1995년 지자체 선거 이후 모든 지자체들은 정치, 사회, 경제, 문화 등 각 방면에서 지자체 상호간 경쟁상황에 돌입하게 되었다. 그 중 가장 치열한 것이 관광객 유치 경쟁이다. 지자체가 관광객 유치에 정성을 기울이는 이유는 관광객들의 지역 내에서의 소비로 인한 지역경제 활성화와 관광객의 지역 방문을 통하여 발생되는 지역 이미지 제고, 지역인지도 제고, 지역 브랜드 가치 제고, 지역민의 자긍심 고양 등을 수확할 수 있기 때문이다.

지자체에서의 관광객 유치를 위한 홍보방법은 다양한데 그 중 대표적인 것이 축제를 포함한 각종 이벤트 개최 및 참여, 슬로건과 캐릭터 만들기, 영화나 드라마의 촬영지라는 장소 마케팅을 통하여 관광객에게 어필하는 것이 있다. 본 장에서는 지자체 홍보방법 가운데 축제를 포함한 이벤트, 슬로건, 영화·드라마 촬영지에 대해서 알아보기로 한다.

제1절 이벤트 개최

이벤트(Event)는 어떤 목적을 달성하기 위하여 인위적으로 사람을 동원하도록 기획, 제작하는 일련의 과정이다. 여기에서 동원한 사람이란 출연자는 물론 관람자와 참가자를 총괄하여 의미한다. 관광이벤트란 행동하고 참여하는 관광이 될 수 있도록 관광지의 매력을 더하는 각종 축제나 행사를 마련함으로써 관광객에게 마음의 풍요로움을 가져오게 하고, 궁극적으로는 지역에 대한 호의적인 관광지 이미지 창출과 관광객을 유치하는 것이다. 지자체에서의 이벤트를 통한 홍보에는 대표적으로 축제가 있으며 그 외 관광관련 박람회의 직접 개최, 국내외 관광관련 박람회에의 참여, 각종 스포츠이벤트 개최 등이 있다.

일반적으로 지자체가 이벤트를 개최하는 목적은 지역 이미지 제고 및 관광객 유치, 지역주민 연대감 형성, 과학기술 및 산업진흥, 스포츠진흥, 전통 민속문화의 전승, 교육 · 문화진흥, 국제교류, 건강, 환경 문제의 향상 등을 들 수 있다. 이른바 대형 문화관광축제와 그와 유사한 규모의 이벤트는 이 모든 목적을 달성하기 위한 행사로서 앞의 목적 중 2~3개를 충족하지 못한다면 아무리 경제효과가 크더라도 그 이벤트가 성공했다고 말할 수 없다(이각규, 2008). 예컨대 시민 마라톤대회라든지 국제육상선수권대회 등은 스포츠 이벤트이므로 스포츠 진흥에 이바지하고 사회체육적 측면과 국제교류, 지역이미지 제고, 관광객 유치라는 측면에도 큰 비중을 두고 있다.

1.1 축제

우리나라는 1990년대부터 각 지역의 축제가 급증하기 시작하여 현재 800여 개에 이르는 지역축제가 있다. 즉 하루에 2개 이상의 축제가 전국에서 열리고 있는 셈이다. 현재 문화체육관광부는 전국에서 총 41개 축제를 2017년 문화관광축제로 선정해 등급에 따라 예산을 지원하고 있다. 지자체에서 축제를 개최하는 이유는 지역홍보와 더불어 지역경제 활성화에 큰 영향을 미칠 뿐 아니라 축제를 개최함으로써 단기적이긴 하지만 다양한 일자리를 창출할 수 있기 때문이다. 이러한 목적을 달성한 성공한 축제를 몇 가지 소개하면 다음과 같다.

충남 부여군 '부여서동연꽃축제'의 경우 2003년부터 시작했는데, 문화체육관광부가 2017년도 대한민국 문화관광축제 3년 연속 우수축제라는 영예를 차지했다. 이 축제는 2015년과 2016년 연속 방문객이 100만명을 돌파하는 성과를 보였다. 축제 기간 중 부여의 식당들은 축제 내내 북적이는 손님들로 매출이 급증하고, 부여 관내의 숙박시설은 연일 만실이 이어지는 등 경기부양 체감도를 높이며 지역경제에 큰 파급효과를 만들어냈다. 이 축제를 지역홍보 차원에서 볼 때, 잘 알려지지 않은 부여군을 세상에 크게 알리는데 기여했다는 점에서 중요하다.

2016년 9월 30일부터 10월 3일까지 개최된 제8회 강릉 커피축제의 경우, 축제 총 방문객 수가 42만명에 이르고 이 중 외지인 방문객이 25만명으로 59.3%를 차지하였다. 경제적인 측면에서 보면 방문객 총 지출비용 336억원의 직접효과와 생산유발효과 262억원, 소득유발 58억원, 고용유발 573명의 지역경제 간접효과를 가져 온 것으로 나타났다(연합뉴스, 2016).

겨울이 되면 사람들은 따뜻한 빛을 찾아 몰려들기 마련인데, 사람들의 요구를 알아내고 거기에 지역정체성을 더해 성공한 축제가 있다. 2016년으로 14회를 맞는 보성차밭 빛 축제는 보성군 보성읍 한국차문화공원과 회천면 율포 솔밭해수욕장 일원에서 12월 16일부터 2017년 1월 말까지 47일간 열렸다. 주제는 '이순신, 희망의 빛'이다. 이순신과 판옥선, 차 마시는 이순신, 닭띠 해를 맞아 새벽을 알리는 닭, 대형 찻잎, 공룡, 은하수 터널 등 다양한 경관 조명 작품 22점을 선보였다. 그리고 조형물과 공원, 해수욕장을 꾸미는 LED 조명은 500만 개가 넘었다. 보성차밭 빛 축제는 전라남도 대표 빛 축제로 꼽힌다. 2015년에는 행사 44일 동안 120만 인파가 몰렸다.

보성차밭 빛 축제

부산 크리스마스트리 문화축제는 2009년부터 개최하였다. 2017년 축제는 '탄생의 기쁨'을 주제로 부산 도심인 광복로와 국제시장 사거리, 용두산 공원 등에서 펼쳐진다. 성경에 나오는 동방박사의 여정, 에덴동산, 천사의 합창 등 다양한 이야기를 담은 '빛 트리'들이 있다. 축제기간 동안 매일 광복로 시티스폿 무대에서 아마추어 · 교회 팀들의 음악 · 무용 공연이 열리고, 새해 소망을 적어 트리에 걸거나, 광복로 상인들이 기증한 물품들을 경매하는 '옥션! 크리스마스' 행사에 참여해 볼 수도 있다. 2015년에는 700만명이 다녀갔으며, 2014년엔 세계축제협회(IFEA)의 '피너클 어워드' 금상(베스트 TV 프로모션 부문 1위)을 받았다. 축제 조직위원회 측은 부산 크리스마스트리 문화축제가 아시아의 대표적인 겨울축제로 지역경제에 이바지할 수 있도록 노력하겠다는 의지를 보이고 있다(박주용외 3인, 2016).

그러나 지역축제가 모두 긍정적인 면만 있는 것은 아니다. 특히 지역경제 활성화에 크게 도움을 주지 못하는 축제도 있다. 강원도 봉평에서 열리는 '효석문화제'의 경우 축제기간을 메밀꽃이 피는 경관에 중점을 두고 개최(매년 9월 첫 주)하기 때문에 관광객들은 경관만 둘러보고 실제 메밀음식 등을 경험하지 못하여 지역경제에 크게 도움이 되지 못하고 있다. 메밀은 축제기간 중 경관조성에는 기여하나 축제기간 중에 메밀음식의 원료를 지역 메밀로 공급하지 못하고 수입이나 타 지역에서 생산된 원곡을 쓰고 있어 진정한 봉평메밀을 경험하지 못하는 단점이 있다.

강원도 화천의 '산천어 축제'는 몇 년 전 CNN에서 겨울철 7대 불가사의의 하나로 선정될 정도로 외국에도 알려져 있고, 문화체육관광부의 2017년 대표축제로도 선정되어 관광객에도 높은 인기를 자랑한다. 축제로 인한 경제효과가 상당하지만, 한 가지 약점은 산천어 축제에 등장하는 산천어는 지역에서 양식되는 산천어 외에 외부에서 들여오는 산천어도 있어서 경제효과의 극대화에 흠으로 지적된다.

많은 수의 지역축제가 겉으로는 방문객 수로 성공한 축제라고 하지만, 실상 내실이 없는 축제가 상당히 많다. 지자체가 축제를 통하여 지역을 홍보하고 경제활성화에 도움을 받기 위해서는 성공한 축제가 되어야 하며, 더불어 축제의 외형과 콘텐츠를 충실히 만들어야 한다. 지자체 홍보를 위한 지역축제의 성공요소는 다음 네 가지로 볼 수 있다.

첫째, 지역이 보유한 자원을 발굴하고 콘텐츠화하기 위한 지역주민의 계획수립 및 참여가 이루어져야 한다. 축제의 계획부터 개최까지 모든 단계에서 지역주민이 참여할 수 있는 기회가 조성되어야 한다. 강릉단오제는 지역주민이 주체가 되어 성공한 대표적인 축제이다. 지역주민이 공연자로 구성된 '전통 굿 공연'을 볼 수 있으며, 방문객을 환대하는 지역주민들로 인해 강릉에 대한 관광객의 호의적 감정지수가 높다. 소규모 이벤트의 형태인 강원도 정선의 '5일장'에서는 시장을 찾는 방문객들을 위해 마당놀이 공연이 펼쳐지는데, 공연의 주체는 시장 상인들이며 이들은 자원봉사의 형태로 '정선 아리랑'을 비롯해 지역 고유의 가락을 선보인다. 공연은 2시간 정도 펼쳐지며 정선을 다시 찾게 만드는 매력물 중 하나인데, 정선 5일장을 매력 있는 장소로 만들고 정선군을 홍보하는 효과도 있다.

둘째, 정형화된 축제장의 형태에서 벗어나 지역의 특성을 반영할 수 있는 공간이 결합되어야 한다. 마당의 형태, 광장의 형태로 지역 자체가 축제공간의 역할을 하며 참여자들과 소통한다. 그러나 획일화된 부스 형태, 공연장 중심의 소통이 단절된 구조는 전국적인 현상이다. 지역특성에 부합하는 공간들의 결합이 이루어져야 비로소 지역정체성 확립은 물론 지역 브랜드의 가치가 부각되며 지역홍보에 일조할 수 있다.

셋째, 다양한 축제 콘텐츠의 기능이 복합적으로 이루어져야 한다. 축제를 구성하고 있는 다양한 콘텐츠들의 개별적 특성만이 부각되면 결국 축제가 주고자 하는 의미를 퇴색하게 하는 결과를 초래한다. 축제 메인 프로그램을 중심으로 보조프로그램들을 유기적으로 연계할 필요가 있다. 보성차밭 빛 축제의 경우 보성군의 정체성을 잘 드러내고 있는 차(茶)밭이라는 것이 축제의 배경이 되고 더불어 이순신장군의 활약지라는 스토리를 넣고, 거기에 사람을 끌어 모으는 '빛'이라는 보조프로그램들이 어우러지면서 보성군만의 차별화된 축제가 되고 이것이 성공적인 축제로 이끌었다.

넷째, 지역축제가 곧 지역을 상징할 수 있는 브랜드의 가치를 지녀야 한다. 함평 나비축제를 대표적인 장소 마케팅의 사례로 꼽는 것은 나비가 이미 함평의 상징으로 자리매김하였고, 이를 기반으로 지역의 가치를 지속적으로 알리고 있기 때문이다. 브랜드 가치를 내포하지 못하는 축제는 지속가능성을 담보하지 못하여 소멸적인 일회적 축제로 전락하게 된다. 지역 고유의 전통적인 자원이 아니더라도 차후에 지역을 상징할 수 있는 브랜드 가치를 확보해야 결국 지역활성화와 연결될 수 있다(인포마스터, 2016).

다음은 성공적인 지자체 홍보를 위한 지역축제 홍보전략에 대해서 알아본다.

첫째, 지역축제의 실시단계를 기획, 기본계획 작성, 실시계획 작성, 실시, 평가 순으로 볼 때 홍보계획은 기본계획 단계부터 프레임을 정리해야 한다. 둘째, 예산에 맞는 적절한 미디어 툴(tool)을 선택해야 한다. 셋째, 많은 방문객 유치에 성공하기 위해 축제에 대한 사전 홍보가 필요하다. 비용과 효과의 측면에서 화젯거리가 될 만한 홍보를 하는 것이 효과적이며, 실시계획 단계에 접어들어서는 여러 프로모션 방법을 복합하여 전략적으로 전개하는 것이 중요하다. 넷째, 홍보 실무자의 전문화가 필요하다.

1.2 관광박람회, 전시회

우리나라에서는 매년 전국 지자체가 참여하여 그 지역을 홍보하는 박람회 및 전시회를 개최하고 있다. 지역마다 하나씩의 부스를 가지고 있는데, 주로 두꺼운 브로슈어 외에는 그 지역의 개성과 정체성을 뚜렷하게 드러내 주는 별다른 콘텐츠가 마련되어 있지 않다. 아이들과 방문객을 대상으로 한 여러 가지 체험 프로그램은 있지만, 비누 만들기, 양초 만들기 등 지역특성과는 무관한 내용이 많고 기껏해야 전통의상을 입어 본다던지, 그 지역의 유명인사 피규어 옆에서 사진을 찍는다던지 하는 것이 전부이다.

이런 모습은 각종 관광박람회(관광기업과 지자체 동시 참여)에서도 볼 수 있는데, 각 도시 혹은 여행사, 호텔 등이 부스를 가지고 참관객을 맞이하며 이들에게 기념품으로 지역관광지를 소개하는 브로슈어나 팸플릿, 물티슈, 메모지, 볼펜 등을 나누어

주는 것이 전부이다. 이러한 모습은 지역을 기억하게 하고 지역의 인지도와 이미지를 제고시키고, 나아가 자신의 지역에로의 관광을 권장하는 홍보를 한다고 볼 수 없다. 결국 지자체에서 관광박람회나 전시회를 통한 홍보활동에는 지역만의 독특성이나 특별함을 각인시키려는 노력이 미흡하다. 지자체 홍보 부스에서 브로슈어나 팸플릿 등을 배포할 것이라면 굳이 비싼 임대료를 지불하는 부스를 둘 이유가 없이 지역의 관광지나 지역 진입로 등에 브로슈어나 팸플릿을 비치해 두는 것이 낫다. 지자체 홍보에서 핵심은 지역의 정체성을 알리고 보여 주어 타 지역과의 차별화된 모습을 연출하는 것이다. 이런 점에서 우리는 관광박람회나 전시회 등의 이벤트를 통해 선진화된 지자체 홍보 아이디어를 주는 사례를 찾아 볼 필요가 있다.

2013년 4월 뉴욕 맨해튼에서 도시의 정체성을 드러내는 전시회가 있었다. 바로 'Recalling 1993'이란 전시 프로젝트이다. 뉴욕판 "응답하라. 1993"이다. 그 내용을 보면 길모퉁이 공중전화에서 20년 전 맨해튼의 목소리를 듣는다. 맨해튼의 특정 장소에서 공중전화 수화기를 들고 '1-855-FOR-1993'으로 전화를 걸면, 20년 전(1993년) 이 장소 근처에 살았던 누군가가 자신의 이야기를 하는 것을 들을 수 있다. 공중전화 부스가 타임캡슐이 되는 것이다.

뉴욕 맨해튼의 'Recalling 1993' 전시회에 사용된 공중전화

실제로 맨해튼 곳곳에 있는 5,000개의 공중전화를 통해 20년 전의 '과거'에 대한 생생한 묘사를 들을 수 있다. 스토리텔러는 20년 전 이 장소에 살았던 이웃으로 이곳에서 어떤 범죄가 일어났었는지, 어떤 패션이 유행이었는지 아주 편한 말투로 이야기해 준다. 전시 프로젝트는 뉴욕 New Museum에서 열렸던 'Experimental Jet Set, Trash, and No Star'라는 전시회 작품 중 하나인데, '1993년, 뉴욕'이라는 시공간을 채웠었던 혼돈의 에너지와 거친 문화를 기념하기 위해 열렸다. 운동선수부터 기자, 연예인, 역사가, 예술가, 펑크족, 히피, 심지어 포르노 스타까지 20년 전 그 장소에서 일어난 에피소드들을 이야기해 준다. 이러한 친근한 이야기들은 심지어 이곳을 처음 방문한 사람일지라도 도시를 더 생생하고 깊게 경험할 기회를 제공한다.

또한 이 프로젝트는 현장에 직접 가지 않아도 웹사이트를 통해서 체험해 볼 수 있다. 구글맵을 통해 맨해튼 어느 곳에 공중전화가 설치되어 있는지도 찾을 수 있고, 가상으로 공간을 탐색하여 이웃의 음성도 들을 수 있다. 이것이 바로 뉴욕의 'RAW하게 도시를 전시하다, RAW Citybition 전략'이다. 말 그대로 '날 것 그대로의 맨해튼'을 알리는 것이다. 지난 어두운 과거에 대한 어떤 수치심도 은폐도 없다. 오히려 글루미하고 터프했던 90년대가 뉴요커 정체성의 일부라는 듯 받아들이는 쿨하고 위트 있는 태도는 멋지게 다가온다.

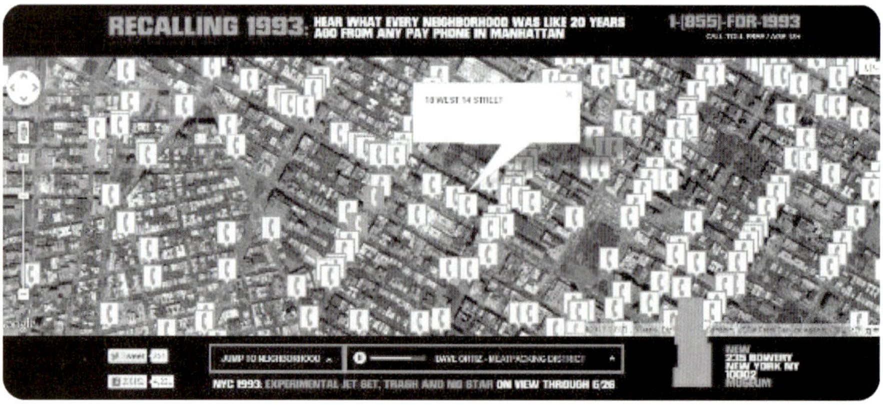

구글맵 상의 'Recalling 1993' 공중전화 위치(뉴욕 맨해튼)

이런 점에서 이 프로젝트는 마케팅 전략 중 하나인 'RAW 컨셉'을 적극 활용해 다시 한 번 맨해튼이 매력적이고 멋진 도시라는 것을 확인시켜 주고 있다. 단발성의 전시작품이긴 하지만, 또 한편으로는 성공적인 도시 홍보의 기회를 보여 준 사례로도 평가할 수 있다(정새롬, 2013).

이처럼 지자체 홍보를 위해 관광박람회 혹은 전시회를 직접 개최하는 방법도 있지만, 타 지역에서 개최하는 박람회나 전시회에 참가하는 것도 지역홍보의 한 방편이 된다. 2016년 11월 제주특별자치도와 제주관광공사, 제주특별자치도 관광협회는 홍콩현지에서 개최되는 '2016 한국문화관광대전(K-winter & Glocal Carnival 2016 in Hong Kong)'에서 제주홍보 부스를 공동으로 운영했다. 중국으로 편중된 해외시장을 완화하기 위해 겨울을 즐기기 힘든 홍콩 관광객을 타깃으로 동계시즌 이벤트 및 콘텐츠를 집중 홍보했다. 또한 홍콩 FIT시장 공략을 위해 야간관광코스, 제주개별관광 노하우, 2017년도 축제이벤트 및 황금버스를 홍보하고 주요 온라인 채널을 활용한 SNS이벤트를 전개해 현지인들로부터 큰 호응을 얻었다(헤드라인제주, 2016. 11. 20.).

제2절 슬로건 개발

2.1 CI와 슬로건

슬로건은 CIP(Corporate Identity Program)의 하나이다. CI는 기업이나 공공단체가 가지고 있는 이미지를 시각적으로 체계화, 단일화한 것으로 조직체의 실체를 확실하게 인식시키며 질서 있고 체계적인 관리를 통한 합리적인 조직체 경영에 그 목적이 있다. 지자체가 CI 작업, 즉 슬로건이나 캐릭터 등을 만드는 목적은 지역에 대한 인지도를 높이고 호의적인 이미지를 창출함과 동시에 궁극적으로는 관광객 유치를 견인하기 위해서다.

CI는 본래 마케팅 전략의 한 방법으로 등장했다. CI는 조직체에 보다 유리한 시장 조건을 조성할 목적으로 조직체가 자신의 고유한 존재가치를 조직체 내·외적으로 확인, 정립하는 작업이다. 조직체의 주체성 확립, 자아확립을 위해 CI는 MI(Mind Identity), BI(Behavior Identity), VI(Visual Identity)의 3가지 기본 준거 틀을 갖추고 조직체 내·외를 향한 적극적인 커뮤니케이션을 수행한다는 전략체계를 갖춘 방법론이다.

(1) MI

MI(Mind Identity)란 기업이념을 재확인, 재확립하여 기업의 존재의의와 목표를 밝혀 이에 맞는 경영을 하기 위한 규칙을 설정하는 프로그램으로 CI 중에서도 본질에 해당하는 부분이다.

(2) BI

BI(Behavior Identity)는 기업이념을 하나의 행동양식으로서 기업 내에 침투, 확산시키는 프로그램이다. 경영, 인사, 마케팅, 광고, 재무 등 실질적인 경영활동이 모두 BI에 해당된다.

(3) VI

VI(Visual Identity)란 기업이념을 시각적으로 표현해 주는 프로그램으로서 가장 CI다운 부분이라고 할 수 있다. 사실 CI를 도입했다는 기업의 변화는 무엇보다도 회사명이나 심벌의 변경에서 알아볼 수 있다. 따라서 CI란 VI에 의한 기업 이미지 전략이며 CI가 곧 VI라고 생각하는 사람도 많다. 그러나 진정한 CI는 MI를 바탕으로 BI를 거쳐 VI로 연결되는 일련의 과정이다. 외관으로는 VI가 CI를 주도하므로 CI 자체라고 생각하게 되지만, 이것은 올바른 생각이 아니다. 왜냐하면 CI의 본질은 MI에 있기 때문이다. 따라서 MI가 없는 VI는 본질을 빼놓은 CI에 불과하다.

따라서 지자체에서 슬로건이나 캐릭터를 만들 때에는 지역의 정체성(MI)을 먼저 알아내는 것이 중요하다. 지역 슬로건은 지역의 정체성을 함축적으로 나타내는 것이라는 사실을 잊어서는 안 된다.

지자체의 정체성을 전달하는 방법으로는 시각뿐만 아니라 언어 및 음성으로도 가능하다. 시각(VI)의 대표적인 것은 캐릭터, 심벌, 워드 마크, 로고타입, 시그니처 시스템이 대표적이며, 언어에 의한 커뮤니케이션은 LC(Linguistic Communication)로 슬로건, 네이밍(naming) 등이 포함되며, 음성에 의한 커뮤니케이션은 SC(Sound Communication)로 표현하며, 여기에는 로고송과 특정지역의 스토리가 담겨 있고 지역 색이 강한 노래 등이 대표적이다.

2.2 슬로건

슬로건이란 지역이나 기업의 전체적인 비전을 구체화시킨 간결하면서도 포괄적인 문구이다. 슬로건은 시장전략에 따라 조정되어 이름이나 상징물에 쓰일 수 있다. 또한 브랜드에 추가적인 연상을 줄 수 있고, 이름과 심벌이 갖는 모호한 점을 제거해 줄 수 있으며 이를 강화할 수 있다. 특히 지자체 슬로건은 높은 인지도를 가진 지역 특색을 활용하여 지역의 이미지를 표방하거나 새로운 이미지를 창출하는 수단으로 사용되고, 지역의 관광홍보뿐만 아니라 다양한 지리적 · 문화적 지역 특성을 나타내기 위해서도 사용된다. 지자체 슬로건은 타 지역 사람들이 지역에 대하여 어떻게 생각하며 어떤 감정을 갖느냐에 결정적인 영향을 미친다.

일본의 오키나와현은 '투명한 아름다움'과 '동양의 하와이', 중국 칭다오는 '동양의 나폴리', 베이징은 '거대한 문화의 도시' 등 인지도가 높은 지역특색과 정체성을 담은 슬로건으로 관광객을 유치하고 있다. 국내에서도 'Dynamic Busan', 'Happy Suwon', 'It's Daejeon', 'Asiart Jeonju', '미래를 여는 녹색도시 성장 봉화', 'Blue City GEOJE', 'New Start Yesan', 'VIVA Boryeong', 'go go goryeong', '생명과 태양의 땅 충북', '춘향남원, 사랑의 1번지' 등 광역자치단체뿐만 아니라 기초자치단체에 이르기까지 슬로건을 개발하고 있다. 다음은 광역자치단체 슬로건들의 소개이다.

- 서울: I · SEOUL · U(함께 만드는 서울, 함께 누리는 서울)
- 세종: 세상을 이롭게
- 대전: It's Daejeon(가장 살기 좋은 도시)
- 광주: Your Partner Gwangju
- 인천: Fly Incheon(미래를 향해 도약하는 젊은 도시 인천)
- 부산: Dynamic Busan
- 대구: Colorful Daegu
- 경기: Global Inspiration(세계 속의 경기도)
- 강원: Lively Gangwon
- 충북: 생명과 태양의 땅 충북
- 충남: Heart of Korea(행복충만 충청남도)
- 경북: Pride GyeongBuk
- 경남: Feel Gyeong Nam
- 전북: 한국 속의 한국, 생동하는 전라북도
- 전남: Green Jeonman(녹색의 땅 전남)
- 제주: Only Jeju Island

대전광역시는 'It's Daejeon'이라는 슬로건으로 '가장 살기 좋은 도시가 바로 대전이다'라는 감탄사적 의미로 슬로건을 선택하였다. 부산광역시는 'Dynamic Busan'이라는 슬로건을 만들고, 개방 · 진취적인 부산시민의 기질과 관광, 경제, 교육, 문화 등 모든 분야에서 활기차게 역동적으로 발전한다는 긍정적인 메시지를 담고 있다. 경상남도 브랜드 슬로건인 'Feel Gyeongnam'은 천혜의 자연경관과 풍부한 관광자원과 산업이 조화를 이룬 경남의 매력과 역동성을 직접 느껴 볼 수 있다는 의미를 담고 있다.

여기에서 중요한 점은 겉으로 보기에 매력 있는 슬로건이라도 사람들이 연상하는 이미지와 기존의 이미지와 현격한 차이가 있을 경우 홍보효과를 기대하기는 힘들다는 점이다. 지역에서 사용하고 있는 슬로건은 지역의 이미지와 정체성을 잘 담아내야 하며, 슬로건의 이미지는 관광홍보에도 영향을 미친다. 그러나 지역의 고유한 특성을 대표하는 효과적인 관광홍보 슬로건을 만든다는 것은 결코 쉬운 일이 아니다.

지역 슬로건을 살펴보면, 표현이 독특하지 않고 타 지역의 슬로건과 유사하거나 외국의 슬로건을 그대로 모방한 것 같아 논란의 소지가 있다. 기존에 각 지자체들이 사용해 왔던 슬로건은 지역특성을 살리기보다는 형식에 치우친 감이 있어 홍보효과를 거두지 못하고 있으며, 지역민들조차 슬로건의 존재 자체를 알지 못하는 경우가 허다하다.

현재 우리나라의 지자체 단위의 슬로건은 개선할 점들이 많다. 거의 모든 지자체들의 슬로건은 지향하는 비전이 있는데, 지역의 정체성까지 담은 슬로건은 많지 않다. 국내 도시나 지역의 슬로건을 보면 지역정서와 맞지 않거나 의미가 무엇인지 뚜렷하지 않아 홍보기능을 하지 못하는 경우가 흔하다. 지자체 슬로건에 대해 일부 슬로건 개발자는 슬로건에 지역의 정체성 및 고유특성이 들어 있고 슬로건에 대해 의미가 있다고 주장하지만, 문제는 지자체가 주장하는 의미나 의도가 주민이나 방문객이 갖는 의미와 동일한 것인가가 문제이다.

슬로건을 하나의 예술작품으로 생각한 나머지 유용성이 결여된 슬로건을 지자체가 양산하고 있다. 관광객들을 대상으로 슬로건에 대한 충분한 사전평가 없이 이를 관광홍보수단으로 사용할 경우 예산낭비를 초래할 수 있다. 우리나라의 거의 모든 지자체들이 슬로건을 만드는 데 상당한 예산을 지출하지만, 우리나라 지자체 슬로건은 국내에서뿐만 아니라 외국에서도 슬로건에 대한 인지도는 아주 낮은 편이다. 또한 많은 수의 지자체가 슬로건을 영문으로 표기하고 있는데, 광역자치단체 정도면 외국인 유치를 위해서라도 영어 슬로건이 필요하겠지만, 기초자치단체에서는 영문 슬로건을 반드시 만들어야 할 필요는 없다.

지자체의 관광홍보 슬로건은 다음과 같이 세 가지 요건을 갖추어야 한다.

첫째, 장기간 지속되어야 한다. 성공적인 관광홍보 캠페인 사례인 '100% Pure New Zealand'나 'I ♡ New York' 등은 일회성 캠페인이 아닌 오랜 세월 지속적으로 펼쳐왔기 때문에 캠페인 구호 자체로서 브랜드가 되었다.

둘째, 통일성이 있어야 한다. 뉴질랜드 관광청은 모든 홍보물과 인쇄물 및 사이트에 '100% Pure New Zealand' 슬로건을 활용함으로써 뉴질랜드에 대한 인지도를 높였고, 뉴질랜드에 대한 관광수요를 크게 증가시키고 있다.

셋째, 독창성이 중요하다. 흔히 다른 지역의 상품이나 자원과 차별성이 있는 주제를 선정하여 강조해야 한다. 뉴질랜드는 '100% Pure New Zealand'를 강조하고 있는데, 대부분의 국가가 Special, Incredible, Wonderful 등의 형용사를 쓰는데 비하면 뉴질랜드는 자국의 강점인 청정자연을 강조한 것이다.

슬로건으로 성공한 사례는 뉴질랜드가 대표적이다. 1999년부터 최초로 글로벌 마케팅 캠페인인 '100% Pure New Zealand' 캠페인을 벌여 왔으며, 이 캠페인은 이후 호주의 단기 관광객을 대상으로 Air New Zealand와 제휴한 'In 5 Days You'll Feel 100%' (5일 동안의 100% 만족) 등의 캠페인 등 다양한 연계 캠페인을 만들어냈다.

'100% Pure New Zealand'라는 슬로건은 성공스토리로 많이 인용되어 왔고, 학술적으로 연구되기도 하였다. 이 슬로건은 뉴질랜드의 자연친화 요소에 포커스를 맞춘 마케팅 캠페인으로, 이 캠페인은 특히 '반지의 제왕'에서도 선보인 바 있는 뉴질랜드의 대자연 풍광에 포커스를 맞춘 자연 · 환경 마케팅을 성공적으로 이끌었다는 평가를 받고 있다. 이 캠페인을 통해 뉴질랜드는 친환경관광지로 자리매김하였고, 순수자연과 어드벤처 및 야외 레저활동에 참여하고자 하는 욕구가 높은 소위 자연과 상호교감하는 관광객을 목표시장으로 정했다.

뉴질랜드 관광공사는 미국의 과학 · 자연사 · 다큐멘터리 전문 채널인 'Discovery Channel' 등과의 공동작업을 통해 동일 슬로건을 반복적으로 노출하여 북미 등에 인지도를 높여 왔으며, 특히 '뉴질랜드 방문의 주'에는 뉴질랜드를 홍보하는 5개의 프로그램을 제작하여 잠재적으로 1억 5천만명의 시청자를 대상으로 방영했다. 뉴질랜드는 관광관련 사이트나 모든 인쇄물 · 미디어 광고 등에 모두 '100% Pure'라는 로고를 일관되게 사용하여 홍보효과를 극대화하고 있다. 이는 일관성 있고 지속적인 글로벌 마케팅 컨셉을 사용하여 소비자들에게 인지도를 높이고 여행욕구를 자극한다는 평을 받고 있다.

이에 반해 우리나라나 지자체는 장기 비전과 전략의 부재로 지자체장이나 기관장이 바뀔 때마다 캠페인이나 슬로건이 다르다. 즉 이벤트성 홍보를 해 오고 있다는 증거이다. 예를 들어 월드컵 기간 동안 'Dynamic Korea'를 사용한 후 'Korea, Sparkling'으로 바뀌었고 다음으로 'Be inspired'를, 지금은 'Imagine your Korea'를 사용하고 있어 슬로건 지속성에 있어 뉴질랜드와 비교하면 지속성 및 일관성 등의 문제가 여실이 드러난다. 이러한 관광 슬로건의 바뀜 현상은 지자체에서도 마찬가지다.

미국에서 연구된 결과에 의하면 슬로건을 다음과 같이 3종류로 구분하고 있다. 첫째, 의미 있는 주제가 결여되었거나 소구점이 전혀 없는 경우이다('Yes, Michigan!, Discover Idaho'와 같이). 둘째, 상품특성은 있으나 다른 지역에서도 사용할 수 있는 것인데 'Virginia is for Lovers'가 그 예이다. 마지막으로 USP(Unique Selling Proposition)가 있는 경우인데, 'Arizona. The Grand Canyon State'이다. 앞의 2종류는 별 주목을 받지 못하는 슬로건인데 반하여, 애리조나의 경우 분명히 지역의 실체인 그랜드 캐년을 내세워 다른 지역과 차별성을 갖추었고, 소구점이 있는 슬로건이어서 매력적인 슬로건으로 평가 받고 있다. 결국 슬로건은 그 지역만이 지니고 있고 방문을 촉진시킬 수 있는 USP(Unique Selling Proposition)를 담아내야 한다.

이상을 토대로 성공적인 슬로건 개발조건을 제시하면 다음과 같다. 지역특성을 나타내는 USP가 1~2개 들어 있되, 상호 연관이 있고, 소비자욕구를 만족시킬 수 있는 편익을 제공하여 시장에 어필할 수 있어야 하며, 경쟁지역이 제공할 수 없는 독특한 것이어야 한다. 또한 슬로건은 반복사용으로 효과를 높이려는 것이므로 발음하기 쉽고 기억하기 쉬워야 하는 동시에 리듬감이 있고 사람들의 마음속에 쉽게 와 닿아야 한다. 슬로건이 갖추어야 할 요소를 요약하면 구체적이고, 적절하고, 기억하기 쉬워야 하는데, 예를 들어 각국의 슬로건과 국가이름을 나열하여 서로 짝지으라고 하였을 때 바르게 연결될 수 있어야 한다.

다음은 지자체에서 슬로건을 개발할 때 고려되어야 할 사항들이다.

첫째, 슬로건 개발과정에서 지역주민들의 의견이 반드시 수렴되어야 한다. 지자체 슬로건의 인지도가 낮은 이유 중 하나는 지방정부가 슬로건 개발과정에서 외부 전문가들을 통해 슬로건을 결정하는 관행이 있기 때문이다. 지역민들을 대상으로 공모를 하면 많은 사람들의 관심을 끌 수 있으므로 그만큼 인지도도 높아지게 된다. 현재는 인터넷 공모를 하기 때문에 지역과 전혀 상관없는 전국의 신청자가 그럴 듯한 문구를 갖고 공모에 참여하기 때문에 지역의 비전을 담아내지 못하고 졸작만 양산하는 것이다.

둘째, 지자체 슬로건을 홍보하기에 앞서 관광상품 및 관광자원 개발이 선행되어야 한다. 슬로건을 활용하는 지역관광홍보의 기대효과에 대해서는 강한 부정적인 반응을 보이는 이유가 바로 슬로건 이미지와 연계할 관광자원이 없기 때문이다. '100% Pure New Zealand'와 같이 공감대가 형성되는 슬로건은 관광홍보뿐만 아니라 관광수요를 창출하는 데 효과적일 것이다.

셋째, 슬로건에 대한 이미지 및 홍보효과가 평가되어야 한다. 현재 국내에서도 거의 모든 지자체가 영문 또는 국문 슬로건을 만들어 사용하고 있지만, 슬로건의 이미지 및 홍보효과를 평가한 경우는 매우 드물다.

현재 우리나라의 경우 지자체의 슬로건 론칭에 대한 부정적 시각도 다소 있는데, 슬로건 개발이 전시행정에 머물거나 지역여건에 대한 면밀한 고려 없이 '남이 하니까 나도 한다'는 식의 모방행정에 그친다는 점이 대표적이다. 우리나라 지자체들도 단순히 슬로건을 만드는 일에만 전력을 다할 것이 아니라, 지역의 특성을 대표할 수 있는 관광자원 개발에 역점을 두고 그것을 슬로건이라는 도구를 통해서 지역홍보에 임한다면 국내는 물론이고 세계적인 도시 브랜드로서의 성장가능성을 예측할 수 있을 것이다.

제3절 영화 · 드라마 촬영지 유치

현재 지자체의 홍보도구로 급부상하고 있는 것이 영화 · 드라마 촬영지 유치이다. 영화 · 드라마 촬영지는 지역의 문화 콘텐츠를 활용한 주요 홍보도구로서 지역의 인지도 및 이미지 제고, 관광객 유치에 큰 도움을 준다. 유영심(2010)은 드라마 · 영화가 관광에 미치는 영향을 아래와 같이 분석하였다.

드라마나 영화의 로케이션들은 개봉이나 방영이 될 때까지 관광지로서 인식되지 않지만, 흥행이 되면 대중의 주목을 받게 되면서 관광지로 각인된다. 시청자들이 촬영지를 방문하는 욕구는 드라마와 영화의 장면과 함께 촬영지의 아름다운 자연환경, 기후, 좋은 음식, 숙박시설들, 거주공간의 종류, 휴식장소 등이 작용하고 있다. 드라마와 영화 속의 내용이나 주제 때문에 방문이 유도되기도 한다. 예를 들어 드라마 『겨울연가』가 일본의 중년부인들을 자극한 것은 장소가 가진 매력요소보다는 드라마에서 보여진 첫사랑, 가족애, 우정이 겨울이라는 배경과 음악이 함께 조화를 이루어 방문객을 유도했다고 볼 수 있다.

영화와 TV드라마는 촬영지에 대한 방문욕구를 이끌어내는 역할을 하지만 약간의 차이점을 갖고 있다. 영화는 대다수의 시청자들에게 일회성 또는 제한된 경험만을 제공하는 반면, 몰입도는 상대적으로 높다. TV드라마는 좀 더 장기간의 촬영과 방영시간을 가지고 있다. TV시리즈물은 시청자들이 그 이야기 구조나 등장인물, 무대배경 등에 대해 가지는 연결감은 오랜 시간 지속되기 때문에 시청자에게 그 지역의 인지도를 높이고 방문욕구를 강화시키는 역할이 영화보다 더 강력하다.

방문객들은 드라마와 영화의 흥행과 함께 증가했다가 방영이 종료된 후 감소하는 경향이 있다. 전 세계적으로 영상과 관련한 관광 영향력의 지속기간은 3년 정도인 것으로 보고되고 있다(Travel&Tourism Analyst, 2003). 그러나 비록 방문율은 감소할지라도 종종 이미지는 오랫동안 남아진다. 이러한 이미지를 지속화시키기 위해서는 드라마 및 영화와 관련한 새로운 재개발이 만들어져야 영구적인 효과를 기대할 수 있을 것이다.

경기도 가평에 위치한 쁘띠프랑스는 2014년 종영된 '별에서 온 그대' 촬영지로 중화권 필수 관광지로 자리매김하면서 문화콘텐츠를 활용한 해외관광객 유치 사례가 되고 있다. 또한 촬영지를 방문한 관광객들은 자신이 영화나 드라마 속의 등장인물이 된 것 같은 체험을 하기 때문에 관광 만족도가 타 관광지에 비해 상당히 높다.

영화와 드라마를 활용한 지자체 홍보는 크게 두 가지 형태로 분류할 수 있다. 첫째, 영화 · 드라마 촬영 장소 협찬이며, 둘째, 영화 · 드라마 촬영 세트장 건립이다. 촬영장소 협찬의 경우는 지자체 홍보에 있어서 고전적 방법이자 지자체에서 홍보도구로 활용 빈도가 높은 홍보방법 중 하나이며, 지역의 자연과 음식점, 호텔, 가옥 등의 건축물 등을 촬영지로 협찬하는 것이다.

하나의 드라마 하나의 영화에는 수많은 장소가 등장하며, 제작사는 로케이션 매니저(location manager, 촬영지 섭외 전문가)를 통해 제작에 필요한 장소를 물색하고 그 장소를 지자체에 요청하면 협찬을 받는데 대다수의 지자체는 촬영장소 협찬에 매우 긍정적이며 적극적이다. 지자체의 이런 반응은 '그대 그리고 나'의 촬영지였던 '영덕 강구항'과 '겨울 연가'의 촬영지였던 '남이섬'이 유명세를 타면서 수많은 관광객 유치효과를 본 것에서 발단이 되었다. 그 이후로도 많은 수의 영화 · 드라마 촬영지가 새로운 관광명소로 각광받는 것도 하나의 자극제가 되었다. 촬영장소 협찬은 지역 입장에서는 많은 관광객 유치를 할 수 있고, 제작사는 제작비용의 절감효과를 누릴 수 있기 때문에 촬영장소를 협찬하는 지자체나 제작사 상호 이익이 된다. 특히 지자체의 경우 자신의 지역에서 촬영된 영화나 드라마가 흥행을 거둘 경우 장기적인 이익을 거둘 수 있기 때문에 더욱 촬영 유치에 적극적이다.

어떤 지자체의 경우는 한 발 나아가 자신의 지역에서 촬영된 영화나 드라마와 연관된 모든 소재를 동원해 지역의 색다른 문화관광 상품을 만들어내고 있다. tvN 드라마 '쓸쓸하고 찬란한 神-도깨비'가 선풍적 인기를 끌면서 주요 촬영지인 인천도 덩달아 새로운 관광명소로 떠오르고 있다. 인천 동구 금곡동 배다리 헌 책방거리에 있는 '한미서점'은 주인공 공유가 책을 뽑아 읽는 장면이 방영된 이후부터 인증 샷을 찍는 여성 팬들로 북새통을 이루고 있다. 이에 인천관광공사는 2017년 1월 15일부터 송도 센트럴파크역 인근 송도관광안내소에서 관광객에게 저승사자 의상, 여주인공 교복, 도깨비 검 등 드라마에서 등장한 의상과 도구를 빌려주는 등 확실한 지역문화 관광상품을 만들기 위해 노력하고 있다. 즉 지자체 차원에서 아예 영화 · 드라마 촬영지를 관광상품으로 개발하는 것이다.

tvN '도깨비'에서 주인공 공유가 책을 읽고 있는 장면(인천관광공사 제공)

2016년 11월에 종영한 드라마 '구르미 그린 달빛'은 수원화성행궁, 가평 아침고요 수목원, 전주향교, 하동 최참판댁, 남원 광한루, 단양 온달동굴, 고창 읍성, 안성 팜랜드, 전주한옥마을, 전남 낙안읍성 그리고 남양주 종합 촬영소 등에서 촬영되었다. 이처럼 한 편의 영화나 드라마를 촬영하기 위해서는 수많은 촬영지가 물색되고, 그 한곳 한곳이 관객으로 하여금 매력적인 방문지로 인식되면서 방문하게 되고, 덩달아 촬영지는 의미와 스토리를 가지면서 자연스럽게 하나의 관광지로 탄생하게 된다.

'구르미 그린 달빛' 촬영지 '전주 향교' '토지', '구르미 그린 달빛' 촬영지 '하동 최참판댁'

경남 하동 최참판댁의 경우 2004년 SBS 대하드라마 '토지' 촬영 이후 현재까지 수십 편의 영화 · 드라마를 촬영했다. 지금까지 방영된 대부분의 사극이 여기에서 촬영되었다고 해도 과언이 아니다. 2017년 현재도 많은 촬영이 진행되고 있는데 SBS 드라마 '푸른바다의 전설'에서 극 중 주인공 전지현과 이민호의 담소 장면이 여기에서 촬영되었으며, 2017년 1월 30일부터 MBC에서 방영되는 '역적, 백성을 훔친 도적'의 주된 촬영지가 이곳이다. 이런 이유로 '하동 최참판댁' 댁은 경남 하동군을 대표하는 관광지로 자리매김했으며 매일 수많은 관광객들의 발길이 이어지고 있다.

부산은 매년 10월 '부산국제영화제'가 개최되는 만큼 다수의 영화와 드라마가 촬영되었는데 '친구', '해운대', '국제시장', '도둑들', '변호인', '부산행', '아수라' 등이 대표적이다. 이에 2017년 1월 부산시는 주요 영화 촬영지를 여행코스로 엮어 소개한 여행안내서 '부산시:네Cine)'가 발간되어 관광객들에게 무료 배포하고 있다. 이 안내서는 부산영상위원회가 촬영지원한 영화 촬영장소 중 관광객들이 방문하기 좋은 관광명소들을 선정해 테마별, 또는 영화 · 영상물별로 코스를 추천하고 있다.

영화의 도시라 해도 과언이 아닌 부산은 2015년에 이미 영화제 20주년을 맞아 영화와 관광을 결합한 스크린 투어를 개발해 판매를 하기 시작했다. 한국관광공사 동남권협력지사와 부산관광공사가 합쳐 만든 '무비 인 더 시티'라는 관광상품은 2박 3일 일정으로 부산의 기존 관광지를 포함해 부산의 영화촬영지(국제시장, 용두산 공원, 해운대 해수욕장, 동백섬, 광안대교, 태종대, 중앙동 40계단 등), 촬영스튜디오, 영화의 전당 등을 돌아보는 코스로 꾸며졌다. 외국에서는 활성화된 스크린 투어리즘이 국내에서 실시된 것은 부산이 처음이다.

이상에서 살펴본 것과 같이 촬영장소 협찬은 지자체의 입장에서는 매우 매력적인 홍보도구이다. 그러나 협찬한 모든 촬영장소가 관광명소가 되는 것은 아니다. 자칫하면 지역 이미지에 위협을 줄 수 있는 영화나 드라마도 다수 있다. 따라서 영화 · 드라마의 촬영장소 협찬을 통한 지자체 홍보 시에는 다음의 사항을 상기해야 한다. 첫째, 촬영장소 협찬 요청이 있으면 해당 영화나 드라마가 자신의 지역 이미지에 어떤 영향을 미칠 것인지, 지역 인지도 제고에는 어느 정도 도움이 될 것인지를 지자체

관계자는 조사 및 검토하여 긍정적 결과가 예측되면 지자체 차원에서 적극적 지원을 해야 한다. 둘째, 지자체는 제작을 앞두고 있는 영화나 드라마에 대해서도 지역에의 긍정적 효과를 충분히 분석 및 예측하여 지역에 손해를 끼치는 것보다 득이 되는 요소가 많다고 판단되면 발 빠른 유치전략을 펴야 한다.

다음으로 영화 · 드라마를 통한 지자체 홍보에서 있어 또 다른 형태인 영화 · 드라마 촬영 세트장 건립에 대해서 살펴보기로 한다. 영화 · 드라마 촬영 세트장의 수익은 일반적으로 입장료 수입, 장소대여 수입으로 구성된다. 따라서 관광객 유치수가 많고 촬영 편수가 많은 세트장의 경우 지역 인지도를 높여 지자체 홍보도구가 됨과 동시에 지자체 경제활성화에도 큰 역할을 한다. 더불어 영화 · 드라마 제작에 따른 음식점 및 숙박업, 기타 상점들의 수입을 포함하면 영화 · 드라마 촬영 세트장이 지역에 기여하는 효과는 지대하다.

우리나라에서는 1997년부터 2012년까지 총 35곳에 영화 · 드라마 촬영장 및 세트장이 만들어졌다. 이 중 자체 수입으로 운영되는 곳은 10곳에 불과하다. 나머지 25곳은 지자체나 국비지원 없이는 사실상 운영이 불가능하며, 자체 수입이 전혀 없는 곳도 9곳이나 된다. 실상 세트장 35곳을 짓는 데에는 40억원의 국비가 지원됐고 지방비 1,700억원 이상이 투입되었다. 이 가운데 성공한 곳을 예를 들면 '태백시 영화 · 드라마 촬영장', '남양주 종합 촬영소'와 '문경 오픈 세트장', '순천 드라마 촬영장' 등이다.

강원도 태백시는 드라마 '태양의 후예' 종영 후 세트장을 완전히 관광상품으로 만들었다. 극 중에 등장하는 간이병원 시설도 있으며 실제로 체험까지 하도록 운영하고 있다. 또한 외국인관광객을 위해 영어, 일어, 중국어 통역서비스도 실시하고 있다. 태백시는 2017년부터 운영되는 시티투어버스의 코스에 '태양의 후예' 촬영지를 추가해 색다른 볼거리를 제공한다. 물론 통리 5일장이 열리는 날만 시티투어코스에 추가하는 것이지만, 지자체의 이러한 모습은 지역에 주어진 절호의 기회를 놓치지 않으려는 지자체의 간절함이 엿보이는 대목이다.

문경시는 2000년 문경새재에 고려시대 배경의 오픈 세트장을 건립하였다. 당시 KBS 대하 사극 '태조 왕건'이 인기를 끌면서 전국에서 관광객이 몰렸다. 1999년 연간

42만명에 불과했던 문경새재 관광객 수가 2014년에는 267만명의 관광객이 방문했다. 이후 130동의 세트 건물들이 들어섰다. 문경관광진흥공단은 2016년 입장료와 촬영장 임대(영화 · 드라마 58건) 등으로 4억 7천여만원의 매출을 기록하였다. 이후에도 계속된 영화 · 드라마 촬영 덕분에 지역 음식, 숙박업소들이 특수를 누리는 것을 감안하면 지역경제 파급효과는 막대하다.

이상에서 언급한 성공한 촬영세트장이 있는 반면에 실패한 촬영세트장도 많이 있다. 충북 제천시는 2012년 애물단지로 지적을 받아온 드라마 세트장을 철거했다. 2000년, 2001년에 조성한 세트장은 촬영 이후 관광객의 발길이 끊기면서 천덕꾸러기 신세가 됐다. 매년 3,000만~4,000만원의 유지 관리비를 투입하다 결국 예산을 들여 철거했다. 충남 부여군 역시 50억원이 넘는 예산을 들여 조성된 '서동요' 촬영장도 기대에 못 미치고 있으며, 해마다 운영비 3,000만원 이상 투입하지만, 연간 입장료 수입은 이에 못 미치는 2,600만원 정도가 고작이다. 경남 김해시의 드라마 세트장, 울산시 울주군 촬영장, 전남 신안군 세트장 역시 마찬가지이다.

우리나라의 25곳에 조성된 세트장(지자체나 국비 지원 없이는 운영이 불가능한 곳)의 현실은 지자체에게 다음과 같은 교훈을 주고 있다. 첫째, 지자체가 벌어들일 단기적인 이익에 급급해 무분별한 세트장 건립은 자제해야 한다는 것이다. 지역 사정과 환경을 무시한 촬영세트장은 실패할 가능성이 크다. 문경새재 세트장이 사극 촬영장 등으로 꾸준히 인기를 끄는 것은 수려한 풍광과 뛰어난 환경(성곽과 흙길, 울창한 숲길 등)이 잘 보존되어 사극 촬영 장애요소가 거의 없기 때문이다. 또한 인근 가은읍에도 고구려궁, 신라궁, 안시성, 요동성, 마을 등 삼국시대를 배경으로 한 오픈 세트장이 있어 다양한 시대를 배경으로 한 사극 촬영이 가능한 이점이 있기 때문이다.

둘째, 예산을 들여 세트장을 건립할 때에는 세트장 운영에 대한 계획과 수요예측을 철저히 할 필요가 있다. 앞서 언급한 충북 제천과 충남 부여군의 사례를 기억해야 할 것이다. 셋째, 지자체장의 의식이 변화되어야 한다. 즉 지역에 어느 정도 이익이 발생할 것인가를 우선 고려대상으로 해야 한다. 영화 및 드라마 세트장 유치가 지자체장의 큰 치적으로 포장되면서 경쟁적으로 이뤄지는 경향이 있다. 사실 세트장을 건립하고 운영하는 책임은 전적으로 지자체의 몫이라는 사실을 잊어서는 안 된다(김상화, 2015).

이상 영화·드라마를 통한 지자체 홍보에 대해 살펴보았는데, 이 외에 오락프로그램의 촬영지도 뜻밖의 관광상품이 되는 경우가 많다. 2016년 12월에 방영된 '런닝맨'에서는 대구 서문시장을 배경으로 촬영되면서 대구 서문시장이 널리 알려지게 되었다. 또한 강원도 정선의 경우 tvN의 '삼시세끼 정선편'을 촬영하였는데, 촬영지 뿐 아니라 정선 일대의 관광지와 상점에 엄청난 수의 관광객이 몰렸으며, 관광객들은 촬영지와 인접한 시골의 몇몇 집을 자연스럽게 음식점으로 탈바꿈시켰고 지역 농산물의 판매량이 급증하는 결과를 가져왔다.

제4절 기타 지자체 홍보방법

이상 언급한 내용 외에도 지자체 홍보방법은 다양하다. 그 중 세 가지를 소개하고자 한다.

첫째, 지자체는 정부로부터 지자체 홍보 및 관광객 유치를 위해 도움을 받는 것도 필요하다. 즉 지자체는 정부와의 호의적인 관계 형성을 위한 PR이 필요하다. 대부분의 정부에서 추진 중인 주요 관광사업들은 위원회나 정부에서 단독으로 추진하고 있는 사업이 아니라 유관기관, 지자체, 민간의 참여와 협력사업 형태로 진행되고 있다. 이는 관광객 유치는 관광관련기관이나 기업뿐 아니라 유통, 문화, 음식, 의료 등 각계 각 분야에 걸친 민간기업과 지자체의 참여가 절대적으로 필요하다는 사실을 중앙정부가 잘 알고 있기 때문이다. 즉 관광유관기관의 콜라보레이션이 필요하다는 점을 정부는 알고 있다는 것이다.

따라서 지자체는 관광객 유치와 관련해 중앙정부로부터 지원을 받을 기회가 열려 있다는 것이므로 지자체는 중앙정부로부터 도움 받는 창구를 잘 활용해야 한다. 지자체가 중앙정부로부터 도움을 받기 위해서는 관련 정책에 대한 빠른 정보입수와 정부와의 우호적인 관계형성이 따라야 한다.

한국방문위원회는 2018년 평창동계올림픽을 앞두고 먼저 서울과 수도권에 집중되어 있는 방한 외래객의 수요를 지방으로 분산시키고 지방으로 분산된 관광객들의 만족도를 높이기 위해서 지방의 외래객 수용태세 및 관광환경의 개선을 위한 사업을 추진 중이다. 현재 외래 관광객의 80%가 서울에만 집중되어 있다. 이와 함께 지방에 숨어 있는 보석 같은 명소를 관광코스(MSR, Must See Route)로 개발하고 이를 알리는데 힘을 쏟고 있다. 또한 외국인 유학생 원정대를 운영하여 기존의 코스와 콘텐츠 내용을 추가 보완하고 숨겨진 다른 관광콘텐츠를 발굴해 나가고 있다(이상민, 2014).

둘째, 지자체는 지역의 관광지와 관광상품을 홍보하기 위해 사회 주요 인사들이나 언론 기자, 블로그 기자단 등을 초청해 팸투어를 실시하기도 한다. 특히 블로그 기자단의 팸투어의 경우 현재의 소셜 미디어 시대를 적절히 활용하는 홍보방법이다. 블로그 기자단은 팸투어를 통해 얻은 지역에 대한 다양한 경험을 인터넷에 올려 네티즌들로 하여금 대리경험을 하게 하고 지역 인지도를 제고시키는 데 일조한다.

경북 의성군은 2016년 12월 수도권 블로그 기자단을 초청하여 '착한 여행' 팸투어를 실시하여 큰 인기를 끌었다. 이 팸투어의 목적은 의성군의 사회적 기업과 마을기업, 전통시장, 주요 관광지를 홍보해 콘텐츠를 만들고 의성군을 전국에 알려 많은 관광객이 방문할 수 있도록 해 지역주민의 소득증대와 경기활성화에 기여하는 것이었다. 팸투어단은 숲속체험마을에서 사물놀이, 염색체험, 목공예 체험, 전통시장 장보기 행사, 대표적인 관광지인 조문국박물관을 관람하였다. 블로그 기자단은 의성군의 이모저모를 웹사이트, SNS 등을 통해 온라인 홍보활동을 활발하게 실시하였다. 의성군은 앞으로도 계속적으로 블로그 기자단을 대상으로 팸투어 마케팅 활동을 전개해 지역을 홍보할 예정으로 있다(조헌국, 2016)).

셋째, 온라인으로 '사이버 투어 체험'을 실시하는 것이다. 사이버 투어 체험은 온라인 홍보의 중요성이 커짐에 따라 실시하는 것이며, 실제로 특정지역을 직접 둘러보지 않아도 실제로 방문한 것처럼 체험할 수 있는 것을 말한다. 이러한 간접체험은 직접체험을 하고자 하는 욕구의 원동력이 될 수 있다.

청주시는 지역 내 관광지 38곳에 대한 가상현실(VR) 영상을 구축해 온라인으로 소개하는 사이버 투어 서비스를 제공하고 있다. 이는 온라인 홍보의 중요성이 커짐에 따라 청주지역 관광객 유치 및 관광이미지를 높이기 위해 마련됐다. 청주시 사이버 투어는 인터넷이나 모바일을 통해 청주시 문화관광 홈페이지(http://www.cheongju.go.kr/tour/)에 접속하면 '한 눈에 살펴보는 청주관광, VR 사이버 투어'에서 살펴볼 수 있다. 사이버 투어는 로드-뷰(일반 카메라 촬영) 및 스카이-뷰(드론 촬영) 형식으로 구축된 영상과 함께 관광지에 대한 설명도 음성안내로 제공하고 있어 실제로 현장에 방문한 것 같은 기분을 느낄 수 있다(장병갑, 2016).

사례 부산 드라마 촬영지 '프레스 투어' 태국 방콕 9개 언론사 기자 초청

부산시와 부산관광공사는 2016년 12월 15일부터 18일까지 태국 영문 유력지 방콕 포스트 등 현지 유력 9개 언론사 기자 10명을 초청해 태국 드라마 '아내' 촬영지를 중심으로 부산의 다양한 매력을 알리기 위한 '프레스 투어'를 실시한다.

이번 프레스 투어는 내년 초 상반기에 태국 현지 최고의 시청률을 자랑하는 채널3을 통해 방영 예정인 태국 드라마 '아내(The Legal Wife)'가 지난달 15일부터 20일까지 부산을 배경으로 촬영된 것을 계기로, 글로벌 도시 부산의 브랜드 제고 및 아시아 한류 관광객 유치를 위해 시가 전략적으로 추진하는 것이다.

기자단은 투어 첫째 날 서부산의 르노삼성자동차, 부산신항, 감천문화마을 등 부산의 자동차, 항만·물류산업 및 도시재생사업 현장을 둘러보고, 둘째 날 해운대벡스코, 영화의 전당 등 전시·컨벤션 및 영상·콘텐츠 산업의 발전상을 직접 확인하게 된다. 아울러 수영만 요트투어, 어묵만들기 체험과 '왕비의 잔치'공연 관람 등 부산의 해양문화 및 한국의 전통문화를 몸소 체험하는 기회를 가질 예정이다. 이어 원도심의 태종대, 국립해양박물관, 용두산 공원, BIFF광장 등 태국 드라마 '아내'의 촬영지 취재를 통해 독특하고 다양한 부산만의 문화관광 명소를 태국 현지에 널리 알리게 된다. 마지막 날에는 동부산의 오시리아관광단지 조성현장 방문과 함께 기장군 바닷가에 위치하여 해안 절경이 아름다운 해동 용궁사에서 한국의 불교문화를 체험할 예정이다.

한편, 태국 드라마 '아내'의 해외 촬영지가 당초에는 일본이었지만, 부산시와 부산관광공사가 적극적으로 유치에 나서면서 부산 촬영이 성사됐다. 정재관 시 대변인은 "해외 언론매체 초청 프레스 투어는 현지 언론매체와의 네트워크 구축을 통해 해외에 부산을 알릴 수 있는 좋은 기회"이라며 "앞으로도 대만 등 중화권 및 동남아 지역을 대상으로 매년 정례적으로 실시하여 글로벌 도시 부산의 발전상과 경쟁력을 홍보하고, 브랜드 가치를 제고할 수 있는 방안을 마련할 계획"이라고 말했다(신아일보, 2016. 12. 13.).

제 10 장

Tourism PR

지역사회관계와 쟁점 및 위기관리

제1절 지역사회관계의 개념과 중요성

PR영역에서 지역사회관계(community relations)는 지역사회의 복잡한 개념을 반영하고, 한 지역사회의 환경 내에서 지역사회의 각 요소들 사이의 사회적 연결들(linkages)을 확인하고 그 관계를 발전시켜 가는 것이라고 할 수 있다(신호창, 이두원, 조성은, 2011). 따라서 PR기능으로서 대 지역사회관계는 기업이 지역사회에게 조직정보, 제품 및 서비스 활동사항을 알리고 지역사회의 구성원들과 의사소통을 추구하는 과정이라고 할 수 있다. Peak는 "PR기능으로서 지역사회관계란 일정한 지역사회 안에서 하나의 조직이 자신과 지역사회의 상호적 이익을 창출하기 위한 환경을 유지하고 강화하기 위해 계획하고 활동하는 지속적인 참여과정이다"라고 정의하고 있다(Peak, 1978).

지역사회의 개념은 크게 세 가지 측면에서 거론될 수 있다. 첫째, '지역사회'를 지형학적 위치와 그 안에 포함된 모든 것으로 보는 전통적인 관점이다(Kruckereberg & Starck, 1988). 그러나 이러한 지형학적 위치로 지역사회를 구분하는 것은 구성원들 간에 각기 다른 이해관계와 의견을 일종의 지형적 테두리로 묶어 단일화시키는 경향이 있기 때문에 PR실무자에게 지형적 근거를 벗어난 일정한 공동체관계를 정립하고 관리하는데 한계점을 갖고 있다. 둘째, 지역사회를 조직체적 공동체로 보는 것이다.

이 관점은 지역사회를 각 구성원들의 기대와 욕구를 충족시키기 위한 상호작용적 조직체들의 집합으로 보는 것이다. 따라서 지역사회의 개념을 각종 조직체들의 결합을 통한 경계선으로 보는 실용적인 의미를 내포한다. 셋째, 앞의 두 개념을 종합한 것으로 보는 것이다. 즉 지역사회를 단순한 행정적인 지형학적 경계선을 명명하기 위한 것으로 보기보다는 사회적으로 정의되는 세계 내에서 이해해야 한다는 관점이다.

왜 지역사회 PR이 필요한가? 지역사회 내에는 많은 집단과 조직들이 상호 보완적인 목표, 기능, 의도를 가지고 존재하며, 한 집단이 다른 집단들로부터 고립되어 존재할 수 없다. 예컨대 지역 관광호텔은 지역사회기반시설, 지역의 물품공급업자, 내부고객(종사원), 지역민, 시청, 시의회, 구의회, 은행 등의 지원과 협조(우호적인 태도)를 받지 못할 때 매우 비능률적인 운영을 면치 못한다. 이러한 사실은 지역사회에 기반을 둔 모든 조직이 예외가 될 수 없다. 따라서 기업은 대 지역사회관계를 통하여 기업의 지역사회에 대한 관심과 애정을 전달하고, 지역사회가 기업에 대해 갖고 있는 잘못된 인식이나 오해에 대한 해명을 할 기회를 얻어 기업에 대한 우호적인 여론과 후원의 환경을 조성할 필요가 있다. 지역으로부터 얻는 우호적인 여론과 후원은 조직이 지역사회관계를 성공적으로 하였을 때 얻어내는 홍보효과라 할 수 있다.

지역사회관계는 관광산업에서 매우 중요한데, 그 이유는 오늘날의 관광기업들, 예컨대 호텔을 비롯한 숙박업, 테마파크, 워터파크, 골프장, 경마장, 케이블카 설치업 등은 그 기업이 위치하는 지역사회의 도움, 상호이해를 얻지 않고는 건설이 불가능하다. 특히 테마파크, 온천을 포함한 워터파크, 골프장의 경우 환경의 악영향 문제가 대두되는데, 삶의 질을 중요시 하는 오늘날 건설 단계에서부터 지역주민들의 극렬한 반대에 부딪히는 경우가 다반사다. 온천의 경우도 온천장 건설에 따른 수혜 지역과 피해 지역 간의 갈등이 발생하면서 온천장 건설이 무산되거나 무기한 연기되는 경우를 종종 볼 수 있다. 이런 예는 주변에 비일비재하다.

한 가지 예로 팔공산 갓바위 케이블카 설치를 들 수 있다. 도립공원 팔공산에 위치한 관봉석조여래좌상(보물 제431호: 일명 갓바위 부처)은 아주 유명한 문화재이다. 이곳은 매년 500만명의 방문객이 찾는 우수한 관광자원이자 기도처이기도 하다. 한 때 이곳에 케이블카 설치를 하자는 의견이 나왔고, 설치업자까지 선정되어 설치 작업에 돌입하려는 순간 갓바위 인근 지역주민 및 환경단체, 불교계의 엄청난 반대에 부딪혔다. 결과는 케이블카 설치 무산이었다.[1)]

팔공산 갓바위의 전경

또한 호텔을 비롯한 숙박업과 그 외 다수의 관광기업이 특정지역에서 원활한 경영을 하기 위해서는 그 지역민과 지역의 기업들과의 호의적인 관계를 가져야만 한다. 종사원의 채용, 식자재의 공급, 사회 인프라시설 등은 해당 지역에서 공급받을 수밖에 없다. 또한 이들이 발생시키는 문화적 · 자연적 · 사회적 환경오염에 대한 지

1) 팔공산 갓바위의 케이블카 설치는 1982년과 2005년 두 차례에 걸쳐 추진위원회도 결성되어 추진 열풍이 불었다. 그러나 추진위는 환경단체, 지역주민, 불교계의 극렬한 반대에 몰리게 되면서 추진은 무산되었다. 당시 케이블카 설치 찬성 입장은 "갓바위에 케이블카를 설치하면 노약자 및 장애인도 갓바위에 쉽게 오를 수 있다", "외국관광객 유치 및 지역경제 활성화에 도움이 된다"는 것이었고, 반대 입장은 "환경 · 문화재를 훼손하고 수행환경을 악화시킬 뿐 아니라 갓바위의 종교적 · 문화적 특성을 악화시켜 관광자원으로서의 가치마저 현저하게 떨어뜨릴 것이다", "갓바위 케이블카는 팔공산의 가치와 정체성을 훼손시킬 것이다", "케이블카로 인해 갓바위 정상부에 한꺼번에 많은 사람들이 몰리게 되어 방문객의 안전에도 심각한 위협이 될 것이다"라는 것이었다. 결국 2016년 11월 갓바위 케이블카 건설은 무산되었다. 그러나 2017년 현재도 이 사건은 추진위와 반대 입장의 사람들에게 회자되고 있다.

역민의 호의적인 태도와 협조 없이는 업체를 운영하기 힘들다. 결국 관광산업 분야에 있어 지역사회관계는 매우 중요하다고 할 수 있다.

국내에서 지역사회 PR의 중요성은 지방자치제도의 시작과 함께 인식되기 시작했다. 지역자치제의 실시로 과거 중앙에 집중된 경제적 이익과 정책의사결정 방식이 지역의 경제적 이익배분과 지역주민의 여론에 의한 정책수립 방식으로 바뀌게 되었다. 따라서 과거 중앙정부 중심체제에서 소홀했던 지역주민의 의사와 여론이 직접 지역정부의 정책에 반영될 수 있는 여건이 조성된 것이다. 이에 따라 각 지역마다 공해문제, 환경보호, 자원보존, 문화보호, 지역경제 등이 마치 지역자치시대의 주역처럼 쟁점화되고 지역민들 사이에 공론화되고 있다. 관광산업은 앞에서 언급한 바와 같이 이러한 쟁점사안에 항시 노출되어 있으므로 타 산업보다 지역사회관계 활동은 더욱 필요하다고 볼 수 있다.

이해관계가 복잡할수록, 쟁점이 긴급할수록, 기업이 장기적이고 우호적인 지역사회관계를 통하여 지역사회 구성원과의 관계를 쌓아가고 지역사회의 쟁점관리를 꾸준히 해 왔다면 지역사회관계의 힘은 더욱 커질 것이다. 따라서 기업의 책임으로서 지역사회관계 활동을 계획하고 실행하며 지역사회 구성원을 대상으로 쟁점을 이해시키고 동의를 얻어 내려는 지속적인 노력이 기업과 지역사회 간의 신뢰를 구축할 수 있다.

제2절 성공적 지역사회관계 전략

2.1 지역사회관계의 실천전략

지역사회관계에 있어 커뮤니케이션 활동의 성패는 지역사회의 구성원들, 즉 공중에 대한 지식과 이해에 달려 있다. "유능한 커뮤니케이터는 말을 하기 전에 먼저 듣는다"라는 인간 커뮤니케이션의 명언이 여기에도 적용될 수 있다. 결국 훌륭한 지역사회관계의 효과적 요인은 조직의 관료들이 지역사회를 알 수 있는 채널을 쉴 틈 없이 드나드는 것이다. 지역사회를 조사 · 분석하는 데는 다양한 사회과학 연구방법들이 도입될 수 있다. 한국적 지역사회 현황에 적합하게 요약하면 〈표 10-1〉과 같다.

〈표 10-1〉 지역사회의 기초 조사분석을 위한 질문 틀

구성 \ 내용	질문 사항
지역사회의 구조	▪ 지역사회의 인구통계학적 구성은 어떠한가?(성별, 나이, 학력, 생활정도 등) ▪ 지역사회의 공식적 및 비공식적 지도층(leadership)의 구조는 어떠한가? (여론 지도층 파악) ▪ 지역사회를 움직이는 가치기준과 구조는 어떠한 것이 있는가? 지역사회의 역사로부터 형성된 사회적 가치관) ▪ 지역사회의 커뮤니케이션 채널은 어떻게 구성되어 있는가? (지역매체: 신문, 잡지, 라디오, 텔레비전 등)
지역사회의 강약점	▪ 지역사회가 갖고 있는 특정한 문제점들은 무엇이 있는가? ▪ 지역사회의 경제적 상황은 어떠한가? ▪ 지역사회의 지방정치 상황은 어떠한가? ▪ 지역사회의 사회문화시설은 어떠한가? ▪ 지역사회가 소유하고 있는 특정한 자원(인적, 문화적, 자연적)으로 무엇이 있는가? ▪ 인접 지역사회와 유대관계는 어떠한가?
기업에 대한 지역사회의 인식과 이미지	▪ 지역주민은 우리 기업의 제품, 서비스, 활동, 또는 이념 및 정책에 대하여 알고 있는가? ▪ 기업에 대한 지역사회의 감정은 어떠한가? ▪ 기업에 대한 오해나 잘못된 인식이 존재하는가? ▪ 기업에 대한 지역주민의 긍정적 평가요인으로 어떤 것이 있는가? ▪ 기업에 대한 지역주민의 부정적 평가요인으로 어떤 것이 있는가? ▪ 기업에게 지역사회가 기대하고 있는 활동사항으로 무엇이 있는가?

출처: Baskin, O and C. Aronoff.(1988). Public Relations: The Profession and thePractice, Dubuque, lowa: Wm. C. Brown Publishers(수정인용)

〈표 10-1〉에 나타난 질문들에 대한 응답을 얻었다 할지라도 그 내용은 시간이 지나면서 바뀔 수도 있다. 모든 환경은 항상 변화를 거듭하기 때문이다. 따라서 이러한 점들을 감안할 때 PR실무자는 지역사회 주민과 지역사회 매체에 대한 지속적인 모니터 활동을 전개해야 한다. 지역사회에 관한 지식, 지역주민의 정서, 태도, 인식 등을 '개인-대-개인'의 접촉을 통해 알아내는 방법도 고려해 볼 수 있다. 특히 지역사회의 여론지도층을 구성하는 사람들은 지역정보를 얻는 중요한 원천으로서 이들과의 긴밀한 관계 및 의사소통을 통해 지역현안에 대한 신속하고 정확한 정보를 얻는 일이 매우 중요하다. 따라서 PR실무자에게는 지속적인 지역사회관계 활동을 위한 체계적인 운영방안이 필요하다.

Baskin과 Aronoff는 지역사회관계를 위한 PR전략의 방안으로 다음 다섯 가지 실천사항을 강조하고 있다. 첫째, 기업의 경영관리자들이 스스로 지역사회관계를 통하여 달성하고자 하는 목표를 설정하는 과정에서 심층적인 주의와 노력을 기울여야 한다. 기업은 지역사회관계에 대한 다양한 목표를 설정할 수 있다(예: 조직의 긍정적 이미지, 명성 획득, 경제적 또는 정치적 이익추구, 지역사회에서의 안정된 위상확립 등). 그러나 달성하고자 하는 목표가 무엇이든 간에 현실적이고 구체적으로 표명되어야 한다.

둘째, 대안적 전략들이 탐색되어져야 하고, 각 대안에 대해 세부적인 내용이 검토되어야 한다. 예를 들어, 기업이 지역사회 주민의 주거환경 및 주택보급을 향상시키는 것을 목표로 설정했다면 저렴한 가격으로 집을 지을 수 있는 연구를 위한 자금조달계획에서 실제 저가의 주택을 건설하는 일까지 그 지역사회에서 일어날 수 있는 제반 상황들에 대한 면밀한 검토가 필요하다.

셋째, 지역사회관계의 PR프로그램이 기업과 지역사회에서 거둘 수 있는 직접적인 효과에 대하여 미리 세밀한 검토를 해야 한다. 예를 들어, 기업이 지역사회 관계활동으로 취업을 위한 직업교육 프로그램을 개설했을 때, 교육과정을 이수한 사람에게 취업할 부서나 직업이 존재하지 않으면 기업이나 지역사회 모두에게 이러한 프로그램은 아무런 의미가 없다.

넷째, 기업이 합법적으로 지역사회관계에 할당할 수 있는 재정적 자원과 비영리적 활동을 위한 예산액에 대해 충분히 고려해야 한다. 추진 중에 있는 '지역사회관계' PR프로그램이나 서비스를 재정적 한계 때문에 갑자기 중단해 버리는 일은 기업 그리고 지역사회 양쪽에 모두 악영향을 미칠 수 있다.

다섯째, 기업의 경영관리자들은 지역사회와 관련된 쟁점 및 각 사안들이 기업경영 차원의 수완이나 능력과는 성격이 다른, 특정한 지식과 이해를 필요로 한다는 것을 인지해야 한다. 이것은 정치적 수완, 지역사회의 문제에 대한 깊은 이해, 그리고 친숙하지 않은 이문화(異文化)적 환경에서의 문제처리 및 해결능력을 의미하는 것이다.

2.2 지역사회관계의 PR프로그램

지역사회관계와 관련된 PR프로그램은 매우 다양하다. Soderberg가 제시하는 기업의 지역사회관계를 위한 예비적 실천사항은 우리에게 지역사회관계 PR프로그램에 대한 기본적인 아이디어를 제공해 준다. 그가 제안하는 기업의 지역사회관계를 위한 몇 가지 실천사항을 요약하면 다음과 같다.

첫째, 지역사회의 쟁점들에 대하여 능동적으로 관심을 갖고 그 문제점들을 해결하는 데 직간접적으로 도움을 준다.

둘째, 스폰서 역할을 통하여 지역사회의 청소년활동에 후원자로 참여한다.

셋째, 지역자치단체의 행정에 참여자와 후원자로서 역할을 수행한다.

넷째, 지역사회 내의 비즈니스 및 서비스 조직 단체들과 능동적으로 관계를 형성한다.

다섯째, 가능하면 지역기업에서 생산된 재료나 조달품을 구매한다.

여섯째, 지역사회 구성원의 활동과 행사에 참여한다.

일곱째, 지역사회의 교육과 문화발전을 장려한다.

여덟째, 지역사회의 조직단체들에게 회의 및 행사의 장(場)으로서 기업건물 및 장비를 사용할 수 있도록 해 준다.

아홉째, 지역사회의 자선단체 및 비영리단체를 후원한다.

이 외에도 기업의 지역사회관계를 위한 프로그램은 주어진 상황에 적합하게 다양하고 세분화된 전술로 개발할 수 있다. 그러나 중요한 것은 지역사회관계의 PR프로그램이 기업과 지역사회 모두에게 상호적 이익을 제공할 수 있어야 한다는 것이다. 궁극적으로 기업은 기업이윤의 대(對) 지역사회 환원을 통하여 기업의 사회적 책임을 수행하게 되며, 지역사회로부터 다양한 시설공급과 성원을 얻게 되는 것이다. 예를 들어 도로, 교통수단, 전기, 연료, 수자원, 주택, 공장부지, 금융기관, 교육시설, 여가시설, 종교시설, 문화시설의 지원과 법원, 세무서, 경찰과 같은 공무원들로부터의 이해, 경애심, 공정한 대우를 얻을 수 있다. 이러한 결과로 기업운영의 불필요한 지출을 축소할 수 있고, 기업의 안정과 번영을 위한 지역사회의 우호적인 여론을 형성할 수 있다.

기업이 지역사회로부터 이러한 시설공급과 성원을 얻고 기업의 사회적 책임을 수행하는 데 기여할 수 있는 지역사회관계의 프로그램 개발은 PR실무자의 창의성과 직결된다. 더불어 이러한 프로그램들은 반드시 해당 지역사회의 특성과 실정에 맞게 계획하여 실행해야 한다.

관광기업의 지역사회관계 전략 사례(호텔기업을 중심으로)

■ 호텔기업에 있어 지역사회 관계의 중요성

지역사회와 좋은 관계를 유지한다는 것은 단순히 좋은 일을 하는 데서 형성되는 것이 아니라, 지역사회의 일에 리더십을 발휘하고, 문제를 해결하는데 도움이 되고, 계획을 세우며, 가치 있는 운동을 전개하는 데 주민들의 협력을 얻어내는 데서 형성된다라고 많은 학자들은 강조한다. 지역사회와의 관계는 PR기능의 하나로서 기업이나 단체의 계획성 있고, 적극적이며, 연속성 있게 지역사회에 참여해서 양자 간에 상호 혜택을 받도록 분위기를 유지하고 고양시키는 것이다.

호텔은 흔히 지역사회의 중심축(hub)이라고 불리는데, 그 이유는 호텔의 주된 기능이 숙박을 제공하는 것이지만, 대부분의 호텔이 각종 회의, 사교모임, 연회 등의 사회적인 기능을 제공하기 때문이다. 이러한 호텔의 사회적 기능은 지역사회 활동에 중추적 역할을 하고 있기 때문에 대도시 중심에 위치한 비즈니스호텔을 제외한 지역사회에 연고를 두는 대부분의 호텔들은 지역주민과 사회단체의 협력 없이는 영업자체가 어렵다.

지방화시대에 있어서 호텔경영의 초점은 지역의 후원을 얻어야 한다. 이를 위한 방법은 우선 지역사회의 단체, 지역 체육프로그램, 자선 콘서트 및 이벤트 행사에 재정적인 도움을 통해 항상 바람직한 호텔 이미지를 형성하는 것이다. 대규모 호텔의 경우, 지역 TV나 언론매체를 통해 호텔 이미지 광고를 내거나 지역봉사활동이나 행사 후원을 통해 지역주민과의 관계를 증진시킬 수 있고, 주민 및 지방기관단체들, 종업원, 언론매체들에게 깊은 인상과 이미지를 심을 수 있는 이점이 있다. 이러한 지역사회를 위한 활동은 자연히 언론매체나 구전을 통해서 호의적인 홍보효과를 얻게 된다.

한편, 지역사회에서 호텔의 위상은 호텔상품과 서비스의 판매전략에 지대한 영향을 미친다. 기업의 윤리성이 강조되는 경영환경에서, 제조상품과 달리 호텔은 지역사회에 위치해서 서비스의 생산과 소비가 발생하기 때문에, 호텔사업의 성공비결은 지역사회로부터 지지를 얻고, 이해를 얻는 데서만 가능하다. 즉 호텔은 지역사회에서 명성을 얻어야 성공적인 경영이 가능하다는 것이다. 실제로 호텔비즈니스는 구전(word-of-mouth)을 통해 이루어지는 경우가 많으므로 지역사회에서 명성을 얻음으로써 주민들이 스스로 호텔을 선전하는 효과를 볼 수 있는 것이다. 오익근과 Becker의 연구에 의하면, 여행지에서 호텔을 선택할 때 여행지 주민들의 추천에 의한 것이 18%로서, 옥외광고(34%)에 이어 두 번째로 중요한 커뮤니케이션 도구로 사용되고 있음을 보여주고 있는데, 이는 PR노력이 구전에 의해 효과를 나타내고 있음을 입증하고 있다.

지금까지 호텔의 지역사회관계라는 PR활동을 실시해야 하는 이유와 그 방법에 대해 알아보았다. 호텔은 지역사회관계라는 PR활동 외에도 다양한 PR활동이 필요한데 그 이유는, 호텔에서 새로운 고객을 유치하는데 드는 비용이 기존고객과 비즈니스 관계를 유지하는 비용보다 5~6배가 더 든다는 데 있다. 현대의 고객은 호텔에 대한 brand loyalty가 부족하기 때문에, 단골고객을 확보하기 위해 대외관계를 지속적으로 유지시킬 수 있는 PR프로그램이 필요한 것이다.

■ 지역사회에 대한 PR이 호텔경영에 미치는 영향

PR의 일차적 목표는 호텔 이미지를 지역사회에 심으면서 주민들과의 신뢰를 형성시키는 데 있다. 좋은 이미지를 지역사회에 형성하게 될 때 호텔로서 갖게 되는 혜택은 다양하다.

첫째, 경영측면에서 볼 때, 경영환경의 호전을 들 수 있다. 지방자치단체, 지역주민, 언론사, 금융기관 등으로부터 호의를 얻어 낼 수 있으므로 그것을 기반으로 정치력을 발휘할 수 있다. 호텔에 예기치 못한 불행한 사태가 발생했을 때, 그 피해를 최소로 줄이거나 방지할 수 있고 연쇄효과(ripple effect)를 사전에 차단시킬 수 있는 이점이 있다.

둘째로, 성공적인 지역사회 관계로 얻어낸 좋은 이미지는 잠재이용객의 태도를 변화시키고, 구매로 연결시키는 데 결정적 역할을 한다. 많은 경우 커뮤니케이션의 목적은 상품이나 서비스에 대해 소비자가 호의적인 태도를 갖도록 하는 점이다. Lavidge와 Steiner의 계층효과(hierarchy of effects) 모델에 의하면, 호의적인 태도가 발전되면 선호와 확신의 과정을 거쳐 결국 구매로 연결된다.

셋째, 일반 상품에서 사용되는 거래 마케팅은 고객과는 직접적인 관계가 없이 낮은 가격에 상품을 제공하려 노력하기 때문에 소비자가 가격에 매우 민감한데 반해, 서비스 판매에서는 고객이 가격에 덜 민감하게 된다. 호텔경영에 있어서는 고객과의 관계를 유지 발전시키는 것을 마케팅의 주된 목표로 삼는다. 고객과 호텔과의 튼튼한 관계가 유지되면 고객은 기꺼이 돈을 더 지불하더라도 또 다시 찾는다. 고객이 가격차이에 민감하지 않게 되므로 가격경쟁이 크게 줄어들어서 호텔경영자는 경쟁호텔과의 가격경쟁에서 자유로울 수 있다.

제3절 쟁점관리

3.1 쟁점관리의 개념

쟁점관리는 1976년에 Howard Chase가 기업의 공공 쟁점관리의 필요성을 역설하면서 쟁점관리란 용어를 처음으로 사용하기 시작하면서 비롯되었다. PR영역에서 쟁점의 개념을 살펴보면 '어떤 결정단계에 있는 해결되지 않은 일,' '기업경영에 심각한 영향을 미칠 만한 내(內)·외(外)부의 사안 또는 상태,' '사실, 가치 또는 정책에 대한 논쟁의 여지가 있는 문제' 등으로 정의된다(Berkowitz & Turnmire, 1994). 영어의 이슈(issue)에 해당하는 쟁점은 '문제', '사안', '당면한 선택' 등과 같은 동의어를 갖고 있다. 따라서 기업의 쟁점관리란 기업이 대내·외적으로 당면하고 있는 주요 쟁점을 파악하고 그 쟁점들에 대해 조직적으로 대처하는 과정이다. 이 과정은 잠재적 쟁점들의 조기진단, 이들 쟁점에 대한 기업정책 개발, 정책수행을 위한 PR프로그램 개발 및 시행, 기업정책과 프로그램에 대한 해당 공중과의 커뮤니케이션, 프로그램 실시에 대한 평가를 포함한다.

따라서 쟁점관리란 법과 규제사항을 낳는 과정을 다루기 때문에 이것은 개념상 공공문제 관리기능의 한 부분이며, 넓은 의미로서의 적극적인 사전대응적(proactive) PR의 한 부분에 속한다고 할 수 있다. 즉 쟁점관리를 통하여 쟁점의 조기파악과 이에 대한 신속한 정책을 마련하는 것이 쟁점관리 PR의 핵심이라고 할 수 있다. 조기 쟁점확인은 기업이 다양한 대안적 대처방안 중에서 최선의 선택을 할 수 있도록 도와준다. 따라서 쟁점이 위기상황으로 발전되기 이전에 기업이 쟁점에 영향을 미칠 수 있는 역량을 증대시켜 준다. 그러므로 쟁점관리는 사후대응적 행위라기보다는 사전대응적 접근법으로 이해하는 것이 바람직하다.

쟁점은 [그림 10-1]과 같이 잠재단계, 임박단계, 현재단계, 위험단계, 동면단계로 순환을 한다. 잠재단계는 한 사람 또는 그 이상의 사람들이 관심을 보이기 시작하는 때이며, 임박단계는 관심이 증대되고 대중적 논점이 생기는 상태를 말한다. 현재단계는 공적으로 현재의제(공공의제)가 되고, 미디어는 관련 정보 배포가 시작되며, 공중은 이슈에 대해 찬반양론으로 갈리는 경우를 말한다. 위험단계는 공중들이 선호하는 태도를 결정하고, 쟁점은 결정의 순간을 기다리는 경우이며, 동면단계는 해결에 대한 만족 또는 불만족을 결정하는 단계를 말한다.

일반적으로 사람들은 쟁점이 동면단계 상태가 될 때 쟁점은 완전히 종료되었다고 생각하는 경향이 있다. 이것은 잘못된 생각이다. 만약 동면상태의 쟁점을 관리 혹은 모니터링 하지 않은 채 내버려 둔다면 이것은 위기상태로 전환된다든지 혹은 [그림 10-1]과 같이 다시 그 쟁점은 잠재단계로 접어들면서 5단계의 순환과정을 거치게 되고, 이에 따라 PR 비용만 낭비하는 꼴이 되고 만다는 점을 알아 두어야 한다. 이 세상에 완전히 종식되는 쟁점은 없다고 봐도 과언이 아니다. 다만, 그 쟁점의 라이프 사이클을 이해하고 지속적인 관리를 한다면 쟁점관리는 절반의 성공은 거두었다고 할 수 있을 것이다.

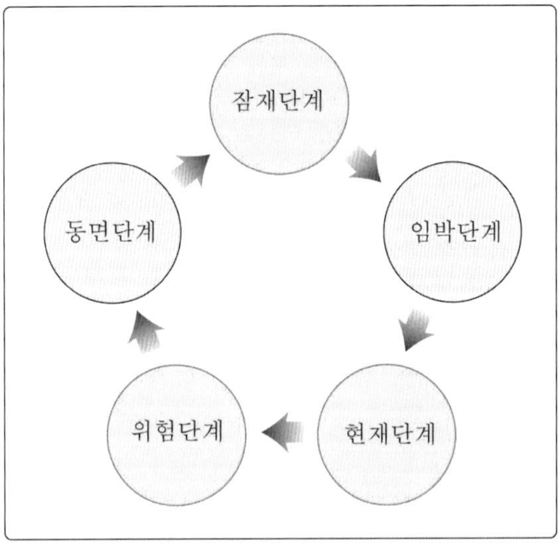

[그림 10-1] 쟁점의 라이프 사이클

3.2 지역사회 쟁점의 성격과 특성

지역사회관계에서 쟁점은 크게 두 가지로 나누어 분류할 수 있다. 첫째, 기업이 직접 또는 간접적으로 관련된 제반 문제들(원인 제공)이 지역사회에 영향을 미칠 수 있는 쟁점들로 등장하는 경우이다(예: 기업의 하천오염, 자원고갈, 대기오염, 공장소음공해, 골프장의 농약사용에 의한 토양 악화, 관광객이 버리고 간 쓰레기, 관광수요 과잉에 따른 소란 · 소음공해, 관광객에 의한 전시효과 등). 이 경우 기업은 해당 쟁점이 지역사회에 미치는 영향과 피해사항에 대한 책임과 의무를 감안하여 철저하고 지속적인 쟁점파악(확인과 분석), PR전략개발, 조직활동, 그리고 피드백을 통한 쟁점관리 평가를 이행해야 한다.

둘째, 기업 외부의 환경에서 발생한 문제로서 지역사회나 기업의 활동에 영향을 미칠 수 있는 경우이다. 이 경우 기업은 지역사회의 구성원으로서 해당 쟁점에 대한 연합관리 방향과 정책을 수립하고, 다른 조직체들과 협조하여 지역사회관계 활동을 전개해 나가는 것이 바람직하다.

지방자치시대를 맞아 지역사회의 쟁점은 더욱 다양한 모습으로 등장하고 있으며, 이러한 현상은 PR실무자에게 좀 더 전문화되고 체계적인 쟁점관리를 요구한다. 지역사회의 쟁점은 지역사회의 구성요소에 따라 세부적인 항목으로 분류될 수 있다. 각 지역마다 지역에 국한된 특수한 쟁점이 존재할 수 있지만, 지역사회의 생활환경에서 공통적으로 나타나는 대표적인 쟁점의 유형을 살펴보면 다음과 같다.

첫째, 지역사회의 주거환경과 관련된 쟁점들로서, 소유 토지 및 건물, 교통, 쓰레기, 하수처리, 공해방지, 재해대책, 교통안전 등과 관련된 문제들이다.

둘째, 지역사회의 교육문화와 관련한 쟁점들로서, 유치원, 초 · 중학교 및 고등학교, 전문대, 대학교 교육, 각종 직업학교 교육, 사회교육원, 시민교육 프로그램, 지역사회의 문화적 유산과 사적 유물 보존 등과 관련된 문제들이다.

셋째, 노동행위와 관련된 쟁점으로서. 전직(轉職), 직업훈련, 직장의 안전관리, 직장의 안정성, 노사관계, 적절한 보수, 노동의 보람 등과 관련된 문제들이다.

넷째, 범죄와 법적 영역에 관련된 쟁점으로서, 범죄예방, 경찰서비스, 치안행정, 법률상담의 편의성, 법원 서비스, 공정한 법집행 등과 관련한 문제들이다.

다섯째, 지역사회의 의료보건과 관련한 쟁점으로서 의료시설, 진료비용, 건강진단, 질병예방, 방역, 건강상담, 장애인 재활시설 등과 관련한 문제들이다.

여섯째, 지역사회의 사회복지와 관련한 쟁점으로서 공원, 운동장 및 체육시설, 시민회관, 예술문화회관, 여성 복지시설, 장애인 복지시설, 경로당, 연금제도 등과 관련한 문제들이다.

일곱째, 지역생활과 관련한 쟁점으로서 이웃관계, 지역행사, 지역운동, 지역축제 및 제전, 체육대회, 집회시설, 종교시설(사찰, 교회 등), 상업적 문화시설(극장 및 유료 오락시설) 등과 관련한 문제들이다.

여덟째, 격차와 기회에 관련한 쟁점으로서 학력격차, 교육기회, 남녀평등, 고령자 및 장애자의 취업, 능력주의, 거주지 취업 등과 관련한 문제들이다.

지역사회의 쟁점은 대부분 지역주민의 삶의 환경 및 질과 관련되어 발생하는 경우가 많다. 실제 사회적 환경에서 발생되는 공동체, 안전관리, 문화, 물적 안정성, 가족, 여가 등의 쟁점들, 정치적 환경에서 발생되는 시민의 자유, 선거, 지방정부의 참여 등의 쟁점들, 경제적 환경에서 발생되는 소득분배, 물가안정, 경제활성화의 쟁점들, 자연적 환경에서 발생하는 대기오염, 수질, 방사능 폐기물, 유독물, 소음 등의 쟁점들이 모두 지역사회 생활의 질과 직결되어 있음을 볼 수 있다.

관광산업은 복합적 산업의 특성이 있다. 즉 다양한 업종이 모여 하나의 관광상품을 만들어 낸다. 따라서 다양한 업종이 모인 만큼 쟁점들도 다양한 형태로 나타나며, 쟁점의 수도 다른 산업에 비해 많다. 또한 관광기업으로 인해 발생된 쟁점들은 대부분 지역사회와 밀접한 관련이 있다. 예컨대 골프장 건설의 경우, 지역문화 및 자연환경의 훼손이 쟁점이 되어 골프장 건설이 무산되는 경우가 종종 있는데, 이것은 골프장 건설업자의 잘못된 쟁점관리의 결과이다.

제4절 위기관리

위기관리는 커뮤니케이션의 관건이다. 위기관리를 위한 조직이나 제도만 갖추어 놓는다고 해서 성공이 보장되는 것은 아니다. 리스크에 대한 막힘없는 의사소통이야 말로 성공의 열쇠다. 오늘날 사회는 갈수록 불확실성이 커지면서, 많은 경영자들이 리스크관리에 큰 관심을 보이고 앞 다투어 리스크 관리 컨설팅을 받고 있다. 기업들이 리스크 관리 프로젝트를 통해 얻게 되는 결과물은 크게 두 가지로 요약된다(고재민, 2007).

첫째, 어떤 리스크를 관리할 것인가에 대한 답으로서, 관리대상 리스크를 정하는 단계이다. 즉 기업이 현재 처해 있는 혹은 잠재적으로 직면할 수 있는 리스크가 무엇인지를 찾아내는 작업이다. 다음으로는 리스크를 어떻게 관리할 것인가에 대한 답으로서, 리스크 관리 체계를 완성하는 단계이다. 즉 앞에서 찾아낸 리스크에 대한 현재의 관리실태를 분석하여 취약점을 찾아내고, 이를 어떻게 개선할 것인지 방향성을 모색하는 작업이다.

경영자들은 이 두 가지 결과물 중 특히 앞 단계에 기대를 거는 경우가 많다. 즉 리스크 관리 프로젝트를 통해 이전에는 전혀 생각지도 못했던 새로운 리스크를 찾아내 주길 바란다는 뜻이다. 그러나 이처럼 리스크 관리 체계를 도입하기만 하면, 과연 경영자가 전혀 생각지도 못했던 리스크들이 마구 쏟아져 나오는지에 대해서는 다시 한 번 생각해 봐야만 한다.

리스크 관리를 통해 얻을 수 있는 효과는 크게 두 가지이다. 하나는 기존에 인식하지 못하고 있던 리스크를 새롭게 발견하는 것이고, 다른 하나는 기존의 특정 부서에서만 인식하고 있던 리스크를 개별적으로 대응하는 차원을 넘어 전사적 관점에서 공유하고 통합적으로 대응하는 것이다. 그러나 리스크 관리를 도입하기만 하면 그동안 전혀 모르던 리스크를 새롭게 찾아낸다는 것은 결코 쉽지 않은 일이다. 신생기업이 아닌 이상 대부분의 기업들은 부서별로 어느 정도의 리스크 관리는 수행하고 있기 마련이다.

세계 최고의 컨설팅 회사로 꼽히는 맥킨지의 문제해결 방식을 소개하여 베스트셀러가 된 「The McKinsey Way」에서는, 맥킨지의 연구 조사방법으로 '이미 있는 것을 활용하라'는 원칙을 제시하고 있다. 이 원칙의 요지는 매우 간단하다. 자신이 어떤 문제를 다루든지, 나 이전에 다른 누군가가 비슷한 일을 미리 했을 가능성이 높다는 것이다. 만약 그 누군가가 자신의 조직 내에 있는 사람인 경우 전화만 걸면 그 문제에 대한 답을 얻을 수도 있다. 이를 위해 맥킨지에서는 내부 연구자료와 외부 프로젝트의 결과물을 내부 데이터베이스에 저장해 놓았다. 컨설턴트들은 이 데이터베이스를 통해 비슷한 문제나 유사한 산업에서 앞선 다른 누군가의 해결책을 보며 힌트를 얻게 된다.

리스크 관리 역시 맥킨지의 이 원칙과 크게 다르지 않다. 기업구성원 각자가 전사 차원의 모든 리스크를 꿰고 있지는 못하겠지만, 기업의 리스크는 개별 구성원들이 인식하는 리스크의 범주에서 크게 벗어나지 않는 경우가 대부분이다.

리스크 관리의 전문가인 제임스 램 역시 그의 저서 「Enterprise Risk Management」에서 리스크관리의 균형을 강조하고 있다. 즉 리스크 관리 문화, 정책, 리스크 관리의 피드백, 교육프로그램, 리스크 관리에 대한 동기부여 등과 같은 내적인 측면이 뒷받침되지 않으면, 독립적인 리스크 관리부서와 감독위원회, 리스크 평가와 감사, 리스크 관리 프로세스, 시스템과 모형, 측정과 보고, 예외 프로세스 등 리스크 관리의 외형은 무의미하다고 말한다. 내적인 측면이야말로 리스크를 관리하는 핵심 원동력이며, 외형은 이것들을 실행하게 만들어 주는 도구라는 것이다.

「Knowing Doing Gap」이라는 저서로 우리에게 잘 알려진 스탠퍼드의 로버트 서튼 교수는 「Weird Ideas That Work」에서 '부자데(Vu ja de)의 사고방식'을 강조한다. 데자부가 실제로 체험한 적이 없는 일을 전에 경험한 것처럼 느끼는 기시감(旣視感)을 가리킨다면, 부자데는 이미 전에 수백 번 경험한 것을 마치 첫 경험처럼 느끼고 행동하는 것을 말한다. 리스크 관리야말로 이와 같은 부자데의 시각이 가장 필요한 분야이다. 모든 이들이 한 방향으로 달려 갈 때, 부자데의 관점에서 혹시 그 길 너머에는 절벽이 있을지도 모른다는 문제 제기야말로 최고의 리스크 관리이다.

제5절 바람직한 지역사회관계란?

이제 PR은 홍보나 공보의 개념을 넘어서야 한다. PR은 공중관계(Public Relations)이다. 이 관계는 기업·조직의 사회적 책임에 입각한 윤리적이고 진실된 행위에서 출발한다. 이 관계는 장기적 계획에 입각한 연속적 행위여야 한다. 어려울 때 도움이 될 수 있는 친구를 얻는 것은 쉽지 않다. 기업의 위기상황에 큰 힘이 될 수 있는 PR(관계)은 오랜 우정을 쌓아 가듯이 지역사회와의 관계에 인내심을 갖고 충실히 임할 때 가능하다. 친구로부터 무엇을 얻기 위해 관계를 맺는 사람에게 진실된 우정은 존재할 수 없다. 지역사회 PR은 지역사회로부터 '무엇을 얻기 위해서'가 아니라 '무엇을 환원하고자' 할 때, 진실된 우정으로 되돌아오는 인간관계이다.

따라서 지역사회관계는 기업의 사회적 책임이라는 큰 범주의 주요 영역을 차지한다. 1990년대부터 도약과 성장의 상징으로 인지되던 기업과 사회와의 사이에서 갈등이 크게 노출되고, 기업 중에는 공익이나 사회적 책임에 앞서 자본의 논리만을 뒤쫓는 불공정한 기업형태를 보임으로써, 사회적 비판의 대상이 되어 기업 이미지가 악화되고 나아가 기업운영의 자유도를 줄여 주는 공공규제의 폭이 강화되는 경향이 생기고 있다.

이러한 일련의 현상은 지금까지의 기업 PR의 실천과정에서 관광기업을 포함한 다수의 국내 기업들이 지역사회관계와 지역사회의 쟁점관리에 대해 얼마나 소홀해 왔는가를 보여주는 단면이라고 할 수 있다. 특히 국내기업의 홍보활동이 대(對) 언론관계와 퍼블리시티에 치중하고 있으며, 홍보부 조직을 살펴보면 지역사회관계를 담당하는 전담자가 거의 없음을 볼 수 있다－사실 우리나라의 관광기업은 지역사회관계의 중요성을 모르는 것 같다－. 이런 면에서 PR선진국 사례와 매우 대조적이다.

그러나 지역자치제도가 정착하면서 그동안 한국의 기업들이 비약적인 경제발전을 이루어 오며 뒤로 남긴 각종 사회적 문제들이 지역사회의 쟁점들로 등장하고 있다. 환경오염 문제(소음, 하천, 대기, 쓰레기, 방사능, 폐기물 등), 환경훼손 문제(토지 개발, 도로확장, 공장부지 개발, 토양오염 등), 자원고갈 문제(수자원, 산림자원 등), 그리고 문화적 자원 보존문제(지역 문화재의 파손 및 복구 등)와 산업재해 문제(안전관리, 피해자 보상 및 생활보조 등)에 이르기까지 다양한 문제들이 갈등 쟁점으로 떠오르고 있다.

이러한 시점에서 기업은 자신에 의해 초래된 지역쟁점을 해결하거나 무마시키는 일에 급급한 지역사회관계를 전개해서는 안 될 것이다. 특히 기업은 지역사회의 쟁점관리를 통하여 다양한 쟁점들이 사회적 문제로 발전되기 전에 미리 쟁점의 성격을 파악하고, 철저한 전략과 실천 프로그램을 마련하여 이행함으로써 지역사회에 대한 사회적 책임을 수행하고, 지역사회의 파트너로서 자리잡아야 한다.

성공한 지역사회 PR사례를 분석해 보면 기업과 지역사회가 서로 필연적 연계를 갖고 있음을 보여 준다. 예컨대 사원들의 재능과 자원들을 지역사회의 요구를 충족시키는데 이용함으로써 단지 기부금만이 아닌 행동으로 기여하려는 자세를 가지는 것 등이다. 이러한 프로그램은 지역사회 주민과의 관계를 고무시키는 동시에 사원들의 자부심과 결속력을 증진시키는 효과도 기대할 수 있다.

기업의 지역사회관계와 지역사회 쟁점관리는 지역사회 및 기업의 성격과 특성에 따라 매우 다르게 나타난다. 지역사회마다 처한 상황이 다르고, 내부적으로 쟁점이 되는 사안들의 성격도 서로 다르다. 따라서 쟁점관리에 대한 만능적인 처방전을 내놓는다는 것은 불가능한 일이다. 그러나 기업의 지역사회관계에서 쟁점관리를 위한 계획을 수립하고 쟁점에 대한 실천 프로그램을 마련하여 이행하는 일은 PR실무자들의 몫이다.

사례 월트디즈니사와 한 조용한 시골 마을과의 한 차례 전쟁

미국 버지니아 피드몬트(Piedmont) 지역은 조용하고 평화로운 곳으로 수도인 워싱턴에서 35마일 떨어진 곳이다. 야산과 말 농장, 포도밭 그리고 목가적인 농촌지대인 이곳은 남북전쟁 당시 주요 격전지로서 가까운 곳의 시끌벅적한 워싱턴과는 대조가 되는 평온한 지역이다. 그러나 1993년 11월 이 조용한 도시는 혼란에 빠지게 됐는데 월트디즈니(Walt Disney)사가 피드몬트 근처 작은 마을인 헤이마켓이라는 곳 땅 3,000에이커를 구입했으며 이곳에 미국역사 테마파크인 "디즈니의 미국(Disney's America)"을 만들겠다고 발표했기 때문이다.

처음에는 대부분의 지역 경제인들과 정치인들이 디즈니를 환영했지만 일반 대중은 이 테마파크를 반대했다. 지역사회 모임과 포럼 등에서 지역 시민들은 교통체증, 공해문제, 상가의 발달, 역사적인 장소가 놀이터로 전락하는 것, 테마파크 직원들의 비성수기 실업문제 등을 언급하며 피드몬트의 평화스러운 삶의 붕괴를 걱정했다. 환경단체와 역사보존단체, 땅주인 그리고 피드몬트의 주민들은 재빨리 피드몬트 환경문제 위원회(Piedmont Environmental Council : PEC)를 조직적으로 결성하여, "Disney, Take a Second Look"(디즈니여, 딴 곳을)이라는 캠페인을 벌이기 시작했다. 결과적으로 1994년 디즈니의 테마파크 조성을 포기시키는 데 성공하게 됐다.

그 과정에서의 PEC의 활동을 보면 우선 테마공원 건설계획을 발표하자 PEC는 바로 공격적인 캠페인 전략을 시작하여 여론을 자기편으로 끌어들이려는 노력을 개시했다. PEC는 디즈니에 맞서 "다른 곳을 찾아라" 캠페인을 시작했고 이는 광범위한 매체에 실리게 됐으며, "이곳은 디즈니의 주차장"(Disney's New Parking Lot)이라는 스티커를 붙인 차들이 등장하기 시작했다.

PEC의 계속된 반대전략에 디즈니를 위한 사회 인프라 시설에 대한 채권 발행이 차질을 입게 됐고 디즈니의 테마파크 건설의 장점에 대해서 점점 불신하게 됐다.

1994년 9월 28일 디즈니사는 피드몬트 헤이마트에 테마파크를 세우려는 계획을 포기한다고 공식적으로 선언했다. 디즈니 PR스탭들은 퍼블릭 릴레이션 교과서에 있는 지침에 따라 행동했음에도 불구하고 테마파크를 반대하는 측의 강도를 파악하는 데 실패했고, 시종일관 PEC에 대해 방어적인 입장에 몰린 디즈니는 테마파크의 건설로 인해 모두에게 득이 되는 근거를 제시하지 못했던 것이 실패의 원인이었다.

디즈니사는 미국을 대표할 만한 거대회사이고 디즈니가 "미국의 디즈니"라는 계획으로 역사 테마공원을 세우려는 피드몬트 헤이마켓이라는 곳의 주민은 고작 483명이었다. 또한 디즈니가 가져다주는 막대한 경제적 이익과 세금의 증가는 당시 프린스 윌리엄이라는 빠르게 성장하는 인근 도시들에게 매우 환영할 만한 일이었으며, 버지니아 주지사, 이 지역 정치가 및 프린스 윌리암의 주민들도 디즈니의 계획에 찬성했다. 이렇게 불리한 상황에서 PEC가 어떻게 승리할 수 있었을까? 전 뉴욕타임스 특파원이었으며 PHA의 중역이었던 루이 암브란손(Rudy Ambramson)과 작가인 닉 코츠(Nick Kotz)가 쓴 『디즈니와의 전쟁』(The Battle to Stop Disney's America)이 그 승리의 배경을 잘 설명해 주고 있는데 그 내용은 다음과 같다.

디즈니가 거대한 역사 테마파크의 건설을 발표하자 PHA(Protect Historic America)는 이 건설로 말미암아 이곳의 아름다운 자연환경과 귀중한 역사가 파괴될 것이라고 확신했고 역사학자와 문인들을 중심으로 하여 즉각 반대 캠페인을 벌이기 시작했다. PEC 및 다른 단체들도 이곳 전쟁유적지를 지키기 위해서 강렬하게 디즈니에 반대하고 있는 상황이었다.

PHA는 디즈니의 테마파크 건설을 피드몬트 지역에 있는 64개의 역사적 유적지(22개의 남북전쟁 터, 13개의 역사적 도시, 17개의 역사거리)를 파괴하게 됨을 강조했고, PHA는 환경오염문제 및 교통난 등을 중점적으로 강조했다.

이에 대해 디즈니는 로비스트들과 PR 전문가들을 무더기로 고용하여 주민들에게 여행자들로 인한 수입증대, 새로운 사업기회, 토지가격 인상, 디즈니사가 앞으로 이 도시에 낼 엄청난 세금 등에 대해 주로 홍보활동을 펼쳤는데, 여기에는 교통정체, 물 부족 및 공기 오염 등의 문제에 대해서는 언급하지 않았다. 이들은 이곳 주민을 경제적 이익에 어둡고 옛날 생활방식에 집착하는 여우 사냥꾼이나 시골 농부 정도로밖에 여기지 않았으며, PHA의 3,000여 명의 멤버들을 조직으로 여기지 않고 친목단체 정도로 여겼다.

곧이어 PHA가 디즈니의 본격적인 전쟁에 돌입하게 됐는데, PHA는 이슈를 전국적으로 알리려는 데 주목했다. 그리고 역사가들과 언론인 그리고 교수들 및 환경운동가, 목사 및 유명한 전직 대정부관계 PR 책임자 및 PR 전문가들을 끌여들였다. 이렇게 반대운동이 점점 조직화되자 다른 관련 단체들도 참여하기 시작했고, "Trust for Historic Preservation"이라는 정치적 영향력이 있는 한 단체는 전국 유력 신문에 디즈니를 막자는 전면 광고를 했다.

이렇게 디즈니의 역사 테마파크에 대한 논쟁이 계속되고 PBC 등의 방송에서 남북전쟁 등의 인기 프로그램을 방영하게 되면서 모든 국민이 이곳 역사에 대해 관심을 갖기 시작했다. 미국의 역사를 지키자라는 여론이 강해지자 디즈니의 사장 아이즈너는 1994년 9월 28일

포기를 선언했다.

디즈니를 이길 수 있었던 이유를 단순히 말하자면 한가지 목적에 많은 단체가 모였다는 것이다. 디즈니와의 전쟁에서 피드몬트 지역은 시골의 땅이라고 해서 개발을 기다리는 곳이 아니라는 것을 알려 주었고, 지역이익을 위한 계획을 가지고 있는 것이 필수적이라는 것을 알게 되는 성과를 얻었다(김경해, 1999).

제 11 장

Tourism PR

퍼블리시티(Publicity)

제1절 퍼블리시티의 개념 및 유형, 기능

1.1 퍼블리시티의 개념

퍼블리시티(publicity)란 언론보도를 지칭한다. 여기에서 언론이란 공공성과 신뢰성을 갖춘 전통적인 매체인 신문, TV, 라디오, 잡지뿐만 아니라 인터넷 매체(포털사이트, 인터넷 방송/신문)도 포함한다. 일반적으로 언론에 보도된 내용을 신뢰하는 경향이 높은데 이는 언론이 공공성을 지녔기 때문이다. 이들 매체에 속하는 기관의 신뢰성은 오랫동안 공공성을 지켜온 전통과 명성에 좌우되지만 파급력은 공공성이 낮은 매체가 큰 경우도 있다. 그러나 퍼블리시티의 범위를 넓게 보면 전시, 포스터, 회합이나 이벤트를 통한 것까지도 포함한다.

홍보주체의 입장에서는 홍보목표 달성에 도움을 주기 위한 특별한 목적을 가지고 고객이나 예상고객이 읽고, 보고, 듣는 모든 매체에 일정한 요금을 지불하지 않고도 기사면 또는 방송시간을 획득하거나 홍보주체와 상품에 대하여 호의적으로 보도되게 함으로써 높은 신뢰감을 가지도록 하는 활동이다. 결국 퍼블리시티란 개인 혹은 조직체가 그와 관련된 공중의 이해와 협력을 얻기 위해 스스로 지향하는 목표를 커뮤니케이션 수단을 통해 전달하고 이해 · 설득시키는 것이라고 할 수 있다.

일반적으로 대중은 PR과 퍼블리시티를 같은 의미로 해석하는 경향이 있어 여기에서 분명히 밝혀 두고자 한다. 퍼블리시티는 PR활동으로 나타난 결과이다. 퍼블리시티는 통제 가능할 수도 있고 그렇지 않을 수도 있다. 또한 호의적 이미지를 때론 비판적인 이미지를 만들어 내기도 한다. 즉 광고가 아닌 퍼블리시티라 해서 반드시 긍정적인 결과를 낸다는 보장은 없다. 이는 퍼블리시티를 행함에 있어 PR기획 및 실무자들의 행동을 분명히 하는 것이기도 하다.

퍼블리시티 활동은 능동적인 것과 수동적인 것으로 나눌 수 있다. 능동적인 퍼블리시티란 조직체의 PR목표를 효과적으로 달성하기 위해 계획적이고 적극적인 활동을 전개하는 것으로서 오늘날 대부분의 퍼블리시티 활동이 여기에 속한다. 더불어 능동적 퍼블리시티는 쟁점사안에 대한 빠른 대처를 하는 것이므로 오늘날의 조직체가 안고 있는 고민인 쟁점관리와 위기관리 측면에서도 권장할 만한 것이라 하겠다. 수동적인 퍼블리시티란 매스 미디어의 취재 요청이 있을 때 이에 응하는 작업이다.

1.2 퍼블리시티의 기능

퍼블리시티는 다음과 같은 기능을 가지고 있다.

■ 언론의 정보원

PR 학자인 스콧 커틀립(Scott M. Cutlip)이 미국 신문의 경우 취급기사의 35% 정도가 PR활동에서 나왔다고 추정한 것에서 보면 언론이 PR 정보원에 의존하는 비중은 매우 크다고 할 수 있다. PR 정보원은 언론에 보도자료를 제공함으로써 언론이 제대로 기능할 수 있도록 도와준다. 기자들은 많은 분야의 일을 직접 취재해서 기사를 쓸 수 없기 때문에 정부, 기업, 단체 등에서 공급하는 자료에 의존할 수밖에 없다. 자신의 의견이나 분석을 가미한다 해도 일단 이러한 보도자료들은 기사를 쓰는데 큰 참고가 된다. 이런 점에서 조직체가 퍼블리시티를 활용할 때에는 대중매체가 추구하는 뉴스성을 가지고 있어야 한다.

최근 관광객들은 여가가 생겼을 때 다양한 것을 한 번에 체험하고 경험하고자 하는 경향이 강하다. 이에 적합한 것이 바로 축제를 포함한 각종 이벤트들이다. 따라서 이벤트의 개최에 대한 보도자료는 충분한 뉴스성을 가지므로 지방자치단체의 이벤트 기획자들은 퍼블리시티의 적극적 활용을 검토해 보는 것도 바람직한 일일 것이다.

■ PR커뮤니케이션의 수단

퍼블리시티는 대중매체를 통해 대량의 정보를 매우 빠른 속도로 전파한다는 점에서 커뮤니케이션 수단으로서의 효과도 크다. 특히 언론은 공공성과 객관성을 가지고 있기 때문에 언론을 통한 퍼블리시티는 더욱 효과적이다. 정부는 정책에 대한 국민 여론의 지지를 언론보도를 통해 확보할 수 있고, 공익 캠페인을 위한 공중의 지지도 퍼블리시티를 통해 확보할 수 있다. 기업 역시 퍼블리시티를 커뮤니케이션의 수단으로 활용한다.

■ 마케팅 커뮤니케이션의 수단

광고는 직접적으로 마케팅 커뮤니케이션의 수단이 되는 반면, 퍼블리시티를 통한 기업 PR은 마케팅 커뮤니케이션의 간접적인 수단이 될 수 있다. 물론 제품 퍼블리시티의 경우에는 직접적인 마케팅의 성격도 가지게 된다. 기업은 사회적 책임을 수행하는 과정에서 퍼블리시티를 통해 평판과 명성을 얻게 된다.

1.3 퍼블리시티 계획 및 유형

■ 퍼블리시티 계획

퍼블리시티는 조직이나 기업자체 퍼블리시티, 제품퍼블리시티, 개인퍼블리시티 등 매우 다양한 유형이 있는데, 여기에서는 퍼블리시티 중에서 가장 중요시되는 제품 퍼블리시티를 중심으로 살펴보기로 한다. 성공적인 퍼블리시티를 위해서는 분명한 목적을 설정하고 그에 적합한 퍼블리시티 프로그램을 만들어야 한다. 퍼블리시티 계획 시 다음과 같은 사항을 명확히 하는 것은 매우 중요하다.

■ 시장분석(Market Analysis)

PR실무자는 프로그램을 작성하기 전에 표적시장에 대한 분석을 해야 한다. 이를 토대로 효과적인 마케팅 커뮤니케이션이 설계된다. 시장분석을 위해서는 상품에 관한 분석을 상품속성, 상품의 장 · 단점, 상품기능 등을 중심으로 구체적으로 기술해야 한다. 특히 관광상품의 경우 무형성이 강하기 때문에 이를 구체적이고 관광객의 머릿속에서 이미지가 그려지도록, 즉 가시화시켜 보여 줄 수 있도록 기술해야 한다.

그리고 제품의 라이프사이클(lifecycle)이 어디에 위치하는가에 대한 정보는 그 제품프로모션에 필요한 행동을 결정해 주기 때문에 퍼블리시티 계획에 매우 중요하다. 일반적으로 관광지의 퍼블리시티 활동은 관광개발 시에 집중적으로 행해지고 있다. 꾸준한 관광지의 성장과 성장의 지속성을 위하여 성장기, 성숙기 등에도 퍼블리시티는 필요하고, 특히 성숙기에는 수요유지와 재성장을 위해 더욱 필요한 것이 퍼블리시티다.

■ 커뮤니케이션 분석(Communication Analysis)

자사뿐만 아니라 경쟁사의 활동도 포함되어 분석되어져야 하는데, 주로 경쟁자가 어떠한 커뮤니케이션을 이용하는지를 연구하는 것은 마케팅 커뮤니케이션에 큰 도움이 된다. 이것은 경쟁자에 관한 신문기사와 광고를 모아 분석하여 얻을 수 있다. 경쟁자의 활동을 추정할 수 있어야 하며 예산을 세울 때 이러한 정보를 반영하게 된다. 경쟁자와 비교해서 회사가 어떠한 위상을 점하고 있는지 아는 것은 프로그램을 개발하는데 도움이 되며, 예산을 늘려야 할 경우 그 타당성을 제공해 준다.

■ 표적 오디언스(Target Audience)

퍼블리시티활동의 효율성과 효과성을 높이기 위해서는 표적 오디언스는 누가 교육을 받아야 하고 유용한 정보를 전달해야 하는지를 판단하기 위해서 표적 오디언스를 가리는 데 도움이 되는 몇 가지 질문에 대한 답을 구해야 한다.

- 우리가 도달하려고 하는 표적은 누구인가?
- 그들에 대해서 얼마나 아는가?
- 이들 중 누가 구매결정을 하는가?
- 구매결정에 영향을 미치는 매체는 무엇인가?
- 우리의 커뮤니케이션은 적합한 매체를 통하여 표적 오디언스에게 이루어지고 있는가?

■ 커뮤니케이션 목표(Communication Objective)

마케팅담당자는 시장점유율이나 판매량을 늘리려 노력하고, 이것이 마케팅 목표이다. 커뮤니케이션 목표는 마케팅 목표를 이루도록 분위기를 조성하는 것이다. 따라서 상품 포지셔닝과 인지도 제고 등의 구체화된 계획이 커뮤니케이션의 목표가 된다.

■ 매체목표(Media Objective)

퍼블리시티의 성공 여부를 측정하는 방법은 여러 가지가 있을 수 있으나, 퍼블리시티가 주요 매체의 80% 이상에 보도되었다면 성공적이라고 봐야 한다. 마케팅과 커뮤니케이션의 목표를 너무 높게 설정하는 경우가 종종 있는데, 이때에도 기대하는 결과는 항상 현실적이어야 한다.

제2절 퍼블리시티 매체

퍼블리시티에 이용할 수 있는 매체는 다양하지만 4대 매체가 주로 이용된다. 4대 매체의 매체별 속성과 장·단점을 살펴보면 다음과 같다.

신문은 일단 발행부수가 많고 배포범위가 넓기 때문에 한 번에 대량의 도달범위를 가지고 있다. 또한 독자층이 광범위하며 읽는 시간이 비슷하며 공신력이 대체로 높고 사회적 영향력이 크며 지역적 선택이 가능하고 보관이 용이하다는 장점이 있다. 기사 게재 요건이 까다롭기 때문에 유력 신문에는 기사화가 어렵다는 단점을 가지고 있다.

TV의 가장 큰 장점은 전달범위가 가장 넓기 때문에 효율적이라는 점이다. 또한 시청각적인 면을 이용할 수 있기 때문에 현장감, 친밀감, 소구력이 높으며, 현상에 대한 심층보도가 가능하다는 장점이 있다. 반면에 시청자가 방영시간을 놓치기 쉽고 퍼블리시티를 위한 시간을 잡기 어려워 특별 기획물이 아니면 보도가 힘들다. 또한 메시지 전달범위가 매우 광범위하므로 시청자를 선별하기 어렵다는 단점도 가지고 있다.

잡지의 가장 큰 매력은 기사내용의 양에 구애받지 않기 때문에 심층분석과 해설에 충실할 수 있다는 점이다. 특히 특정 독자층을 가지고 있기 때문에 주간지, 월간지, 정치, 경제, 취미생활, 오락, 스포츠 등 대상을 세분화하기가 용이하다. 더욱이 신문이나 TV와는 달리 독자의 손에 있는 시간이 길어 열독성이 있고 다른 사람과 돌려 볼 수 있다. 그러나 주간, 월간, 격월간, 계간 등으로 발간되므로 적시성이 부족하고 시간적 공백이 너무 길다. 또한 메시지의 배포범위가 제한적이어서 신문이나 TV에 비해 신뢰도가 떨어진다.

라디오는 TV에 비해 가벼운 내용도 보도가 가능하다. 또한 거의 종일 방송함으로써 적시성과 속보성이 뛰어나며, 세분화된 표적에 도달하기가 용이하며 타 매체에 비해 저렴한 장점이 있다. 라디오를 통한 퍼블리시티 시 조직체는 표적의 세분화가 용이한데, 방송시간의 선택에 따라 애청자 층을 다양하게 확보할 수 있으며, 일을 하면서도 청취가 가능한 유일한 매체이다. 그러나 오락성이 강한 매체이기 때문에 집중력이 약하고 들을 수 있는 시간이 매우 제한적이라는 것이 단점이다.

인터넷(internet)이라는 매체의 특성은 시 · 공간의 한계를 극복한다는 것이다. 인터넷은 물리적 시간, 지역에 상관없이 동일한 가격으로 퍼블리시티가 가능하다. 공중이 인터넷에 접속하는 이유는 물론 놀이로 혹은 시간 때우기인 경우도 있지만, 대부분 특정 주제에 관심이 있기 때문이다. 따라서 세분화된 주제를 다루는 사이트에는 그 주제에 관심 있는 사람들만 접속하기 때문에 특정 계층에 효율적으로 퍼블리시티를 할 수 있다. 인터넷의 상호작용적 특성은 공중과 쌍방향 커뮤니케이션이 가능하며 인터넷만이 지니는 화려한 그래픽과 동영상, 음성을 퍼블리시티 수단으로 이용할 수 있다는 것이다. 퍼블리시티 제작과 배포에 드는 비용이 매우 저렴하기 때문에 전 세계의 고객들에게 가장 효율적으로 퍼블리시티를 할 수 있는 등 퍼블리시티 범위에 제한이 없는 장점이 있다.

이러한 이점에도 불구하고 인터넷 퍼블리시티는 통일된 표준이나 규범이 없다. 퍼블리시티 효과측정이나 용어, 가격에 있어서 명확한 기준이 없고, 인터넷이 제공하는 가능성에 비해 그 퍼블리시티 효과를 측정할 수 없다는 단점을 가지고 있다. 그리고 주제와 성격에 따라 웹 사이트의 분포가 측정할 수 없을 정도로 매우 다양하고 광범위하기 때문에 어떤 사이트와 적절한 사이트끼리의 비교가 어렵다. 이런 단점에도 불구하고 인터넷은 쌍방향 커뮤니케이션의 특징을 지닌 저렴하고 우수한 퍼블리시티 매체로 중요한 역할을 한다.

기존 TV는 불특정 다수를 대상으로 하고 있지만, 케이블 TV는 지역적 또는 전문 영역별로 보다 세분화된 특성의 시청자를 대상으로 하기 때문에 비용도 절감되면서 효과가 크다. 이처럼 케이블TV는 공중파 방송에 비해 많은 장점을 가지고 있지만, 시청자 수(시청률과도 연계)가 제한된다는 점과 TV, 라디오, 신문에 비해 공신력이 떨어진다는 단점이 있다.

블로그란 일반인들이 자신의 관심사에 따라 자유롭게 글을 올릴 수 있는 웹 사이트로 웹(web) 로그(log)의 줄임말이다. 글 대신 동영상을 올리는 사람을 vloger라 한다. 일반인들이 자신의 관심사에 따라 일기, 칼럼, 기사 등을 자유롭게 올릴 수 있을 뿐만 아니라, 개인출판, 개인방송, 커뮤니티까지 다양한 형태를 취하는 일종의 1인 소셜 미디어이다. 웹 게시판, 개인홈페이지, 컴퓨터 기능이 혼합되어 있고, 소프트웨어를 무료 또는 싼 가격에 구입할 수 있으며, 인터넷 홈페이지 제작과 관련된 지식이 없어도 자신의 공간을 만들 수 있다는 장점이 있다. 즉 블로그 페이지만 있으면, 누구나 텍스트 또는 그래픽 방식을 이용해 자신의 의견이나 이야기를 올릴 수 있고, 사진자료나 동영상을 올릴 수 있는 미디어이다.

블로그의 인터페이스와 미니홈페이지는 '친구 맺기' 기능, 메신저 기능을 한데 모아 놓은 소셜 네트워크 서비스(Social Network Service: SNS)를 말한다. 트위터란 '지저귀다'라는 뜻으로 재잘거리듯이 하고 싶은 말을 그때그때 짧게 올릴 수 있는 공간이다. 한 번에 쓸 수 있는 글자 수도 최대 140자로 제한되어 있다. 언제 어디서나 정보를 실시간으로 교류하는 '빠른 소통'이 가장 큰 특징으로서 세계적 뉴스채널로 속보를 장점으로 하는 CNN을 앞지를 정도로 신속한 '정보 유통망'으로 주목받고 있다. 기업들도 PR이나 고객 불만 접수 등 다양한 방법으로 활용하고 있다.

Youtube는 무료 동영상 공유사이트로 사용자가 영상클립을 업로드하거나, 보거나, 공유하는 것을 말한다. 사이트 콘텐츠의 대부분은 영화나 TV클립, 뮤직비디오이고 아마추어들이 만드는 것이 대부분이다. 유튜브는 컴퓨터를 사용하는 누구나 동영상을 올릴 수 있도록 해 몇 분 안에 수백만 명이 볼 수 있도록 하였고, 유튜브에서 다루는 주제는 매우 다양한 비디오를 공유함으로써 소셜 미디어의 새로운 부분으로 자리 잡았다.

페이스북은 소셜 네트워크 웹사이트이다. 사람들이 친구들과 대화하고 정보를 교환할 수 있도록 도와주는 것이다. 2004년 미국 하버드 대학생인 마크 저크버그가 설립하였다. 페이스북의 핵심은 (open)으로 모든 것을 오픈하여 좀 더 많은 사람들이 쉽게 자발적으로 참여하는 시스템이다. 개인의 일상이나 사진, 음악 등을 서로 공유할 수 있게끔 구성되어 있다.

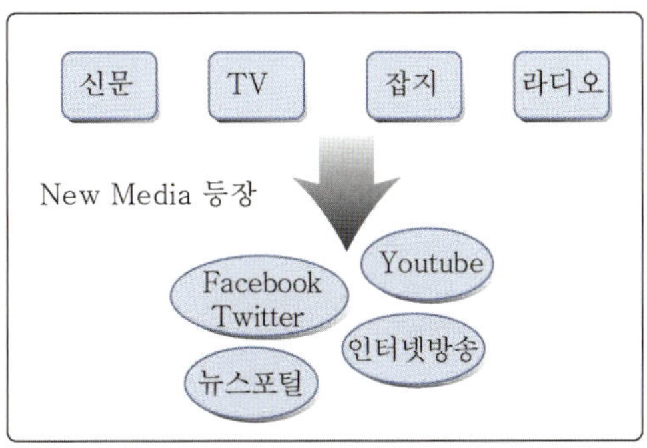

전통적인 4대 매체

제3절 퍼블리시티 전략

코리아뉴스와이어(2016)는 퍼블리시티 효과를 이끌어내는 세부적인 실행전략을 다음과 같이 소개하고 있다(www.newswire.co.kr).

2.1 기업의 언론홍보 전략수립 7단계

■ 대변인이나 홍보담당자를 정하기

어떤 기업이나 조직이 언론과 관계를 맺으려면 가장 먼저 해야 하는 일은 홍보담당자, 즉 대변인을 정하는 것이다. 신문사에서 전화가 걸려와도 누가 기자의 질문에 답변을 해주어야 할지 몰라 이 부서 저 부서로 빙빙 전화를 돌리게 된다. 기자는 이런 회사나 조직에는 다시는 전화를 하지 않게 되어 이런 회사는 언론과 멀어질 수밖에 없다. 홍보전담자를 두기 어렵다면 겸직을 해서라도 누군가를 홍보담당자로 지정해야 하고 기자가 전화를 걸어오거나 인터뷰를 요청할 경우 그 홍보담당자를 통해서 문제를 해결할 수 있도록 해야 한다. 회사의 대표전화에는 홍보담당자를 안내할 수 있는 기능을 둬서 언론이 쉽게 홍보담당자와 접촉할 수 있도록 해야 한다.

언론인은 중소 벤처기업의 경우 홍보담당자가 있다는 사실만으로도 그 회사가 깨어있는 회사라고 보게 된다. 기자와 친해지는 지름길은 자주 만나거나 서로 통화를 해서 꾸준한 취재원이 되는 것이다. 그런데 홍보담당자가 자꾸 바뀌게 되면 기자와 홍보담당자와의 관계는 자꾸 단절되게 된다. 이렇게 되면 그 회사나 조직은 언론으로부터 자꾸 멀어지게 될 것이다.

■ 연간 PR플랜을 만들어라

홍보 담당자가 언제 어떤 내용의 보도자료를 발표할지 미리 계획을 세우는 일은 매우 중요한 일이다. 보도자료 배포계획이 포함된 연간 홍보플랜과 월간 · 주간 플랜을 가지고 있다면 일단 우왕좌왕하지 않고 일관되고 지속적인 홍보활동이 가능하다. 물론 이 계획은 사업계획에 따라 항상 가변적일 수는 있으나, 플랜을 가지고 홍보활동을 진행하는 것은 중요한 일이다. 각 기업이나 기관, 업종에 따라 성격이 다를 수 있지만, 향후 1년간의 사업계획서나 마케팅 기획서를 먼저 참고하면 좋다. PR활동은 마케팅 활동의 하부활동이기 때문에 사업계획서나 마케팅기획서는 홍보플랜의 훌륭한 지침이 된다.

다음으로 홍보담당자가 크고 작은 마케팅 계획들을 구현할 수 있는 메시지를 전달하기 위해 동원 가능한 홍보자원과 수단을 찾고 이를 적절하게 배합하는 일이다. 즉 마케팅 계획 그 자체가 PR활동은 아니기 때문에 이 과정에서는 홍보담당자의 과거 경험과 지식, 능력과 역량이 총동원해야 한다. 가령, A라는 회사에서 사활을 걸고 있는 신제품이 나올 때 신제품의 기능과 특징 등 제품 자체에 대한 기본적인 지식뿐만 아니라, 왜 현 시점에서 이 제품인가 하는 점까지 이슈화시킬 수 있어야 한다. 또한 배포하는데 있어 종합지, 경제지, 방송, 잡지, 온라인 매체 중 어떤 매체를 주로 활용할 것인가, 회사의 이미지와 장점을 살린 이벤트 프로모션은 어떻게 준비할 것인가, 통합 마케팅 커뮤니케이션(IMC) 차원에서 미디어의 광고 집행전략, 공중파 방송과 케이블 TV의 PPL(간접광고, 제품협찬) 계획 등도 계획단계에서 검토되어야 한다.

더 나아가 신제품 출시 시점에 맞춰 CEO를 어떻게 노출(President PR)시킬 것인가, 여론을 형성하는 오피니언 리더(또는 VVIP) 대상의 특별 행사를 실시할 것인지 여부, 신제품을 기업 이미지 개선을 위한 어떤 사회공헌 프로그램에 활용할 것인지 등 입체적인 접근과 플랜이 필요하다. 경우에 따라서는 앞으로 있을지도 모르는 장래 위기상황에 대처하기 위해 사전에 시나리오를 준비하는 위기관리까지 PR 플랜에 포함시킬 수 있다.

끝으로 달력을 연간 PR 플랜 만들기에 활용할 필요가 있다. 시의성 있는 뉴스 발굴이 얼마나 홍보활동에서 중요한 것인가 하는 문제는 이미 앞에서 언급했다. 이를 위해 뉴스와이어가 제공하고 있는 핫토픽 기능을 이용하는 것도 좋은 방법이다. 예를 들어 추석, 모바일 앱, 실적발표 등 시즌별로 핫이슈가 있을 때 뉴스와이어 핫토픽은 관련 보도자료를 쉽게 검색할 수 있도록 해준다. 이를 참고하면 어떤 소재의 보도자료를 발표하면 좋은지 미리 아이디어를 얻을 수도 있을 것이다.

■ 홍보목표를 명확히 하기

어떤 회사가 다른 회사보다 홍보를 잘 한다는 것을 언론의 관점에서 보면 다음과 같은 회사라고 볼 수 있다.

- 그 회사가 하는 일이 뉴스 가치가 있다.
- 그 회사는 그 정보를 언론매체와 공유하며 이를 적당하게 자료로 잘 만들어 언론에 제공한다.
- 그 회사는 그 보도자료를 담당 기자, 편집간부, PD에게 적재적소에 잘 보낸다.
- 그 회사의 홍보책임자는 언제나 인터뷰를 할 수 있게 핸드폰이 열려 있다.
- 그 회사는 다른 경쟁회사보다 모든 홍보 활동에서 앞선다.

이처럼 남보다 앞서가는 홍보를 하려면 미리 계획을 짜고 준비를 확실히 해야 한다. 홍보는 운으로 되는 것이 아니라, 치밀한 계획과 실천 그리고 준비 정도에 따라 좌우된다. 훌륭한 홍보담당자는 기업 내의 활동과 외부 환경을 우선 면밀히 검토한다. 영업목표가 무엇인지, 제품의 특징과 장점은 무엇인지, 소비자의 취향은 어떤지, 시장의 규모와 잠재고객은 누구인지, 제품을 유통시킬 수 있는 채널은 무엇인지, 경쟁사의 제품은 어떤 것이 나와 있는지를 알아야 한다. 홍보담당자가 사내의 제품개발 및 영업책임자를 인터뷰하고 잠재적인 고객이 이 제품에 대해 어떻게 생각하는지 조사해 보아야 한다. 또 외부의 컨설턴트나 기자 또는 애널리스트의 의견도 들어보는 것이 좋다. 그리고 지금까지 나온 자사와 경쟁회사의 보도자료와 홍보물을 검토해보고 인터넷과 전문가 기업들을 통해 광범위하게 정보를 수집한다.

이렇게 하는 과정에서 최종적으로 결정해야 할 것은 홍보를 통해 전달할 핵심 메시지이다. 회사의 브랜드나 특정 제품을 홍보할 때 어떤 메시지를 전달하는 것이 효과적일지 파악하는 것이다. 홍보는 광고보다는 훨씬 돈이 덜 들지만, 기자회견, 비디오 제작, 브로슈어나 카탈로그 제작은 모두 비용이 들어가므로 예산 계획도 함께 수립을 해야 한다.

■ 언론인 명단 확보하기

언론인 목록을 만드는 일은 홍보를 하기 위한 기본 뼈대라 해도 과언이 아니다. 대체로 홍보실을 갖춘 조직이나 홍보대행사는 언론인 목록을 작성하고 업데이트한다. 이런 일을 거치면서 홍보담당자는 언론인을 알게 되고 비로소 보도자료의 작성이나 언론 접촉도 할 수 있게 된다. 요즘에는 신문사마다 기자의 개인 블로그를 만드는 곳이 꽤 많다. 그 블로그에 들어가보면 기자의 담당 분야, 연락처가 나온다. 따라서 먼저 인터넷 검색을 통해 연락처를 확인한 뒤 그래도 알 수가 없거나 불분명한 경우 언론사에 전화를 걸어서 알려달라고 하는 것이다. 여러 명이 동시에 한 분야를 함께 맡는다면 그 팀의 기자 연락처를 모두 확보해야 한다.

언론인 명단은 언론인의 전화번호, e메일 주소, 담당 분야, 개인정보 등을 만드는 것을 말한다. 보도가 많이 되게 하려면 많은 언론인에게 보도자료를 보내야 하므로 가능한 한 많이 언론인 명단을 수집하는 것이 좋다. 기업에 따라서는 회사 내에 해당 기자를 아는 경우 친분관계, 졸업한 대학, 나이, 성향까지도 개인정보를 수집하기도 한다. 또한 담당부서 간부들의 연락처 정보도 함께 데이터베이스로 만드는 것이 보통이다. 기자들은 전문기자를 제외하고는 길어야 한 분야를 1~2년 맡는 게 보통이어서 기자가 바뀔 때마다 꾸준히 업데이트를 해야 한다.

언론홍보를 할 때 전문기관의 도움을 받는 것이 효율적인 방법이다. 뉴스와이어의 보도자료 프리미엄 배포 서비스는 기자 명단이 없어도 많은 기자에게 직접 보도를 의뢰할 수 있는 언론홍보 서비스이다. 국내 전체 언론인을 망라하는 1만 7천명의 기자를 IT, 건설, 공연, 건강, 인터넷, 관광, 식품, 뷰티, 부동산, 모바일, 출판, 자동차, 에너지, 환경 등 담당 분야별로 DB를 구축해놓고 있다.

■ 매체 특성에 맞는 홍보하기

홍보대상과 메시지가 결정되고 언론인 명단도 있다면 다음 순서는 홍보 메시지를 전달하기 위해 어떤 매체가 효과적인지 분석하는 것이다. 언론매체는 신문, 방송, 잡지, 인터넷 등 여러 종류가 있다. 대중이 관심을 가진 뉴스를 집중적으로 다루는 일반매체와 전문가들에게 관심거리가 되는 뉴스를 생산하는 전문매체로 나뉜다. 예를 들어 여행신문은 여행 관련 종사자가 보는 전문매체이다. 경제신문은 기업의 비즈니스맨들이 주로 보며 소비자 매체와 전문 매체의 성격을 동시에 갖고 있다. 전문매체에 발표하는 보도자료라면 어느 정도 전문용어를 쓰는 것도 괜찮고, 일반인을 대상으로 한다면 전문용어 사용을 피하고 쉽게 풀어 쓰는 것이 바람직하다.

작은 중소기업은 경제지나 전문지에 보도를 요청할 경우 기사화될 가능성이 있지만, 영향력이 큰 종합일간지나 방송의 지면과 공간을 차지하는 것은 하늘의 별 따기처럼 느껴진다. 이런 경우에는 무리하게 소비자매체에 접근하기보다는 현실적으로 기사화될 가능성이 높은 전문매체에 홍보 노력을 집중하는 것이 바람직하다. 각각의 언론매체와 기자가 어떤 관점에서 어떤 스타일로, 어떤 소재를 다루기 좋아하는

지를 눈여겨 파악하면 보도자료를 어떤 각도에서 어떤 스타일로 써야 어떤 언론매체의 어느 기자가 좋아할 것인지 판단할 수 있다.

■ 우리 회사만의 특별함을 찾기

언론이 어떤 뉴스에 더 높은 가치를 부여하는지 저널리즘 학자들이 연구한 결과 가장 중요한 요소로 '흥미'를 꼽았다. 호기심을 유발하지 못하는 기사는 아무리 좋은 기사라 해도 크게 보도되기 어렵다. 사람들로 하여금 흥미나 호기심을 불러일으키는 좋은 방법 중 하나가 바로 '특별함'을 찾는 것이다. 홍보의 비법은 바로 이 특별함을 잘 부각시켜 뉴스 가치가 느껴지도록 할 수 있느냐에 달려 있기 때문에 기업이나 조직의 홍보담당자는 먼저 특별함을 찾는 것이 중요하다.

특별한 것이 무엇인지 찾아내려면 우선 기업을 둘러싼 시장, 그 기업만이 가진 특별한 기술이나 특징, 그 기업만이 가진 특이한 문화, 그 기업의 CEO가 가진 특별한 이력 등을 면밀히 분석하는 것이 필요하다. 가령, 가장 값이 싸다든지, 가장 성능이 좋다든지, 다른 데서는 찾아볼 수 없는 특별한 서비스를 제공한다든지 하는 점을 찾아내는 것이다. 만일 특별한 것을 찾을 수 없다면 역으로 홍보담당자가 특별한 것을 제안해 제품이나 서비스에 반영할 수도 있다. 또한 만일 회사 사장이 다른 경영자에게 좀처럼 발견하기 힘든 독특한 취미활동을 가지고 있다거나 사내 구성원 중 독특한 이력의 소유자가 있다면 좋은 홍보 소재가 된다.

■ 홍보대행사 선택

언론홍보 전문가를 사내에서 육성하기란 쉽지 않아서 경험 있는 홍보담당자를 채용하거나 홍보대행사와 계약을 맺는 것이 바람직하다. 설사 홍보팀이 있는 대기업이라 해도 정규 홍보인력만 갖고는 감당하기 어렵다. 홍보대행사는 홍보를 계획하고 보도자료를 작성하고 발표시점을 결정하고 보도자료 배포를 대신해주며 기자 간담회 또는 기자회견을 주선해준다.

또한 홍보대행사는 특정 보도자료에 대해 어느 언론사의 어느 기자에게 연락해야 할지 언론인 DB를 구축하고 있다. 마케팅 중심의 기업이고, 새로운 아이디어와 마케팅 능력에 대한 객관적 평가, 홍보에 대한 보다 창의적인 아이디어가 필요한 경우, 홍보를 최우선 과제로 선정한 경우, 판촉계획을 수립하고 새로운 상품을 출시하고 타깃 마켓을 선정해야 하는 경우에는 대행사에 의뢰하는 것이 좋다.

다른 방법은 홍보전문가를 회사의 직원으로 채용하는 것이다. 이 분야의 경험을 쌓은 경력사원을 채용하는 것이 훨씬 효과적이고 경비도 절감할 수 있게 된다. 만일 풀타임으로 홍보담당자를 고용하는 게 부담스럽다면, 뉴스와이어 보도자료 배포 서비스를 이용하거나 파트타임으로 프리랜서를 고용하는 방법도 고려해 봄직하다.

2.2 언론홍보 팁

회사에 대한 좋은 뉴스 기사 하나가 회사의 기반을 다지고 성공으로 이끄는 지렛대가 될 수 있다는 것을 명심해야 한다. 특히 스타트업 회사 대표는 언론홍보에 대해서는 경험이 없는 경우가 거의 대부분이다. 보도자료 배포 서비스 전문회사가 스타트업을 위해 제시한 홍보 팁을 소개한다(www.newswire.co.kr).

■ 기사화될 만한 것이 무엇인지 파악하라

기업을 언론에 알리기 전에 타깃 매체가 생각하는 우리 회사의 뉴스거리가 무엇인지 파악해야 한다. 독특한 특징을 가지고 있는 기업이라면 굳이 고민을 할 필요가 없다. 하지만 대부분의 기업은 언론이 관심을 가질 만한 큰 특징을 가지고 있지 않다. 이럴 때에는 적합한 앵글을 찾아 보도자료를 작성해 기자에게 알려보자. 예를 들어, 가장 기사화되기 쉬운 앵글은 아래와 같다.

- 기업 설립 관련
- 신제품 및 서비스 출시 관련
- 흥미로운 데이터 및 연구결과 발표 관련
- 현재의 이슈에 관한 언론 기고
- 타 기업과의 업무 제휴 관련

■ 간결하고 가치를 담은 회사 소개 문구를 작성하라

회사가 하는 일에 대한 소개 문구를 정하는 것이 중요하다. 먼저, 회사를 누구나 이해하기 쉬운 한 문장으로 간결하게 설명할 수 있어야 한다. 예를 들면, 'ABC회사는 기업의 경영정보화에 필요한 솔루션과 서비스를 제공하는 IT기업이다', 'DEF회사는 해외 브랜드슈즈 병행수입 판매업체이다' 등이 있다. 이 문구를 정한 후에는 모든 기업 소개 및 보도자료에 문구를 포함시켜 배포하라. 이는 기업소개뿐 아니라 기업이 진행하는 모든 행사에도 해당된다.

■ 검색이 잘 되도록 키워드를 구사하라

검색 엔진은 검색결과를 정렬할 때 제목에 가장 많이 의존해 랭킹을 매긴다. 보도자료의 제목과 뉴스 본문 앞부분 150자 이내 영역에 키워드를 넣는다. 회사 홈페이지, 제품 관련 페이지, 블로그, 이벤트 페이지 등에 대한 검색엔진 최적화도 중요하다.

■ 인터뷰와 글쓰기 능력을 키워라

언론발표는 중요한 일이므로 CEO가 결정하거나 임원회의에서 결정한다. 대체로 현업부서에서 보도자료 초안을 작성하고 홍보담당자가 이를 알기 쉽고 간결하게 다듬어 언론에 e메일로 배포한다. 현업부서 직원이 기사체로 보도자료를 쓰는 것이 어렵다면 홍보담당자로 하여금 작성케 하는 방법도 있다.

홍보담당자는 부서의 책임자나 CEO를 인터뷰해 뉴스 앵글에 맞게 잘 정리할 줄 알아야 하고 핵심 포인트를 빨리 파악해야 한다. 홍보담당자는 자신의 생각을 강하게 내세우는 것이 좋지 않다. 기자한테도 그렇고 회사 내에서 인터뷰를 할 때도 그렇다. 자신의 생각보다는 남의 생각을 잘 듣고 이를 설득력 있게 전달하는 것이 임무다.

홍보담당자는 언론매체나 이를 읽는 독자가 가장 궁금해 할 만한 부분을 정확히 짚어내야 제대로 된 보도자료를 쓸 수 있다. 따라서 홍보담당자는 글쓰기 훈련이 필요한데 글쓰기에서 가장 좋은 교본은 신문이다. 신문기사는 글쓰기 전문가인 기자들이 쓴 것이기 때문에 알기 쉽고 간결한 표현을 쓴다. 신문기사의 스타일을 흉내내서 쓰면 좋은 보도자료를 만들 수 있다. 보도자료는 신문기사와 기본적으로 똑같기 때문이다.

언론PR 방법은 다양하지만 다음과 같은 것들이 대표적인 것으로 손꼽힌다.

2.3 뉴스릴리스

뉴스 릴리스(news release)는 기업이나 단체가 보도기관에 정보를 제공하는 방법을 말한다. 원칙적으로 기자에게 자주적인 취재의 기회를 만들어주기 위한 뉴스 소재의 제공이지 기사 그 자체를 송부하는 것은 아니다. 즉 기자의 이해를 도울 수 있는 소재를 주는 것이다. 뉴스란 대중 또는 어느 계층에 흥미를 줄 수 있고 시사성이 있는 정보를 말한다. 기업에 있어서는 인사이동, 새로운 점포의 개설, 중요한 계약, 신제품 개발, 새로운 서비스의 개시 등이 뉴스화될 수 있다.

■ 뉴스 릴리스의 종류

① 스트레이트 기사

시의성 있는 뉴스를 전달하는 것이 목적이다. 중요한 사안일 경우 해설 기사를 첨부한다. 5W1H 원칙을 이용하여 작성하되 역삼각형으로 기사를 작성한다. 기사 전체를 한두 마디로 압축한 헤드라인과 리드, 본문, 보충설명 순으로 구성한다.

② 기획 · 해설 기사

어떤 문제에 대한 배경, 분석과 전망 등을 자세하게 서술하는 보도자료로서 보통 뉴스가치가 큰 기사는 스트레이트 기사로 다루기 때문에 이를 보완하는 경우에 주로 필요한 자료이다. 즉 뉴스 뒤에 숨은 뉴스 배경 등을 소개하며 정삼각형 형식의 기승전결로 작성한다. 또한 업계 전반에 대한 내용과 수치, 통계표 등을 적극적으로 사용하고 관계자의 공식발표나 인터뷰, 전문가의 증언과 일반인의 반응 등을 인용한다.

③ 피처(feature)기사

사실 자체보다는 진한 감동을 주는 뒷이야기 등 쉽게 접근할 수 있는 읽을거리의 기사를 말한다. 미담, 사례담, 가십성 기사가 그 예이다. 흥미제공을 목적으로 하기 때문에 보도자료보다는 많은 부분이 인터뷰나 직접취재를 통해 작성된다. 따라서 기자의 의견과 판단이 최대한 반영될 수 있어 보도자료보다 쉽게 채택되고 전달효과도 크다. 주로 평범하지 않는 독특한 소재, 평범하지만 독자의 흥미를 끌 수 있는 일상사와 관련된 소재, 사건의 주인공 및 성공 스토리, 상식을 벗어난 독특한 상황, 박진감이 넘치는 사건 전개 및 갈등구조, 진한 감동을 줄 수 있는 에피소드 등을 다룬다. 주의할 점으로는 주인공을 등장시키고 주인공의 증언이나 체험을 핵심내용으로 작성하되, 흥미를 끌 수 있는 사건이나 이면에 숨겨진 이야기를 발굴해야 하며, 기사가 살아 있는 것처럼 생생한 느낌을 주도록 해야 한다.

④ 캡션(caption)기사

사진을 중심으로 뉴스를 전달하는 방식이다. 반드시 별도의 설명문을 제공하여 잘못 이해될 수 있는 부분을 최대한 방지해야 한다. 사진은 시간적 · 공간적으로 그 상황이 가장 잘 표현되는 장소와 시각을 포함해야 하고, 한 장의 사진에 상황 전체에 대한 충분한 메시지가 담겨 있어야 한다.

■ 뉴스 릴리스의 구성과 작성요령

게재 요망 일자. 자료 발송처 및 발송자(문의처)는 반드시 적어야 하며 조직이나 회사의 로고(logo)가 있다면 이것도 소개하는 것이 좋다.

① 헤드라인(제목과 부제)

기사의 중요성을 가시적으로 보여주는 기준이 되며, 기자들에게 기사를 요약, 파악하게 함으로써 기사의 크기를 결정시키는데 영향을 끼친다. 짧게 핵심을 찌르는 언어로 요약, 정리하며 그 요령은 다음과 같다.

- 헤드라인은 그대로 기사제목으로 쓸 수 있도록 작성한다.
- 헤드라인은 기사 속에서 끄집어내되, 현재형으로 작성한다.
- 본문과의 탄탄한 연계성을 유지할 수 있도록 명확하게 작성한다.

② 리드의 역할(기사의 핵심요약)

기사를 소개하는 역할, 즉 기사개요를 요약해 기사의 전체 내용을 알 수 있도록 하는 역할을 하며, 또한 기자가 본문을 읽고 싶도록 하는 유인 역할도 한다. 요령은 다음과 같다.

- 리드는 부제와 다르며 요약한 본문이라는 점을 명심한다.
- 가장 중요한 내용을 집약한다.
- 기자를 본문으로 끌어들일 수 있도록 호기심을 자극해야 한다.
- 짧고 명확하게 구어체로 작성한다.
- 부정적 내용과 확실하지 않은 리드는 피한다.
- 본문의 내용과 명확하게 연결되도록 작성한다.

③ 본문

본문을 작성하는 요령은 대체적으로 다음과 같다.

- 가장 핵심적 사실을 첫 문장에 제시한다.
- 리드를 뒷받침하는 구체적인 사실을 흐름에 따라 단락별로 제시한다.
- 매 단락마다 토픽이 있어야 하며, 한 문장에 두 개의 주제를 포함시키지 않는 것이 바람직하다.
- 문장의 앞뒤가 논리적으로 연결되어야 하며, 단락 간의 주제 연결에 무리가 없어야 한다.
- 문장은 복문과 중문을 피하고, 단문형태로 짧게 써야 하며, 한 문장은 약 40~50자가 적당하다.
- 사실을 중심으로 정확하게 쓰되, 독자의 입장에서 객관적으로 작성한다.
- 한 문장에 한 가지 사실만 쓰되, 사안의 의미나 특징을 강조한다.
- 글의 단계 및 내용이 변할 때에는 단락으로 구분한다.

■ 뉴스 릴리스 작성 시 유의사항

뉴스 릴리스를 작성할 때에는 다음 사항에 유의한다.

① 겸손하게 작성한다. 언론인의 협조를 얻는 가장 확실한 방법은 원할 때에 쉽게 사용할 수 있는 형식으로 정보를 제공하는 것이다.

② 간결하고 명료하게 요점을 말해야 한다. 지나치게 작위적인 치장을 하게 되면 뉴스 릴리스가 빈약한 인상을 주게 되므로 주의한다. 또한 누가(Who), 어디(Where), 왜(Why), 무엇을(What), 언제(When), 어떻게(How)라는 뉴스기사의 5W1H 원칙을 지켜 현실성 있고 가장 적절한 정보만 정리하여 전달해야 한다.

③ 책임의 소재를 확실히 해야 한다. PR 당사자의 이름을 반드시 명기해야 한다. 뉴스 릴리스를 받는 기자가 보충질문이 있을 경우 생각해서 PR 담당자의 이름, 전화번호를 기입한다.

④ 사진을 이용해서 시각적으로 호소하는 것이 중요하다. 그러나 사진에는 반드시 간결하고 명료한 설명문이 있어야 한다. 사진은 선전 의도가 풍기는 것보다는 풍속이나 유행, 생활과 밀접한 관계가 있는 사진을 첨부하는 것이 효과적이다.

⑤ 뉴스 릴리스는 전국지, 지방지, 전문지별로 대상에 따라 다르게 작성해야 한다. 즉 취재진이 많은 전국지에는 기본적인 정보만을, 취재진이 적고 직접 취재가 곤란한 지방지는 기사에 거의 가까운 상세한 정보를, 그리고 독자층이 완전히 다른 전문지의 경우는 전문적이고 해설적인 정보를 담도록 한다.

■ 효과적인 홍보와 보도자료 작성을 위한 제언

해당 기관이 언론매체 등을 통해 널리 알려지기를 희망한다면 PR행사의 기획단계부터 홍보를 염두에 둔 전략이 필요하다. 어떤 행사를 했을 때, 어떤 프로그램을 도입했을 때 홍보가 잘 될 것인지를 고려하는 것이 바로 효과적인 홍보를 하는 방법이다. 무엇보다 중요한 것은 모든 구성원들이 홍보마인드로 무장하는 것이다. 보통 해당 기관의 장은 어느 정도 홍보의 중요성을 인식하는데 기관장이나 단체장의 평가와도 직결되기 때문이다. 하지만 대부분의 구성원들은 그렇지 않다. 하지만 기관 전체가 수요자들로부터 좋은 이미지를 얻고, 역점적으로 추진하는 사업들이 큰 호응을 받는다는 것은 직장의 환경이 그만큼 개선된다는 것을 의미한다.

홍보실을 통해 보도자료를 받고 관련 내용을 확인하기 위해 전화를 하거나 방문했을 때 막상 담당자의 태도나 설명이 보도자료와는 사뭇 다를 때가 있다. 보도자료에서는 상당히 의미가 있고, 좋은 일이었다는 느낌을 받았다가도 막상 담당자의 모습을 보면 보도자료의 내용이 부실하게 느껴질 때가 있다. 물론 그 반대의 상황도 있다. 사실 별것 아닌 내용인줄은 알지만, 몇 가지 사실 확인을 위해 전화하거나 방문했을 때 해당 담당자의 적극적인 태도에 놀랄 때가 있는데 효과적인 홍보는 바로 이런 것이다. 홍보마인드로 무장한 적극적인 태도만큼 위력을 발휘하는 홍보 아이템, 보도자료는 없다(김형석, 2011).

2.4 기자회견

기자회견은 정식으로 기자들을 초청하여 자료 공개, 질의응답 등을 통해 기사화를 요청하는 행위를 말한다. 뉴스 릴리스가 유인물을 각 언론기관에 돌리는 것이라면 기자회견은 기자들과의 질의응답을 통해 충분히 설명할 수 있기 때문에 더욱 효과적이다. 기자회견과 기자간담회의 차이점은, 전자는 긴급성이고 후자는 긴급성이 없다는 것이다. 기자간담회는 기업의 경우 기자 클럽에서 가까운 장소나 사내 또는 공장에 기자를 초청하여 기업정보를 제공하고 기업의 열의나 의도를 설명하는 방법이다. 이는 발표 내용이 다소 뉴스가치가 떨어질 경우에 사용하는 것이며 대체로 기자로부터 자유롭고 솔직한 의견을 들어 매체와의 우호적이 접촉을 꾀하는 것이다.

2.5 현장 견학

현장 견학(open house)은 기자를 공장이나 공사현장에 안내하여 설명하고 기업조직체의 활동사항 및 정보에 관해 상세히 알려주는 방법이다. 일반적인 직장 공개의 과정은 우선 그 회사나 공장의 연혁과 사업내용에 관한 설명을 하는 것으로 시작된다. 만일 맥주공장이나 우유공장이라면 공장에 직접 안내되어 맥주와 우유의 제조과정, 유통과정에 대한 견학이 있게 된다.

기업들은 현장견학을 실시하고 있는데, 이를 활용한 투어상품이 여행사에 따라 패키지(package)상품이나 주문투어(order made tour)상품으로 판매되고 있다. 이러한 형태로의 활용은 기업과 관광객이 서로 도움을 주는 윈윈(win-win)프로그램이라 할 수 있다. 관광상품으로서 현장 견학은 평소 궁금해 하던 제품 생산 공정을 지켜보고 각종 시설들을 보면서 관광객이 그 조직에 대해 어떤 이미지를 갖고 있던 상관없이 결과는 호의적 이미지가 형성된다는 것이다. 이런 관점에서 보았을 때 관광산업 현장 견학은 홍보활동으로서 효과가 매우 크다.

사례 진짜 곡성은 웃고 있다

[영화 '哭聲' 무대 가봤더니… 인구 3만 산골의 역발상, 기차마을·장미축제 연속 흥행]

영화 곡성(哭聲)은 전남 곡성(谷城) 침곡마을에서 찍었다. 지리산 기슭, 산굽이가 내려다 보이고 섬진강과 보성강이 만나 물굽이 치는 곳에 곡성이 자리잡고 있다. 아름답기로 곡성만 한 땅이 또 있을까. 강이 머물며 만들어낸 습지에 꿈꾸듯 물안개 피어오르고 하늘빛 품은 섬진강변으로는 찻길, 자전거길, 숲길이 겹겹으로 이어진다. 섬진강변 국도 17호선과 전라선 철도가 어우러진 풍광(風光)도 곡성의 자부심이다.

이처럼 산수 빼어난 곡성에 요즘 장미향(香)이 물결치고, 사람들 북적대는 소리가 들려온다. 기자는 25일 오후 곡성군 곡성읍 기차마을 장미공원을 찾았다. "이슬 맺힌 장미가 뿜어내는 향기가 너무 좋았어요. 바람에 실려 오는 향은 더 좋네요." 경북 포항에서 왔다는 이명도(55)씨는 "이렇게 장미가 많을 줄 몰랐다"며 '너무 좋다'는 말을 연발했다. 정수연(42·경기도 수원시)씨는 "영화에 나오는 곡성에 간다고 생각하니 반가운 마음이 들더라"고 했다. 공원에 전시된 장미는 1004품종, 3만7000여 그루에 이른다. 피어난 꽃봉오리가 몇인지 헤아릴 수 없다.

장미공원에서 열린 세계 장미 축제가 대박을 쳤다. 축제 첫날인 지난 20일 행사에서 노래를 부른 가수 '수와진'은 축제를 찾은 인파에 떠밀려 행사장에 들어가지 못할 뻔했다. 곡성 주변은 주차장을 방불케 했다. 곡성IC부터 창평IC까지 차량이 꼬리를 물었다. 29일 마감한 축제 방문객은 곡성 인구(3만600명)의 약 7배가 넘는다. 곡곡(曲曲)에 즐거운 비명이 메아리쳤다.

곡성은 전라남도에서 가장 산지(山地) 비율이 높고 평균 고도(高度)가 500m에 달해 제일 높은 지역이다. 그래서 오지(奧地)라고 했다. 농지는 그만큼 적다. 곡성이 내세울 수 있는 기업은 금호타이어 공장 하나다. 산업 기반이 열악하기 짝이 없는 이곳에서 철도 일부가 폐선로(廢線路)로 변했다. 곡성읍 내 분지(盆地)를 지나는 전라선을 반듯하게 다시 깔고 나니 폐선 구간이 17.9㎞ 생긴 것이다.

곡성은 바로 여기를 주목했다. 1999년부터 '관광객을 끌어들여 군민들의 살림살이에 도움을 주자'는 취지로 기차마을 사업을 시작했다. 폐선 구간에서 증기기관차를 달리게 하고, 레일바이크가 움직이도록 했다. 이곳에 카페, 펜션도 들여 관광객 입소문을 타게 했다. 곡성군은 기차마을 사업을 전담하는 공무원 팀을 별도로 만들었고, 부족한 예산은 정부가 지원했다. 곡성 기차마을은 그렇게 곡성을 바깥세상에 알린 시발점이 됐다.

곡성군 공무원과 군민들이 정성들여 조성한 기차마을에 2011년부터 장미가 피어오르고 장미축제가 시작됐다. 주변 지역에선 장미축제의 성공을 놓고 전남 22개 시·군 가운데 인구는 아래에서 둘째, 재정자립도(7.44%)는 13위에 불과한 작은 지자체가 일궈낸 '작은 기적'이라고 말한다. 장미축제장에서 직접 벌어들인 소득이 10억원을 넘고, 축제의 경제적 파급 효과는 그 열 곱절이 넘을 것이라는 추산이 나오고 있다.

'뜨는 곡성'에는 류근기 군수가 '발상의 전환'을 강조한 것도 한몫했다. 류 군수는 "어두운 인상을 주는 영화 '곡성'이 군(郡) 이미지를 해칠 수 있다"고 일부에서 걱정하자 "역발상으로 곡성을 전국에 알리는 계기로 삼자"며 반전(反轉)시켰다. 지리산과 섬진강이라는 빼어난 자연환경을 자산(資産)으로 삼아 친환경 고품질 농·축산업을 키우고, 사람들이 찾아와 머물고 가는 체류형 관광지로 만들겠다는 것이 곡성의 목표다. 이순만 곡성군 기차마을 사업팀장은 "섬진강, 기차마을 외에도 가정마을 아래쪽 압록과 보성강변도 가꿔나갈 계획"이라고 했다. 박정하 곡성신문 대표는 "관광객이 곡성을 찾아온 경제적 파급 효과를 군 전역으로 확산하고 지속시키는게 숙제"라고 말했다(조선일보 2016.05.30.).

제 12 장

Tourism PR

인터넷 · 모바일 관광홍보

제1절 ICT 발전과 소비자행동

오늘날의 경영은 보다 많은 정보를 보다 편리하게 공급하는 것이 최고의 경쟁력이라 할 수 있다. 과거 농업사회나 산업사회의 생존을 다루던 기준이 이제는 시간과 정보로 집약되고 있다. 주위를 둘러보면 정보와 커뮤니케이션을 위해 소득 정도가 어느 정도 지출되고 있는지를 보면 이 시대가 정보화시대라는 것을 잘 보여 주고 있다. 이러한 사실은 작금의 시대가 인터넷과 모바일 시대라 해도 과언이 아니며, 이 시대의 최고의 홍보수단은 인터넷과 모바일이라 할 수 있다.

실제 과학기술의 발전, 특히 미디어의 발전이 우리의 라이프스타일에 큰 변화를 주었다. 라디오와 TV가 나오면서 매스미디어의 시대가 되었고 PR방법도 사람과 관계 맺는 방법도 달라졌다. 그 다음에 인터넷이 나오면서 서로 인터렉티브(interactive) 소통이 가능해졌다. 이에 따라 1인이 대중에게 알리는 MCN(multi channel network)의 '1대 다(多)' 방식으로 발전했으며, 이에 시공간을 초월한 즉시적 · 직접적 상호작용이 가능한 모바일이 가세하면서 조직체의 PR방식은 대대적인 변혁이 일어나고 있다.

실제 인터넷과 스마트폰의 등장 이후 사람들의 정보 및 행동모델은 중대한 변화를 보이고 있다. 일본의 광고회사 덴츠(Dentsu)와 아키야마(秋山隆平)에 따르면 과거의 정보 및 행동과정은 주의(Attention), 관심(Interest), 욕구(Desire), 기억(Memory), 행동(Action)의 AIDMA 모델로 설명되었다. 이 모델에서 매스미디어의 역할은 5단계로 이어지는 선형개념이었다. 그러나 지금의 정보 및 행동 모델은 주의(Attention), 흥미(Interest), 검색(Search), 행동(Action), 정보공유(Share)의 AISAS 방식으로 변화하고 있다. 이것에 따르면 매스미디어의 역할은 처음 두 단계에서 끝나고 나머지 세 단계에서 순환이 일어나는 환형모델이다. 즉 새 모델에 등장한 검색과 정보공유의 과정은 기업 등 조직의 통제가 미치지 못하는 영역이다. 실제로 소비자의 67%가 웹 검색이나 입소문을 통해 브랜드 결정과 구매 정보를 얻고 있다는 조사 결과가 있다. 기업이 제공하는 제품 · 서비스에만 의존하던 시대는 지나가면서 광고효과가 사라지고 있는 것이다(이종혁, 2012).

이러한 정보 및 행동 과정의 변화는 다른 측면에서도 놀라운 변화를 가져왔다. AIDMA의 핵(Core)인 '기억(Memory)이라는 과정이 사라졌다'는 사실이다. 몇 년 전만 해도 광고는 '고객의 기억률'을 높이는 것 또는 '브랜드 인지율'을 높이는 것이 최고의 마케팅 이슈였으며 최대 과제였다. 광고, PR 등 마케팅에 종사하는 전문가들은 소비자의 머릿속에 살아남는 것, 즉 '기억'을 위해 존재하고 있다 해도 과언이 아니다. 그런데 '기억'이 소비자 구매행동에서 사라졌다는 사실은 기존 마케팅 전략에 전면적인 조정을 요구한다. IT에 의한 정보의 빅뱅으로 소비자는 제품과 서비스 등 마케팅 정보를 기억할 필요 없이 편해졌다. 이는 동일한 메시지를 각종 채널을 통해서 반복적으로 소비자의 머릿속에 집어넣는 일방적 주입형 매스 마케팅의 종말을 의미하기도 한다. 따라서 임팩트 있거나 감동적인 표현으로 상품 브랜드와 가치를 소비자에게 학습시킨다는 광고의 기본 역할이 흔들리게 되었다(이종혁, 2012). 이와 더불어 소비자에게 '최초 상기 브랜드'의 포지션을 차지하는 일 또한 그다지 의미가 없게 되었다.

온라인 검색시장은 PC로 검색하는 웹 검색과 스마트폰으로 검색하는 모바일 검색으로 구분된다. 거기에 두 시장에서 교집합 형태를 취하고 있는 소셜 미디어가 있다. 즉 온라인 홍보는 크게 인터넷(Internet)과 모바일(Mobile)홍보, 소셜 미디어 (social media) 홍보로 볼 수 있다. 오늘날 인터넷과 모바일, 소셜 미디어 등이 사람들의 정보접근과 소통방식을 혁명적으로 바꿔놓고 있다. 최근 동향을 보면 모바일과 소셜 미디어를 통한 뉴스소비는 폭증하는 현상을 보이고 있지만, TV와 신문 등 전통적 미디어를 통한 뉴스소비는 급감하고 있다. 또한 최근 전 세계 관광객들은 개별관광객으로 빠르게 전환하고 있으며, 이러한 트렌드에 대응하여 개별관광객에 영향력이 큰 인터넷, 모바일 홍보를 강화하고 있다.

따라서 본 장에서는 인터넷 홍보와 모바일 홍보에 대해서 살펴보도록 한다. 또한 최근 온라인 홍보도구로 주목을 받고 있는 소셜 미디어를 별도의 절로 구성하여 다루고자 한다. 소셜 미디어는 인터넷과 모바일 상에서 행해지는 온라인 홍보도구로서 어느 한 영역에서 다루기에는 규모 및 중요성이 크기 때문이다.

제2절 인터넷 관광홍보

인터넷은 커뮤니케이션의 혁명을 불러왔다. 오늘날 인터넷은 여론의 형성에서부터 정보의 획득, 물품이나 서비스의 구매에 이르기까지 영향을 미치지 않는 곳이 없다. 인터넷의 강력한 힘은 PR 능력을 확대시켜 주며 PR의 심각한 도전과제가 되고 있다. 인터넷은 소유자나 운영자가 따로 없는 세계 단위의 개방적 네트워크이다. 이제 정보를 한 계층이 독점하거나 통제하는 일은 거의 불가능해졌다.

일반적으로 인터넷 및 모바일, 소셜 미디어 홍보를 온라인 PR이라 일컫고 있다. 이 가운데 인터넷 홍보란 인터넷에서 서비스되고 있는 웹을 비롯한 제반기능을 이용하여 소리, 문자, 화상 등의 수단으로 인터넷을 매체로 게재, 방영하는 온라인 홍보의 한 형태이다. 인터넷은 1:1 커뮤니케이션이 가능하여 기업홍보의 주요 매체로 주목받고 있다. 기존 매체들을 수용하면서 시공간의 제약을 받지 않고 고객과 만날 수 있다. 또한 조직체들은 언론이나 PR 대행사가 중개하던 메시지나 정보에 직접적인 접근이 가능해졌다. 특히 외부공중과 집단에게 조직의 정보를 전달할 수 있는 수단도 갖게 되었다. 이러한 변화는 송신자 중심의 커뮤니케이션을 수신자 중심으로 바꿔 놓았다. 이처럼 정보통신기술의 발전은 PR의 효율성에 중대한 영향을 미치고 있다.

이는 관광산업 분야에도 영향을 미쳐 이제 인터넷은 관광기업과 관광목적지의 마케팅에 없어서는 안 될 효과적인 홍보도구가 되고 있다. 주요 관광기업, 예컨대 여행사, 관광호텔을 비롯한 관광숙박업, 리조트 등은 자사 인터넷 홈페이지를 통해 관광객이 누릴 수 있는 각종 편익에 대한 정보를 제공하고 더불어 기업의 정체성을 알림으로써 이미지 형성 및 제고를 꾀하고 있다. 즉 관광홍보가 이미지 전달과 정보제공이란 점에서 인터넷 매체는 관광기업과 관광목적지의 홍보에 훌륭한 도구가 되고 있다. 여기에서 말하는 이미지 전달과 정보제공은 관광조직체가 운영하는 웹사이트가 주요 도구가 되는데 카페 및 블로그 기자단 운영도 한 몫 한다.

이러한 인터넷 홍보는 홍보도구로서 다음과 같은 다양한 장점을 가지고 있다. 첫째, 인터넷은 기존 매체에 비해 상호작용이 쉬워 PR 공중의 반응에 즉각적인 대처가 가능하다. 상호작용성은 정보적 도구뿐만 아니라 제품이나 서비스의 판매와 같은 상업적 도구로도 쓰인다. 교육, 문화, 대화방 설치 등 고객의 정보 욕구를 충족시켜 주면서 상업적 상호작용 장치를 마련할 수 있다. 또한 사이트 방문자 DB를 구축하면 이용자 또는 PR공중분석, 목표공중 선별, 맞춤형 정보제공, PR효과 측정이 용이해진다.

둘째, 뉴스보도나 보도자료 이용 조사는 조직의 쟁점 모니터링 창구로 활용할 수 있다. 반면에 소통방식에 있어 초스피드, 초연결의 온라인 네트워크는 조직의 대응을 힘들게 하는 요인이기도 하다. 이메일은 매우 빠른 속도로 소문을 전 세계로 퍼트리며 기회와 동시에 재난을 초래한다.

2.1 관광홍보도구로서의 인터넷의 기능 및 특성

인터넷은 홍보도구로서 다음과 같은 다양한 기능이 있다. 첫째, 인터넷을 통한 관광홍보는 브로슈어나 팸플릿 등의 인쇄홍보물과 단순한 TV 동영상 홍보와는 달리 실시간으로 정보를 업그레이드 할 수 있으며, Q&A 또는 게시판을 통하여 대화를 할 수 있어 관광상품의 기획에서부터 판매에 이르기까지 관광객들의 참여가 가능하다. 둘째, 인터넷은 기존매체에 비해 상대적으로 광고비가 매우 저렴하다. 인터넷의 웹사이트 회선 사용료만 부담하면 되는 경우도 있다.

셋째, 인터넷은 공간상, 시간상의 제약을 받지 않는다. 따라서 전 세계인을 대상으로 실시간 광고 및 영업활동을 할 수 있다. 넷째, 인터넷은 One-to-One 마케팅으로 표적 집단뿐만 아니라 개별관광객과의 접근이 용이하다. 인터넷 상의 뉴스그룹이나 전자우편을 이용하면 가장 구체적으로 필요성을 느끼는 아주 좁은 범위의 표적집단에게 접근할 수 있으며, 이들 표적집단의 의견을 마케팅 활동에 효과적으로 반영할 수 있다. 특히 광고, 홍보 등의 분야에서 많은 활용이 가능하다.

다섯째, 광고나 홍보 분량에 제한이 없다. 영상, 그래픽, 음향, 이미지, 애니메이션, 동영상, 문자 등 다양한 멀티미디어 기술을 이용한 광고가 가능하며, 기업홍보 및 제품홍보를 비롯해 다양한 정보를 결합한 정보형 홍보 또한 가능하다. 여섯째, 관광객과의 관계를 강화시킬 수 있다. 인터넷을 통한 고객접속 및 판매자료의 체계화된 관리와 웹사이트의 등록현황을 통해서 관광객이 정보를 검색하고 거래하는 행동이 마케팅 변수와 연계될 수 있다. 이렇게 만들어진 데이터는 관광객 개개인에 대한 1대1 마케팅을 위한 기본자료를 제공하며, 전자메일을 통한 접촉과 웹사이트 접속 시의 개별화된 웹 인터페이스 제공을 통해 관광객 개개인에 대한 개별적 관리가 가능해진다.

일곱째, 인터넷을 통한 관광홍보는 원하는 관광객에게 메시지를 거의 정확하게 전달할 수 있다. 관광목적지를 결정하려는 잠재 관광객은 인구통계적 특성, 사회경제적 특성, 성격을 기반으로 인터넷에서 자신이 추구하는 관광목적지를 탐색한다. 즉 관광객은 관광목적지를 결정하기 위해 능동적으로 관광지 홈페이지나 관련 블로그에 들어가서 탐색한다. 만약 정보이용자가 배낭여행을 계획하고 있다면 배낭전문여행사의 홈페이지나 자신이 추구하는 관광목적지를 다녀온 사람의 경험담이 담겨있는 블로그를 탐색한다. 따라서 인터넷 매체를 통한 관광홍보는 표적집단에 대한 접근이 용이하다고 볼 수 있다.

여덟째, 인터넷 판매를 통해 유통단계를 생략함으로써 저렴한 가격으로 제품을 공급하여 관광객들의 만족도를 높일 수 있다. 아홉째, 관광상품 공급자들은 BTL(Below the Line)의 다양한 채널(게시판, 이메일, 블로그, 카페, 페이스북, 트위터)을 통해 소비자 접점을 관리할 수 있다. 특히 카페나 블로그의 경우, 관광상품에 대한 사용 후기(경험담) 등의 바이럴(Viral) 마케팅을 통해 관광상품을 간접적으로 홍보하여 관광상품 구매욕구를 자극할 뿐 아니라, 해당상품의 홈페이지를 방문하게 하여 구매로 이어지게 만든다.

열 번째, 홍보효과 측정이 용이하다. 이용자가 홍보물을 몇 번 보았는지, 얼마나 머물러 있었는지 등 보다 정확하고 자세한 홍보효과의 측정이 가능하다. 이런 자료들이 축적되면 다이렉트 마케팅 또는 데이터베이스 마케팅 등을 할 수 있는 좋은 기초자료가 될 수 있다.

이처럼 인터넷 관광홍보는 다양한 기능이 있지만 인터넷 웹사이트를 통한 홍보 시 몇 가지의 주의사항 또한 있다. 웹사이트를 방문하는 사람들 중 79%가 글을 읽는 대신 훑어보기만 하는 것으로 나타났다. 또한 사람들은 컴퓨터 스크린에서 25% 정도 천천히 읽는다고 한다. 또한 눈의 피로가 심해 종이에 인쇄된 것보다 더 적은 메시지를 제시하는 것이 바람직하다. 컴퓨터 스크린을 잡지나 TV화면처럼 치장하는 것은 메시지에 대한 집중력을 떨어뜨린다. 자극적이지 않고 단순한 화면을 만들어야 한다. 문장 스타일은 구어체나 회화체가 적합하며, 너무 많은 하이퍼링크는 문서의 흐름을 방해할 수 있다. 또한 자료의 유통기한을 늘리려고 날짜표기를 생략하는 것은 역효과를 일으키기 쉬우며 날짜가 없는 보도자료는 기자들이 취급하지 않을 가능성이 높다.

2.2 인터넷 관광홍보 영역

인터넷을 이용한 PR의 영역으로 종업원관계 커뮤니케이션, 기업이미지 관리, 마케팅PR, 광고 및 정보제공, 위기관리, 투자자관계 커뮤니케이션 등으로 분류할 수 있다. 또한 보다 자세한 인터넷 업무영역을 제시하면 이메일을 통한 PR, 뉴스그룹을 통한 홍보, 온라인 퍼블리시티, 온라인 대담 등 새로운 인터넷 기술을 도입한 PR영역을 구분할 수도 있다.

인터넷 PR을 선전형, 홍보형 커뮤니티형으로 분류하기도 하는데, 선전형은 대부분의 기업들이 채택하고 있는 형태로 단순히 회사의 보도자료, 기본소개자료 정도만을 인터넷 사이트를 통해 일방적으로 전달하는 경우를 말한다. 홍보형은 언론매체, 일반 소비자, 투자자 등을 위해 홍보실이 갖고 있는 대부분의 정보를 가공하여 사용자의 편의를 최대한 도모해 조직의 정보를 제공하는 형태이다. 커뮤니티형은 조직에 대한 정보와 의견제시를 PR조직에 한정시키지 않고, 사이버 홍보실을 구성하여 기업의 내부 구성원과 고객 등 외부 공중이 함께 정보를 공유하고 커뮤니케이션을 할 수 있도록 고안된 인터넷 PR활동을 말한다. 〈표 12-1〉은 인터넷 PR의 영역을 종합하여 제시한 것이다.

〈표 12-1〉 인터넷 홍보의 영역

PR영역	세부 내용
종업원관계 커뮤니케이션	• 사내 전자 메일 운영 • 인트라넷을 이용한 사내 게시판 운영 • 사보의 인터넷 게재
퍼블리시티	• 보도자료의 홈페이지 게재 • 이메일을 이용한 보도자료 배포 • 회사소개 정보의 인터넷 게재
환경감시 및 정보검색	• 대외정보를 수집하고 분석하는데 인터넷을 이용 • 인터넷에서 기사 스크랩 • 외부집단의 동향파악을 위해 인터넷 이용
마케팅PR	• 홈페이지를 통해 신제품 및 상품소개 • 유즈넷(Usenet)를 통해 신제품 및 상품소개 • 인터넷을 통해 고객의 의견 수렴 등 고객관리
투자자 관계	• 인터넷에 주주와의 관계증진을 위한 게시판 개설 • 인터넷을 이용한 주주공모 • 인터넷에 투자자를 위한 회사정보 제공
쟁점 및 위기관리	• 인터넷을 이용한 쟁점 파악 • 인터넷을 이용한 위기 파악 • 위기관리 시 인터넷을 활용

다음으로 인터넷 홍보의 특성을 살펴보면 〈표 12-2〉와 같다.

〈표 12-2〉 인터넷 홍보의 특성

인터넷 홍보의 특성	
• 홍보분량의 제한에서 탈피 • 다양한 광고 크리에이티브 • 풍부한 응용능력 • 제작과 게재의 편리성 • 능동적 접속과 선택성 • 네티즌의 즉각적인 적응력 • 네티즌의 즉각적인 반응성 • 텔레마케팅 능력 • 대고객 서비스로도 활용 • 광고대상의 차별화	• 저렴한 광고 제작비와 게재비 • 홍보의 지속성 • 소구층의 세분화 • 홍보타깃의 확실성 • 홍보의 쌍방향성 • 홍보의 과학화에 기여 • 홍보의 세계화 • 효과적인 기업홍보매체 • 뛰어난 화상력 • 가상쇼핑 광고로서 기능

제3절 모바일 관광홍보

3.1 모바일 홍보의 이해

1990년대 인터넷이 대중화된 이후 기술적 진화는 계속되어 2010년대 들면 본격화된 모바일 환경의 확대로 인터넷의 경계를 시공간 제약이 없는 일상 안으로 넓혀 놓았다. 또한 웹과 플랫폼 중심의 온라인 이용을 앱(App: Application)과 네트워크 중심으로 바꿔 놓았다. 스마트 폰은 크게 디바이스 제조자, 운영체제, 앱 마켓(App Market), 앱으로 나뉜다. 오늘날 스마트 폰이 홍보도구로 자리매김한 것은 각종 앱을 앱 마켓을 통해 구매하고 설치하여 사용할 수 있으며 다양한 앱을 개발하여 설치할 수 있고 앱 마켓을 통한 배포 및 판매도 가능하기 때문이다.

2011년 대대적 보급이 이뤄진 국내의 모바일 미디어는 정보접근 통로를 기존의

PC버전 웹페이지에서 모바일 버전 웹페이지, 전용 앱, 통합 앱 등으로 다양화시켰다. 특히 전 세계의 사람들이 휴대폰이라 불리는 작은 기기에 크게 의존하게 됐다는 점에 언론환경에 있어서 모바일 미디어 중심으로 급변하게 만들었으며(박상원, 2016), 나아가 모바일 홍보를 중요하게 만들었다.

스마트폰, 태블릿, 패블릿(Phablet) 등 모바일 미디어 보급은 정보이용자들이 언제 어디서나 특정 플랫폼을 거치지 않고 앱을 통해 간편하게 필요 정보를 이용할 수 있게 하였다. 이러한 흐름은 스마트폰 이용자의 증가로 이어졌으며, 데스크톱, 노트북을 통한 인터넷 이용시간, 책, 잡지, 신문 등 인쇄매체를 읽는 시간, TV시청시간을 모두 줄여 놓았다. 스마트폰 이용 용도는 PC등의 다른 매체 인터넷 이용 용도와 크게 다르지 않다. 구체적으로 살펴보면 1순위 이용 서비스는 모바일 메신저(40.6%), 뉴스검색(17.6%), 온라인 게임(8.3%), 학업 · 업무용 검색(7.1%) 등의 순이다(한국정보진흥원, 2014).

초창기 문자광고가 단기적인 대세를 형성한 이후 동영상 광고, 배너광고, 음성광고, 모바일 게임을 이용한 광고, 캐릭터 다운로드를 이용한 광고, 위치추적 서비스를 이용한 광고 등 사회의 변화와 속도에 따라 모바일 광고의 유형이 복합적으로 다변화되면서 틈새시장을 공격하고 있다. 홍보매체로서 모바일 기기는 1:1 타깃팅이 가능하다는 점과 위치기반 광고나 시공간의 제약을 받지 않고 현재 진행 중인 직접적인 구매활동과 연결시킨다는 점 등에서 현재 세계는 모바일 홍보효과에 높은 관심을 보이고 있다.

또한 카카오톡으로 대표되는 모바일 메신저는 세대를 막론하고 정보획득과 커뮤니케이션의 핵심 미디어로 자리잡았다. 특히 온라인상으로 구매한 상품의 구매확인, 배송상황 등 구매와 관련된 모든 정보를 모바일 메신저를 통해 소비자들은 받을 수 있어 이제 모바일 메신저는 명실공이 조직체 홍보의 중심에 있다고 봐도 될 것이다.

더불어 방송과 통신 등의 융합 미디어로서도 그 영향력을 확대하고 있으며 '앱스토어'를 이용한 모바일 앱의 이용이 확대되고 있는 상황이다. 특히 소비자와 제품간의 관계 형성 역할을 수행하는 브랜드의 경우 쌍방향 커뮤니케이션을 통해 형성되며 브랜드 파워 강화를 위한 모바일 역할은 크다고 할 수 있으며, 브랜드 로열티 구축에서 마케팅 도구까지 브랜드와 소비자 간의 긴밀한 관계구축을 하며 통합적 마케팅 커뮤니케이션 활동을 위한 최적의 위치에 있다.

브랜디드 앱을 통한 차별적 서비스는 매출액을 증대시키는데 직접적으로 관여하진 않지만, 해당 기업의 제품 또는 서비스와 결합하여 고객가치와 충성도를 높이는 역할을 하게 되며, 고객과의 연대성을 강화해 주는 도구로 고객의 즉각적 응답을 이끌어내는 등 특별한 데이터 제공 없이도 충분히 그것만으로도 유용한 마케팅 도구가 된다(조진경, 황현숙, 2010).

실제 2016년 7월 조선일보가 30대와 40대 여성 9,075명을 대상으로 설문조사를 진행한 결과, 이들 중 54%가 모바일로 숙박이나 교통편 등의 여름 여행상품을 구매한다고 한다. 또한 모바일로 여행상품을 구매한 이들이 이용한 앱은 소셜커머스가 31.1%로 가장 높았다. 이어 홈쇼핑 앱(15.2%)과 여행사 관련 앱(13.9%), 숙박관련 앱(13%), 오픈 마켓 앱(11.9%)을 이용한 것으로 조사되었다(앱피타이저, 2016).

오늘날 나날이 증가하고 있는 개별 관광객에 있어서 여행 관련 모바일 앱은 필수적이다. 관광 시 필요한 것은 관광지에 대한 각종 정보, 지도, 숙박, 음식, 여행에 필요한 다양한 생활용품 구입 등의 관광지에 대한 지식과 관광활동 과정에서 발생하는 필요와 관련된 것들이다. 모바일 산업이 발달되기 전 이러한 정보는 대부분 랩탑(lap top)이나 데스크탑(desk top)을 통한 인터넷이나 관광브로슈어 등의 관광인쇄홍보물에 의존하였다. 물론 지금도 두 매체는 관광객들에게 많은 도움을 주고 있는 것이 사실이지만 즉시성, 실효성, 편리성 측면에서 보면 모바일에 뒤지는 것이 사실이다.

3.2. 모바일 홍보의 특징

모바일 홍보가 기존의 다른 매체에 비해 갖는 특징을 살펴본다. 첫째, 개인화된 타깃 광고이다. 기존의 광고매체인 TV, 라디오, 신문, 잡지 등은 불특정 다수를 대상으로 하며 단지 일방적인 내용만을 전달할 뿐 개인에 대한 차별화된 광고를 할 수 없었다. 이에 반해 모바일 광고는 차별화된 광고가 가능한 것이다. 예컨대 개인정보 관리와 같은 초보적인 차원에서부터 개인의 관심에 근거한 정보나 뉴스의 선별제공 및 개인의 기호에 근거한 상품제공 등 다양한 형태로의 타깃 광고가 가능하다.

둘째, 쌍방향성이다. 모바일 광고는 광고주와 소비자가 대화할 수 있는 쌍방향 광고가 가능하다. 기존의 TV나 라디오 같은 광고매체들은 일방적으로 자신들의 메시지를 소비자에게 전달하여 왔다. 이로 인해 소비자들은 수동적인 입장에서 정보를 접근할 수밖에 없었고 상품이 다양화되고 특성화되는 현재의 시점에서 소비자들은 보다 자세한 정보가 제공되기를 원하고 있다. 모바일 광고는 미리 소비자들이 원하는 광고에 대한 정보를 제공함과 동시에 전화번호나 인터넷상에 있는 각종 정보들의 위치를 표시하는 URL(Uniform Resource Locator)을 함께 제공할 수 있기 때문에 이용자는 능동적으로 접속하여 상품에 대한 보다 자세한 정보를 얻을 수 있다.

셋째, 반응의 즉시성이다. 모바일 광고는 전송하자마자 즉시 자신의 단말기에서 전달된다. 즉 이동전화 등을 통해 보내지는 문자 메시지나 음성 메시지의 경우 거의 대부분 즉각 전달되어 읽혀진다. 이러한 이동전화의 즉시성은 이동전화가 쌍방향적인 매체이기 때문에 전달받은 소비자들의 즉각적인 반응을 이끌어 낼 수 있다. 따라서 이와 같은 이동전화의 반응의 즉시성은 고객의 선호를 곧바로 분석할 수 있고 마케팅에 적절히 활용할 수 있다.

넷째, 위치기반 광고이다. 모바일 광고를 이해함에 있어 모바일이란 의미를 이해하는 것은 중요하다. 모바일 광고란 단순히 유선 인터넷 광고에서 유선의 의미가 무선으로 바뀐 수동적인 의미가 아니라 사람들이 휴대폰 등의 단말기를 이동 중에 항상 가지고 다니면서 광고를 제공받을 수 있다는 것을 의미한다. 이동통신 기술의 발전에 따라 소비자들은 자신의 위치를 중심으로 한 다양한 서비스를 제공받을 수 있다.

다섯째, 높은 주목성이다. 모바일 광고는 단말기의 액정 크기가 제한됨으로 인해 주목성이 높다. 예를 들어 SMS 광고와 무선 인터넷 배너 광고의 경우에도 전체 화면에서 차지하는 비율이 높기 때문에 다른 광고 매체보다 주목도가 높다고 할 수 있다. 그러나 단순히 전체 액정에서 차지하는 비율이 높기 때문만은 아니다. 액정의 제한으로 인해 기존 광고가 보여주는 텍스트의 나열보다 버튼만 누르면 전화 또는 인터넷상에 있는 각종 URL에 접속할 수 있게 기능을 첨가하고, 문자 메시지의 경우에도 간결하면서 정확하게 전달되도록 되어 있다(이은종, 2004).

이외에도 모바일은 연령, 성별, 직업 등 사용자 개개인의 정확한 정보를 가지고 있는 위치확인, 정확한 타이밍, 상시 대기모드의 특성을 가지고 있으며, 이제 다른 매체가 가지지 못하는 강력한 타깃 마케팅의 인프라로 새롭게 평가되고 있다. 그러나 홍보매체로서 모바일 광고는 기존의 단순한 배너 광고에서부터 정확한 위치와 대상이 고려되어야 하며, 가장 정확한 시점에서 제한된 사용자에게 광고가 이루어지는 맞춤광고가 필요하다.

3.3 애플리케이션(Application)을 활용한 관광홍보

최근 모바일 쇼핑 활성화에 힘입어 모바일 기기를 통한 결제가 활성화되고 모바일 상에서의 결제도 용이하여 모바일 앱을 홍보도구로서 잘 활용하면 조직체의 이미지 제고 및 신뢰향상 등의 홍보효과는 물론이고 단기간에 높은 판매고를 달성할 수도 있다. 비즈니스 확장 또는 차별적 서비스 제공을 위해 모바일 미디어를 활용한 모바일 애플리케이션을 개발하여 홍보도구로 사용할 수 있다. 앱 스토어를 통한 마케팅은 모바일 애플리케이션 개발 비용만 부담하면 배포는 무료로 할 수 있어 비용 대비 효율적인 마케팅 채널이라 할 수 있다. 또한 단순한 텍스트 메시지 또는 이미지뿐만 아니라 동영상, 게임들의 콘텐츠까지 제공할 수 있어 신제품 등의 체험 마케팅에 효과적인 채널이 될 수 있다.

현재 호텔, 여행사, 리조트, 골프장 등 대부분의 관광기업이 앱을 활용한 상품소개, 예약, 판매 등의 마케팅을 하고 있다. 예컨대 하나투어를 비롯한 모두투어, 노랑풍선 등 국내 여행사의 경우 예약, 예약현황, 여행일정, 상품가격, 특별혜택, 상세일정표, 여행지에서의 주의사항 등을 모바일에 게시하여 여행객들의 여행편익을 도모하고 있으며 이것이 홍보수단이 되고 있다. 오늘날의 관광객은 다양한 모바일 앱을 이용하여 여행을 하고 있기 때문에 여행관련 모바일 앱은 여행 만족도를 높이는데 일조하고 있다.

현재 국내의 여행과 관련한 앱의 종류는 다양한데 숙박관련 앱이 여행 앱의 상당 부분을 차지하고 있다. 예컨대 데일리호텔, 호텔스컴바인, 호스텔 월드 닷컴, 스카이스캐너 호텔 예약 앱, 호텔스닷컴, 호텔나우 등이 대표적이다. 이외에도 여행 앱으로는 트립어드바이저(TripAdvisor), 인터파크투어, 에어비앤비(Airbnb), 호텔타임, 인터파크체크인나우, KAYAK, 호텔엔조이, trivago, 하나투어, Booking.com, Skplagged, 익스피디아, 트래블하우 등 항공, 호텔, 여행사의 앱이 있다.

〈표 12-3〉 2014 CNN이 선정한 여행자를 위한 베스트 앱

Uber	Splid
SleepSounds HQ	Minube
HerdTracker	Springpad
Goolgle Maps	Airports by TravelNerd
Worldmate	Air France Music
Quintessentially	Fotopedia Wild Friends
The Entertainer	Xe Currency
The Converted by Ideon	SeatGuru
Wikitude	Waze
City Maps 2Go Offline Maps	SnapCast
The Roller Coaster Guide	TripIt Free
Pingspot	SceneSpotter
Flying	CityJet
iStone	Milestones in Innovation by Boeing
Packing Pro	Condition One
Postagram	Image it
Photosynth	Kuoni brochure-browsing app
Fly Delta for iPad	Ritz-Carlton's Presidential Tips
101 Things to do before you go abroad	Zuji Packman

또한 2014년 CNN이 선정한 여행자를 위한 최신 베스트 앱으로는 The Entertainer, Uber, SleepSounds HQ, HerdTracker, Google Maps, Worldmate, Quintessentially, The Roller Coaster Guide를 포함한 다양한 종류의 앱이 있다(표 12-3). 이제 여행객들은 이러한 앱을 이용하여 미지의 세계에 대한 불안감을 해소할 뿐 아니라 보다 알차고 즐거운 여행을 만끽할 수 있다. 세계적인 여행 앱 중 몇 가지를 소개한다. 이는 여행 앱이 어떤 내용으로 구성되어 있는지 알아 볼 수 있는 기회가 될 것이며, 여행 앱을 개발하고자 하는 사람들에게 좋은 아이디어를 제공할 것이다.

■ The Entertainer

과거에 The Entertainer는 서점에서 쿠폰북 형태로 판매했었다. 현재 이 브랜드는 앱으로 론칭하였으며 모바일 디바이스를 통해 같은 목적의 서비스를 하고 있다. 지금까지 이 앱은 전 세계 23개 시를 대상으로 운영되고 있으며, 최근에 프렌치 윈도우(French Window, 프렌치 레스토랑)와 젠틀맨스토닉(최고급 목욕용품점) 등의 동업자와 더불어 홍콩에서 론칭했다. 이 앱은 여행객이 여행 중 필요로 하는 다양한 상점과 연결되어 있으며(호텔에서 미용실로 그리고 레스토랑으로), 여행객이 머무는 관광지 주변에 있는 할인점(원 플러스 원)과 같은 여행에 필요한 소소한 정보까지 알려 준다. 이 앱의 사용자는 관련된 매장을 방문했을 때 앱과 쿠폰을 보여주면 제시되어 있는 다양한 혜택을 받을 수 있다.

■ Uber

Uber는 스마트폰 앱으로 승객과 차량을 이어주는 서비스다. 즉 승객과 운전기사를 스마트폰 버튼 하나로 연결하는 기술 플랫폼이다. Uber는 모바일 앱을 통해 승객과 운전기사를 연결해 주는 허브 역할만 한다. 현재 Uber는 2015년 기준 세계 58개국 300개 도시에서 사용되고 있다. Uber 이용자는 스마트폰에 Uber 앱을 깔기만 하면 서비스를 이용할 수 있다. Uber 서비스는 스마트폰 GPS 정보를 이용해 호출을 시작하고 호출 즉시 호출자와 가장 가까운 차량부터 매칭을 시작한다. 매칭 시 호출자와 매칭된 차량 사이의 거리와 교통정보를 기반으로 예상 가격을 제시한다. 호출자는 매칭된 택시 기사의 평가를 참고해 운송 여부를 결정할 수 있으며, 운전기사에게 문자메시지나 전화로 요청사항을 전송할 수 있다. 요금은 등록된 카드를 통해 자동으로 결제된다.

■ SleepSounds HQ

도심지에 사는 사람들은 한밤중의 자동차 경적소리, 베이커리 및 각종 신선식품 배송차량이 일으키는 소리에 잠을 설치는 경우가 허다하다. 이러한 것을 도심지에서 숙박을 하는 여행객에게도 적용시켜 이들의 여행이 보다 안락하도록 도와주는 것이 SleepSounds HQ이다. 이 앱은 도심에서 숙박하는 여행객들에게 시골의 고요함을 선사하며, 숙면을 원하는 여행객들에게 필요한 500가지의 자연의 소리를 제공하고 있다. 예를 들면 바다소리, 귀뚜라미를 포함한 곤충소리, 모닥불 타는 소리 등이다. SleepSounds HQ는 총 19개의 소리 영역으로 나누어지며 그 중 화이트 노이즈와 핑크 노이즈와 같은 마음을 진정시키는 트랙은 여행 중에 있는 아기들을 위한 소리로 잘 알려져 있다. 또한 히말라야의 개울 같은 고요하고 평온한 소리와 삼림욕장에 온 것 같은 기타연주 소리도 포함되어 있다.

여기서 우리는 여행객이 원하는 여행 앱은 무엇일까를 생각해 볼 필요가 있다. 많은 수의 여행 앱은 여행의 편리성에 중점을 두고 개발되었다. 예를 들면 통역, 숙박시설, 교통편, 관광지 위치 찾기를 비롯하여 SleepSounds HQ의 경우 여행객이 숙소에서 편안한 잠을 청하는데 도움을 주는 앱으로 이것 역시 여행객들에게 각광을 받고 있다. 또한 Worldmate는 Sync를 통해 업데이트되는 세계 각 지역의 일기예보와 환율정보, 그리고 도량형 변환기능 등의 기능을 통해 개별 여행객들에게 많은 사랑을 받고 있는 앱이다. 본서에서 기존의 국내외 여행 앱에 대해 몇 가지 살펴본 것은 현재 개발되어 있는 여행 앱의 구성과 추세를 알아보고, 이를 통해 여행객의 요구에 부합하는 앱 개발의 여지를 남겨 두고자 함이다. 이를 위해서는 여행객 행동에 대한 많은 탐구와 조사가 필요하다.

출처: http://blog.naver.com/ywpark74

Google Maps

출처: http://shanghai.delistory.com

Worldmate

제4절 소셜 미디어

소셜 미디어는 웹 2.0 기술에 기반한 사람과 사람의 관계를 지향하는 서비스를 총칭한다. 흔히 소셜 네트워크 서비스(SNS)와 혼용되어 사용되지만, 두 용어를 구분하자면 소셜 미디어가 보다 포괄적인 의미를 갖는다. 따라서 우리가 흔히 알고 있는 트위터(Twitter), 페이스북(Facebook), 블로그(Blog), 유튜브(YouTube) 등이 SNS에 포함됨과 동시에 대표적인 소셜 미디어이다.

소셜 미디어는 저널리즘 환경도 바꾸고 있는데 그 범위는 뉴스의 생산과 소비, 그리고 언론이 만들어 내는 사회적 의제의 확산 과정까지 폭넓게 걸쳐 있다. 소셜 미디어는 그 자체가 일종의 유기체처럼 성장하기 때문에 소비와 생산의 일반적 매카니즘이 동작하지 않으며, 양방향성을 활용하여 사람들이 참여하고 정보를 공유하며 사용자들이 만들어 가는 미디어이다. 또한 접근이 용이하고 확장 가능한 연결기법을 사용하여 사회적 상호작용을 통하여 정보를 공유하고 배포될 수 있도록 설계된 미디어이며, 신문, 방송과 같은 매스미디어의 일방적인 전달을 사회적 미디어의 대화로 변환시키는 웹 기반의 기술을 이용한다(http://yellowid.biz).

2015년 3월 미국언론연구소(American Press Institute)가 AP통신, 시카고대 전국여론조사센터(NORC), 공공정책연구센터와 공동으로 18세~34세(밀레니얼 세대, 21세기 들어 성인이 된 첫 세대) 1,046명을 대상으로 뉴스소비에 관해 조사를 실시했다. 조사결과 대상자의 약 85%는 뉴스를 계속 접하는 것이 중요하다고 생각했으며 69%는 매일 뉴스를 접한다고 답했다. 단, 밀레니얼 세대는 이전 세대와는 다른 방식으로 뉴스를 얻는 것으로 나타났는데, 뉴스소비에 있어서 소셜 미디어는 전통적 매체인 신문을 압도했다. 또한 페이스북과 유튜브, 인스타그램을 뉴스 소비도구로 이용한다는 응답자의 비율이 각각 88%, 83%, 50%로 나타나 소셜 미디어가 가장 강력한 커뮤니케이션 도구로 자리잡았다고 분석되었다. 이러한 현상은 생각과 기사를 공유하고 다른 사람의 의견도 들을 수 있는 소셜 미디어의 특성에 기인한다고 보고 있다. 또한 소셜 미디어 중 '최고의 뉴스 출처'로 꼽힌 것은 페이스북이었다.

다른 관점에서도 소셜 미디어 홍보의 중요성을 엿볼 수 있다. 인간은 제품을 구입할 때 타인의 영향, 즉 사회적 영향을 크게 받는다. 특히 무형성이 강한 서비스 상품 구매시 이러한 점이 두드러진다. 관광상품은 강한 무형성을 가진 서비스 상품이다. 따라서 관광상품을 판매할 때 사회적 영향을 상업적으로 잘 활용할 필요가 있는데 대표적인 것이 트위터와 페이스북과 같은 소셜 미디어를 활용하는 것이다. 소셜 미디어는 개인을 중심으로 형성된 다양한 사회적 네트워크를 통해 각자의 관심사와 의견, 경험을 공유하는 쌍방향 소통이 가능한 미디어이므로 관광지에 대한 정보, 경험담 등의 공유를 통해 관광지에 대한 호의적 감정을 이끌어 낼 수 있다.

최근 국내외 관광조직체들은 소셜 미디어의 홍보도구로서의 가치를 인정하여 활발하게 활용하고 있다. 사우스웨스트항공(Southwest Airline)은 블로그와 트위터로 고객 불만에 즉시 대응할 수 있는 시스템을 갖추고 있다. 이러한 노력으로 사우스웨스트는 업계 최저 수준의 고객 불만 민원 접수율을 달성할 수 있었다. 여기에서 간과하지 말아야 할 점이 있는데 바로 소셜 미디어를 통한 홍보에서 요구되는 것이 몇 가지 있다는 것이다.

즉 조직이 전략적 차원에서 누군가를 설득시키는 것이 PR이라는 생각에서 벗어나야 한다는 점이다. 소셜 미디어를 통한 홍보에서는 공중의 역할이 강조되며 이에 따라 공중은 이제 설득의 대상, 관계의 대상으로 존재하는 것이 아니라 의미의 공유, 해석, 조직과 공동의 방향성을 공유하고 있다는 것이다. 또한 소셜 미디어 상에서 관계를 맺는 공중의 본질적 의미는 단순한 공중이 아닌 공동창조자(co-creator)로서 재규정되어야 한다(Johansson, 2009). 더불어 소셜 커뮤니케이션의 시도에 있어서 실패하지 않기 위해서는 소셜 미디어라는 매체의 채택에 버금가는 조직의 변화가 뒷받침되어야 한다.

결국 소셜 미디어의 등장으로 조직과 공중은 평등한 위치에서 소통하는 주체가 되었다. 기존에 자본과 권력에 의해 양극화된 소통의 권한과 능력이 일정 부분 대중의 영역으로 이양된 결과를 가져와 궁극적으로 평등한 소통을 가능케 하고 있다. 이는 조직과 공중 간 분산된 사회적 권력으로 인한 힘의 균형으로 인해 상호간 관계 구축의 필요성이 중요하게 된 것을 말한다.

4.1 소셜 미디어를 통한 관광홍보

관광마케팅의 목적은 관광기업이 생산한 상품이나 서비스를 관광객에게 제공하기 위해 브랜드가치를 만드는 것이다. 이를 위해 마케팅 프로모션의 첫 번째 목표는 인지 점유율(mind share)을 높이는 데 있다. 인지 점유율은 기업과 소비자의 커뮤니케이션에 중점을 두고 있으며 브랜드가 소비자의 인식 속에 제대로 포지셔닝되어 기업이 원하는 이미지와 일치되도록 유도하는 것이다.

오늘날 브랜드는 기업의 전유물이 아니라 소비자와 상호작용하는 가운데 형성되고 있으며, 시기적으로도 소셜 미디어의 발달과 맞물려 소비자 파워는 점점 강해지고 있다. 즉 소비자들은 집단적으로 진화하고 있다. 결국 소비자를 겨냥한 마케팅도 그 무대가 매스미디어에서 온라인 혹은 소셜 미디어로 확장할 수밖에 없다. 따라서 기업은 당연히 이러한 소비자와 미디어의 변화에 적합한 마케팅 전략과 프로그램이 필요하게 되었으며, 이러한 현상은 관광조직체의 홍보에서도 나타나고 있다.

이제 관광객들은 훨씬 능동적이며 관광객들끼리의 커뮤니케이션은 단순한 논의에서 벗어나 거대한 집단을 형성하기도 한다. 그 '끼리'는 '소셜'이라는 개념으로 이어지며 그 배경에 트위터, 페이스북, 블로그 등의 새로운 미디어가 있다. 소셜 미디어 시대의 관광객은 관광상품을 구매하는 것에서 그치는 것이 아니라, 프로슈머(prosumer)로서 생산에까지 참여해 관광조직체가 제공하는 상품과 서비스에 대해 의견을 제시하고, 관광객들 상호간 소통을 하는 등 더욱 적극적인 행동으로 보여 준다. 따라서 이제 관광조직체는 새로운 마케팅 방식으로 소비자에게 접근해야 한다. 지금 이 시간에도 사람들은 관광상품 경험 후기를 소셜 미디어를 통해 관계 맺고 나누고 있다. 미래의 관광기업의 표적시장은 단순한 수동적 대상이 아니라 상호간 커뮤니케이션으로 만들어가는 파트너로 인지해야 한다는 것이다. 결국 관광홍보도구로서의 소셜 미디어는 PR모델 가운데 쌍방향 균형 모델의 정점에 있다고 볼 수 있다.

또한 마케팅 커뮤니케이션의 툴의 변화도 상당하다. 기존에는 TV, 라디오, 신문, 잡지 등 4대 매체 중심의 ATL(Above the Line)과 그 외에 옥외광고, DM, E-mail, 팸플릿, 브로슈어, PPL, 이벤트, 할인쿠폰 등의 BTL(Below the Line)이었는데, 이제는 여기에 트위터, 페이스북, 블로그가 미디어로 자리하면서 마케팅 방식 또한 다양하게 변화하였다. 소셜 미디어가 등장하면서 누구나 이메일 계정만 있으면 자신의 미디어를 소유할 수 있게 되었다. 대규모 리조트나 호텔 등의 관광기업을 제외하고 여행사를 비롯한 상당수의 관광기업이 소규모로 운영되고 있는데, 이러한 관광기업에서 기존 매스미디어를 활용하여 홍보나 광고를 하는 것은 실질적으로 상당히 어렵게 되었고 소셜 미디어에 홍보 비중을 점점 더 싣는 경향을 보인다.

4.2 소셜 미디어 운영과 평가

관광조직체에서 소셜 미디어 담당자는 다음과 같은 다섯 가지 자격을 갖추고 있어야 한다. 첫째, 훌륭한 작가가 되어야 한다. 소셜 미디어 담당자가 평범한 일상의 페이스북이나 트위터에 짧은 글을 쓰지만 위대한 작가가 될 수 있다는 생각을 해야 한다. 소셜 미디어의 콘텐츠는 보도자료와 달리 내용은 차별화 가능하고, 트렌드를 잘 반영해야 한다. 또한 관광객의 참여를 불러올 커뮤니케이션 기술로 신문과 방송에 소개될 수 있어야 한다. 다양한 유형의 헤드라인을 쓸 수 있는 능력과 핵심을 잘 표현하고 차별화할 수 있는 크리에이티브한 재능이 있어야 한다.

둘째, 꼼꼼한 분석가여야 한다. 소셜 미디어 담당자는 커뮤니케이션 목표를 달성할 수 있는 능력과 자신감을 가져야 한다. 마케팅목표를 잘 이해하고 이론뿐 아니라 자료와 분석을 토대로 한 추진력이 있어야 한다. 기존의 자료를 페이스북과 트위터에 옮기는 사람이 아니라, 소셜 미디어를 전략적으로 활용해 조직을 성장시켜야 한다. 캠페인 경험과 기획서 작성을 기본으로 성공사례가 있어야 한다.

셋째, 소셜 미디어 경험이 많아야 한다. 적어도 페이스북, 트위터, 구글플러스 같은 주요 SNS의 파워 유저여야 한다. 블로그, 라인이나 밴드, 카카오스토리, 핀터레스트, 인스타그램, 슬라이드셰어 등에서 두각을 나타내야 한다. 따라서 소셜 미디어를 오랫동안 꾸준히 사용한 사람이 좋다.

넷째, 소셜 미디어를 설계하고 구축할 수 있어야 한다. 소셜 미디어 담당자가 소셜 미디어를 모른다면 알맹이 없는 껍질에 불과하다. 본인이 소셜 미디어를 하지 않으면서 자신의 조직체의 소셜 미디어를 담당할 수는 없다.

다섯째, 소셜 미디어를 발 빠르게 이해하고 수용해야 한다. 소셜 미디어 환경은 놀랄 만한 속도로 진화하고 있다. 1년 전만 해도 상상할 수 없었던 변화가 일어나는 곳이 소셜 미디어이다. 이러한 소셜 미디어의 특성을 이해하고 소셜 미디어 담당자는 환경 변화에 빠르게 적응하고 한발 앞서 공부하고 이를 활용하려는 노력이 필요하다(김병희, 소현진, 이희복, 2015).

소셜 미디어의 마케팅과 커뮤니케이션 결과를 어떻게 평가할 것인가는 홍보목표의 도달을 알아보는 일인 만큼 매우 중요한 일이다. 다음은 소셜 미디어를 통한 홍보에 대한 평가를 해 보는 질문들이다. 첫째, 조직의 소셜 미디어가 목표 공중에 도달했는가? 둘째, 조직의 브랜드와 서비스가 소셜 미디어 소비자에게 긍정적으로 인지되었는가? 셋째, 조직과 소셜 미디어 소비자가 의미 있는 대화를 나누었는가? 등이다. 이상은 조직의 소셜 미디어가 정상적인 목표를 달성했는지를 판단할 수 있는 질문들이다.

여기에서 명심해야 할 점은 단순하게 투자 대비 성과에서 단기적인 성과만을 홍보목표에 도달했다고 간주하는 것은 잘못된 것이라는 점이다. 실제 관광조직체의 궁극적인 목표는 매출을 올리는 것이기는 하지만, 홍보 측면에서 보면 우리 조직체에 대한 관광객들의 태도가 긍정적으로 변화되었다든지 혹은 호의적인 이미지가 구축되었다든지 라는 것도 소셜 미디어를 통한 커뮤니케이션의 훌륭한 성과가 될 수 있다.

4.3 블로그를 통한 관광홍보

근래 다양한 SNS의 등장으로 외면 받아 오던 블로그가 다시 주목받기 시작했다. 블로그에는 자신이 알리고 싶은 내용을 제한 없이 마음껏 올릴 수 있기 때문이다. 텍스트, 그림, 사진, 동영상은 물론 오는 길을 알릴 지도까지 삽입할 수 있어 그 활용이 무궁무진하다. 관광산업은 경험을 파는 산업이다. 그리고 관광객은 경험을 시작하기 전까지는 자신이 경험하게 될 관광목적지에 대해 환상을 갖기도 하지만 불안해하기도 한다. 이런 이유로 상당수의 관광객은 자신이 정한 관광목적지에 대해 궁금해 하며 불확실성에 대한 대처 방안으로 구전을 통해 해당 관광목적지에 대한 정보를 입수한다든지 혹은 이미 경험한 사람의 의견에 의존하는 경향이 강하다.

이 점에서 관광관련 블로그는 관광활동을 앞 둔 관광객에게 상당히 매력적인 도구이며, 관광객의 불안과 호기심을 해결해 주는 창구이다. 관광기업이나 관광목적지로서는 관광객의 정보추구욕구 충족과 불확실성에 대한 불안감을 해소시킴과 동시에 자신들을 알리고 나아가 호의적인 감정을 갖게 하는 홍보도구가 된다.

성공적인 홍보를 위한 블로그 만들기와 운영에 대해 알아보면 다음과 같다. 첫째, 인터넷 상엔 수많은 블로그가 올라와 있다. 이러한 블로그 가운데 나의 블로그를 방문하게 하기 위해서는 블로그의 외관이라 할 수 있는 스킨을 예쁘고 전문적으로 꾸밀 필요가 있다. 둘째, 블로그는 시선을 잡는 것이 중요하다. 따라서 글이 길어지지 않도록 해야 하며, 자신이 전하고자 하는 내용을 한 장짜리 이미지로 만들면 효과적인 블로그가 된다.

셋째, 섬네일(thumbnail, 페이지 전체의 내용을 검토할 수 있게 작게 줄여 화면에 띄운 것)은 본문 내용을 예측할 수 있는 단서가 되는데, 따로 대표사진을 지정해 주지 않으면 첫 사진이 섬네일로 보인다. 검색창에 검색어를 넣음으로써 나타나는 블로그는 그 수가 매우 많고 다양하다. 이때 중요한 것은 주목을 받는 섬네일이 필요하다. 통상적으로 사람들은 자신이 얻고자 하는 정보를 위해 제시된 블로그 모두의 내용을 읽지 않는다. 주목을 받는 몇몇 개의 블로그만을 방문한다. 이때 주목을 하게 하는 것은 섬네일과 검색어 그리고 관련된 본문의 일부이다. 그러므로 블로거를 동원하든 스스로 블로거가 되든 블로그에 포스팅한 후 섬네일을 무엇으로 지정할 것인가는 고민해야 할 대상이다.

넷째, 관광조직체의 블로그 기자단을 운영하는 방법으로 블로그에 기업에서 뽑은 블로거들의 글을 올려 홍보하는 것이다. 지자체의 경우 지역출신인사나 지역대학생을 블로거로 활용하여 지역관광상품에 대한 이야기를 퍼뜨릴 수 있다. 블로그 기자단 운영에서 주의할 점은 소수로 운영하고 소정의 활동사례금을 홍보예산에 책정하여 우수 활동자에게는 인센티브를 제공해야 한다는 것이다.

다섯째, 전국의 지자체들은 지역의 홍보와 관광객 유치를 위해 앞 다투어 다양할고 수많은 축제를 개최하고 있다. 지자체들의 경우 그 많은 축제 중 어떻게 자신의 축제를 효과적으로 홍보하느냐 하는 것이 흥행의 관건이다. 축제에 대한 전반적인 내용을 한 장으로 홍보용 이미지로 만들어 파워블로거들에게 부탁하면 동일한 이미지의 반복 노출에 따라 많은 사람들의 머릿속에 오래 기억될 것이다. 블로그 운영에서 가장 바람직한 상황은 관광객이 자발적으로 경험 후기 등을 자신의 블로그에 게재해 주는 것이지만, 그런 상황이 되지 못하는 경우는 평가단을 구성해야 하며, 이 경우 평가단에 대한 교육은 반드시 필요하다.

여섯째, 관광조직체의 브랜드명으로 검색한 관광객에 대한 것으로 통상 브랜드명으로 검색한 관광객은 관광상품 구매를 고려하고 있는 단계의 관광객으로 구매를 결정할 가능성이 가장 높다고 할 수 있다. 이미 어떤 상품을 구매할 것인가에 대한 고민은 거의 마친 채, 해당 상품을 어느 사업자에게서 구매할 것인가에 대한 최종 고민만을 남겨 두고 있어 사업자 혹은 경쟁사에게서 구매를 결정할 것이다. 따라서 사업자는 그 어느 키워드 보다 브랜드명과 관련한 키워드로 검색한 결과를 잘 관리해야 한다. 그 검색 결과에서 관광객이 정보를 입수할 때 사업자에 유리한 콘텐츠를 접하도록 해야 하는데, 만약 관광객이 불리한 콘텐츠를 접하면 구매율에 심각한 손상을 입을 수 있다.

예컨대 서유럽여행상품을 A여행사에서 구매하기로 한 관광객이 있다고 하자. A여행사를 검색한 관광객이 A여행사에 대한 좋지 않은 평가의 콘텐츠가 게재된 화면을 접한다면 A여행사의 상품의 구매를 고려하고 있는 여행객은 구매를 망설이거나 포기하게 될 것이다. 반면 긍정적인 콘텐츠가 제재되어 있다면 구매 고려가 구매 확신으로 변하게 될 것은 분명하다.

사례 중국의 스마트 여행

중국의 우전을 비롯한 중국 각 지역에서 스마트 여행 바람이 불고 있다. 이것은 중국 정부의 '지방관광육성전략, 스마트 관광지' 때문이다. 2020년이 되면 전국 4A급 이상의 여행지와 스마트 농촌 여행시범지역에서 스마트 가이드, 온라인 해설, 온라인 예약, 정보 전달 등의 기능을 실현하고 전국에 1만 여개의 지방관광지를 만들 것이라고 한다. 특히 최근 들어 FIT관광객과 자유여행객이 늘어나면서 이러한 스마트 여행은 더욱 강조되고 있다.

이들 지역(우진, 고북수진)이 개발한 여행지 앱을 열고 터치해 보면 음성안내를 들을 수 있고, 여행지에 어떤 맛집이 있고 어떤 체험이 가능한지 알 수 있으며, 가장 가까운 곳의 화장실, 병원 등도 신속히 찾을 수 있다. 또한 이러한 기능은 여행업 관련 기업과 주변 상권이 전략적 파트너를 맺어 여행지의 경제를 발전시키고 지속가능한 발전가능성을 낼 수 있다.

현재 중국 정부의 스마트 여행 촉진정책을 바탕으로 점점 더 많은 도시들이 새로운 여행 루트를 발전시키고 있고 어플리케이션, 온라인 예약, 위챗 마케팅 등의 새로운 채널을 개척하고 있으며 온라인 여행사(OTA)와 주도적으로 협력하고 있다.

온라인 여행사가 여행객의 이동과 숙박을 담당한다면, 스마트 여행지는 여행객이 여행지에 도착한 후의 '마지막 1Km'의 관광문제를 해결해야 한다. 과거에는 여행지의 지도정보, 여행객 위치를 기반으로 한 실시간 서비스 등의 데이터를 제공하지 못했기 때문에 스마트 여행 서비스가 부진했으나, 이제는 기술이 발전함에 따라 여행객의 위치 기반 서비스가 자리 잡을 것으로 보인다(엘비즈 코리아, 2016).

제 13 장

Tourism PR

국제관광 홍보

제1절 관광시장 변화와 트렌드

1982년 출간한 「메가 트렌드」로 유명한 미래학자 존 나이스비트(Naisbitt)는 그의 새로운 저서 「힘의 이동(Global Game Change)」에서 세계경제의 중심이 북에서 남으로 이동하고 있다고 하였다. 서방 인구는 세계 인구의 10분의 1에 불과하지만 전 세계 부(富)의 4분의 3을 차지하면서 세계경제를 주도해왔고, 그들의 생활방식, 비즈니스 모델, 음식 등이 세계 각지에서 유행했다. 하지만 세계의 조타수 역할을 해온 서

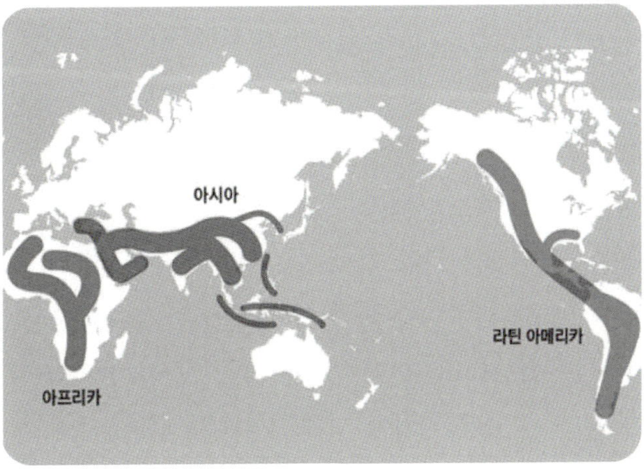

글로벌 서던 벨트

방 강국의 시대가 점차 막을 내리고 아시아, 남미, 아프리카가 중심이 되는 글로벌 서던 벨트가 부상하고 있다고 한다.

이러한 힘의 이동으로 전 세계 중산층이 신흥국에서 확대되는데, 이는 관광시장에서도 새로운 비즈니스 기회를 의미한다. 과거 수십년 동안 주요 소비층은 서방국가와 일본에 집중되어 있어서 감지하지 못하였지만, 전 세계 상품의 이동목적지는 앞으로 선진국에서 아시아 · 아프리카 · 남미의 신흥 경제국 150곳으로 바뀔 것이다. 과거에는 독일인이 남미에 가서 휴가를 즐겼지만, 지금은 반대로 남미 사람들이 유럽에 와서 소비하는 추세이다.

신흥국으로 여행하는 인구도 늘고 있다. 아프리카는 세계 호텔업의 새로운 경쟁지로 떠오르면서 이름이 거의 알려지지 않았던 도시와 지역이 국제관광 및 비즈니스 여행업계에서 한자리를 차지하게 됐다. 유엔세계관광기구는 2012년 5000만명이던 아프리카 관광객이 2020년 8500만명까지 증가할 것으로 전망한다. 우리에게 이름조차 생소한 차드공화국의 수도인 은자메나나 앙골라의 수도 루안다는 파이낸셜타임스가 음식, 교통, 숙박 등 여러 가지를 고려하여 선정한 세계에서 비즈니스 여행비용이 가장 비싼 다섯 도시 안에 포함될 정도이다. 루안다에서 하루 숙박비 500달러 이하 호텔을 찾기가 쉽지 않기 때문에 아코르, 메리어트, 베스트웨스턴, 켐핀스키 등 세계적 호텔 체인의 목표 고객층도 이들로 바뀌고 있다.

이대로라면, 앞으로 유럽은 신흥국 소비자를 위한 맞춤 여행상품에 주력해야 할지도 모른다. 해외여행 증가로 아시아의 수퍼마켓에서 유럽 식품을 구입하는 것은 흔한 일이 됐다. 중국인은 치즈를 별로 좋아하지 않지만, 중국의 대형 마트에 가면 다양한 치즈가 구비되어 있고, 상파울루의 레스토랑에서는 손님에게 오스트리아산 와인을 제공한다.

아시아는 풍부한 문화자원과 뚜렷한 정체성, 특이한 관습과 전통, 기념비적인 건축과 조각 등 관광자원을 지니고 있어 평화로운 안식처로서 재빠르게 관광홍보 기술을 배워나가고 있다. 아시아 국가들은 관광섹터를 우선순위에 두어야 한다는 것을 깨닫기 시작하였는데, UNWTO 통계에 의하면 세계에서 12개 일자리 중 하나가 관광이 차지하고 있다고 한다. 48개 저개발국 중 20개국에서 관광은 첫 번째 아니면 두 번째로 외화획득을 하는 산업이다. 아시아·태평양 지역은 국제관광 방문객 수에서 최고의 성장을 기록하였는데, 아시아지역에서는 2016년 초반기에만 7% 이상의 성장률을 기록하였다.

아시아 지역 관광시장의 미래 성장은 두 가지 동력에 기인한다. 하나는 자유무역주의에 기반한 경제의 세계화로 선진국보다는 아시아 신흥국에서 중산층 인구가 급속히 늘어나고 있다는 것이고, 다른 하나는 액티브 실버 관광객들도 앞으로 10년간 2억 5천명으로 증가할 것으로 보는 것이다. 특히 중국과 인도에서 실버관광객의 증가가 예상된다. 이런 증가는 이 지역 인구변화와 일치하는데, 이 지역에서 상위 중산층도 증가할 것으로 예상된다. 이런 변화는 아시아의 관광시장을 확보하기 위하여 상당한 경쟁을 예고하는 것이다.

그 중에서도 지역 내의 중산층은 아시아 관광시장의 새로운 수요계층으로 등장하고 있다. 이 계층에서는 디지털 기기를 다루는 능력과 소셜 미디어의 출현으로 그들의 방문경험을 페이스북이나 트위터로 공유하면서 친구나 팔로워들의 관심을 자극하고 있다. 또한 온라인 국내외 관광사이트는 아시아 관광을 증대시키는 홍보도구 역할을 한다. 관광홍보는 브랜딩에 앞서 관광지역에 대하여 소통하는 첫 번째 방법이다. 포화된 시장에서 경쟁력을 유지할 필요가 있고 정통성 있게 지역을 알리는 것이 중요하기 때문에 관광홍보가 필요하다.

특히 동남아시아의 경제가 성숙단계에서 들어서면서 관광홍보가 진화되고 있다는 점은 흥미롭다. 이 지역의 대표적인 홍보슬로건으로는 Amazing Thailand, Incredible India, Malaysia-Truly Asia, Taiwan- The Heart of Asia, Sri Lanka- Wonder of Asia, Myanmar-the Journey Begins Here, Uzbekistan- Symbol of the Magic East 등이 있다.

싱가포르는 2004~2009년까지 사용했던 Uniquely Singapore 대신에 2010년에 들어와서는 Your Singapore로 바꾸었는데 20~34세의 밀레니엄 세대와 액티브 시니어 시장을 겨냥한 것이어서 흥미롭다. 베트남은 경제성장과 더불어 비즈니스 전망이 좋아지고 있어 베트남은 A Timeless Charm 슬로건을 내세워 재방문에 역점을 두고 있다. 인도와 말레이시아의 관광홍보도 새로운 계기를 얻어서 새로운 성공사례들을 보여주고 견고한 경제발전을 널리 알리고 있다. 싱가포르와 두바이는 중산층과 부유층의 마음을 사로잡으면서 각기 다른 차별성 있는 경험을 제공하고 있다.

시스템과 인프라도 좋은 경험을 제공하고 브랜드를 지속가능하게 만드는 관광정책의 하나이다. 주로 사람이 인위적으로 만든 관광자원이 대부분인 싱가포르와 두바이가 좋은 예이다. 이런 정책접근으로 이들은 작으면서도 오늘날의 관광과 비즈니스 목적지가 된 것이고 안전하고 편안한 환경에서 관광이 잘 발전할 수 있다는 사실을 일깨워준다. 한편, Euromonitor는 홍콩은 마케팅 노력과 시설의 확충으로 지난 5년간 계속 세계에서 가장 많은 사람들이 방문하는 곳으로 순위에 올려놓았다. 중국 본토 관광객이 다수를 차지하고 있다.

관광은 국가만이 홍보하는 것이 아니라 도시나 지역도 홍보하는 추세가 늘어나고 있다. 동남아시아국가연합(ASEAN: Association of Southeast Asian Nations) 10개국은 2025년까지 지역경제에서 차지하는 관광산업의 기여도를 15%까지 늘리고자 2017년 ASEAN기구 창립 50주년에 맞추어 관광홍보 10년계획인 VisitASEAN@50 캠페인을 론칭하였다. 10개 회원국들의 NTO가 2017년 말까지 1억 2천만명의 외국인 관광객 유치를 목표로 50개의 패키지 상품을 선보였다. 회원국들은 최신의 관광목적지 뉴스, 목표, 파트너십, 그리고 서비스 혁신에 대하여 업데이트하고 공유하기로 하였다.

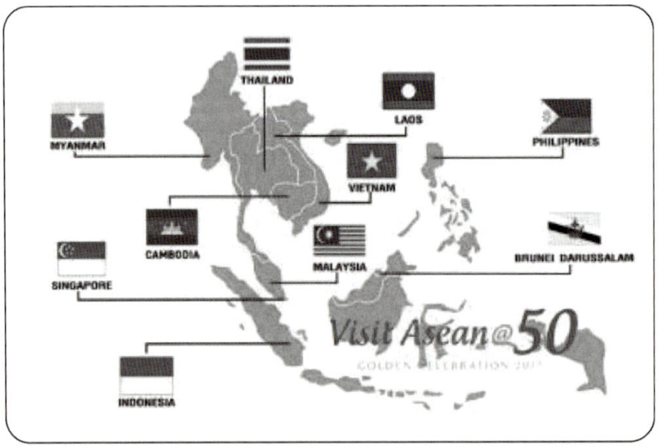

주요 내용은 싱가포르의 새로운 마케팅 전략에 대한 정보, 2018 라오스 방문의 해, 유럽관광객 비자 면제 등 베트남의 비자정책, 미얀마의 최신 관광성과, 기술개발 추진, 국가홍보 등을 담고 있다.

인도의 Odisha, Madhya, Pradesh, Rajasthan 등 지역들은 각기 인도 내에서도 홍보하고 세계시장에서도 별도로 홍보하고 있다. 태국은 푸켓과 파타야의 홍보 노력으로 2016년 세계 톱 25에 들었고 꾸준히 아시아 관광객을 끌어 모으고 있다. 더 나아가 보다 넓은 개념의 지역끼리 연대하여 홍보하는 사례도 늘고 있다.

비약적인 경제발전과 더불어 올림픽이나 월드컵 등 메가 이벤트나 한류 등으로 한국에 대한 인지도는 높아졌음에도 불구하고 세계인의 머릿속에 뚜렷한 이미지를 각인시키지 못하고 있다. 그 이유를 한국관광공사는 새로운 국가 이미지 창출을 위한 통일된 마케팅 활동의 부족과 우리나라의 국가 브랜드를 창출할 수 있는 수준의 관광 캠페인이 부족하다고 지적하였다. 그러나 이런 상황에도 불구하고 국내 지자체가 연합하여 관광홍보를 실시하는 사례도 있다.

2016년 서울, 경기, 인천, 강원, 충북 등 5개 시 · 도는 방한 관광객 증가율이 높은 싱가포르와 말레이시아 시장을 대상으로 공동 관광설명회를 가졌다. 관광자원과 FIT 여행코스 정보를 소개하였고, 각 시 · 도별 대중교통 이용법, 한류관광지 등을 프리젠테이션 한 후 각 시 · 도별 개별홍보 B2C상담을 실시하였다. 김밥, 불고기, 등갈비찜, 파전 등 참가자들에게 한식체험의 기회를 제공하였다. 동남아 · 무슬림 관광시장 동향과 최근 방한 트렌드 등에 대한 정보를 수집하고자 현지 한국관광공사 지사별 간담회도 실시하고, 현지 주요 관광지 시찰을 통하여 우수 관광자원의 주요 콘텐츠, 운영방안, 홍보전략 등도 파악하였다.

공동으로 관광홍보를 하기 위한 현지 네트워크 채널도 구축하는 계기가 되었고, KTO 현지 담당자와 협업관계를 구축하고 공동마케팅의 초석을 마련하게 되었다. 이들 시장에 대한 설문조사도 실시하였는데, 한국에 대한 이미지는 K-POP, 영화, 드라마, 음식으로 나타나 미디어 노출 등을 통한 한국문화에 대한 관심이 한국관광에 대한 관심으로 이어지고 있음을 알았다. 85% 이상의 참가자가 FIT 여행을 선호하고 희망 동반자는 가족, 친구로 이들을 동반한 개별 자유여행을 계획하기 위한 정보에 대한 관심이 높았다. 관광정보 수집의 주요 원천이 소셜 미디어와 블로그이어서 이런 매체를 주력으로 운용할 필요를 느끼게 되었다.

제2절 국제홍보의 특징과 전략

국제홍보란 '글로벌 시대에 다양한 문화적 배경을 지닌 국가들의 공중과 상호호혜적인 관계를 수립하기 위해 정부, 기업, 국제기구 등이 벌이는 계획적이고 조직적인 국제 커뮤니케이션 활동'이라고 정의할 수 있다(박성호, 2008). 국제홍보는 타국의 공중을 대상으로 실시하는 홍보인데, 국내 또는 국제기구에서 해외를 겨냥한 해외홍보와 현지에서 실시하는 해외현지 홍보를 포함한다. 정부는 외교나 국가이미지 향상 차원에서 해외홍보를 실시하고 있다. 국제홍보에서 메시지는 영어나 현지 언어로 전달하며, 현지 문화를 배경으로 재구성한다. 홍보매체도 국내의 홍보매체와 차이가 있는데, 특히 국내에서 실시하는 해외홍보는 국내의 영자 신문이나 해외 위성방송, 해외저널, 인터넷 등을 주로 이용하지만, 해외 현지에서 실시하는 해외홍보는 해당지역의 매체를 이용하기 때문에 국내 매체 환경과는 크게 다르다.

국가의 국제홍보는 국가의 전체적인 이미지와 밀접하게 연관된다. 해외에서 펼치는 개별 기업이나 개별 브랜드의 홍보효과는 해당 국가의 이미지와 밀접하게 연관되므로 해당 국가의 홍보전략과 연계된 홍보활동이 더욱 효과적일 수 있다. 특히 해외홍보는 해당 국가와의 문화적 차이 때문에 오해와 갈등이 야기될 수 있으므로 해당 국가의 언어와 문화를 제대로 이해하는 것이 국제홍보의 첫 단계이다.

특히 국제홍보란 다양한 문화적 배경을 지닌 타 국가의 공중을 대상으로 목표 국가에 적합한 매체를 통해 적절한 메시지를 효과적으로 전달하고자 하는 커뮤니케이션 행위라는 점에서 해당 국가의 문화적 배경을 이해하는 것이 국제홍보의 전제가 된다. 우리 사회에서 국제홍보가 점차 중요하게 인식되기 시작한 배경에는 국제무역기구(WTO)와 지역 간 자유무역협정(FTA)의 체결, 그리고 다국적 기업의 성장 · 확대에 있다. 또한 무엇보다도 위성방송이나 인터넷 같은 글로벌 매체의 등장이 기업의 해외 진출과 함께 해외홍보 활동을 더욱 촉진하는 중요한 요인이 되었다고 할 수 있다. 이렇게 글로벌화된 국제적 환경은 홍보의 글로벌화를 촉진하고 있으며, 홍보 주체에게 '글로벌 스탠더드(global standard)'에 맞는 홍보기법을 도입하도록 압박하고 있다.

국제홍보는 국내홍보에 비해 여러 가지 차이점과 특징이 있다. 우선, 국가 이미지의 영향력이 크다. 기업의 해외 홍보는 국가 이미지에 크게 영향을 받는데, 자국의 이미지를 해당 국가에서 좋게 받아들일 때에는 홍보효과가 기대 이상으로 나타나지만, 해당 국가가 자국의 이미지를 나쁘게 받아들일 때에는 홍보하기가 어렵고 홍보효과도 기대하기 어렵다.

둘째, 국제홍보에는 시장구조, 언어, 풍습, 구매 습관, 정치, 경제, 법체계 등 통제할 수 없는 외부 요소가 많아서 국제홍보가 어려운데 문화적 차이에서 오는 오해나 갈등이 불거지기 때문이다. 예를 들어, 영국이나 미국인들은 유머나 위트 등에 높은 가치를 두기 때문에 유머를 곁들인 표현이 효과가 있지만, 독일인들은 신뢰, 정직함에 최우선적 가치를 두기 때문에 광고 문안에도 정확한 정보를 상세히 전달하는 데 초점을 맞추는 게 좋다. 독일인들은 스쳐가는 TV광고나 재치 있는 슬로건 등에서 감동을 느끼지 못하기 때문에 TV광고보다는 신문광고가 효과가 있으며, 신문광고보다는 소책자 광고가 더욱 효과가 있다고 한다(노명환, 2008). 이처럼 문화가 다르면 사고방식과 가치관도 다르다.

해외홍보를 위해서는 해당 국가의 언어나 문화를 잘 아는 인력이 필요하지만, 해외홍보에 전문성을 갖춘 우수한 인력을 구하기가 쉽지 않다. 그렇기 때문에 홍보 담당자들은 해외에서 제한적이고 신빙성이 적은 정보에 의지해 홍보활동을 하는 경향이 있다. 해외홍보 활동에서 퍼블리시티(언론보도)를 활용한 비중이 무척 크지만 국가에 따라 다른 점이 많다. 예를 들어 대부분의 국가에서 기사를 싣는 퍼블리시티는 무료이지만 중동 일부 지역에서는 신문에 보도자료를 실게 되면 광고로 간주해 광고비를 요구하는 경우도 있다고 한다.

국제홍보 전략은 세계 어느 곳에서나 통용될 수 있는 표준화된 홍보활동과 해당 국가의 독특한 문화에 맞춘 현지화된 홍보활동으로 나눌 수 있지만, 통상적으로 표준화와 현지화를 절충하는 절충형 홍보활동 등 3가지로 분류된다. 표준화(standardization) 전략은 글로벌 스탠더드의 확산으로 세계는 하나의 시장으로 통합되어 가면서 동질화 현상을 보이고 있기 때문에 홍보 메시지나 홍보매체를 세계적으로 동일하게 사용한다. 이 전략은 선진국 기업들이 개도국 시장에 진출할 때 사용하는데, 기업 이미지 홍보에 주로 활용하고 있다. 표준화전략은 모든 국가에 동일한 홍보제작물을 사용할 수 있기 때문에 규모의 경제(economy of scale)효과로 비용이 절감되는 것으로 평가된다. 하지만 이러한 표준화전략은 특정 문화나 특정 시장에 있는 모든 홍보 콘텐츠를 적용하기 어렵고, 현지에서의 홍보와 설득에 한계가 있다.

현지화(Adaptation) 전략은 모든 국가가 독특한 문화와 전통이 있으며 소비자들의 욕구도 다르다는 점에서 출발한다. 특정한 현지 시장의 요구와 현지 환경에 적용할 수 있도록 홍보 메시지와 매체를 활용하는 전략이다. 이것은 "글로벌하게 생각하되, 지역에 맞게 행동하라(Think global, act local)"는 말처럼, 비록 글로벌 스탠더드가 대세라고 하더라도 현지 사정에 맞게 행동하는 것이 더 효과적이다. 이러한 현지화 전략은 주로 개도국이나 선진국 시장에 진입할 때 사용하는 전략이다. 하지만 현지 문화 습득 비용이나 현지 홍보 전문가의 고용 등 홍보비가 많이 든다는 것이 단점이다. 현지화 전략으로는 국가 이미지를 세계적으로 동일하게 구축하기 어렵다는 단점이 있다.

절충형 전략은 표준화와 현지화 전략을 상황에 따라 절충하는 전략이다. 기업의 특성, 조직구조, 소비자의 특성, 대상 국가의 마케팅환경 등을 고려하여 표준화와 현지화를 적절히 절충해 활용하는 전략이다. 이러한 홍보전략이 많은 다국적 기업에서 보편적으로 활용되고 있다.

제3절 국제홍보의 성공요소

■ 통합적 홍보 커뮤니케이션 전략의 구사

국제홍보는 문화와 문화가 만나는 '문화 커뮤니케이션 행위'로서 복합적인 문화 요소의 산물이라고 할 수 있다. 특히 언어, 관습, 법, 가치관 등에 대한 충분한 이해와 현지 홍보매체의 복합 활용은 물론 각종 홍보 메시지 역시 다양화를 통해 복합 커뮤니케이션 전략을 구사할 필요가 있다. 국제홍보는 문화 커뮤니케이션의 특성을 적절히 활용해야 한다.

■ 문화에 맞는 매체와 메시지 선택

현지의 문화는 국제홍보를 통해 들어오는 새로운 문화와 충돌을 일으킬 여지가 크다. 또 새로운 메시지, 새로운 매체의 등장은 현지 문화에 새로운 변화를 불러오기도 한다. 따라서 현지 홍보는 되도록 현지 상황에 맞는 시각자료, 음성, 동작, 카피, 사진, 일러스트레이션 등을 활용해야 하며, 특히 현지 문화에서 현지 공중들에게 호감을 주는 새로운 홍보 메시지와 홍보매체의 선택은 홍보효과를 높이는 데 크게 기여할 수 있다.

■ 자민족 중심주의의 극복

자민족 중심주의(ethnocentrism)란 무의식중에 자기 집단과 관습이 가장 우월하다고 여겨 민족적 우월주의에 빠져 상대방 문화를 업신여기는 것을 일컫는다. 이는 국제홍보에서 흔히 범하는 일이라서 가장 큰 장애로 지목받고 있다. 여기에 치우치면 심각한 커뮤니케이션 장애를 유발하게 된다. 이러한 자민족 중심주의의 사례로는 중국의 '중화(中華) 사상', '서양문화 우월주의' 등을 들 수 있는데, 자신이 속한 집단이나 문화가 제일 우월하다는 자민족 중심주의를 극복해야만 국제홍보에서 성공할 수 있다.

■ 적절한 현지 홍보대행사 활용

현지의 문화적 차이를 극복하고 더욱 미묘한 현지화 전략이나 표준화 전략을 실시하기 위해 현지 홍보대행사의 자문을 구하거나 직접 활용하는 것이 바람직하다. 특히 국제홍보의 경우 자국과 현지의 문화적 차이를 이해하고, 또 현지 문화를 습득하는 데 많은 시일이 소요되기 때문에, 현지 전문가나 현지 홍보대행사를 활용하는 것이 일반적인 추세이다.

■ 홍보효과의 평가제와 모니터링 제도 확립

국제홍보에서도 홍보효과를 측정하고 평가하는 것이 매우 중요하다. 따라서 홍보효과에 대한 평가 시스템을 확립하고, 현지 사정에 맞는 설문조사나 모니터링 제도를 확립해 홍보활동에 활용해야 한다.

제4절 외국의 관광홍보 사례

글로벌 관광시장에서 국가 간의 관광객 유치 경쟁은 더욱 심화되고 있다. 이 같은 경쟁 속에서 해외 관광홍보의 강화는 필수적이다. 홍보 캠페인의 비용투입 대비 효과가 중요하며, 이 효과를 높이기 위해서는 치밀한 홍보전략이 필요하다. 기업에서 기업 브랜드 광고와 함께 개별 브랜드를 광고하듯이, 국가를 홍보할 때도 도시나 지역을 홍보하고 있다. 이는 국가 이미지가 도시나 지역의 관광발전에도 지대한 영향을 주기 때문이다.

4.1 주요국의 NTO 관광홍보 캠페인

■ 홍콩

홍콩관광청은 새로운 브랜드 캠페인 'Best of all, It's in HK'을 론칭하였다. 캠페인의 핵심 콘셉은 '홍콩의 중심, 홍콩의 시작, 홍콩의 다음'이 담겨져 이야기가 가득한 올드타운센트럴로 들어가 현지인처럼 여행을 떠난다는 것이다. 캠페인 론칭은 홍콩관광청의 새로운 브랜드 방향성을 제시하는 것으로, 홍콩 브랜드의 또 다른 혁신을 통해 여행업계에서 더욱 입지를 강화한다는 전략이다. 우리나라에서 개최된 간담회에서는 바이럴 광고영상도 공개했는데, 홍콩에서 활동 중인 움베르토 봄바나 셰프와 아시아 최초 마스터 오브 와인 지니 조 리, 홍콩 유명 디자이너 아네 마크 등이 참여하였고 케이블채널 등을 통해 방영한다.

'2016 홍콩관광청 트래블마트'는 중국관광객이 감소함에 따라 다른 국가로 시장을 넓히고자 유망한 한국 시장을 타깃으로 잡아 진행한 행사다. 여기에는 호텔, 여행사, 홍콩 디즈니랜드, 시티 게이트 아울렛 등 홍콩 여행관련 업체가 함께 참석하였다. 2016 트래블마트의 전략은 '2 day in City, 1 day in Beach in HK'으로 하루, 이틀은 홍콩의 다이나믹한 도심을 누비고 하루 혹은 반나절은 무이오 비치나 디스커버리베이 등의 해변에서 휴양을 즐기는 콘셉을 홍보하였다. 가족 여행객을 위해 2016 여름 프

로모션은 오션파크 스카이 100, 오션 파크 등의 관광지에서 어린 자녀의 입장권을 무료로 제공한다. 호텔에서는 조식이나 엑스트라베드를 무료 제공하는 판촉활동도 한다.

또 각 지역의 미디어와 협력, 미식 단체를 타깃으로 한 '음식만들기 경연대회' 등 오락적 이벤트를 통해 홍콩에서 할 수 있는 경험의 폭과 깊이를 강조하고, 호주, 뉴질랜드와 남태평양 등 대양주를 대상으로 기존의 홍콩 이미지에서 벗어나 도시의 생동감과 문화의 다양성을 강조한다.

■ 말레이시아

말레이시아 관광슬로건 'Malaysia, Truly Asia'은 1999년에 나왔고, 그 나라의 다양한 문화와 인종에 경의를 표하는 의미를 갖고 있다. 이 슬로건은 사람들이 암기하기 쉽고, 마음속으로 곧바로 파고드는 강점을 갖고 있다. 말레이시아 여배우 Michelle Yeoh는 그 캠페인의 TV 광고에 출연하여, Asia라는 것과 리듬을 맞추어 "Malay-seer"라고 그 나라 이름을 발음하는 것에 주안점을 주었다.

■ 싱가포르

싱가포르관광청(STB)은 그동안 사용해오던 슬로건인 'Uniquely Singapore'를 'Your Singapore'로 바꾸어 국내외에서 인쇄매체 및 TV 광고를 통해 전 세계 사람들에게 관광목적지로서 싱가포르를 홍보하는 데 사용한다. STB는 싱가포르를 다양한 인종과 문화가 융합된 국가로 인식시킬 목적으로 하루 만에 과거와 미래를 돌아볼 수 있는 일일여행, 오랑우탄과 함께 하는 자연 속에서의 아침식사, 1시간에 걸친 중국식 다도(茶道) 시연, 지척에 있는 중국의 절과 이슬람 모스크, 힌두교 사원과 교회를 둘러보는 색다른 경험 등을 중점적으로 홍보한다. 이제 싱가포르는 단순히 '깨끗하고 안전한 도시', '작지만 강한 나라'라는 이미지에서 벗어나 문화국가라는 브랜드에 도전하고 있다.

■ 태국

Amazing Thailand는 태국에게 놀라운 성과를 가져다준 간단한 슬로건이다. 1998년에 이 인상적인 슬로건이 기획되었는데 짧고 간단하고 기억하기 쉽다. "amazing"은 음식, 문화유산, 생활방식과 같은 것을 묘사하기 위해 사용되는 형용사이다. 슬로건은 매우 성공적이어서 지금도 여전히 가게들과 소매점들이 그 스티커를 붙이고 그 단어를 사용하고 있다.

■ 일본

일본은 외국 관광객의 수를 증가시키기 위한 일본방문 캠페인을 론칭했으며, 이 캠페인은 일본관광 진흥을 위해 한국, 대만, 미국, 중국, 홍콩 등 주요 시장에 초점을 맞추고 있다.

■ 호주

호주관광공사는 1995년 호주의 관광 브랜드화를 위해 "브랜드 호주(Brand Australia)"를 도입하고, 자유로운 정신, 낙천적이고 흥미진진하고, 약동적이며 다양한 관광활동을 포함하는 행선지로서 호주를 홍보해왔다. 호주 음식, 와인, 패션쇼, 예술품 전시회, 퍼포먼스, 영화제 등 이벤트를 진행하여 호주에 대한 관심을 높인다. 호주관광공사는 니콜 키드먼, 케이트 블랑쉬, 러셀 크로, 맷 데이먼 등 오스카상 수상 영화배우와 가수 카일리 미노그 등 유명한 호주 연예인을 이용하여 캠페인을 실시한 바 있다.

동부지역 전체를 대상으로 TV, 신문, 인쇄물을 통해 진행된 'Australia - You're Welcome' 캠페인은 호주를 친근하고 환영받는 이미지로 홍보하면서 각 지역별로 다른 주제의 캠페인을 벌여왔다. 태국 대상으로는 'Free Style Australia', 말레이시아에는 'Rediscover Australia', 일본에는 'New Style Australia', 중국에는 'Trendy Australia', 대만에는 'Have a Great Break', 한국에는 'Feel Free in Australia', 미주 대상으로는 콴타스 항공과 공동으로 'More Wonders Downunder', 뉴질랜드에는 'Discover Australia' 캠페인을 펼쳐왔다.

한편, 호주관광공사는 2000년 시드니 올림픽의 성공적 개최를 바탕으로 한 국가 인지도를 더욱 발전시키고 현재 브랜드를 새롭게 재인식시키고자 "Life in a Different Light"브랜드를 발족, 'Light'으로 호주의 밝은 이미지를 부각시킬 계획이며 모든 국제 광고에 이용할 것이라고 밝혔다. 또 이 캠페인의 효과를 더욱 강화하기 위해서 세분화된 타깃을 대상으로 'through the eyes of'를 컨셉으로 한 스토리텔링 광고를 할 예정이다.

■ 영국

영국관광청은 영국을 찾는 해외 관광객중 5명 중 1명이 영국 TV 드라마나 영화 때문에 영국을 방문하는 것으로 나타나면서 촬영지역을 방문하고자 하는 관광객이 늘어남에 따라 VisitBritain은 Movie Map 캠페인을 통해 주요 시장을 대상으로 영화와 드라마의 감동을 다시 즐길 수 있도록 영화와 관련된 다양한 정보를 취합해 Movie

Map 사이트를 통해 제공하고 있다. 1996년부터 이 캠페인을 론칭하여 활기를 띄고 있다. 특히 '해리 포터와 마법사의 돌'을 통해 영국을 홍보하고자 하는 목표로 'The Magic of Britain' 캠페인을 시작, 영화 제작 지역과 함께 글래스톤베리, 팅커벨 캐슬, 요크 시티 센터 등을 연계해 홍보활동을 펼치기도 했다. 'Discover The Magic of Britain'이라는 이름으로 '해리 포터와 마법사의 돌' 영화 소개 홈페이지를 따로 개설하고, 영국 지도 중 어떤 구역을 선택하면 해당 영화 촬영지가 바로 표시되는 시뮬레이션 시스템을 통해 영화에 관한 관심과 영국 방문을 직접 연계시키고자 하고 있다.

또 가장 많은 영화를 제작, 일명 'Bollywood'로 불리는 인도 영화 붐에 따라 인도 영화의 촬영지로 영국이 각광을 받으면서 VisitBritain은 Bollywood Movie Map을 별도로 제작, Movie Map 캠페인을 강화했다. '영화'나 '드라마'의 촬영지역 지도화는 해당 영화, 드라마 정보를 함께 제공하므로 영국을 방문하고자 하는 동기를 가진 영화나 드라마팬을 타깃으로 보다 직접적으로 소구할 수 있을 것으로 보인다.

■ 뉴욕

'I ♡ NY'(I Love New York) 캠페인은 뉴욕주가 '관광'을 통한 수입 확대만이 뉴욕을 정상화시킬 수 있다는 데 결론을 모으고, 뉴욕을 상징하는 음악과 로고를 탄생시킨 것으로 시작되었다. 미국을 찾는 외국인 관광객이 가장 많이 방문하는 지역으로 자리 잡아서 문화관광 수입이 뉴욕의 가장 중요한 재원이 되었다. 뉴욕주는 엠파이어 스테이트 디벨로프먼트(ESD)라는 조직이 뉴욕의 브랜드를 전담 관리하고 있다. 뉴욕 전역과 해외 등 18개 지역에 지부를 운영하고 있는 ESD는 "I LOVE NEW YORK"이라는 로고를 통해 관광객 유치와 뉴욕주의 경제개발을 목표로 하고 있다. "I LOVE NEW YORK"로고는 범죄예방, 금연지역 등에 활용되며, 이라크전쟁 직후 자동차들에 부착, 미국인들의 애국심을 고취하기도 하고, 9 · 11 이후 전 세계 온정이 답지하는 등 "I LOVE NEW YORK"의 파워는 관광 · 경제개발을 뛰어넘고 있다.

■ CNN 선정 슬로건

다음은 CNN에서 2015년 기억에 남을 슬로건으로 선정한 20개 중의 일부인데, 각 나라나 도시의 USP(Unique Selling Proposition)를 강조한 것이 특색이다. 아프리카 에티오피아는 1년이 모자랄 정도로 13개월 간 햇빛이 비치는 사파리 장면을 보여줌으로써 따뜻한 날씨를 강조하고 아프리카 풍경에 대한 기대를 담은 확실한 USP를 관광객들에게 심어주고 있다. 미국 버지니아주는 낭만과 사랑을 주제로 했으며, 생태관광으로 유명한 남미의 코스타리카는 새, 나무, 물고기 등으로 청정한 자연환경을 주제로 하였다. 영국 스코틀랜드 남부 지역인 Dumfries와 Galloway는 전통의상인 킬트를 입고 백파이프를 부는 사진으로 전통문화를 강조하고 특이한 경험 제공을 암시하는 슬로건을 만들었다.

제5절 그림문자(emoji) 홍보

그림문자(일본어로 에모지)도 나라의 특성을 잘 나타내주는 홍보 아이콘으로 사용될 수 있다. 이런 아이콘은 사람들에게 특정 지역이나 국가를 쉽게 연상시키는데 도움이 되며, 호의적인 이미지를 만드는 역할을 한다. 캐릭터나 슬로건보다 지역이나 국가의 대표적인 특성을 반영하기 때문에 다른 지역과의 차별성을 뚜렷이 구현하는 효과가 있고, 또한 감성적인 이미지도 불러일으키는 장점이 있다.

몇 가지 대표적인 에모지는 다음과 같다. 아래는 발가벗고 사우나하는 모습인데 핀란드를 즉시 떠올리게 한다. 유럽에서 가장 행복한 나라 중 하나인 핀란드의 정체성을 보여주는 기묘하고 솔직한 생활상을 그린 재미있는 에모지를 30여개 시리즈로 만들어내고 있다.

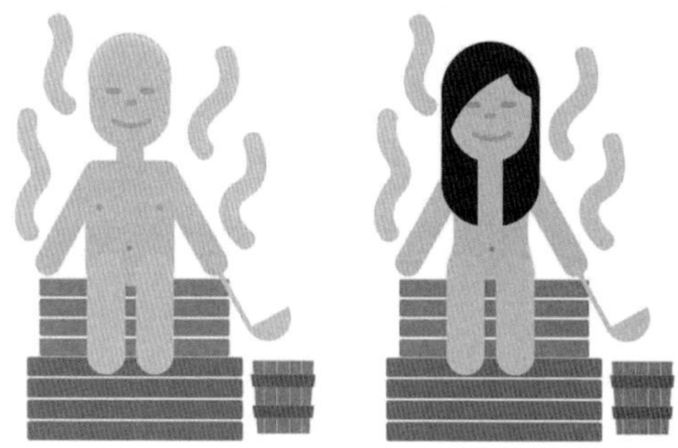

캐나다는 맛있는 단풍 시럽(maple syrup)이 세계적으로 잘 알려져 있다. 캐나다 국기에 단풍 모양이 들어있어서 이 에모지가 캐나다를 상징한다는 것을 쉽게 알 수 있는 것이다. 뉴질랜드는 국민 스포츠인 럭비의 대표팀 올블랙스의 하카(haka) 춤으로 상징된다. 하카 춤은 원주민인 마오리족이 전쟁 전에 사기진작을 목적으로 추었던 춤인데, 지금은 경기 전에 추는 춤으로 유명하다.

영국의 기후는 흐리고 비가 자주 내리는데 '영국 신사'라는 별명과 더불어 영국을 상징하고 있어 세계인들에게 어필하기 좋은 에모지이다. 아일랜드는 전설적인 흥과 음악(craic agus ceol)을 기념하는 흑맥주 글라스와 음표를 그렸다.

태국은 툭툭 택시, 홍콩은 딤섬으로 형상화하였다.

미국에서는 '도로의 어머니'로 불리는 최초의 고속도로인 Route 66을 상징으로 하였다. 이 도로는 시카고와 로스엔젤리스의 산타 모니카 해변까지 2,000마일에 걸쳐 있으며, 존 스타인백 소설 '분노의 포도' 배경 도로로 등장했다. 이 루트를 통하여 많은 관광객들이 이동하였고, 도로변의 호텔이나 식당, 주유소, 자동차 클리닉 등이 번성하게 된 계기를 만든 역사적인 의미를 지닌 도로이며 2003년 복원되었다. 이탈리아는 마세라티나, 페라리, 람보르기니 등 최고급차로 명성을 얻고 있는데, 열정적

인 이탈리아 국민성을 나타내주는 빨간색의 스포츠카가 대표적인 상징이다.

이러한 에모지는 국가나 지역의 특이한 정체성과 강점을 보여주는 아이콘으로서 관광홍보 수단으로도 유용하게 사용할 수 있는 소재이다. 이런 소재를 많이 발굴하면 그만큼 관광매력이 풍부하다는 의미를 가진다. 에모지를 만들 때 가장 중요하게 고려해야 할 것은 국내는 물론 해외에서도 공감할 수 있는 내용이어야 한다. 국내에서만 유명하고 해외에서 알아주지 못하면 에모지의 역할은 제한될 수밖에 없다.

제6절 외국의 관광홍보 정책 사례

■ 포르투갈

OECD 관광위원회는 회원국의 관광정책 동향을 공유하고 관광분야 관련 지속가능한 관광, 조세, 성장 등 주요 의제에 대한 국제협력 방안을 협의한다. 여기에서 소개된 2014년의 포르투갈의 관광전략과 홍보사례를 살펴본다.

2007년 국제금융위기 이후 대응책으로서 '주요 관광전략'을 소개하였으나 포르투갈은 외국인 관광수요의 감소를 겪었다. 2012년에는 포르투갈의 주요 인바운드 시장인 스페인 관광객이 급감하는 변화를 경험하고 이에 대한 대응으로 4개의 기관을 관광청으로 통합하고, '2007~2015 포르투갈 관광의 전략적 계획'을 수립하였다. 특히, 관광산업 육성을 위한 정부의 전체적인 협업구조로 거버넌스를 변화시키고(외교부와 비자 협업, 보건관광을 위한 보건부와 파트너십 등) 이러한 과정에서 포르투갈 관광청이 중심 파트너로 역할을 수행하고 지역조직을 5개로 축소하였다.

새로운 포지셔닝 전략을 수립하여 전체 홍보 프레임워크는 관광청이 수립하고 5개의 지역이 각각 지역홍보 에이전시를 통해 홍보를 기획하고 있다. 단, 홍보예산을 관광청에서 지원하므로 관광이미지 등에 대한 가이드라인을 엄격히 준수토록 하였다. 홍보는 전통적으로 잘 알려진 남부 해안 및 도시 휴가 외에 종교관광, 북부 골프리조트 등 신규 홍보테마를 선정하고 여행상품 판매자인 해외 주요시장 투어오퍼레이터와 사전 협의를 하였다.

스페인 관광객 감소에 대응하기 위하여 그들의 관광객의 방문경로를 분석하고, 고가 항공 대신 자동차 이용을 권고하는 홍보마케팅을 강화하였다. 이러한 전략적 접근 이후, 2013년 1,440만명의 해외 관광객 유치(전년대비 4.2% 증가), 4,170만명의 국내 숙박객 (전년대비 5.2% 증가), 92억불 관광수입(전년대비 7.5% 증가)을 기록하는 성과를 얻었다.

SNS 등 전략적 온라인 마케팅을 추진한 결과, 2013년 3월부터 2014년 3월까지 1년간 구글 클릭 수 1,270만명, 유투브 조회 수 410만명(514% 증가), 페이스북 신규가입자 수 38만명(407% 증가)을 기록하였다. 2014년 '유럽 최고 목적지'(European Best Destination)에 Porto 시가 선정되었고, 2013년 World Travel Award가 주관하는 '베스트 골프목적지', Trip Advisor가 주관하는 유럽의 25대 호텔국가로 선정하였다.

■ 일본

일본은 전국으로 외국인 관광객을 유치하기 위해서 중장기적인 관점에서 방일 외국인 여행자 유치목표 수치를 설정하고 종합시책을 강구하여 정부, 지방자치단체, 관광산업체 등이 총력을 기울이고 있다. 주요 사업으로는 일본관광 이미지 만들기와 PR, 주요 상대국별 마케팅을 실시하고 아시아 지역에 대한 PR을 강화, 수학여행 등의 유치, 재일 외국인을 향한 일본 PR전략의 강화, 일본체재비용 저렴화와 편의성 향상 등이 있다.

새로운 국제관광의 네트워크 형성을 목적으로 일본의 현관이라고 할 도쿄, 오사카 등 거점도시와 지방 우수 관광권(국제관광 테마지역)을 네트워크화함으로써 질 높은 신국제관광 네트워크를 형성하여 외국인 관광객이 지방에 있는 다양한 선택을 할 수 있도록 만들었다.

■ 중국

관광시장 활성화를 위한 마케팅 전략으로 국가원수의 공식 방문을 활용하는데 매체와 국민의 관심이 집중되는 국가원수, 행정수반의 공식 방문을 활용하여 중국 관광을 홍보하고 있다. 경제무역 및 기타 부문과 협조하여 해외에서 열리는 각종 전시회에 참가하거나 대사관, 영사관 등 해외공관과 기업의 해외지사, 해외의 출자기업과 협조하여 관광을 홍보한다. 관광행정 관리부문은 국가와 지역의 관광 이미지 홍보에 주력하며, 여행업계는 상품의 판촉에 주력한다.

지역 간 연합으로 공동 관광상품을 보유한 지역끼리 서로 협조하고, 현지에서 인기를 끌고 있는 스타를 활용한 홍보도 하고 있다. 선택적 마케팅으로는 세분화된 시장에 전문적인 소재의 상품을 개발하고 항공사의 신규노선 취항에 맞추어 집중 홍보한다.

현재 마케팅 방법은 크게 두 가지인데, 하나는 매체 및 여행사의 담당자를 초청하여 팸투어를 실시하는 것이고, 나머지 하나는 현지에 나가 마케팅활동을 벌이는 것이다. 여기에는 3가지의 방법이 있는데, 전통적 방식으로는 지사를 개설하여 신속하고 전면적인 마케팅 실시하며, 전시박람회에 참가하여 단기간 내에 다수의 여행사를 접촉하여 주의를 끌고, 순회 판촉전이나 설명회 등을 개최한다. 확장방식으로는 현지의 각종 매체를 활용하여 대중을 대상으로 홍보하는 것으로 호외광고를 비롯하여 신문, TV, 라디오 광고와 보도발표회 등을 사용한다. 창조방식에는 시내, 백화점, 대형 테마공원 등에서의 판촉행사를 실시하는데 간행물 배포 등 일반적인 판촉행사 외에 공연, 수공예활동 등 각종 참여형 행사를 통한 홍보활동을 한다. 관광정보와 자료는 인터넷 사이트에서 제공한다.

■ 미국

연방정부 차원의 홍보보다는 각 주정부가 관광산업이 해당 주의 경제에 미치는 중요성과 파급효과를 인식하여 다양한 형태로 관광업계를 지원하는 홍보방식을 쓰고 있다. 라스베이거스는 9·11 이후 대대적인 광고캠페인을 하였는데, TV, 라디오, 인쇄매체, 인터넷을 통해 총 1,300만 달러를 투입하여 호텔객실 예약률을 90% 이상으로 끌어올렸다. LA시는 9·11 이후 호텔, 식당, 쇼핑센터, 박물관, 테마공원, 공연 등에 대해 최고 50%의 할인 혜택을 제공하는 'TheLACard' 프로모션을 실시하였다.

뉴욕 주정부에서는 여행업계에 대해 보조금을 지급하고, 100만 달러를 투입하여 340만부 이상의 관광할인 쿠폰책자를 제작하여 배포하였다. 뉴욕시와 주정부 공동으로 9·11 이후 여행자의 뉴욕방문을 유도하기 위하여 4,000만 달러를 투입하여 'I Love New York' 캠페인을 실시하였다. 미국국적기인 델타 항공사를 통해 자국민을 대상으로 뉴욕행 항공권 1만장을 무료 배포한 이벤트도 실시하였다.

제7절 효과적인 국제관광 홍보전략

효과적인 관광홍보 전략 방향을 제시해보면, 첫째, 관광 브랜드 커뮤니케이션의 활성화이다. 관광 브랜드 플랫폼에 부합하는 콘텐츠를 발굴하고, 다양한 커뮤니케이션 채널을 통해 브랜드와 연계한 홍보활동을 추진하는 것이다. 예를 들어 글로벌 매체인 CNN, BBC나 중국 CCTV, 일본 NHK 등 TV방송이나 그들의 인터넷 사이트 또는 글로벌 유력 신문에 광고하는 방법이다. 언론인 팸 투어, 관광박람회 참가, 글로벌 서포터즈 운영 등 소비자 접점에서 브랜드를 홍보한다.

둘째, 대중의 참여형·자율성 확보 등을 강화한 미디어 믹스 전략 구현이다. 전통 미디어인 신문, 방송 등과 온라인을 기반으로 한 하이브리드 미디어, 소셜미디어 등을 전방위적으로 활용한다. 홈페이지, 블로그 등 다양한 홍보채널을 구성하여 온라인 홍보채널 이용고객의 정보접근을 용이하게 만들고 만족도를 높이는 방법이다. 특정 고객층을 위한 커뮤니티 조성 등을 통해 고부가가치 관광객 등 수익성이 높은 핵심고객과의 장기적 관계를 형성한다.

셋째, 특정 테마별로 SNS 채널을 연계한 마케팅을 통해 관광정보를 확산시키고 공유한다. 민간기업과 지자체와의 연계 강화를 통한 SNS 마케팅으로는 해외 유력 포털사이트와 연계하여 광고 캠페인과 검색엔진 마케팅을 하고, 기업 소셜 미디어 채널 등을 통하여 트래픽을 유도한다. 지역 여행 및 관광상품과 관련된 콘텐츠를 제공하는 업체와 연계한다. 예를 들어 세계적인 온라인 여행사인 Expedia와 공동으로 온라인상에서 관광 프로모션을 하고, 한국관광공사가 카카오톡과 공동으로 한국관광 캠페인을 벌이고 있다.

국제홍보를 실행하는 목적은 외국인 유치가 가장 우선하지만, 관광객 지출로 인한 일자리 창출이나 소득 증가 등 경제적 효과를 궁극적 목표로 한다. 알프스에서는 하루 5~6시간씩 보통 12일에 걷는 해발 1500~2000m 이상의 몽블랑 둘레길을 운영하고 있는데, 트레킹 코스 곳곳에는 숙박시설, 식당, 카페테리아 등이 있다. 이층 침대가 늘어선 방의 침대 하나에 하룻밤 50유로(한화 약 6만 1500원)이고, 융프라우 등반 철도 요금은 204 스위스 프랑(한화 23만원)이 넘을 정도로 관광을 통한 소득창출에 집중하고 있다.

우리나라의 지방자치단체가 외국인을 유치할 때 홍보(PR)방식에 문제가 있는 경우도 있다. 손님이라 잘 접대해야 한다는 아름다운 관습 때문에 투자 대비 홍보효과를 계산하지 않을 때가 있다. 국내 지자체에서 관광객 유치라는 명분 아래 수천 명의 중국인 관광객에게 무료로 치맥 파티나 삼계탕 파티를 제공한 이벤트 홍보를 한 적이 있다. 국민 세금으로 공짜 식사를 제공한 것인데 국제홍보 측면에서 좋지 않은 선례를 남길 수도 있다. 다음부터 이런 대우를 해주지 않으면 방문을 꺼리게 될 것이고, 지자체끼리 서로 관광객을 유치하기 위하여 필요 이상의 국내 지자체끼리 소모적인 경쟁을 하게 만들기 때문이다. 공짜 점심 제공으로 그만큼 지역 식당들은 매상을 올리지 못하게 되는 부정적인 영향을 초래한다는 지적도 있다.

사람들의 마음속에 숨어 있거나 무의식적으로 잠재해 있는 생각까지도 파악해 낼 수 있다. 이러한 생각이나 아이디어의 모임은 본격적인 조사에서 어떤 질문이나 변수를 사용해야 하는지를 말해 준다. 사회과학 분야에서 사용되는 대부분의 탐색적인 조사방법들은 PR에 그대로 적용될 수 있다. 여기서는 가장 많이 사용되는 3가지 방법을 설명하고자 한다.

① FGI

FGI(Focus Group Interview, 핵심집단 면접)는 보통 어떤 중요한 유사성을 근거로 해서 선택된 5~10명 정도로 구성된 집단을 대상으로 집중적인 인터뷰를 해 나가는 방법이다. FGI에서는 돌아가면서 피조사자들의 의견을 묻는 방법을 이용하지 않고 조사진행자의 리드에 따라 한 사람이 발언하면 그 사람의 말이 다른 사람들의 생각과 발언을 자극하도록 유도한다. 가능하면 많은 의견들이, 그리고 사람들의 숨은 생각들이 토의 중에 자연스럽게 나타나도록 해야 한다. 회의내용은 녹취되며 나중에 따로 분석의 과정을 거친다.

탐색적 조사방법은 PR 조사의 경우 여러 분야에서 이용이 가능한데 예를 들어, ○○여행사에 대한 이미지 조사를 할 경우 우선 탐색적인 조사방법으로 FGI를 이용하면 그들이 생각하는 ○○여행사에 대한 많은 생각들을 도출해 낼 수가 있다. 또한 각종 관광브로슈어의 기획 및 평가 시 FGI를 활용한다면 유용한 관광브로슈어를 만드는데 일조할 것이다. FGI를 통한 1차 조사를 한 후 나온 결과물을 토대로 만든 설문지로 설문조사를 한다면 매우 합리적 조사가 될 수 있다.

② 개인심층면접

개인심층면접(Personal Depth Interview)은 한두 명의 피조사자들에게 질문자가 정해진 주제에 대해 집중적으로 질문함으로써 피조사자의 내부에 숨겨진 사실들이 밖으로 표출될 수 있도록 만드는 조사방법이다. 특히 단어 연상법(word-association)과 같은 방법이 이용되는데 피조사자로 하여금 하나의 주제에 대해 생각나는 대로 단어들을 적고 거기에 따라 연속적으로 일어나는 다른 생각들을 단어로 적어 보게 함으로써 피조사자들의 무의식적인 사고나 의미들을 잡아 낼 수 있다.

예를 들면, '제주' 하면 어떤 생각이 떠오르는지를 집중적으로 물어 보고 연상하게 함으로써 제주에 대한 관광객들이 상상하고 연상할 수 있는 많은 것들을 파악해 낼 수 있다. 이러한 것들은 제주의 이미지 광고에 사용될 수도 있고 슬로건을 만드는 데 사용될 수도 있다. 특히 무의식적인 뉘앙스를 느끼거나 연상할 가능성이 있는 부정적인 용어들을 미리 발견하는 데에도 이 방법이 유용하게 이용될 수 있다.

③ 투사법

투사법(Projective Technique)은 질문자가 응답자에게 직접적으로 질문하지 않고 간접적이거나 유도적인 질문, 혹은 요구를 통해 숨겨진 마음이 나타나도록 하는 방법이다. 특히 답변하기 난처하거나 민감한 부분의 답변을 듣는데 유용하다. 빈 칸 채우기(blank-filling) 방법을 통해(예를 들면 '제주도는 나에게 있어 ○○한 지역이다'라는 식으로) 어떤 상황에 대한 피응답자의 생각이 간접적으로 도출되도록 할 수 있다.

■ 서베이

서베이(survey)에 대해서는 다양한 정의가 있으나 일반적으로 서베이는 면접이나 설문 등을 이용하여 사람들과의 직접적인 접촉을 통하여 정보를 수집하는 방법을 말한다. 서베이에는 설문, 전화, 편지, 인터넷 등 4가지 방법이 주로 자료 수집을 위해 사용된다. 신문독자 조사나 방송 시청률 조사 등이 여기에 속한다고 할 수 있다. 서베이는 어떤 형상 또는 상황의 원인과 결과를 규명하는 목적에도 사용된다. 가설검증(hypothesis-testing)은 가장 많이 쓰이는 목적인데, 이론적 근거에 의하여 변인들간의 어떤 관계가 예측되었을 때 이것을 실증적으로 긍정 또는 부정해 보려는 연구에서 이용된다. 예를 들면 "워킹투어 프로그램은 사람들에게 친환경적 관광의식을 유발할 것이다"라는 가설이 주어졌을 때, 이것의 사실 여부를 검증하는 조사연구가 그것이다.

평가를 위한 목적은 어떤 개입된 프로그램의 과정과 결과를 검토 또는 평가하기 위한 것을 말한다. 예컨대 관광이벤트 프로그램을 대상으로, 첫째 목적이나 목표가 바람직하면 긍정적인 평가가 있는가, 둘째 그 개입된 프로그램이 목표를 달성할 수 있겠는가, 셋째 그 프로그램이 기대한 효과를 가져 왔는가 등을 평가하기 위한 조사연구가 그것이다. 기업 이미지 광고의 효과가 과연 목표한 대로 이루어졌는지에 대한 연구가 예이다. 서베이는 예측을 위한 근거를 마련하기 위한 목적이 있다. 선거결과를 예측하기 위한 여론조사가 여기에 해당된다.

■ 내용분석

내용분석(content analysis)은 인간이 생산한 커뮤니케이션 내용을 분석해서 커뮤니케이션에 관한 연구문제를 해결하는 방법이다. 내용분석은 메시지를 분석대상으로 하는데 누가, 왜, 무엇을, 어떻게 어떤 매개를 통하여, 누구에게, 어떠한 효과를 가지고 커뮤니케이션 행위를 하였는가를 조사한다. 메시지는 주로 문자로 기록된 자료를 말하지만 방송, 영화, 미술작품, 사진, 만화도 대상이 된다.

내용분석은 객관성, 체계성, 일반성을 그 요건으로 하고 있다. 이는 내용분석에서 가장 중요한 유목(category)을 정하고 분류하는 데 어떤 원칙을 따름으로써 주관성과 비일관성을 배제해야 한다는 것이다. 내용분석을 통해서는 양적인 조사와 질적인 조사 모두가 가능하다.

PR 분야에서 내용분석은 많이 이용된다. 환경 모니터링에서는 신문이나 사설, 보도를 분석함으로써 어떤 사회적인 쟁점들이 중요하게 부각되는가를 판단할 수 있으며, PR 감사에서는 언론의 논조들이 하나의 기업이나 산업분야에 대해 어떤 태도를 견제하고 있는지를 알 수 있다. 또 어떤 언론사가 가장 호의적이거나 비호의적인가도 알 수 있다. 커뮤니케이션 감사에서는 사보의 분석을 통해 회사의 상하 간 커뮤니케이션이나 여론이 얼마나 잘 환기되는지도 판단할 수 있다.

■ 실험방법

실험방법(experiments)은 어떤 가상적인 상태를 조작하여 그 상황에서 사람들의 행태를 분석하는 것이다. 조사자가 의도적으로 변인을 조작함으로써 그 변수의 영향이 어떻게 나타나는가를 알고자 하는 것이다. 따라서 수행만 잘 하면 PR과 관련한 사회의 실제 문제들을 정확하고 확실하고 능률적으로 해결해 준다.

실험조사는 PR 조사에서 메시지의 효과와 관련된 분야에서 잘 쓰일 수 있다. 예를 들어, 기업 이미지 광고에서 A모델을 사용한 광고와 B모델을 사용한 광고를 각각 다른 두 집단에게 보여 주고 난 다음 그들의 평가를 점수화하여 t-test 등의 통계를 적용함으로써 '어느 모델을 사용하는 것이 더 좋다'라는 것을 알 수 있다. 이 경우 두 사람의 다른 모델은 독립변인이 되고 그 광고에 대한(혹은 광고를 사용한 기업에 대한) 평가점수는 종속변인이 된다. [그림 14-1]은 우리나라 관광포스터를 제작하기 위해 실험실 실험방법을 활용해 홍보효과를 조사하는 과정을 보여 주는 것이다. 다른 변인(배경 화면)은 통제하면서 독립변인(그림 속에서의 인물: 박지성, 배용준)을 조작하여 누가 더 한국의 이미지에 어울리는지 알아보는 방법이다.

[그림 14-1] 실험실 방법을 통한 연구(한국관광포스터에 어울리는 모델 구상)

실험방법을 통한 관광PR 조사과정에서 다음의 것에 유의해야 한다. 즉 피실험자가 실험하고 있다는 것을 알고 있으면 더 높은 실험효과를 나타내는 Hawthorne Effect, 실험연구 시 통제집단이 실험을 하고 있다는 사실을 알게 되면 연구자가 원하는 방향으로 움직여 줄 가능성이 있는 John Hery Effect, 같은 실험자들의 의사에 동조하는 현상인 Bandwagon Effect에 관한 것이다. 이것은 실험방법을 통한 PR조사에서 항상 조사의 한계점에 언급되는 것들이다.

■ 관찰법

관찰법(observation)은 사회적 상황에서 일어나고 있는 일들을 목격하는 대로 그에 관한 정보를 기록하는 방법이다. 문화 인류학적 연구에서 많이 이용하는 이 관찰법에는 참여관찰과 비 참여관찰의 2가지 유형이 있다. 참여관찰(participant observation)이란 관찰자가 현장에 가서 조사대상 집단에 직접 참여하여 관찰하는 것이지만 관찰자가 누구인지 밝혀지지 않기 때문에 피 관찰자가 관찰 당하고 있다는 사실을 알지 못한다. 반면에 비 참여관찰은 관찰자가 자신을 숨기지 않고 연구목적을 그 집단에 알리고 관찰하는 것이다.

관찰내용을 기록할 때에는 틀(scheme) 또는 체크리스트(checklist)를 치밀하게 작성함으로써 그 속에 관찰한 바를 범주화하고 분류하는 지침을 담을 수 있도록 한다. 관찰의 내용은 언어적 행동지표, 비언어적 행동지표, 신체적 움직임의 지표 등 3가지로 나눌 수 있다. 말, 소리, 표정, 사투리, 자세, 경과시간, 행위, 몸놀림 등을 관찰한다. 예를 들어, 한 관광지에 대한 공중들의 인식과 반응을 있는 그대로 파악하기 위해 피조사자들을 한자리에 모으고 피조사자로 위장한 조사자 요원이 자연스럽게 그 관광지에 대한 화제를 꺼낸 다음 사람들의 반응과 대화를 파악한다. 관광지 이미지 광고에 대한 사람들의 반응도 이 방법으로 조사할 수 있다.

제3절 홍보효과 조사의 실제

3.1 효과조사의 종류

관광부문의 해외 촉진활동으로는 업계 · 언론인 · 소비자 대상설명회, 판촉 및 모객 지원, 해외광고, 여행업자 · 언론인 초청지원, 소비자대상 홍보이벤트, 컨벤션 유치활동 등이 전개되고 있다. 홍보효과 측정을 위하여 현지 매체와 대행사를 통해 설문조사, 도달효과 조사 등을 시행한다. 현재 실행되고 있는 것은 주로 광고효과 측정에 국한되고 있다(김희수, 2003).

도달효과 조사는 광고가 소비자에게 어느 정도 전달되고, 광고비 대비 전달의 효율성은 어느 정도인지를 매체측면에서 측정한다. 주로 현지 매체와 대행사를 통해 매체별로 방송 또는 배포지역, 광고기간, 총광고비, 매체단가, 평균시청률, GRP, CPP, CPM, 도달률, 도달빈도 등의 항목에 대해 이루어지고 있다.

커뮤니케이션 효과 조사는 광고의 인지도 및 태도, 상품의 인지도 및 태도, 구매의도 등 소비자의 심리변화를 설문조사를 통해 광고효과를 측정한다. 그러나 매개효과와 판매효과 간의 높은 상관관계를 전제로 한 것이고 직접적인 관계는 명확히 입증된 것은 아니다. 관광효과 설문조사 항목은 광고매체를 중심으로 방문의사, 광고접촉매체, 광고안 평가, 광고가 인식에 미친 영향, 방문 동기유발, 기억나는 장면, 기억나는 문구 등으로 구성한다. 광고효과 설문조사는 도달률, 인지도, 선호도 등 측정항목 간 상관관계 분석을 통해 시사점을 도출하려는 시도가 필요하다.

현행 광고효과 설문조사 및 매체조사는 주로 광고에 초점을 맞추고 있지만 언론인 대상 설명회, 소비자 대상 설명회, 언론인 초청지원, 소비자 대상 홍보이벤트, 행사 후원 등 홍보의 효과도 측정할 필요가 있다. 커뮤니케이션 효과가 높다고 해서 판매까지로 연결되는 것은 아니므로 커뮤니케이션 효과뿐만 아니라 판매효과도 측정할 필요가 있다. 즉 지역별로 광고홍보 예산과 관광객 유치실적간의 관계를 조사하는 것이다.

판매효과는 광고비의 변화에 따른 시장성과 지표, 즉 판매반응함수에 의해 효과를 측정한다. 광고의 궁극적인 목적인 판매에 미치는 효과를 직접적으로 측정한다는 점에서는 장점이 있으나, 광고와 매출 간의 매개효과와 소비자 특성, 경쟁상황 등 비광고 요인, 광고 카피, 매체선정 등 광고의 질적인 요소가 고려되지 못하는 단점이 있다.

3.2 예산 설정과의 연계

광고예산의 설정과 관련해서는 지출가능액 방법, 매출액 비율법, 수익률 비율법, 경쟁사 대항법, 목표과업법, 계량적 모형법 등 다양한 산정방법들이 존재한다. 그 중 계량적 모형법으로는 유효빈도- 유효도달률 방법, 커뮤니케이션 목표달성법, 판매반응분석법 등이 있는데 이것은 도달효과, 커뮤니케이션 효과, 판매효과 등 광고효과 측정방법에 기반을 두고 있다.

계량적 모형법이 과학적인 측면은 있으나 현실적으로 적용하는 데에는 여러 가지 조사준비가 필요한 점이 있고, 완벽한 해답을 기대할 수 있는 것도 아니기 때문에 현재로서는 여러 가지 방법을 함께 활용한 여러 각도에서의 광고예산의 설정이 권고되고 있다. 따라서 광고예산의 설정에 있어서는 장단기 제품 및 광고 목표, 최근 광고예산, 시장상황의 변화와 예측, 장단기 광고효과 등을 종합적으로 고려해서 결정되어야 할 것이다.

적정 예산의 수준은 광고의 효과측정에 의해서 바로 결론을 내릴 수 있는 성격이 아니고 목표 및 경쟁상황에 따라 달라진다. 관광객 유치목표에 따라 어느 정도의 광고비의 증액이 필요한지에 대해서는 커뮤니케이션 효과분석과 판매효과 분석이 도움을 줄 수 있다.

제4절 소셜 미디어 홍보효과 측정

KPR 소셜커뮤니케이션연구소에서 2015년 국내 218개사를 대상으로 설문조사한 결과에 따르면, 응답자의 80%가 소셜미디어 성과측정이 중요하다고 밝혔지만, 78%는 양적 수치 분석에 그치고 있다(더 피알, 2015). 중요하게 생각하는 소셜 성과지표는 도달률(reach)과 인게이지먼트(engagement)이다. 성과 분석에서 도달률은 양적으로 측정이 되나 정성적 요인인 인게이지먼트는 측정이 어렵다. 팬 수는 순수도달률(organic reach, 광고비를 지불하지 않고 자연적으로 도달하는 양)이 갈수록 줄어드는 상황에서 큰 의미를 두진 않는다.

TV광고의 경우, 광고비를 어느 정도 쓰면 몇 GRP(총도달률)가 달성되고, 그러면 브랜드 인지도가 1% 정도 올라간다는 과거로부터 축적된 데이터가 있어서 측정값이 나온다. 그러나 소셜 인게이지먼트의 경우, 1,000만원을 써서 10만 인게이지먼트를 가져왔다는 것은 의미가 약한다. 왜냐하면 10만이란 숫자가 소셜 상에서 분명 영향을 준 것이지만 비즈니스에 어떤 기여를 했는지는 증명하기가 힘들다.

인게이지먼트는 동종업계 다른 회사와 비교하는 방법이 있다. 예로 들면, G마켓은 11번가, 쿠팡 등을 비교군으로 삼을 수 있고, 소셜 운영의 기간이 길어지면 과거 데이터와 비교할 수 있다. 인게이지먼트와 세일즈를 직접적으로 연결하는 건 쉽지 않지만, 다리를 놓아서 보면 다 연동되는 것으로 분석된다. 페이스북의 경우, 도달률을 높이려면 인게이지먼트 요소인 '좋아요', 댓글, 공유가 많아야 한다. 즉 인게이지먼트가 높으면 도달률이 높아지고, 그렇게 되면 트래픽이 올라가고, 트래픽이 올라가면 매출이 느는 것으로 각각의 단계를 전부 체크한다.

글로벌 리포트를 봐도 대략 60%가 양적 분석에만 머물러 있다. 특히 국내 공공기관의 경우 여전히 팬 수에 의존하는 경향이 크다. 페이스북에 콘텐츠 몇 건 올렸고, 블로그 이웃은 몇 명이다 등의 단순지표만 보는 경우도 있다. 팬 수와 콘텐츠 도달률이 비례하지 않고 어느 순간이 되면 약간 무관해지는 것도 사실이지만, 그럼에도 불구하고 팬 수는 두 가지 측면에서 의미가 있다. 우선 팬 수는 공개돼 있어 시장에서 브랜드가 어느 정도의 위치에 있는지 누구나 다 볼 수 있다는 상징적 의미가 있다. 또 하나는 그것이 유효한 도달률이다. 콘텐츠는 가급적 많은 사람이 보고 공감해서 공유하는 것이 좋은데, 팬 수가 많으면 많을수록 좋다. 그러나 페이스북이 알고리즘을 계속 조절하는 바람에 팬 수와 도달의 상관관계가 약하여 의미가 퇴색되었다.

실제 많은 소셜 담당자들이 팔로어와 팬 수가 중요하지 않다고 하면서도 정작 KPI(핵심성과지수)는 팬 수로 정해버리는 경향이 있다. 사실 ROI, KPI는 모두가 이해하는 일반적 지표로 정해지는 경우가 많고, 그것이 곧 팬 수나 단순 인터랙션 지표로 측정되는 것이다. KPI 수립 측면에서 페이스북이 좋은 점은 관심사를 기반으로 타깃팅이 가능하다는 것이다. 해당 브랜드의 타깃이 누군가에 따라 관심사를 좀 더 명확히 규정하면 전체적인 모수가 나오는데 기간을 정해서 그것을 100%로 만든다. 가령 100만명이 타깃이면 그 숫자를 얼마의 기간 동안 몇 번 정도 노출시켰을 때 100% 도달이 가능한지를 반영해 전략을 수립하는 식이다. 예를 들어, 광고비 한 번에 1만명이 노출된다 하면, 100번을 노출시켜서 100만명에 도달시키는 것이다.

제5절 광고효과 측정

5.1 광고효과 위계모형과 광고효과

광고효과의 위계모형에는 AIDA, AIDMA 등이 있다. 그 중에서도 로버트 래비지(Robert J. Lavidge)와 개리 스타이너(Gary A. Steiner)의 모형이 효시로 알려져 있으며, 널리 활용되고 있다. 먼저 간단하게 AIDA와 AIDMA 모형을 살펴본다. AIDA 모형은 본래 인적판매(personal selling) 과정에서 판매원이 소비자들을 유도해 최종적으로 제품을 판매하도록 개발된 것이다. 이 모형에서는 고객에게 제품을 판매하기 위해

'주의(attention) → 흥미(interest) → 욕망(desire) → 행동(action)'의 과정을 연속적으로 거쳐 가야 한다고 묘사한다. 인지 단계에서 출발하여 감정단계를 거쳐서 최종적으로 행동단계를 보여준다.

즉 소비자로 하여금 제품을 구매하도록 하려면 우선 소비자의 주목을 끌어야 하고, 다음으로 제품에 대한 관심을 유발해야 한다. 제품에 대한 관심이 생겨야 소비자는 그 제품을 소유하고 사용하고픈 욕망이 생기게 되고, 그 욕망을 기반으로 실제 구매행동을 하게 된다. 광고도 마찬가지다. 제품판매에 도움이 되기 위해 광고는 무엇보다 소비자의 주의를 끌고, 광고에서 브랜드 특성을 알려 브랜드에 대한 소비자의 관심을 유도하고, 욕망을 일으켜야 한다. 이 네 단계 중 욕망과 행동 사이에 기억(memory)을 추가한 것이 AIDMA 모형이다.

먼저 인지단계에서 적합한 광고기법으로는 호기심을 끌기 위해 제품이나 브랜드를 숨기는 티저(teaser)나 징글(jingle: 광고에서 사용되는 독특한 의성어로 AIG의 "띠링띠링" 등이 있음)이 있다. 또한 브랜드 슬로건을 반복해서 강조하거나, 주목을 끌기 위한 방법(유명인 사용, 대조기법 이용 등)을 사용할 수 있다. 이 단계에서 효과를 측정하는 방법으로는 보조와 비보조 회상(aided or unaided recall), 브랜드 인지도 조사, 브랜드의 주요 특징조사 등이 있다.

감정 단계에서 적합한 광고로는 경쟁브랜드와 비교광고, 감정유발형 광고와 이미지 광고 등이 있다. 이 단계에서는 소비자들이 브랜드에 대해 어느 정도 아는 상태이므로, 긍정적 이미지를 브랜드에 전이시키는 이미지 광고나 경쟁브랜드에 비해 좋은 점을 강조해 선호도를 높이는 기법이 효과적이다. 효과 측정법으로는 브랜드 태도나 이미지 측정, 선호 브랜드 측정법 등이 있다.

행동의도 단계에서 적합한 광고로는 증언식 광고, 가격 소구, 구매시점 광고 등이 있다. 가령 증언식 소구는 제품의 기존 사용자나 유명인이 브랜드의 독특한 장점 등을 증언하는 기법인데, 소비자로 하여금 구매 확신을 증가시킬 때 효과적일 수 있다. 이 단계의 효과 측정방법으로는 구매의도 측정과 실제 현장조사 등이 있다.

국가의 관광청에서는 대표적인 홍보활동인 광고와 캠페인의 효과를 조사하고 있다. IMC 관점에서 적은 예산을 효율적으로 사용할 수 있도록 매체 믹스 계획을 수립한다. 한국관광공사에서도 국내관광 브랜드('대한민국 구석구석')와 캠페인(관광주간 포함) 인지도, 광고·캠페인의 효과, 만족도 등 전체 캠페인의 효과측정을 위해 소비자들의 사용과 태도를 조사하고 있다. 메인 효과조사는 연간 1회 캠페인별 효과조사를 실시하고, 각 조사에 대한 결과보고서를 작성하고 있다. 결과보고서에는 다각적인 분석을 통해 광고·캠페인의 전반적 만족도, 매체별 효과, 타깃별 광고, 캠페인 접촉경로, 여행의향 변화와 경험 정도, 브랜드 인지도, 종합시사점 등을 포함한다.

여기에서는 한국관광공사가 해외에서 실행한 광고의 효과를 측정한 결과를 제시한다(오익근, 2015). 해외관광 시장조사에서 절반 이상(59.2%)이 한국의 관광홍보 활동이 한국 방문에 영향을 주었다고 응답하였는데, 한국관광 광고 접촉률은 인쇄/옥외 광고(33.5%), 온라인(29.7%), TV(29.4%) 순이었다(한국관광공사, 2015a). 그러나 접촉률이 높다고 효과가 큰 것은 아니다.

〈표 14-1〉 매체별 중국과 일본 관광객 수 증가 기여도

(2014년)

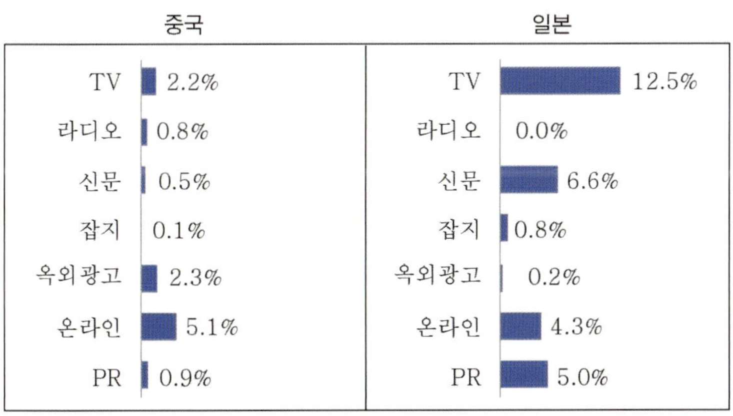

출처: Nielsen Company(2015).

〈표 14-1〉은 Nielsen의 2014년 연구결과인데, 한국관광공사가 매체별로 집행한 광고가 얼마나 많은 중국과 일본인 방한 관광객을 증가시켰는지를 보여준다. 중국 관광객의 경우, 온라인(5.1%) 기여도가 가장 크고 옥외광고가 다음이다. 반면 일본 관광객은 TV(12.5%), 신문, PR, 온라인 순이고, 옥외광고는 기여도가 매우 낮았다(한국관광공사, 2015b). 그러나 이 조사는 광고에 대한 기여도를 보여주었지만, PR활동 결과인 퍼블리시티에 의한 증가 기여도는 배제되었다. PR 역할이 증가하는 추세에도 불구하고 홍보 대행사의 접근방식이 아직도 광고에만 초점을 두고 있음을 보여준다.

5.2 간접광고 측정 사례

여가에 대한 국민적 관심이 여행관련 TV프로그램 제작으로 이어지고 있어 관광산업 혹은 지역관광에 있어 간접광고에 대한 관심도가 증가하고 있다. 전통광고의 효과가 과거만큼 높지 않기 때문에 광고주는 원하는 광고효과를 얻기 위해서 소비자에게 간접광고(Product Placement or indirect advertising: PPL) 형식으로 상품을 반복해서 노출시키고 있다. 관광에서 간접광고에 대한 관심은 증가하고 있으나, 간접광고의 효과측정에 대한 학술적 연구는 기초수준에 머물러 있다(박상곤, 2013).

간접광고는 시장에서 매우 크게 증가하고 있는 광고기법으로 앞으로 당분간 TV를 중심으로 다양한 매체로 확산될 것으로 보인다. 기초지자체 절반 정도가 향후 간접광고 추진 의향이 있는 것으로 조사되어 향후 이 분야에 대한 수요는 지속적으로 증가될 것이다. 관광분야에서 PPL이 증가하고 있는 이유를 종합하면, 간접광고가 기존 광고에 비해 좀 더 효과적이라고 인식하기 때문인데, PPL은 쉽게 접하기 어려운 지자체의 명소 및 특산물 등에 대해 심리적 거리감을 극복하는데 효과가 있다. 드라마 속에서 자연스럽게 노출되면 해당 지자체에 대한 수용자의 이미지 제고 및 심리적 거리감 극복으로 인한 관광객 유치 효과가 있기 때문이다. 특히 시청률이 높은 드라마일수록 효과가 높은데, 지자체의 관광관련 PPL은 주로 TV의 드라마, 예능과 같은 수용자들에게 좀 더 가볍게 다가갈 수 있는 프로그램 장르에 집중하고 있다.

박상곤(2013)은 대표적인 장수 여행프로그램인 KBS '1박2일'(2008년 1월- 2012년 2월까지 총 50개월)의 효과를 과학적으로 분석하기 위하여 다음과 같은 질문을 설정하고 효과를 측정하였다.

■ '1박2일'에 방영되면 해당 지역 관광객은 증가하는가?

만약 증가한다면, 단기적으로 혹은 장기적으로 증가하는가? '1박2일'에 소개된 국립공원의 방문객 수는 방영 이전의 보통 달들에 비해 약 7.6~8.0% 정도 증가하였다. 둘째 달의 관광객 수도 통상적인 달에 비해 약 7.4~7.8% 정도 높았다. '1박2일' 방영 이후 셋째 달에는 관광객 수가 약 2.1~3.0% 정도, 넷째 달에는 5.2~6.1% 정도, 다섯째 달에는 3.9~4.9% 정도, 그리고 여섯째 달에는 약 3.9~4.2% 정도 높았으나, 7개월 이후에는 추정치가 0과 다른 유의한 값을 갖지 않아 '1박2일'의 관광객 증대효과가 최소 2개월, 최대 6개월 정도까지 지속되는 것으로 판단하였다.

■ 시청률 1% 상승 시 몇 %가 증가하는가?

'1박2일'의 효과가 2개월 지속된다고 가정하는 경우, '1박2일'의 시청률이 1% 상승할 때 소개된 국립공원의 관광객 수는 약 0.33% 정도 증가하고, 시청률이 10% 상승하면 관광객 수는 약 3.3% 정도 증가하는 것으로 나타났다. '1박2일' 방영 이전 9개 국립공원의 평균 관광객 수는 약 20만명 정도이므로, 시청률이 10% 상승할 때 월평균 관광객 수는 약 6,600명 정도, 2개월에 걸쳐 총 13,200명 정도로 증가가 예측되었다. 관광객 1명의 평균 지출액 15.8만원을 기준으로 계산할 때, '1박2일'의 시청률 10%는 2개월에 걸쳐 약 21억원 정도, 인근지역 수준에서는 약 16억원의 경제적 가치를 지닌다.

'1박2일' 효과가 4개월 지속된다고 가정하면, '1박2일'의 시청률 10%는 약 2.6% 정도 많은 관광객 수를 의미하는데 시청률이 10% 상승할 때 월 평균 관광객 수는 약 5,200명, 4개월에 걸쳐 총 20,800명 정도 증가한다. 관광객 1명의 평균 지출액 15.8만원을 기준으로 계산하면, '1박2일'의 시청률 10%는 4개월에 걸쳐 약 33억원 정도, 인근지역 수준에서는 약 25억원의 경제적 가치를 지닌다. '1박2일'의 효과가 6개월 지속된다고 가정하면, '1박2일'의 시청률 10%의 경제적 가치는 약 50억 2천만원 정도로 추정하였다.

■ 만약 증가한다면, 신규 수요 증가인가? 시점 간 대체 수요인가?

'1박2일'이 국립공원들 간 유발하는 관광객 대체효과는 매우 제한적인 것으로 판단되었다. 전반적으로 평가할 때, '1박2일'이 유발하는 관광객 증대효과는 국립공원들 간 대체효과라기보다는 소개된 국립공원에 대한 관광수요가 신규로 창출된 결과로 분석하였다.

제6절 언론보도 홍보효과 분석

광고 외에 여러 가지 PR활동의 효과를 분석하는 일이란 쉬운 것은 아니다. 홍보전략에 능한 홍보담당자도 홍보효과 분석은 까다롭다고 느낀다. 만일 사장이 홍보팀장에게 '지난 1개월간 홍보부의 성과를 보고해라'고 요청한다면 대부분의 홍보팀은 한 달간의 보도자료 횟수를 보고한다. 최근 한 조사 결과, 홍보담당자의 82%가 홍보활동을 통해 얻은 이익을 측정할 방법이 없으며, 홍보전략을 가장 측정하기 어려운 항목으로 꼽았다. 오늘날의 비즈니스 환경에서 측정할 수 없는 전략에 투자하기란 더욱 쉽지 않은 일이다. 그렇다면 과연 홍보활동으로 얻는 효과는 어떻게 측정해야 할까? 여기에서는 PR활동의 결과인 언론보도(퍼블리시티)에 관한 효과측정 방법을 뉴스와이어 자료를 중심으로 소개한다(www.newswire.co.kr).

■ 홈페이지 방문객 증가율 분석

보도자료를 언론에 배포해 종합 잡지와 전문 잡지에 보도기사가 나왔다면 독자는 관심을 가지고 해당 잡지의 홈페이지에 방문한다. 이 때, 웹사이트 유입량을 분석하면 어떤 고객층이 증가했는지 파악할 수 있다. 웹사이트의 트래픽, 브랜드 검색 횟수, 전환율을 분석한다. 트래픽이란 블로그 또는 사이트 방문자에 의해 만들어진 방문자의 수, 방문자가 접속한 페이지의 양을 말한다. 전환율(conversion rate)이란 웹사이트 방문자가 웹사이트에서 구매, 회원등록 등 웹사이트가 의도하는 행동을 취하는 비율을 말한다. 매 6개월 혹은 홍보 캠페인 진행 후에 CPC(클릭당 광고비를 지급받는 방식), SEO(검색엔진에서 검색했을 때 상위에 검색 결과가 나타나도록 웹페이지를 제작/관리하는 것), 온라인 광고, 지면광고 활동을 통해 유입된 고객을 먼저 분석한다. 그 후, 전체 방문객 증가율에서 해당 트래픽, 검색 수, 전환율 등의 항목들을 뺀 것이 순수 홍보활동을 통해 얻은 고객 수라고 할 수 있다.

■ 소셜미디어 참여도 변화량 분석

기업의 홍보효과를 측정할 수 있는 또 다른 방법은 소셜 미디어를 분석하는 것이다. 일반적으로 홍보 캠페인을 진행하면 웹사이트 유입률뿐 아니라 소셜 팔로잉도 함께 증가한다. 소셜 미디어도 웹사이트와 마찬가지로 분석 리포트를 만들어보자. 주요 홍보활동 전과 후의 팔로워 수, '좋아요' 수, 댓글 수 및 소셜 인게이지먼트 레벨의 변화량을 측정하면 된다. 이 방법은 트위터, 페이스북, RSS 피드, 블로그 등 모든 소셜 미디어 활동에 적용할 수 있다. 소셜 미디어를 통해 이벤트를 실시하였을 경우에는 이벤트 참여자수가 몇 명이고, 퀴즈에 몇 명이 응모했으며, 몇 명이 문의했는지를 분석해 정리하면 된다.

■ 언론보도 리포트를 만들기

보도자료를 배포한 결과, 기사가 어떤 매체, 어느 지면, 얼마만한 크기로 게재되었는가 하는 것들을 측정하여 정리한다. 실제 기사를 자르거나 복사하여 두고, 온라인 뉴스 화면을 캡처해서 매체 중요도 순으로 정리한다. 중요한 매체에 중요하게 자주 다루어질수록 홍보효과가 크다고 할 수 있다. 그러나 이것은 홍보효과 측정이라기보다는 홍보활동의 결과가 어떤 형태로 보도되었나를 보여주는 수준에 그친다. 기사를 분석하는 방법은 다음과 같다.

- 보도 기사의 횟수
- 구독률, 독자수, 매체 순위 분석
- 기준을 통해 기사의 톤을 분류하는 방법(긍정, 부정, 0–100 등)
- 키 메시지에 따라 분류

■ 신뢰도 분석

브랜드 이미지는 광고보다는 주로 언론보도를 통해 형성된다. 삼성전자의 막강한 힘과 기술, 삼성전자 제품의 우수성은 보도를 통해 형성된 것이지 광고를 통해 구축된 것이 아니다. 언론홍보는 이처럼 브랜드의 이미지를 효과적으로 유지하기 위해 필요한 활동이다. 소비자들이 인지하는 기업의 브랜드 이미지 및 신뢰도를 분석함으로써 홍보효과를 파악할 수 있다. 이를 위하여 홍보활동 후, 홍보 타깃 집단 중 몇 명을 대상으로 설문조사를 실시하거나 메시지를 기억하는지 조사할 수 있다.

■ 영업 사이클 분석

성공적인 홍보는 기업의 세일즈 사이클을 단축시켜준다. 세일즈 사이클이 단축된다는 것은 고객의 구매 전 조사 및 비교과정에 드는 시간이 줄어든다는 의미이다. 일반적으로 기사화되는 것은 세일즈 사이클을 10% 이상 단축시킨다. 효율성이 대폭 향상돼 기업은 기존 영업팀만으로 더 많은 고객을 관리할 수 있게 된다. 키워드를 통해 신뢰도와 인지도의 향상 정도를 파악할 수 있다. 브랜드를 강화하거나 기업 및 운영자를 업계 전문가로 포지셔닝하는 홍보활동을 펼친 후에는 브랜드명과 임원진의 키워드 검색 결과치가 증가한다. 고객은 단순히 '삼성전자'를 검색하지 않고 '삼성전자 갤럭시 S4' 로 검색하게 되는 것이다.

사례 '억'소리 홍보효과의 현실과 한계

성과 자랑하는 기업 - 기삿거리 찾는 언론… 결과는 나몰랑?

출처가 명확하지 않은 경우는 많지만 언론 상에 1000억, 2000억 같은 단위의 금액으로 소개된 홍보효과가 전혀 근거가 없는 것은 아니다. 나름대로의 계산방법은 분명 존재한다. 가장 많이 쓰이는 산정방식은 브랜드 노출시간에 준하는 광고단가를 환산하는 방식이다. 신문기사의 경우, 비슷한 크기의 광고액수를 따져서 산출한다. 여기에 매체별 중요도나 브랜드 인지도 상승 등의 효과, 그리고 해당 방송 시청자나 신문 독자 수 등의 가중치를 곱하는 방식이 일반적이다. 이는 전통적인 PR효과 측정방법과 크게 다르지 않다.

기업이 특정 스포츠 이벤트의 스폰서를 맡았을 경우, 브랜드의 홍보효과를 금액으로 환산하는 방법이 있다. 경기가 중계되면 TV나 신문, 인터넷을 통한 브랜드 노출량을 측정하고 해당 방송의 시청자수와 1000명당 광고비를 적용해서 홍보효과 금액을 산출한다는 설명이다. 시청자수를 정확하게 대입하고 광고비를 적용하기 때문에 가장 객관적이고 과학적이면서도 정확한 측정방식이라는 입장도 있다.

다소 복잡하기는 하지만 한국관광공사가 지난해 헐리웃 블록버스터 '어벤저스 2'의 한국 촬영을 앞두고 예상한 '4000억원의 국가 홍보효과'도 비슷한 메커니즘을 갖고 있다. 먼저 어벤저스 1편의 미국상영 스크린 수 누계(주 단위)와 현지의 광고단가, 영화상에 노출되는 한국장면과 광고단위 등을 곱해 약 1억4629달러, 한화로 약 1566억원의 금액을 산출했다. 여기에 차후 TV나 비디오 등에서의 노출효과와 관광객 유치효과 등으로 산출된 2532억원을 더해 약 4000억원이라는 홍보효과 수치를 제시했다. 관광객 유치효과만 제외한다면 미디어 노출시간을 광고시간으로 환산하는 방법은 여타의 홍보효과 산출방식과 크게 다르지 않은 셈이다.

하지만 이 같은 방식으로 산출된 홍보효과 액수를 곧이곧대로 믿는 이들은 그리 많지 않다. '미디어 커버리지'를 광고단가로 환산하는 방식은 TV와 신문이 미디어의 거의 전부였던 구시대 산물이기 때문이다. 올드미디어들의 영향력이 점점 줄어들고 모바일 플랫폼을 기반으로 한 동영상 서비스와 OTT, IPTV 등이 우후죽순 쏟아지는 다매체 시대에 맞지 않는 방식이라는 지적도 나온다. 홍보효과를 전통적인 AVEs(광고환산가치)로 수십 년간 측정해왔지만 이는 배수 계산 근거의 낮은 타당성과 자의성으로 인해 심각한 한계를 지적받아왔다.

이어 방송뿐만 아니라 인터넷과 모바일 등 매체·다플랫폼에서 노출되고 확산되는 이벤트는 더욱 정교한 성과측정 알고리즘이 필요한데, TV방송에서 '페이드 미디어(Paid Media), '온드 미디어(Owned Media)', '언드 미디어(Earned Media)'에 이르기까지의 로직, 특히 가중치가 제대로 적용된 결과인지를 생각해 봐야한다. 소셜 미디어의 경우에는 2차, 3차 등 다단계 확산효과도 중요하다.

더구나 TV 시청자나 신문 구독자들이 모두 해당 브랜드를 인지했는지 여부도 알 수 없다. 정량적인 부분에 치중한 나머지 정성적인 면을 간과했다는 지적이 나올 수 있는 대목이다. 설사 브랜드를 인지했다고 해도 이를 '긍정적' 인지라고 판단할 수 있는 근거도 없다. 홍보효과를 금액으로 환산하는 방식이 기업이나 공공기관마다 제각각이라는 점도 신뢰도를 떨어뜨리는 요소다. 공신력 있는 기관이나 통일된 측정법이 따로 있는 것이 아니다보니 기준 자체가 애매모호하다. 이를 방증하듯 〈더피알〉이 취재한 PR전문가들 중 상당수는 홍보효과를 금액으로 산출하는 정확한 방법을 알지 못한다고 말했다.

현존하는 홍보 툴을 활용한 계량화 방법을 모든 이가 합리적으로 이해하는 것은 아니지만 어느 정도 객관화된 지표를 사용하기 때문에 의미가 없는 것은 아니다. 시청률의 경우, 모든 가정을 모니터링하는 것은 아니지만, 이를 인정하는 이유는 객관화된 근거에 대한 기준치와 모수화된 통계가 있기 때문이다.

그러나 상당수의 전문가들은 미디어 커버리지보다는 타깃 오디언스를 기준으로 분석한 정성적 지표가 필요하다는 입장이다. 이벤트나 캠페인 전후의 인지도와 호감도를 비교해야 하는데, 인지도 1%를 올리는 데 들어가는 금액과 인지도 변화비율을 곱한다면 어느 정도 의미 있는 데이터가 될 것이다. 수용자들의 인식차원 성과조사나 기존의 다른 홍보이벤트와의 비교 등이 단순하지만 오히려 적절한 성과측정이 될 수 있을 것이라는 제언도 있다(더피알, 2016.05.12.).

참고문헌

강승구, 한정호(2000). 「광고론」. 한국방송통신대학교 출판부.

강원일보(2016). '「강원포럼」 지역축제와 6차산업'. 월간 [CEO&] 4호.

고재민(2007). '리스크 관리, 커뮤니케이션이 관건이다'. 주간경제. 제919호.

김경해(2003). 「Let's PR : 생생한 PR 현장 이야기」. 매일경제신문사.

김경해(2004). 「큰 생각 큰 PR」. 커뮤니케이션스코리아.

김경해(2016). 경제 칼럼-김경해의 마케팅 이야기. 매일신문(9월 14일)

김도윤(2016). '국가의 모든 것 함축한 국가 이미지'. 이슈메이커(11월 10일)

김병희, 소현진, 이희복(2015). 「소셜 미디어 시대의 광고」. 커뮤니케이션북스.

김상화(2015). '황금알을 낳는 거위 vs 돈먹는 애물단지'. 서울신문(1월 17일).

김장열(2015). '메르스 이후 관광PR, 눈길 끌지 못하는 이유'. THE PR News.

김주호(2013). 「PR의 힘: 세상을 움직이는 아이디어의 중심」. 커뮤니케이션북스.

김형석(2011). '효과적인 홍보와 보도자료 작성'. www.kinds.re.kr/nsic_info.

김훈철, 장영렬, 이상훈(2007). 「브랜드스토리 마케팅」. 멘토르.

김희수(2003). '해외관광 광고 · 홍보 활동 평가 및 효율화 방안'. 한국문화관광정책연구원 보고서.

나이스비트(2016). 힘의 이동(Global Game Change), 허유영역, 알에이치코리아.

뉴스와이어(2014). 광고와 홍보의 5가지 기본적 차이. http://blog.newswire.co.kr

딜로이트 안진회계법인(2014). 2015~2019 중장기 인바운드 관광마케팅 전략 수립.

래리 타이(2004). 「여론을 만든 사람, 에드워드 버네이즈」. 송기인, 김현희, 이종혁 옮김. 커뮤니케이션북스.

박근수(2009). 「관광소비자행동」. 백산출판사.

박상곤(2013). '지역관광에 대한 TV 간접광고의 효과 측정-KBS 1박2일 프로그램을 중심으로'. 한국문화관광연구원.

박상원(2016). '모바일 미디어와 언론의 미래'. 광주매일신문.

박성호(2008). 홍보학개론. 한울.

박종민(2001). '홍보'와 'PR' 단어의 의미 차이: 3개 전국 일간지 내용분석. 한국언론학보, 제45권 2호. 186-215.

박주용, 권상은, 조홍복, 정성원(2016). '초겨울 눈부신 야경… 빛으로 빛나는 축제'. 조선일보(11월 28일).

박진용(2015). 「PR이론과 실무」. 한울.

박진용(2012). 「메타저널리즘」. 한울.

박진우(2013). '서울 노숙인 20명 특급호텔 호텔리어 된다'. 동아일보(5월 13일).

박홍(2014). '한국관광공사, Fun Ski & Snow Festival'. 데일리환경(12월 12일). http://dailyt.blog.me

백풍렬(2004). '전투력 극대화를 위한 커뮤니케이션'. 주간경제. 제804호.

신동광 외 16인 공저(2014). 「홍보의 신」. 초록물고기.

신호창, 이두원(2002). 「행정PR 원론: 이론과 전략」. 이화여자대학교.

신호창, 이두원, 조성은(2011). 「정책PR」. 커뮤니케이션북스.

안광호, 유창조(2001). 「광고원론－통합적 마케팅 커뮤니케이션 접근」. 법문사.

알리스 & 로라리스(2003). 「마케팅반란」. 청림출판.

앱피타이즈(2016). appetizer@chosun.com. (7월 19일)

엘비즈코리아(2016). '한국과 중국의 지방관광 활성화 방법'.

오강돈(2017). '오강돈의 중국마케팅⑪ 관광레저와 여행의 거대시장 중국'. 조선일보(1월 15일).

오익근(2010). 「관광상품의 브랜드 전략」. 대왕사.

______(2011). 「지역 공동브랜드 구축전략」. 진샘미디어.

______(2016). 관광홍보 전략의 전환 한국관광정책 봄,한국문화관광연구원.

유영심(2010). 드라마 영화 촬영지를 통한 관광활성화 방안. 강원발전연구원.

유형재(2016). '강릉 커피축제 외지인 방문객 50% 넘어… 전국 축제로 도약'. 연합뉴스(12월 20일).

윤난슬(2017). '청정지역 이미지 고수… 장수군, 계남양돈단지 철거'. 뉴시스(1. 31.)

윤각 외(2002). '국내 주요 신문에 투영된 'PR홍보'의 이미지 변화에 관한 연구', 홍보학연구, 제 6-2호.

이각규(2008). 「지역 이벤트」. 커뮤니케이션북스.

이성동(2008). 「알파 고객을 잡아라」. 호치테북스.

이은종(2004). '홍보매체로서 동영상 모바일 광고의 전략적 활용', 디자인과학연구, November 10, 61-68.

이종혁(2012). 「소셜 미디어 PR」. 커뮤니케이션북스.

인포마스터(2016). '지역 활성화를 위한 문화 콘텐츠'(http:blog.imabc.kr).

장병갑(2016). '관광이 즐거운-청주시 사이버 투어 체험- 온라인으로 손쉽고 편리한 사전 관광정보 제공'. 충청일보(12월 7일).

장영훈(2017). '김광석거리, 한국관광 100선에 또 뽑히다'. 동아일보(1월 16일).

장승희(2009). 'Social Media 시대에 걸 맞는 기업 브랜드관리', LG Business Insight, 9. 30:10. 7.

정분도(2015). 「인터넷 마케팅론」. 두산.

정상혁(2017). 황량한 브랜드에 스토리를 입혀라. 조선일보(1월 17일).

정새롬(2013). '작지만 섹시한 도시가 되는 방법, RAW Citybition 전략'. Trend Insight. 4호.

정정숙(1997). '포커스 그룹 인터뷰방법을 통한 대구지역 관광안내책자 분석'. 관광연구, 제9집, 191－208.

______(2002). '관광포스터의 언어적 · 시각적 요소가 관광지이미지 변화에 미치는 영향'. 계명대학교 박사학위 논문.

조선일보(2017). 배정원, Weekly Biz (1월 7일).

조선일보(2016). 순창군 (10월 7일).

조진경, 황현숙(2010). '모바일 미디어 상의 브랜드 홍보에 관한 연구-아이폰 '앱스토어(App Store)'의 브랜디드 애플리케이션(Branded Application)을 중심으로. 브랜드디자인학연구, 통권 제15호, Vol. 8, 224-232.

조헌국(2016). '의성, 수도권 블로그기자단 초청 착한 여행 팸투어 실시 큰 인기'. 경상매일신문(12월 8일).

중앙일보(2017). 송봉근, 고대훈의 직격 인터뷰(1월 6일).

최양호(2008). 「이미지 PR」. 커뮤니케이션북스.

최윤희(2008). '중학생의 영어쓰기 능력 향상을 위한 모바일 미디어 활용방안 연구'. 국민대 교육대학원 석사학위 논문.

한국관광공사(2015a). 2014한국관광 브랜드 마케팅 커뮤니케이션 효과조사.

한국관광공사(2015b). 중국 및 일본 지역 광고 효과 분석 모델링.

한국관광공사(2015c). 미국 관광시장 마케팅 조사보고서.

한국관광공사(2016). 해외 주요 검색엔진 대상 한국관광 검색어 트렌드 분석.

한국언론진흥재단(2013). 「한국언론연감 2013」.

한국정보진흥원(2014). 「2013년 인터넷 중독 실태조사」.

한정호, 강정순(2001). 「홍보론」. 한국방송통신대학교 출판부.

한정호외 17인(2014). 「PR학 원론」. 커뮤니케이션북스.

헤드라인제주(2016). '홍콩 개별관광객 시장 공략… 2016 한국문화관광대전 참가'(11월 21일)

The PR News(2016). "억"소리 홍보효과의 현실과 한계 (5월 12일).

The PR News(2015). '#소셜성과측정 #도대체 어쩌라고' (8월 24일).

Amaro, S., & Duarte, P. (2015). An Integrative Model of Consumers' Intentions to Purchase Travel Online. Tourism Management, 46, 64-79.

Baskin, O., & Aronoff, C., op. cit(1991). 윤희중 역. 「PR연구방법론」(원저자 : John v. Pavlik). 서울 : 탐구당.

Fakeye, P. C., & Crompton, J. L.(1991). Image differences between prospective, fist-time and repeat visitors to the Lower Rio Grande Balley. *Journal of Travel Research*, Fall.

Getz, D., & Sailor, L.(1993). "Design of Destination and Attraction-Specific Brochures," *Journal of Travel and Tourism Marketing*, 2(3).

Grunig, J. E., & Hunt, T.(1984). Managing Public Relations, New York : Holt, Rinehart and Winston(박기순, 박정순, 최윤희 공역. 1989. 「현대 PR의 이론과 실제」, 서울 : 탐구당).

Harris, T. L.(1991). The Marketer's Guide to Public Relations: How today's top companies are using the new PR to gain a competitive edge. New York: John Wiley & Sons, Inc.

International Marketing Group(2009). 7 Destination Marketing Tips for Selling Your "Experience".

Johansson, C.(2009). On Goffman: Researching ralations with Erving Goffman as pathfinder, In Ø. Ihlen, B. vanRuler, M. Ferdriksson(Eds.), Public Relations and Social Theory: Key Figures and Concepts(pp. 119-140), New York, NY: Routledge.

Kotler, P.(1988). Marketing Management, 6th ed., FL: Harcourt, Inc.

Kruckereberg, D., & Starck, K.(1988). Public Relations and Community : A Reconstructed theory (New York: Praeger)

Kumar, P., Kumar, V., & Mishra, J. M. (2015). Social Media: A Tool for Tourism Marketing. *International Research Journal of Business and Management* -IRJBM, 3, 1-6.

Mangold, G. W., & Faulds, D. J. (2009). Social Media: The New Hybrid Element of the Promotion Mix. Business Horizons, 52, 357-365.

Marchiori, E., & Onder, I. (2015). Reframing the Image of a Destination: A Pre-post Study on Social Media Exposure. In I. Tussyadiah, & A. Inversini, Information and communication technologies in tourism 2015 (pp. 335-347). Springer International Publishing.

Morgan, N., & Pritchard, A.(1998). Tourism promotion and power: Creating images, creation identlies, New York: John Wiley & Sons.

Nadaraja, R., & Yazdanifard, R. (2013). Social Media Marketing: Advantages and Disadvantages. Research Gate, 1-10.

Neild, B. and Kwok, J.(2015). Naked saunas, headbangers and old phones: Finland embraces emojis. CNN.com(November 6).

Norman, L. & Backman(2007). Advertising and Publicity: Suggested New Applications for Tourism Marketers, *Journal of Travel Research*, 45: 259-265.

Oxford Economics(2017), www.oxfordeconomics.com/engine(1월 6일 접속).

Peak, W. J.(1978). "Community Relations" In Handbook of Public Reations, Philip Lesly(ed.). Englewood Cliffs, NJ: Prentice-Hall.

Sharma, A.(2016). Tourism Brands and Destination Marketing Campaigns in Asia. Destination Branding (October 18).

Shimp, T. A.(2000). Advertising Promotion, 5the ed., FL : Harcourt, Inc.

Singh, J. (2015, December 15). How social media helps in establishing your brand in the virtual world? Retrieved from EBRIKS: http://www.ebriks.com/blog/howsocial-media-helps-in-establishing-your-brand-in-the-virtual-world/

easypromosblog(2015). www. easypromosapp.com

http://blog.newswire.co.kr

http://blog.seoul.go.kr

http://www.kida.re.kr

http://www.kins.re.kr

http://www.newzealand.com/kr

http://www.visitkorea.or.kr

http://yellowid.biz

http://www.yonhapnews.co.kr

저자 소개

오익근

- 미국 Michigan State University 여가관광자원학 박사
- 미국 Georgia Southern University 조교수 역임
- (사)한국관광학회 편집위원장 및 회장 역임
- (재)한국문화관광연구원 이사
- (현)계명대학교 관광경영학과 교수

정정숙

- 계명대학교 경영학 박사(관광경영 전공)
- (전)한국관광연구학회 이사
- (현)대한관광경영학회 학술이사
- (현)계명대학교 여가관광연구센터 책임연구원

관광홍보론

2013년 2월 28일 초 판 1쇄 발행
2019년 8월 30일 개정판 2쇄 발행

지은이 오익근 · 정정숙
펴낸이 진욱상
펴낸곳 백산출판사
표지 일러스트 정혜련
교 정 편집부
본문디자인 오행복
표지디자인 오정은

저자와의 합의하에 인지첩부 생략

등 록 1974년 1월 9일 제406-1974-000001호
주 소 경기도 파주시 회동길 370(백산빌딩 3층)
전 화 02-914-1621(代)
팩 스 031-955-9911
이메일 edit@ibaeksan.kr
홈페이지 www.ibaeksan.kr

ISBN 978-89-6183-693-7 93980
값 22,000원